新文科·伦理

伦理学原理

江畅 著

中国教育出版传媒集团

高等教育出版社·北京

内容简介

本教材是"新文科·伦理学系列教材"之一。本书系统完整地阐述了伦理学的学科定位、主要领域、基本原理和体系结构，力图让学生及读者对伦理学有一个准确而全面的理解。教材内容划分为三大部分：第一部分绪论主要阐述伦理学的学科性质、基本范畴及其复杂性，并对伦理学史上的主要流派作了简要介绍；第二部分为第一章至第五章，系统阐述了伦理学原理的五个基本方面，即价值论、德情论、德性论、正当论及智慧论；附录部分对伦理学原理之外的两个层次或领域即元伦理学和应用伦理学作了概要阐述。本书既适合高校哲学专业基础课，也适合其他专业通识课，还可供对伦理学感兴趣的读者学习使用。

图书在版编目（CIP）数据

伦理学原理/江畅著 .-- 北京：高等教育出版社，2022.10

ISBN 978-7-04-058835-4

Ⅰ.①伦… Ⅱ.①江… Ⅲ.①伦理学 Ⅳ.① B82

中国版本图书馆 CIP 数据核字（2022）第 109682 号

伦理学原理
LUNLIXUE YUANLI

| 策划编辑 | 吴佳宁 | 责任编辑 | 吴佳宁 吕昀曈 | 封面设计 | 李小璐 | 版式设计 | 童 丹 |
| 责任校对 | 张 薇 | 责任印制 | 刁 毅 | | | | |

出版发行	高等教育出版社		网　　址	http://www.hep.edu.cn
社　　址	北京市西城区德外大街 4 号			http://www.hep.com.cn
邮政编码	100120		网上订购	http://www.hepmall.com.cn
印　　刷	河北鹏盛贤印刷有限公司			http://www.hepmall.com
开　　本	787mm×1092mm　1/16			http://www.hepmall.cn
印　　张	16.25			
字　　数	310 千字		版　　次	2022 年 10 月第 1 版
购书热线	010-58581118		印　　次	2022 年 10 月第 1 次印刷
咨询电话	400-810-0598		定　　价	33.80 元

本书如有缺页、倒页、脱页等质量问题，请到所购图书销售部门联系调换
版权所有　侵权必究
物 料 号　58835-00

目　录

绪论

在人类的所有学问中,以道德为研究对象的伦理学是最古老的学问之一。经过两千多年的发展,伦理学作为哲学的分支,已经发展成一个庞大的学科体系。在伦理学的历史上,产生过种种形态各异的伦理学理论,但它也有相对确定的研究对象、研究范式、研究方法。绪论主要讨论伦理学的一般性问题,并对伦理学史上的一些主要学派作简要阐述,以加深我们对伦理学的理解。

一、伦理学与哲学

伦理学是哲学的分支学科之一。我们将从人类何以要哲学、哲学的性质着眼讨论伦理学在哲学中的地位以及伦理学的功能和意义,旨在阐明伦理学与哲学的密切关系,弄清伦理学的学科地位,从而为正确理解伦理学的性质奠定基础。

(一) 人类何以要哲学

亚里士多德断定,人是理性的动物。[①] 人之所以为人,就在于人有理性。理性之人有着追问的本性:从个别、局部、有限、表面的知识到普遍、全体、无限、深奥的知识,从对象的知识到自我的知识,从经验的知识到超验的知识。哲学就产生于人对宇宙的理性追问。

人类理性的追问本性似乎是好奇心使然,其实它体现了人类对自己生存的终极目的和总体状况的关切,体现了人类对自己生存的终极关怀。这正是人不同于万物之所在,正是人的智慧的充分体现。

何谓智慧? 智慧包括认知方面和评价方面、理论方面和实践方面,有对象之思和反思之思之别,有大小智慧之分。人类关注自己生存的终极目的和总体状况,这也是一种智慧,它不是一种小智慧,而是一种谋求生存得更好的大智慧。

然而,人类并不总是能清醒地意识到自己智慧的本质,从而去充分发展和运用自己的大智慧;相反,对常人而言,由于种种原因,大智慧常常为小智慧所淹没。

在西方,有一个关于"四种人"的古老箴言为许多西方思想家所欣赏。箴言说道:"他不知道,而且不知道自己不知道,他是傻瓜——躲开他;他不知道,而且知道自己

---

① 亚里士多德没有这样的明确表述,这一命题是后人根据他的一些论述概括的,但他的这一思想很明确。(参见[古希腊]亚里士多德:《政治学》,苗力田主编:《亚里士多德全集》第9卷,中国人民大学出版社1994年版,第257页)

不知道,他是单纯的——开导他;他知道,而且不知道自己知道,他是昏睡的——唤醒他;他知道,而且知道他知道,他是有智慧的——跟随他!"箴言的本意是告诫人们应当如何行动,但从另一个侧面反映了现实生活中的人并非都拥有智慧。许多人没有意识到自己的智慧本性,也没有努力去发挥和发展这种本性,更没有开发自己的大智慧。

《增一阿含经·苦乐品第二十九》中也有相似的记载,佛说:"今有四人出现于世,云何为四?或有人先苦而后乐,或有人先乐而后苦,或有人先苦而后苦,或有人先乐而后乐。"意思是:第一种人的生命中充满了苦难与黑暗,但他有智慧,始终微笑面对现实,对给他带来痛苦的人也会生出仁爱与慈悲,不断地播下仁爱与慈悲的种子,其生活终将从黑暗走向光明。第二种人虽然因拥有财富、健康与社会名望等,享有当下的快乐,却没有智慧,因而傲慢、自负,最终结出了黑暗和痛苦的果。第三种人处境和第一种人相同,生活中全无快乐,也没有丝毫的智慧,每时每刻增长着自己的愤怒、憎恨及敌意,甚至不惜图一时享乐,铤而走险。第四种人从一出生就为光明和快乐所围绕,享受着财富、舒适与社会名望等带来的快乐,但同时有智慧,因而不断增长着仁爱、慈悲与善意,散播着光明的种子,于是不断从快乐走向快乐。显然,我们都希望也应该成为第一种或第四种人。但拥有哪种处境,并不取决于我们自己。然而,人人都是自己的主人,都掌握着自己的未来。因此,不论我们现在快乐或痛苦、处境光明或黑暗,拥有智慧都是必要的,唯有智慧才能使我们走向快乐、光明。人类之所以要哲学,就是要通过哲学来启迪人类的智慧,使人类走向光明。

哲学的本意就是爱智慧。这里的"爱",就是把智慧作为人最宝贵的东西来对待,加以研究和阐释。"智慧"并非小智慧,而是大智慧,即谋求更好地生存的生存智慧。哲学就是通过研究和阐释生存智慧,超越常识、导引心灵,使人意识到自己智慧的本性,使人拥有大智慧。人类之所以需要哲学,就是因为哲学是生存智慧之学,它可以引导人们有智慧地生存,也就是说,可以引导人们着眼于生存的终极目的和总体状况来反思生存、谋求生存,不断改善自己的生存境遇,从而使人类生存得更好。

与哲学相同,各类科学也是为了人类生存得更好,但各门科学是从不同层面、不同方面研究和回答人类怎样才能生存得更好的问题,而哲学则是着眼于生存的终极目的和总体状况研究和回答这一问题。各种宗教也关心人类生存的终极目的和总体状况,但宗教诉诸人的信仰、虔诚,而哲学所重视的是人类的理智、反思。罗素认为哲学介于科学和宗教之间,他说:"哲学,就我对这个词的理解来说,乃是某种介乎神学与科学之间的东西。它和神学一样,包含着人类对于那些迄今仍为确切的知识所不能肯定的事物的思考;但是它又像科学一样是诉之于人类的理性而不是诉之于权威的,不管是传统的权威还是启示的权威。一切确切的知识——我是这样主张的——

都属于科学;一切涉及超乎确切知识之外的教条都属于神学。"①

（二）哲学的性质

已故著名西方哲学史家陈修斋先生认为,哲学是否有或应有一个公认的定义这个问题本身存在着不同的回答,他将这种状况称为"哲学无定论"②。哲学的定义是哲学性质的表达,哲学定义无定论反映了哲学性质无定论。哲学的性质一旦有了定论,那就成了科学问题,而不是或不再是哲学问题了。纵观中西哲学史,有关哲学的性质问题确实从无定论。

古希腊早期哲学家大多认为哲学就是"爱智慧",这种"爱智说"为后世大多数哲学家所认可。柏拉图认为哲学研究事物的本质,哲学家是"那些一心一意思考事物本质的人"③。黑格尔也认为,"哲学的任务或目的在于认识事物的本质"④。中国古代先贤中有"哲,智也"(《尔雅·释言第二》)、"哲,知也"(《说文解字·口部》)的说法。至近现代,有关哲学性质的界定仍是莫衷一是。比如,马克思主义哲学关于哲学的定义就有"普遍规律说""认识论说"和"世界观说"等多种。毛泽东把哲学等同于认识论:"什么叫哲学,哲学就是认识论。"⑤ 国内早期马克思主义哲学教科书则将哲学界定为"理论化、系统化的世界观"⑥。到了当代,国内外哲学界有关哲学性质的界定更是众说纷纭,国内还有一种"哲学就是人学"的说法。

虽然哲学家们对哲学有各种不同的定义,但他们大多承认哲学的研究对象是人类生存的宇宙或世界⑦,哲学是关于人类生存的世界的学问,其结晶是关于世界的根本性、总体性的观念。因此,哲学被认为是理论化、系统化的世界观。但是,哲学并不是为了研究世界而研究世界,而是要从与宇宙、社会、人生关联的多维角度研究人类应当怎样生存。正是这种研究及其成果体现了人类的生存智慧,同时使人类生存智慧得到升华。因此,哲学又被认为是智慧之学或生存智慧之学。

具体而言,哲学作为生存智慧之学要研究人为什么要活着、人怎样生活才有意义的人生问题,什么样的社会、宇宙环境最适合人类生存的问题,以及人生、社会和宇宙之间的关系问题;要研究这一切的现在、过去和将来的状况;要研究它们本来的、可能的、应该的或理想的状况。正是从上述几种状况着眼,哲学的主体部分被划分为本体论、知识论、价值论三个基本领域或主干分支。它们都是从根本上、总体上研究人生、

① ［英］罗素:《西方哲学史》上卷,何兆武、李约瑟译,商务印书馆 2009 年版,第 7 页。
② 参见陈修斋:《关于哲学本性问题的思考》,《武汉大学学报》(社会科学版),1988 年第 2 期。
③ 北京大学哲学系外国哲学史教研室编译:《西方哲学原著选读》上卷,商务印书馆 1981 年版,第 90 页。
④ ［德］黑格尔:《小逻辑》,贺麟译,商务印书馆 2019 年版,第 243 页。
⑤ 毛泽东:《关于人的认识问题》,《毛泽东文集》第 8 卷,人民出版社 1999 年版,第 390 页。
⑥ 徐光春:《马克思主义大辞典》,崇文书局 2017 年版,第 11 页。
⑦ 在日常语言中,"世界"一词的含义十分广泛,其最广义的使用与"宇宙"同义,但"世界"更侧重表达以人类为中心的宇宙,有突出人类社会的意味。

社会①、宇宙及其相互关系。这是三个分支统一的基础,但它们研究的角度和使命各有不同。

本体论研究什么是实在的,它致力于从根本上、总体上揭示人生、社会、宇宙及其相互关系的本来面目,构建关于它们的本体论原则。从西方哲学史来看,本体论起源于对万物本原也就是本体问题的追问。所谓"本原",按照亚里士多德的解释,就是万物都由它构成,最初由它产生,最后又复归于它,其属性变化无穷,而其本体常居不变的那个东西。从对本体追问和探寻的历史看,本体论乃至哲学并不像亚里士多德在其《形而上学》中所说的是"为学术自身而成立的惟一学术"②,而是一开始就有鲜明的价值指向。这种指向,从根本上说,就是为了使人类更有智慧地生存。与哲学的其他主干分支相比较,本体论对于人类的意义更为隐晦,也更不容易被阐明。但是,它对于人类的独特的重要意义是毋庸置疑的。它是整个哲学的根基,是人类信念的支柱,是批判现实的武器。本体论作为哲学智慧的结晶,可以使人洞察现实的缺陷及其应有的走向,不盲目地做现实的奴隶,从而去构建更美好的世界和更美好的生活。

知识论研究什么是真的,它致力于从根本上、总体上揭示人生、社会、宇宙及其相互关系的可能面目,构建关于它们的知识论原则。什么是知识? 柏拉图将知识定义为被确证为真的信念。西方哲学家将知识分为两种:先验知识与后验知识。先验知识指仅凭推理得到的知识(先于经验观察),它不受直接或间接经验(这里的经验通常指通过感官对于世界的观察)的影响。后验知识指其他种类的知识,也就是知识的得来和证实需要借助经验(在经验观察之后),也被称作经验知识。知识论存在着理性主义和经验主义的分歧。理性主义者相信有并非来自感官经验的前知或先天观念,认为一切真知都来源于人类先天的或不证自明的知识及其逻辑的演绎。经验主义者则认为一切知识都来自对外界事物的经验,是人类经验的产物。

价值论(亦称价值哲学)研究什么是有价值的,它致力于从根本上、总体上揭示人生、社会、宇宙及其相互关系的理想面目,构建关于它们的价值论原则。从人类哲学史看,明确把价值论作为哲学的分支之一已有一百余年的历史。然而直到今天,关于价值论的地位及其意义问题仍然见仁见智,而这一问题又与对价值论性质的理解直接相关。在价值论的性质问题上,哲学家们并无统一意见。根据一般价值论奠基者们的看法,价值论研究人类生活中的各种价值现象,以寻找普遍存在于伦理学、美学、宗教学、法学和经济学等学科中的"某种共同的东西",并从各种具体价值中发现某种基本原则。但寻找这种"共同的东西"并非价值论的唯一目的甚至并非主要目的。价值论是

---

①　这里所说的"社会"是指人类基本共同体。所谓"人类基本共同体",是指人们生活或活动于其中的各种共同体中的那种为其提供基本生存保障的共同体。原始族群、氏族公社、传统国家、现代国家是人类基本共同体的主要形态。

②　[古希腊]亚里士多德:《形而上学》,吴寿彭译,商务印书馆2017年版,第6页。

作为人类生存智慧之学的哲学的分支之一,其根本目的和根本使命是要启迪人的生存智慧,为人类如何有智慧地生存提供指导,引导人类真正过上幸福的生活。

本体论、知识论和价值论并不是三种不同的哲学,而是哲学的三个不可或缺的组成部分,它们结合在一起构成完整的哲学。但是,它们在哲学中的地位不尽相同。其中价值论着眼于人类如何更好地生存,研究人类生存的根本性和总体性问题以构建人类价值体系,它是全部哲学研究的旨归和核心。一方面,它直接肩负着哲学的根本使命,研究和回答哲学所关注的核心问题;另一方面,它又对哲学起着规导作用,规范和引导哲学的其他分支和领域的研究。无论揭示人生、社会、宇宙及其相互关系的本来面目,还是探索其可能面目,本体论、知识论和价值论都是为了构建其理想面目,使人类更幸福地生存。没有价值论的研究,没有价值论对本体论和知识论的规导作用,本体论和知识论就会成为不结果实的花,即使再精美,对人类生存也没有什么实质性的意义。

哲学之所以要从终极目的和总体状况着眼研究人类应该怎样生存,主要目的在于确立和论证人们对待人生、社会、宇宙和处理它们之间关系应有的根本理念和一般原则,从而为人类更好地生存提供指导。实现这种目的就是哲学的神圣使命。它要着眼于人生、社会、宇宙及其相互关系,立足于变化着的人类生活,着眼于人类的未来发展,在批判性地继承人类已有思想文化成果的基础上,为人类个体和整体的生活提供一般生存原则和基本行为准则,并使之系统化,亦即构建理论体系,引导人们过上越来越好的生活。它要把所确立的一般生存原则和基本行为准则延伸到或应用于个人和社会生活的各个领域,确立不同具体领域的具体生存原则和具体行为准则,并构建不同领域的具体理论观念体系,以从不同的角度、领域和层次为人们提供规范和指导。它要用所确立的一般价值体系和具体价值体系作为理想价值体系模式去审视、批判和重构人类生活现实,使之趋向于理想价值体系模式,趋向于完美。当然,人类生活是不断变化的,因此哲学的上述使命永远也不会完结。

哲学是通过其特殊的方法实现其目的和使命的。哲学的基本方法是思辨。思辨的方法主要由反思、批判和构建的方法构成。人们总是生活在既定的社会现实之中、既定的价值体系之中和既定的历史文化之中,他们不得不接受现实给予的一切。哲学研究就是要从新的方向、新的角度、新的层面对现实所给予的这一切进行再审视、再认识、再思考。哲学反思不是欣赏性的,而是批判性的,其目的是要发现问题。因此,反思的过程也是批判的过程。哲学批判不是一种纯理论的批判,而是广义的批判,包括对已有理论的批判、对大众常识的批判和对社会现实的批判。批判的目的不是要全盘否定,而是为了创新,为了超越,为了构建新的思想观念体系。创新可以是某一领域或某一问题方面的创新,但哲学意义上的创新,其最终指向是改造旧的思想观念体系,构建新的思想观念体系,为人类生存的根本性和总体性问题提供新的解决方案。哲学研究就是要在不断创新的过程中构建理论观念体系。今天,哲学已经成为一个由多分支学科构成的学科门类,不同的分支还有各自的特有方法,但思辨方法作为哲学的基本方法是任何其分支学科都必须予以重视的。

反思、批判和构建是哲学的灵魂,是哲学的根本精神。缺乏这种精神和灵魂,哲学就会丧失其生机和活力,哲学研究就会沦为对原有理论和既定现实的诠释。哲学通过反思总结过去,通过批判警示现在,并通过构建规导未来。哲学的此类性质决定了不同的哲学家对同一哲学问题会作出不同的回答,决定了不同的哲学家会建立不同的哲学体系,而且人们很难对这些不同的回答和不同的体系作出是非判定,难以像自然科学那样通过实验得出相同的结论,也不能像社会科学那样通过论证和讨论达成共识。这即是"哲学无定论"。哲学无定论的性质规定了哲学的理论和观点总是多元的。哲学是一个百花园,每一种经受时间考验流传下来的哲学理论就是其中的一种花,它们以独自的魅力吸引不同的欣赏者。

哲学既是人类生存智慧的结晶,又是人类生存智慧的升华。哲学,特别是形上学,它的用处不是增加实际的知识,而是提高人类精神的境界。哲学的中心问题就是要研究和回答人类如何有智慧地生存,其根本目标就是要使整个人类和所有个人都成为真正有智慧的。哲学的基本意义就在于促进人类整体和个体对人生和世界的自觉,使人类既重视物质追求又重视精神超越,既关注眼前境遇又关注终极状况,既进取又超脱,既入世又出世,从而达到真正自由幸福的境界。

因此,哲学是智慧的事业,是理智的事业,是精神的事业,它关乎人类的生存、自由、幸福、命运和未来。也因此,哲学不是哲学家的专属品,而应该是我们每一个人的公共品。"人不一定应当是宗教的,但是他一定应当是哲学的。"[①] 每一个人不一定都要成为哲学家,更不可能都能成为哲学家,但每一个人都应该有哲学的头脑,有哲学的精神,有哲学的境界。

(三) 伦理学在哲学中的地位

经过几千年的发展,哲学已经从最初的本体论发展为一个学科门类,大致可以划分为三个层次:哲学的基础学科,主要有逻辑学、哲学史等;哲学的主干学科,包括本体论、知识论和价值论;哲学的专门学科,主要有伦理学、政治哲学、精神哲学、美学等;哲学的应用学科,有经济哲学、政治哲学、文化哲学、发展哲学、环境哲学、军事哲学等。伦理学在哲学中的地位,一般来说是指伦理学在整个哲学家族中的地位,但主要是由其与本体论和知识论的关系决定的。20 世纪 70 年代以前的哲学史基本上不存在现代意义的哲学应用学科,而价值论与伦理学直到今天仍然纠缠在一起,没有完

---

① 冯友兰:《中国哲学简史》,涂又光译,北京大学出版社 1996 年版,第 5 页。

全分开。因此,伦理学在哲学中的地位实际上所涉及的是与本体论、逻辑学和知识论的关系。

伦理学(ethics)作为一门学问出现于"轴心时代",而作为一个学科是由古希腊哲学家亚里士多德最初建立的。在亚里士多德之前,古希腊就有了伦理学问题的思考与研究,苏格拉底就被西方公认为道德哲学(那时也就是伦理学)的鼻祖。在亚里士多德之后直至今天,西方许多哲学家都明确地在这一学科名义下从事伦理学研究。伦理学的英文单词"ethics"源自古希腊的"ἔθος"(风俗、习惯)和"ἦθος"(品格、品质)。汉语的"伦理"一词最早出现于《礼记·乐记》:"凡音者,生于人心也。乐者,通伦理也。"中国传统的经史子集中没有"伦理学"一词,这个词是在日本人用日语中的汉字翻译 ethics 后,于 19 世纪末从日本传入中国的,此后在中国出现了伦理学这一学科。在亚里士多德之后的西方,亦有许多哲学家并不是在伦理学的名义下研究伦理学。例如,中世纪的神学家、现代的人本主义哲学家大多就是如此。在中国,在伦理学作为一门独立的学科出现以前,绝大多数思想家都关注和研究伦理问题,积累了极为丰富的伦理思想资源。

20 世纪以前的中国没有独立的哲学学科及其分支学科,但存在着本体论、伦理学的研究。从总体上看,这两种研究是交织在一起的,且本体论研究始终从属于伦理学研究,伦理学研究在整个中国古代哲学研究中始终处于轴心地位。进入 20 世纪以后,传统的研究方式由于西方的影响而被改变。20 世纪上半叶,中国基本上是按照西方的学科分类展开哲学研究的;20 世纪下半叶,马克思主义哲学在中国占据主导地位,其中包括本体论、认识论、辩证法。20 世纪 50 年代初,伦理学被看作伪科学而被逐出中国学界,80 年代得到恢复,作为哲学的分支学科而存在。

在古希腊早期,哲学家们关注的是本体问题,那时的哲学就等于本体论。苏格拉底使哲学研究发生了转向,即转而研究道德(德性)问题,在他那里,哲学主要是伦理学。柏拉图把前两者结合起来,构建了一个以"善"为最高理念的庞大理念论体系。这是一个本体论与伦理学统一的哲学体系。然而,到了亚里士多德那里,本体论(第一哲学或"实体"哲学)又与伦理学分离开来,伦理学被视为政治学(实际上是政治哲学)的基础或前提,它是为了使人过政治生活而被提出的一种学问。在斯多亚派那里,哲学被比作一个果园:逻辑学是围墙,物理学是果树,伦理学是果实。伦理学不仅是哲学的组成部分,而且是哲学的轴心和目的。中世纪,经院哲学家所研究的实体问题基本上属于本体论。如果说这种研究相对于神学还有某种独立性的话,那么他们关于伦理学的研究则直接成为神学的组成部分,与神学密不可分。

在近代西方,为适应认识世界和改造世界的需要,知识论出现并成为哲学的中心问题。近代西方哲学家们也研究本体论,但与古代不同,他们主要是在把本体作为认识对象或作为认识对象（现象）承载者的意义上研究本体论。因此，严格来说，与知识论相比较，本体论处于从属地位。伦理学研究则有三种情形：一是在研究认识主体时，涉及人的欲望、需要、利益方面的问题；二是在研究个人的社会主体地位时，涉及人的自由、平等等方面的权利问题；三是专门的伦理学研究。虽然德国古典哲学家将伦理学置于本体论研究之中，但在英国，伦理学则已与本体论、知识论没有什么关系。

19世纪之后，尤其自康德哲学之后，西方哲学出现了两大新的走向：科学主义和人本主义。科学主义大致上属于知识论范围，本体论研究要么被弃置，要么被拒斥，哲学越来越发展成为应用哲学，即科学哲学。人本主义大致上属于伦理学范围，本体论研究与伦理学研究融为一体，主要着眼于人的意志、生命或存在来研究本体。从整个当代西方哲学来看，尽管还存在着本体论、知识论和伦理学的研究，但伦理学研究越来越受到重视。当代的伦理学研究有两种不同的方式：一是以人的价值和道德问题作为整个哲学的轴心展开研究，就这种方式而言，哲学就是广义的伦理学；二是把伦理学作为一个与本体论、知识论无关的分支学科，在比较狭窄的意义上研究人的价值和道德问题，这种伦理学有明显的社会科学化趋向。

由以上考察可以发现，西方哲学研究的重心经历了从古代重视本体论，到近代重视知识论，再到当代重视伦理学的转变。在这种重心转变的过程中，伦理学在哲学中的地位日渐凸显。

20世纪以来，伦理学逐渐取代知识论成为哲学的重心。哲学之所以发生这种转向主要是由于以下三方面因素的综合作用。第一，人类自身的生存问题成为人类普遍面临的难题。伴随着产业革命和科技革命而来的现代文明给人类带来了巨大的福利，但也给人类造成了巨大的威胁。这突出表现在：现代战争、环境污染、生态失衡、不可再生资源迅速消耗、贫富两极分化、恶性疾病流行等。这一切不仅威胁到人类的幸福，甚至还威胁到了人类的生存，人们对自己的前途和命运深感担忧。若要从源头解决这些问题，必须变更或调整人类的一般价值观念和基本行为准则。第二，自休谟、康德证明人的理性不能认识本体（包括宇宙、心灵、上帝）之后，越来越多的哲学家把本体问题（特别是宇宙本体）视为非理性问题而加以拒斥，或加以悬置，于是伦理学在哲学中的地位便逐渐凸显出来。第三，随着科技的快速发展，知识论日益科学化，出现了向认知科学、认知心理学转向的新趋势。本体论淡化，知识论转化，而伦理学强化，这几个哲学的传统分支在当代哲学中的地位有了明显改变。

（四）伦理学的功能和意义

伦理学在"轴心时代"就已诞生，几千年来延绵不绝，并逐渐成为哲学关注的重点领域，其原因就在于伦理学对于人类的生活具有独特的功能和特殊的意义。

伦理学具有以下五个方面的功能。

(1) 构建功能,即从理论上为社会构建道德价值体系。每个社会除了要有自己的制度安排来构建基本社会秩序,还需要有自己的道德规范体系和以此为核心的道德文化,用以培养健全的人格,使人际关系和社会各领域的生活达到和谐,从而整合出良好的社会秩序并保障社会既定发展目标的实现。由于并非任何空想的社会道德价值体系都能有效地达到这些效果,并且社会中各种实存的道德价值体系均存在各自不同而又并非一目了然的正负价值,因而伦理学通过专门研究为社会道德价值体系的构建提供可以选择的思路和方案就显得十分必要了。

(2) 论证和辩护功能,即为理想的道德价值体系提供论证,为理想的或现实的道德价值体系作辩护。社会道德价值体系被构建出来之后,还不能自动地运行并发挥其应有的社会作用。这是因为社会道德价值体系的运行不仅取决于其自身的合理性和可行性,还受社会是否普遍认同和接受的制约。在这种情况下,伦理学一方面要为社会道德体系提供充分的理论论证,另一方面还要针对社会道德体系提出的质疑、批评、非议进行有力的辩护,通过教育和宣传等途径让社会逐渐理解并进而认可和赞同社会道德体系,使之从理论变为现实。

(3) 批判功能,即对现实社会及各种相关理论进行反思和批判,为社会提供监督和预警。伦理学不仅要通过构建理论道德体系为社会现实道德价值体系构建和运行提供理论依据与指导,还要运用道德理论和道德原则对社会现实、已有制度和文化以及各种观念进行反思和审视,判断其善恶优劣,引导社会和公众向善从善。伦理学的批判不是破坏性的,而是建设性的,其目的是扶正祛邪、兴利除弊,使社会风清气正,引导社会成员追求高尚道德。

(4) 诊疗功能,即发现、研究、解决社会道德问题。无论以个人为主体还是以整体为主体进行的人类实践,也无论在哪个领域或以哪种形式进行的人类实践,都会不可避免地遇到各种各样的道德问题。而大部分道德问题只需运用伦理学已有的理论和方法或社会已有的与之相应的道德规范就可以应对。但对于那些人类实践面临的全新道德困惑,如"是否应当克隆人""是否应当制造基因超人"等问题,或者那些涉及面甚多、异常复杂的道德难题,如"效率与公平应以何者优先""环保与发展应如何兼顾"等,仅用上述方式应对就颇显不足。伦理学就是要根据人类实践的需要,随时对这些疑难问题进行专门的研究,并通过深入、细致、全面、充分的探讨,提出解决这些疑难问题的具体思路、理论、方法和对策。

(5) 指导功能,即为个人提供人生指南。个人是人类道德生活改善的终极主体,伦理学对个人道德生活的改善是通过为个人提供实践智慧实现的,主要体现在以下三个方面:一是伦理学要让个人了解德性和人格的功能、意义、根据和所有值得具备的德性德目,以帮助个人成为一个有道德的人。二是伦理学要为个人的公共生活、职业生活和私人生活制定正确的道德规范,以解决个人在这些不同的生活领域中如何扮演好自身角色的问题。三是伦理学要为个人的道德实践和道德生活排忧解难。个人在世俗生活中总会遇到各种心理挫折与价值选择困境。所有这些问题对个人来说都不是无关紧要并可以随便处理的小问题,而是关系到个人的人生幸福和快乐的问题。伦理学可以纾解人们的人生困惑,为人们从容和妥善处理面临的各种难题提供指导。

伦理学的重大意义在今天看来至少体现在以下三个方面。

第一,伦理学能促进个人反思和规划人生并为之提供原则。能自觉反思和规划人生是人成熟的标志。然而,并不是每一个人对人生的反思和规划都能达到自觉的程度,更不是每一个人到了一定的年龄就会进行自觉的反思和规划。伦理学正是在这方面对于个人有诸多益处。首先,伦理学可以启迪人们自觉地反思和规划人生,可以使人们对人生的自我认识大大提前。其次,伦理学能为个人反思人生指示正确路向,为规划人生提供基本原则,为人生的选择提供不同的方案。最后,伦理学可以给人们提供伦理学的知识、引导人们运用伦理学的思维方式,提供伦理学智慧,为人们作出价值和道德方面的判断、评价、选择、决策提供标准和方法。

第二,伦理学能从理论上为社会确立终极价值目标和构建价值体系。人类社会的发展越来越有自觉的、明确的终极指向,但这种指向最好(或应该)是什么,古今中外历史和现实的答案并不相同。那么,人类的不同社会共同体是否应该有一致的终极目标? 如果有,这种目标应是什么? 价值体系是社会的深层结构,它从根本上规定着社会面貌、社会性质、社会走向,也影响到不同的社会之间、社会与世界之间、社会与自然之间的关系。那么,这种价值体系应是怎样的? 人类不同共同体之间特别是不同国家之间应不应该有统一的价值体系? 不同的价值体系之间怎样和平共处? 理论的价值体系如何变成现实的价值体系? 所有诸如此类的问题都是伦理学所关心和要回答的。有没有伦理学理论作指导,以何种伦理学理论作指导,从根本上关系到一个国家乃至整个人类的生存和发展状况。

第三,伦理学能为各门自然科学、社会科学、人文科学等提供理论观念、一般原则和活动规范。各门具体科学都是工具性的,是一把双刃剑。历史和现实都证明,科学并不必然给人类带来福祉,它可以造福人类,也可以毁灭人类。因此,所有的科学研究和科学活动不仅必须有某些信念和观念,还必须有某些原则和规范,而且这一切都必须正确。这些正确的信念、观念、原则和规范需要伦理学来提供。没有伦理学的指导,一切科学研究、开发和应用就会失去正确的方向。

二、伦理学的性质

从总体上看,自古以来大多数哲学家把伦理学看作研究道德的学问,而道德在传统社会被认为是人性的实现、人类生活的实质内涵。在这种意义上,伦理学也被认为是人生哲学。但是,哲学家对道德本身的理解不同,因而对伦理学性质的看法也存在分歧。伦理学的性质是由其研究对象、学科结构、研究方法以及与哲学其他分支学科尤其是价值论的关系规定的,这里从这几个方面展开伦理学学科性质的讨论。

（一）伦理学的研究对象

从伦理学史的角度看,有些学者是直接在"伦理学"名义下从事伦理学研究的,而有些学者并非如此。不管属于哪一种情形,学者们所从事的伦理学研究都是有相对确定的研究对象的,只不过有的人明确表达了出来,而有的人则没有。从古至今,伦理学学者所确定的伦理学研究对象存在着相当大的区别,其中比较有影响的主要有以下五种。

一是认为伦理学研究道德。先秦的儒家和道家,以及中国当代大多数伦理学学者持这种观点。其实,这两大学派的伦理学存在着重大差异,但他们都把道德作为伦理学研究的对象。他们眼中的道德不是今天意义上的道德,而是"道"和"德"紧密关联意义上的道德。在他们看来,天地万物都是因"道"而生,并遵循"道"的法则运行,"道"被视为天地万物的本根或本体。天地万物禀赋了"道"就获得了自己的"性",这种性得到充分发挥就是"德"(儒家)或得到了保持或维护就是"德"(道家)。因此,"德"从根本上说就是对"道"的获得。万物禀赋了"道"就获得了物性,而人禀赋了"道"就获得了人性。此时,伦理学的研究对象主要是人之性的"道"如何转变为人之性的"德",正是在这种意义上,儒道两家的伦理学就是以道德为研究对象的。人的"道""德"是与天地万物的"道""德"紧密关联的,因此伦理学研究与本体论研究是不可分离的。与先秦儒道伦理学不同,中国当代伦理学学者大多以社会的道德现象作为研究对象,研究道德的本质和规律,并以此为基础构建社会的道德体系以及理想道德人格。中国当代伦理学不再考虑道德的本体论基础,而主要考虑社会对道德的需要,因而有明显的社会科学特征,哲学的色彩被淡化。

二是认为伦理学研究德性。持这种观点的主要有四个学者群:古希腊的苏格拉底、柏拉图和亚里士多德,古希腊罗马的斯多亚派,中世纪正统基督教神学家,当代西方的德性伦理学家。这四个学者群通常被统称为德性伦理学学派。虽然他们都以德性作为伦理学的研究对象,但彼此之间仍然存在着差异。苏格拉底和柏拉图所理解的德性是人类灵魂的善,而灵魂与肉体是对立的,它代表人的本质。人类灵魂的善并不是人特有的,而是作为宇宙本体的善在人类灵魂中的体现。亚里士多德则把德性视为人类灵魂中的理性的体现,也可以说是灵魂的善,但这种善并不具有本体论意义。斯多亚派也认为德性是人的理性的体现,但它认为世界上存在一种普遍理性即"世界理性",人的理性是其中的一部分。中世纪正统神学家奥古斯丁、托马斯·阿奎那从神学的需要出发,把神学德性(信仰、希望、爱)作为伦理学研究的主要对象,这些德性并不是来自神的,而是人后来养成的习惯。至近代,古代德性伦理学为规范伦理学所取代,伦理学的对象是行为原则(规范)而不再是德性。但自 20 世纪 50 年代开始,一些伦理学家致力于复兴古代德性伦理学,德性成为他们研究的对象。但是,他们所理解的德性不再具有本体论的基础,德性纯粹被视为人的品质,而这种品质的基础是人的心理,或者是人的理性(理性主义者的观点),或者是人的情感(情感主义者的观点)。

三是认为伦理学研究快乐。主张这种观点的主要是古希腊的昔勒尼派、伊壁鸠鲁派。昔勒尼派是小苏格拉底派(苏格拉底死后其弟子形成的学派)的一个分支,它把苏格拉底的"善"理解为快乐,把感官快乐作为道德的标准。这个学派并没有什么系统的伦理学理论,但可以肯定的是,快乐是该学派关注的主要对象。伊壁鸠鲁派也把伦理学研究的对象看作是快乐,认为快乐是德性,甚至是至善,但与昔勒尼派不同,该学派所理解的快乐主要不是感官快乐,而是灵魂或精神快乐。西方近代利己主义和功利主义伦理学也持快乐主义观点,把趋乐避苦看作人的天性,但快乐并不是其伦理学的主要研究对象。

四是认为伦理学研究行为原则。这是西方近代功利主义和康德道义论伦理学的基本观点。在市场经济蓬勃兴起的条件下,为了给个人最充分的自由,同时要确保社会有序,西方近代伦理学从古代重道德品质转向重行为原则。伦理学家不再关心个人成为什么样的人和过什么样的生活,而只关心其行为是否会破坏社会秩序,因而为行为制定基本原则成为伦理学的主要任务。功利主义根据最大限度地增进社会福利这一目的制定了"最大多数人的最大幸福"的功利原则,而康德道义论确立了"只按照你同时能够愿望它成为一个普遍法则的那个准则去行动"[①]的原则。虽然这两种伦理学对基本行为原则的理解存在分歧,但它们把伦理学定位于研究原则或规范则是完全相同的。

五是认为伦理学研究道德语言。西方 20 世纪逻辑实证主义和分析哲学学派持这种观点。乔治·爱德华·摩尔(G.E.Moore,1873—1958)的《伦理学原理》(1903 年)的出版是伦理学的研究对象从规范转向道德语言和伦理学语言的标志。在这部著作中,摩尔提出以往的伦理学都犯了"自然主义谬误",其原因在于它们都试图给"善"下定义,而在他看来"善"是不可定义的。此后,逻辑实证主义在拒斥形而上学的过程中,把伦理学命题、道德命题也看作不具有真假值的伪命题,由此全面启动了对历史上的伦理学和道德语言进行逻辑分析的活动。在他们看来,伦理学作为哲学不是

---

① [德]康德:《道德形而上学的奠基》,李秋零主编:《康德著作全集》第 4 卷,中国人民大学出版社 2005 年版,第 428 页。

要给人们提供如何行动的指导,而是要给人们使用的道德语言进行分析,以揭示其意义、功能及合理性。此后,英国日常语言分析哲学学派继承了这一传统,认为伦理学的任务就是要对伦理学语言和道德语言进行分析。不过,他们更强调对伦理学语言和道德语言进行语义分析,而非逻辑分析。

以上五种关于伦理学研究对象的看法虽然不同,但它们所涉及的都是道德,都属于伦理学的对象范围,只不过各自所言的道德侧重点有所不同。伦理学的研究对象就是道德。道德作为人类特有的本质规定性是一个复杂的体系,而且个人的道德与社会的道德之间既存在联系又有所不同。从总体上看,道德包括道德认识、道德情感、道德意志、道德品质、道德行为、道德观念(包括善恶观)、道德规范、道德教育、道德修养、道德体系、道德文化等各个方面或不同层次。这些方面有不同的学科研究,如教育学要研究道德教育,心理学要研究道德认识、道德情感、道德意志、道德品质等。与其他所有关涉道德的学科不同,伦理学是从根本上、总体上研究道德,也就是要从宇宙、社会和人生相互关联的角度来研究道德。

所以,伦理学把道德作为研究对象,其范围既广又深。就广而言,它从总体上研究道德的各方面、各层次;就深而言,它着眼于人性及其与世界的关系研究道德。因此,伦理学不同于社会科学,也不同于其他人文学科,它是哲学,其根本使命是要研究解决人类为什么要有道德、应该有什么样的道德,以及如何有道德等有关道德的根本问题,其终极目的是要给人类的普遍幸福或为人类普遍过上好生活提供论证和指导。

(二)伦理学的学科结构

在古希腊时代,伦理学已经有了价值论和德性论。中世纪没有独立的伦理学研究,但已经有了规范问题的研究,而近代则出现了系统的规范论。20世纪上半叶元伦理学兴起,到了20世纪50年代德性伦理学开始复兴,德性论又成为伦理学的分支。20世纪70年代,应用伦理学开始兴起,并获得了迅猛的发展。到今天,伦理学已形成了比较完整的学科结构,包括元伦理学、理论伦理学和应用伦理学三个层次,其中以理论伦理学为主干。每一个层次的学科,还有不同方面、层次甚至交叉性的研究领域,如道德心理、道德教育研究就具有交叉性。

元伦理学(metaethics),是与传统规范伦理学相对而言的一种现代伦理学理论。从其词源分析来看,"meta"出自拉丁文,意为"在……之后"或"超越……之外(之上)","metaethics"的字面意思可以被理解为"伦理学之后"或"超越的伦理学",亦即"对伦理学本身的研究"或"超越传统规范伦理学的伦理学"。其内容主要是对理论伦理学所使用的道德概念(术语)和判断的意义、功能进行分析,以及为伦理学理论提供证明,故而又常被称为"分析的伦理学"。1903年,英国哲学家摩尔的《伦理学原理》一书出版,标志着元伦理学的正式诞生。此后,元伦理学理论研究在西方哲学界长期兴盛至今,已成为伦理学的一个重要研究领域,属于伦理学研究的基础层次。元伦理学的研究对象是伦理学的语言,包括术语、命题、理论体系,其任务是研究它们的意义、功能、根据和证明等问题。元伦理学的兴盛开辟了伦理学研究的新领域,深化了对重大道德问题的探索,也产生了不少重要的积极效应,如促进了价值与事实的区分、承认价值相对性与多元性、提出合理性标准等。因此,将元伦理学作为伦理学的重要研究领域,意义重大。

理论伦理学或伦理学原理,是伦理学中最早出现的,通常它就代表伦理学。理论伦理学研究道德的基本问题,主要包括道德认识、道德情感、道德意志、道德品质、道德行为及规范等问题。据此,理论伦理学由五个分支组成:研究道德价值问题的价值论、研究道德情感问题的德情论、研究道德品质问题的德性论、研究道德行为的正当论,以及研究道德意志的智慧论。理论伦理学的五个分支所关注和研究的也是人生的五个基本方面,即目的、情感、品质、行为和调控。它们分别从这五个方面解释并回答道德问题、人生问题,给人生提供伦理学原则,因而都有其相对独立存在的价值。道德和人生的上述五个方面既相互联系又相互区别,因而理论伦理学的五个分支也相对独立、相互依存、相互补充,它们从不同方面共同研究并回答道德问题和人生问题。不同的伦理学家侧重于这五个分支中的某一学科研究在所难免,但不能用其中某一个分支取代或否认其他分支。从伦理学史及伦理学对现实生活影响的历史过程看,那种用其中一个分支取代或否认其他分支的做法都是有害的。伦理学家可以侧重于不同的学科领域进行研究,但伦理学教材和伦理学教学则不能如此。伦理学教材及其教学要系统地给学生传授伦理学基本知识,使学生了解一般价值原则、德情原则、德性原则、正当原则和智慧原则,切忌抓住一点而不及其余,否则便会误导学生。

传统的伦理学研究几乎都是理论伦理学研究。20 世纪 70 年代以来,随着现代文明问题的突显、社会生活的复杂化和多元化,出现了另一种研究——应用伦理学研究。它逐渐把理论伦理学的观念和原则应用于人类重大现实问题以及社会生活各个领域、各种职业和各类人群的研究。所有这些研究的共同特点在于,它们都是从伦理学的角度对实际问题进行的研究,都是把理论伦理学的观念和原则运用于解决当代人类社会和生活实践中出现的实际问题。应用伦理学自诞生以来获得了迅猛发展,几乎已经覆盖了人类生活的各方面、各层次,介入了各种人类重大现实问题的研究,已经成为伦理学最富生机和活力的领域。所以从总体上看,应用伦理学研究还是一种伦理学研究,而不属于社会科学研究的范畴。

(三)伦理学的研究方法

孔子说:"工欲善其事,必先利其器。"(《论语·卫灵公》)就是说,工匠想要把他的工作做好,一定要先让工具锋利。这里的"器"就是工具。伦理学研究亦如此,要使研究取得最好的效果和最大的效益,就必须掌握和使用正确有效的方法。

在哲学各分支学科中,伦理学是与人生、社会和历史联系最直接的学科,西方伦理学史通常把它视为实践学科。尤其是在当代,应用伦理学的发展使各个社会生活领域、各种人群、各种职业、各种重大社会问题都进入了伦理学研究的视野,伦理学与各门科学之间存在着复杂的交叉关系、协同关系、互鉴关系。而且,伦理学各层次的学科、各分支学科所使用的方法也不尽相同,其中包括从各种学科中借鉴而来的方法。因此,伦理学所使用的方法除了哲学的思辨方法,还会用到其他许多方法。其中研究者使用得较多的方法主要有文献诠释法、历史审视法、现实观照法、社会调查法、体验反省法及逻辑方法等方法。

文献诠释法是根据研究主题对人类已经积累的相关伦理学文献进行意义解读和诠释,从中获取滋养和启示的方法。中西伦理学有两千多年的历史,积累了大量的经典文献,这是任何伦理学分支研究都必须重视的宝贵资源。开展任何一个主题的伦理学研究,都要尽可能充分地搜集中西伦理学史上的相关经典文献,并进行认真深入的研读,准确把握文本的意义,从中获得灵感并吸取所需要的有益内容。在钻研经典文献的过程中,研究者可借鉴中国的文献注疏方法和训诂方法以及西方的诠释学方法对文献进行解读和释义,从而使自己的研究植根于历史文化沃土,增强研究成果的厚重感和论证力。文献诠释的过程实际上就是传承和弘扬的过程,也是与前人对话的过程。缺乏这个过程,或这个过程有欠缺,研究成果往往会流于肤浅,难以达到应有的深度,也很难有真正意义的创新。

历史审视法是将研究主题置于人类历史或某种特定社会历史中考察、审视和思考,以揭示其历史真相和内涵的方法。几乎所有的伦理学研究主题都与人性特别是人的社会性紧密相关,而人性既有超越时间的共同性,也有不同时代的特殊性。因此,研究任何一个伦理学问题,都需要将其放在人类历史或某种特定社会历史(如中国历史)背景下进行考察、审视和思考。只有这样,才能揭示某一主题的本义和实质,破解它与时代之间水乳交融的紧密联系,并凸显其历史性和时代特征,从而形成对研究主题动态的、总体性的把握。历史审视法不仅适用于历史性主题的研究,也适用于现实性主题、一般意义的理论性主题的研究。

现实观照法是将研究主题与人类社会现状、人类实际生活相对接、相观照,立足于时代和当下,并使研究成果能够为现实服务的方法。任何伦理学主题的研究都需要有现实关怀、现实指向,最终要落到为当代人类更幸福、社会更美好服务上。现实观照法的实质在于研究者要有明确的问题意识和强烈的现实关怀。伦理学研究应是为了解决现实问题而开展的,即使是纯学理的研究,其主题亦应是学术研究领域现实存在的、需要进一步解决的问题。伦理学研究不能与现实完全无关,不能无病呻吟,那种脱离现实的研究既没有实际价值，也难有学术价值。现实观照不仅要关怀现实、指向现实，作为哲学研究，伦理学还要将研究的主题与时代精神紧密结合，注重提炼和提升时代的道德精神，为哲学提炼和提升时代精神作出应有贡献。

社会调查法是根据研究主题有目的、有计划、系统地搜集相关研究对象的社会现实状况或历史状况材料的方法。这种方法原本是社会科学常用的方法，现在伦理学也常用这种方法。在伦理学研究中，这种方法不仅可运用于一些应用伦理学领域，也可以用于理论伦理学的各分支。研究者通过社会调查收集论证主题所需要的各种数据，并将数据用于观点的论证，以此增强研究成果的量化性，使研究成果更有说服力、更能与现实对接。更为重要的是，运用社会调查法所产生的伦理学成果可以直接为社会现实服务，为社会生活中存在的各种道德问题提供解决方案。

体验反省法是研究者进行人生体验并对其不断进行反思从而为伦理学研究提供心理资源和验证的方法。伦理学的研究大多都与人生相关，研究者自己的人生经历和心理感受可以成为研究者最直接的经验来源，同时研究者可以用自己的经历和感受对自己的研究成果进行验证。研究者的体验是最真实的，研究者的体验越丰富、反思越深刻，并在研究的过程中注重运用自己对体验的反思，那么研究成果的说服力和亲和力就越强。

逻辑方法是按逻辑思维的规律、规则形成概念、作出判断和进行推理，使研究成果得到充分逻辑论证并在逻辑上自洽的方法。逻辑方法有很多，主要有：从多个个别的事物中获得普遍规则的归纳法；从普遍性规则推导出个别性规则的演绎法；把事物分解为各个部分、侧面、属性，分别加以研究的分析法；把事物各个部分、侧面、属性按内在联系有机地统一为整体，以掌握事物的本质和规律的综合法；从众多的事物中抽取共同的、本质性的特征，而舍弃其非本质特征的抽象法；把从一些具有相同属性的事物中抽取出来的本质属性推广到具有这些属性的一切事物，从而形成关于这类事物的普遍概念的概括法；通过同类事物之间的比较、不同类事物之间的比较，在同中求异、在异中求同的求同求异法。所有这些方法都是伦理学研究中经常运用的，只是不同的主题研究所运用的方法不尽相同。一项研究越是注重运用逻辑方法，其论证性和自洽性就越强。

虽然伦理学的不同分支有各自不同的方法，但思辨方法是伦理学的基本方法。反思、批判和构建是伦理学研究的灵魂，是伦理学的根本精神。缺乏这种灵魂和精神，伦理学就会丧失其生机和活力，伦理学研究就会沦为对原有理论和既定现实的诠释。因此，任何伦理学研究都不能丢掉思辨的方法，否则它就不是真正意义的哲学研究。伦理学方法论的这种性质，决定了不同的伦理学家对同一伦理学问题会作出各具特色的回答，决定了不同的伦理学家会建立起不同的伦理学体系。因此，伦理学的理论和观点总是多元的，彼此之间不尽一致，甚至相互冲突。

　　每一位伦理学家都是在批判他人理论的基础上建立自己的理论,并坚信和声称自己的理论是正确的,但实际上他们的理论难以让众人信服。随着时间的推移,伦理学研究就成为百花齐放的百花园,每一种理论都以其独特的魅力吸引着不同的欣赏者。伦理学理论和观点的多元现象并非必然导致人们思想观念的混乱,更不会必然导致人们实践行为的放肆,相反,它是有益无害的。这种局面的出现,不仅标志着学术的繁荣,表明社会的开放、开明、生机和活力,而且客观上要求人们不得不在多种可能中进行选择。这种客观要求使每一个人、每一个群体不得不增强自我意识、主体意识,不得不做自己的主人。更重要的是,伦理学理论和观点的多元化既为社会也为其成员根据自己的实际和可能构建适合自己需要的思想观念体系提供了更多可供选择的机会和余地。而可供选择的机会越多、余地越大,社会及其成员择善而从的可能性就越大。

　　（四）伦理学与哲学价值论的关系

　　伦理学是与本体论同时代诞生的古老哲学分支学科,其中包括研究善和至善的价值论领域。在古希腊早期,伦理学被看作人生哲学,由于幸福被看作人生追求的核心和终极目的,伦理学也就是关于幸福的哲学。亚里士多德建立伦理学的目的就在于回答当时人们普遍面临且颇感困惑的两大问题,即什么是幸福,如何获得幸福。价值是人生追求的目的,而幸福实质上就是人所追求的价值得到很好实现的状态。因此,伦理学在其最初意义上就是研究人生中的价值,特别是那种根本性的、总体性的价值,确立人们在追求这种价值过程中应遵循的一般价值原则和基本行为规则的价值论。简言之,伦理学最初就是价值论。然而,在中西传统社会,德性或道德一直被看作人生基本的、终极的乃至唯一的价值,并被视为幸福的主要要素甚至幸福本身,以至于道德与价值、道德与幸福被等同起来了。这样,原本作为价值哲学或幸福哲学的伦理学就成了道德哲学。

　　德国哲学家洛采（R.H.Lotze,1817—1881）针对实证主义哲学,试图在价值领域中去寻求哲学出路,主张把价值和评价概念放在哲学的中心地位。洛采的这些观点赋予了价值极其重要的意义,把价值概念提到了哲学的中心地位。在洛采提出上述观点之后,尼采在批判地继承叔本华的生命意志哲学的基础上建立了他的强力意志哲学。在洛采和尼采的影响下,以文德尔班及其学生李凯尔特（Heinrich Rickert,1863—1936）为主要代表的新康德主义弗赖堡学派明确主张建立价值哲学,弗赖堡学派因而也被称为价值哲学学派,而文德尔班则被称为"价值哲学的创始人"。价值哲学认为哲学就是研究价值问题的学问,它既指一种哲学观点,也指西方哲学史上的一个学派。价值哲学家致力于建立价值哲学,使哲学家们开始重视价值问题,这在哲学史上是有意义的,但他们把哲学归结为对价值的研究、把价值哲学等同于哲学,这是以偏概全,大大缩小了哲学研究的范围。价值哲学没有直接谈及与伦理学的关系,却有将哲学伦理学化的倾向。

19世纪末,奥地利的迈农(A. Meinong,1853—1921)和艾伦菲尔斯(V. Ehrenfels,1850—1932)等哲学家提出建立一般价值论。很快,美国一些哲学家受迈农等人的影响开展一般价值论研究,并产生了很大影响。20世纪80年代中国也开展了此类研究,随后与美国的一般价值论研究建立了较为密切的关系。一般价值论研究从最初兴起到今天已有百余年,它对于哲学界和社会重视价值问题起到了重要推动作用,但是它的局限很大,与得到公认的作为哲学主干学科之一的价值论还有一定差距。从哲学价值论的角度看,一般价值论至少有以下四个方面的局限。其一,它基本上局限于价值的基础性问题研究,不关心其他重要价值问题。其二,它脱离哲学已有价值学科(如伦理学、政治哲学、美学等)的研究,不注重从这些学科汲取营养。其三,它将研究对象限制于人类,没有考虑宇宙中普遍存在的价值现象,无法解释宇宙万物普遍存在的价值关系。其四,它缺乏本体论的根基和知识论的支撑,基本上局限于社会价值现象的研究。以上局限不仅表明一般价值论不能作为哲学的主干学科——价值论,而且这种缺乏理论根基、对学科和现实不能发挥规导作用的一般化研究也没有多大意义。

虽然价值哲学和一般价值论都有其明显的局限,但它们的出现使哲学家们注意到了价值问题在哲学中的重要地位。此后有不少哲学家开始把价值论作为哲学的一个相对独立的研究领域,价值论与本体论(形而上学)、知识论一起构成哲学的三大核心分支学科。最一般地说,所谓价值论,就是立足于本体论和知识论,研究自然和社会的价值现象和价值问题,为人类生活提供价值论原则的哲学分支。这样,就产生了价值论与伦理学的关系问题,这一问题尤其体现在哲学价值论分支与伦理学价值论分支两者之间。

直到今天,哲学界仍较少讨论伦理学与哲学价值论的关系,但从哲学家的研究情况看,关于二者的关系存在着两种意见:一是认为伦理学作为关于德性的学问,包括价值论,它就是哲学中研究价值问题的分支。基于这种考虑,今天许多西欧哲学家不怎么使用哲学价值论的概念。二是既承认伦理学,也承认价值论,但认为价值论由伦理学、美学和政治理论三部分组成,即将研究德性领域的价值问题的伦理学看作价值论的一个分支。这两种意见都有道理,但如果从哲学学科的合理角度看,价值论与伦理学同时作为哲学的分支学科更为合理。价值论基于本体论和知识论,研究宇宙万物、社会和人类的各种价值问题,而伦理学主要研究人类的道德,包括道德价值,它属于价值论的下属学科,接受价值论的规范和指导。同时,二者在研究范围上存在着交叉关系,道德价值是与人性直接相关的价值。

三、伦理学的基本范畴：道德

道德在历史上的含义不一，人们对道德的理解也有很大的变化，至今不仅尚未形成共识，而且存在着许多不正确的理解。学习和研究伦理学时必须对道德的内涵和实质有准确而全面的把握。

（一）道德的内涵

汉语中的"道德"一词，是由"道"和"德"构成的合成词，其原初含义是得"道"，即所谓"德者，得也"（《管子·心术上》）。"道"的概念的提出，一方面源于春秋时期思想家要为宇宙万物寻求本原，以解释宇宙的变化与和谐，另一方面是为了给"德"这一价值论观念提供本体论依据。老子说"尊道而贵德"（《老子》五十一章），实际上已经将"道"与"德"联系起来了，而《荀子·劝学》首次将"道"与"德"连用："故学至乎礼而止矣。夫是之谓道德之极。"从此，汉语中就有了"道德"概念。"道德"的英文对应词是 morality。这个词源自拉丁文的 mos，其复数形式是 mores。后来古罗马的西塞罗从 mores 一词创造了一个形容词 moralis，指道德的。英文一方面沿袭了希腊文的 εθος 和 ήθος，于是就有了 ethos（道德风尚）、ethic（道德标准）、ethics（伦理学），以及 ethical（伦理学的、道德的）；另一方面又沿袭了拉丁文的 moralis，于是就有了 moral（道德的）和 morality（道德）。

从人类社会史看，道德最初是作为维系社会人伦关系的规范（禁忌、习俗或惯例等）出现的，主要具有工具的意义。伴随着人类文明的演进，道德的内涵不断丰富，尤其是经过思想家的探究和阐发，道德逐渐获得了社会理想和人格理想的意义，体现了人类特有的智慧。于是，道德就成为人之为人的根本规定性，成为人区别于宇宙万物的主要标志，从而获得了目的的意义。这是一种超越，而不是对道德的工具价值的否定，它仍然具有工具价值，但已经不仅仅如此了，而是同时具有了目的价值。道德在人类发展过程中由单纯的手段变成既是手段也是目的，它是一种后来获得者。当然，人的目的是一个系统，这个系统由许多目的和不同层次的目的构成，道德虽然不是人原初的目的，却成为目的王国中最重要的成员之一。在人类发展过程中，不单道德如此，还有许多今天对于人类具有目的意义的东西都是后来获得的（如自由、平等、尊严等），而道德作为目的，在人追求的所有目的中是从根本上体现人性的。

道德的意义之所以会发生这种变化，原因在于人类的本性。人与宇宙万物不同，其本性不仅在于生存下去，而且要生存得好、生存得更好。正是在追求生存得更好的过程中，人类把那些有利于自己生存发展的东西视为目的加以追求，使之具有目的价值。这种获得性的目的价值不同于原初性的目的价值，同时它不仅具有目的价值，还会使原初的目的优化。例如，美味佳肴对于今天的人不仅具有目的价值，而且优化了人对最初仅仅满足于生存需要的食物的追求。对动物来说,原初价值就是目的价值,草料对牛马来说是原初价值,也是终生的目的价值。然而,对人类来说,饮食、繁衍是两种原初价值,但人不能一辈子只追求饮食和繁衍。原初价值是强度最大的价值,而派生价值则往往是比原初价值层次高的价值,对派生价值的追求正是人比万物高贵的体现。对人来说,原初价值必须满足,但人所要追求的则主要是派生价值。

从思想史的角度看,"道德"(morality)作为一个概念由来已久,早在"轴心时代",思想家就提出了这个概念并对道德进行了深入探讨。先秦诸子百家(尤其是儒、道两家)的共同特点是从本体论上把道视为万物的本原,而把德视为道的体现,视为对道的"得"。这种"德"既指人性中禀赋的道,即人性中本来具有的天地万物本根之道,可谓之"天赋之德";也指当人成为自主的人以后对这种道的自觉领悟、体认和践行,使人性禀赋的道发扬光大,可谓之"人为之德"。在西方,最早把道德作为关注对象的是苏格拉底。他把作为目的的"善"看作是宇宙万物的本原,万物存在的意义就在于实现这种目的之"善"。在他看来,人是由肉体和灵魂两部分构成,灵魂是神性的体现,是人之为人的本性或规定性。善就是灵魂追求的目的,当灵魂实现了目的之"善",人就具有了德性,人也就过上了好生活。苏格拉底这种把道德理解为德性,把具有德性作为好生活的实质内涵的思想在柏拉图和亚里士多德那里得到了发扬光大。

但是,无论在中国还是在西方,"轴心时代"以后的思想家对道德的理解都发生了很大的变化。在中国,孔子之后的荀子就开始"隆礼重法",强调道德的规范方面。到了董仲舒那里,传统的"五伦"被改造为"三纲",在先秦儒家的"仁义礼智"之后加上"信"并称为"五常"。从此,以"三纲五常"为核心内容的伦理纲常就成为中国传统社会道德的实质内涵。这种把道德理解为约束人们的规范的传统一直延续到当代。在西方,到了古罗马的斯多亚学派那里,道德不再被仅仅理解为德性,还被理解为自然法。"自然法"概念源自古希腊赫拉克利特的"逻各斯"概念。赫拉克利特认为,宇宙是一团永恒的活火,按一定尺度燃烧、一定尺度熄灭,这个尺度就是逻各斯,因而逻各斯实际上就是宇宙万物运动变化的法则。斯多亚学派将赫拉克利特之"火"视为理性,将逻各斯改造成体现万物本性要求的自然法(或本性法)。这种自然法实质上就是道德法则,就是道德。中世纪的托马斯·阿奎那和西方近代启蒙思想家赋予了自然法不同的内涵,但将自然法视为道德法则和社会一切规范尤其是法律的基础和依据,这一点没有改变。

市场经济的兴起和发展一方面要求给社会成员最充分的自由,另一方面要求建立严格的社会规范来维护社会秩序。为适应这种需要,近代以来西方社会和思想家越来越重视道德的规范方面,而忽视道德的其他方面,尤其是人的德性方面。于是,道德就成为英国伦理学家威廉斯（Bernard Williams，1929—2003）所说的要求自己有一个清晰边界的"特殊制度"（the special system）[1]。对此，威廉斯指出，当代道德不再关心人们成为什么样的人，不在意人们应该具有什么样的品质、情感、人格，而更多地重视人的行为符合道德规范。然而，近代以来人类道德的日益规范化导致十分严重的消极后果，如理想破灭、信仰动摇、精神空虚、心理疾病流行，乃至两极分化、生态失衡、科技滥用等。正是在这种背景下，西方许多思想家反思和检讨启蒙思想，以弘扬人的德性为使命的德性伦理学开启了复兴之路。

根据人类对道德理解曲折历史的考察，鉴于近代以来道德日益规范化的经验教训，我们可以给道德作这样一个基本界定：道德（morality）是人类适应谋求生存得更好本性的要求而形成和不断完善的，以个人人格完善和社会普遍幸福为终极追求，通过个人自觉和社会控制相互作用实现其功能，既具有规范性又具有导向性的价值体系。其实质内涵在于，它是人类得以更好地生存的智慧，是人类特有的生存方式。这一界定包含以下四个方面的主要含义。

第一，道德源自人谋求生活得更好的本性，是通过培育和建设形成的。从人类历史演进可以看出，道德并不是社会治理者为了控制其成员而发明的手段，而是人类在追求更好地生存的过程中形成并不断完善的最佳生存方式，其根基就在于人谋求生活得更好的本性。道德作为人类本性的体现，既与宇宙万物相通，又是对宇宙万物的超越。在漫长的原始社会，道德是人们在共同体生活中自发形成的生存方式；到了原始社会后期，人类逐渐有了对道德的自觉意识；进入文明社会后，人类诉诸社会道德教化、个人道德修养来培养人们的道德素质，通过社会道德建设提高整个社会的道德水平。今天，道德既指个人的道德素质又指社会的道德水平。这两个方面的有机统一构成社会的总体道德状况，而社会的总体道德状况则完全取决于社会道德培育和道德建设的力度。

第二，道德是具有不同层次和维度的价值体系，是社会价值体系的基础和母体。道德是一种价值体系，通常称为道德体系。道德体系从个人层面看包括道德认识、道德情感、道德意志、道德品质、道德行为等不同的维度；从社会层面看道德包括道德规范体系和道德导向体系。社会道德规范体系由一般道德原则、德性规范、德情规范、德行规范及其制约机制构成，社会道德导向体系由道德理想人格、道德理想社会及其引导和激励机制构成。在人类进入文明社会前，道德就是社会的价值体系；进入文明社会后，从道德中生长出了法律、制度、政策等规范性体系，形成了更为复杂的社会价值体系，但道德仍然是社会价值体系的母体和基础。道德体系的核心是道德价值观或善恶观。善恶观是由根本性、总体性的善恶观念构成的观念体系，其核心内容

---

① Bernard Williams, *Ethics and Limits of Philosophy*, London and New York：Routledge, 2006, p.7.

是人们对什么是善的、什么是至善形成的观念。善恶观规定着人们的道德价值取向，是人们进行一切道德活动的依据，从根本上决定着个人和社会的道德状况。

第三，道德通过个人的认识、情感、意志、品质、行为和社会的规范、舆论、环境以及善恶观交互作用来实现其功能。道德既指个人道德，也指社会道德，是两者的有机统一，其发生作用的机制极其复杂。从个人层面看，道德包括以下主要要素：道德判断和选择能力，良心、道德感和仁爱情感，道德信念、道德追求、道德动机、道德意志力，基本德性和派生德性，以及道德行为方式。个人的这些道德要素之间复杂的相互作用构成了个人道德作用机制。从社会层面看，道德主要包括道德规范体系、以旁人议论和大众传媒为主要形式的社会道德舆论、主要体现为社会道德风尚以及家风的道德环境等基本道德要素。社会的这些道德要素之间复杂的相互作用构成了社会道德发生作用的机制。个人道德作用机制与社会道德作用机制之间又存在着极其复杂的相互作用机制，其中社会规范机制和导向机制发挥着决定性的作用。

第四，道德追求个人人格完善和社会普遍幸福，是人类谋求更好生存的生存智慧。道德既追求个人人性充分实现，从而使人格不断完善，也追求所有社会成员的人格完善，从而实现社会普遍幸福。道德的追求是以智慧的方式追求。道德与智慧是一致的、相通的，真正的道德就是智慧，就是以智慧的方式行动。智慧与愚蠢相对立，智慧是善的，愚蠢是恶的。道德作为智慧无处不在、无所不在。在日常生活中，合理利己、互利共赢、和衷共济、深谋远虑、知恩图报、雪中送炭等就是智慧的方式，也是道德的、善的方式；极端利己、零和博弈、鱼死网破、急功近利、过河拆桥、落井下石等则是愚蠢的方式，也是不道德的、恶的方式。智慧的最高境界，用中国传统文化的术语表达，就是圣人，圣人是智慧与德性完美统一的完善之人。道德的使命就是要引导人们成为智慧之人、道德之人，追求完善之人。

（二）道德与伦理

我国所使用的"伦理学"一词中有"伦理"的概念。为什么以"伦理学"命名的学科研究对象不是"伦理"而是"道德"呢？这是每一位接触伦理学的人常常感到困惑的问题，伦理学界也对这两个概念之间的关系进行了长期反复的讨论，至今尚未达成一致看法。

我们先来看看伦理学与伦理、道德的关系。伦理学学科创始人亚里士多德最早通过改造古希腊语的"风俗"一词（εθος）而创造了"伦理学"一词，但他在这个学科名义下研究的主要是德性问题即道德问题。从西方伦理学与伦理、道德的关系看，伦理学从一开始就是研究道德的，只不过在古希腊时期主要把道德理解为德性，但道德也有法则、规范的含义。日本思想家在翻译英文 ethics 时用了"伦理学"一词，而没有用"道德学"。为什么会如此？到目前为止尚未见有明确的说法，但我们可以作出以下推测:在中国传统社会,从尧舜时代开始就非常重视人伦,当时就有"五品"(父、母、兄、弟、子)、"五典"(义、慈、友、恭、孝)的说法,进入文明社会后,家族的五伦扩展到了包含君臣、朋友的"五伦",并开始建立礼制以维护家庭和社会伦理秩序。后来汉儒董仲舒将传统的五伦改造成"三纲五常"的伦理纲常,宋明理学又将伦理纲常天理化。由此可见,伦理在中国传统社会具有更突出的社会地位和更广泛的社会影响,日本思想家也许正是据此将英文的 ethics 译为"伦理学"这一词,意为人伦之理。但是,如果我们考察我国儒家和道家的思想就会发现,他们的伦理思想主要是研究道德的。老庄伦理思想根本不包含道德原则和规范方面的内容,还反对儒家所主张的伦理纲常和礼制;孔孟伦理思想的核心内容是既有德情含义又有德性含义的仁爱,它们虽然延续了西周重视伦理纲常和礼制的传统,但试图将其纳入仁爱的范围,并赋予其仁爱的内涵。

从伦理学与伦理、道德之间的关系明显看出,伦理学从一开始就是关于道德的学问,而不是关于伦理的学问,只是其中包含以维护社会秩序为目的的道德规范(伦理)。由此,我们就可以进一步厘清伦理与道德之间的关系。

在我国"伦理"一词最早出现在《礼记·乐记》中:"凡音者,生于人心者也;乐者,通伦理者也。"在中国传统文化中,"伦"主要是指人与人之间的辈分次第关系,"理"含有事物条理、规则、道理等含义,"伦理"通常是指社会的道德规范及在其作用下形成的人伦关系,也指社会治理者期望建立的人与人之间的理想道德关系。良好的伦理关系是良好社会秩序的基础,伦理问题因而历来受到统治者的高度重视。伦理关系不是自发形成的,而是社会通过运用道德规范约束人们的行为形成的。因此,伦理就其实质而言就是道德规范发生作用的结果,一个社会有什么样的道德规范就有什么样的道德秩序。当然,道德规范不是个人确立的,而是社会确立并通过一定机制使社会成员践行的。但需要明确的是,社会的道德规范本不应是来自统治者的意志,而应是来自道德的要求,从根本上说是来自全体社会成员谋求生存得更好的共同本性。

人的本性是谋求生存得更好,其基本特性是自为性和社会性。自为性要求个人成为自己的主人,通过自己的作为更好地满足自己的生存发展需要,体现为能动性、主动性和创造性等主体性特征;社会性要求个人必须在社会中通过给他者(他人、组织群体和自然)作出贡献来更好地满足自己的需要,必须约束自己的行为、不妨碍和伤害他者来与他者和平共处和合作互助。人性的自为性和社会性的上述要求实质上就是道德要求,它既体现在个人身上,也体现在社会生活中。从个人的角度看,人的本性要求具备道德素质,从而确保人的本性的要求得到实现;从社会的角度看,人的本性要求社会建立道德体系,从而为社会成员的共同本性要求普遍得到实现提供环境和创造条件。社会道德体系包括两个基本层次或方面:一是规范社会成员行为以确保社会秩序的社会道德规范,二是引导社会成员追求更好生活的社会道德导向。伦理是社会秩序的基础,建立以伦理为基础的社会秩序是社会道德规范的指向和要求。

从文明社会的历史事实看,社会道德规范是不同社会根据自身的需要自发形成或自觉提出的对人们行为的道德要求,这种道德要求被有的思想家称为"伦理的实践必然性"(ethical practical necessity)。[①] 社会是一个复杂的概念,人们可以从社会形态的角度来理解社会,也可以从文化体系的角度来理解社会。但真正意义的社会是指人类基本共同体,在当代就是国家。伴随着全球化时代的到来,社会的范围在进一步扩大。自古以来,不同社会的根本需要和终极追求各不相同,有的社会将统治的长治久安作为社会的终极追求,有的社会则将社会成员的普遍幸福作为终极追求,因而以各种不同需要为根据自发形成或自觉提出的社会道德规范也不相同。而且,社会的道德规范可能是明确提出甚至是成文的,也可能是以风俗习惯的形式流行的。不同社会有不同的社会历史文化条件,因而社会道德规范体系会有不同的呈现形式,但它必须体现每个社会成员的本性的共同要求,而不能仅仅是统治者的意志。

在传统专制社会,社会的道德主体实际上是统治者,他们选择、确立道德体系,并通过各种途径一方面使道德要求对人们的行为起约束作用,另一方面又努力使其内化为人们的道德素质。在现代民主社会,社会成员个人成为社会的主人,而基本共同体(国家)是为其成员服务的。一方面,社会成员既是道德的立法者,又是道德的守法者,道德对于社会成员个人不再是外在的,而是既体现自己的意志又对自己有规导作用的价值体系。另一方面,社会治理者所推行的道德必须充分体现社会成员的意愿和意志,有效地维护社会成员的权利和利益,社会治理者作为道德主体本身也要受道德的约束。然而,从伦理学的角度看,即使社会的统治者是人民,社会道德规范也不能仅仅体现人民的意志,而必须体现人民的本性,或者说,所体现的人民的意志必须植根于人民本性的共同要求。只有这样的社会道德规范及以之为基础建立的伦理关系和社会秩序才能给人民的好生活提供保障,也才能被社会成员普遍认同和遵循。

道德规范源自道德的社会要求,社会道德规范确立后又能够对社会成员道德素质的形成与提升发挥重要作用。每一个社会都有自己的道德规范,而且每一个社会的道德规范都会对其成员的行为有不同程度的约束力,对其成员的道德素质有不同程度的影响力。正是这种约束力和影响力催生了个人的道德,并不断地对人们的道德起强化作用。同时,由社会成员践行道德规范构成的社会道德生活,也给人们道德的形成和完善提供了可供吸取的滋养和可供实践的场所。社会道德规范是个人道德生长的土壤,个人在社会道德规导下形成的道德,对社会道德规范的运行又具有非常重要的积极作用。个人的道德不只是实现个人幸福的最佳方式,而且可以使人们更自发地遵守社会的道德规范。个人的道德素质与社会的道德规范是相互作用的,个人

[①] 参见 Bernard Williams, *Ethics and Limits of Philosophy*, London and New York: Routledge, 2006, p.196。

要在社会道德规范及社会道德导向的作用下形成道德意识和道德素质,并以道德的方式谋求生活得更好,而社会又要从个人谋求生活得更好的道德实践中汲取营养,以不断完善社会道德体系,使之更有利于社会成员普遍过上好生活目标的实现。

(三) 道德与法律

道德是法律的依据,是社会价值体系(包括作为社会规范体系之一的法律)的母体和基础。这是一种传统的观念和原则,虽然这种观念和原则自 20 世纪以来屡遭质疑和责难,但今天看来必须坚持。

自汉武帝将儒家思想确立为官方正统思想之后,中国开始出现董仲舒等儒家推崇的以伦理纲常为核心内容的礼制的法律化。这即是所谓"援礼入法"或"以礼入法"。"援礼入法"不仅是一种观念,而且是在中国古代立法、司法、执法和守法过程中都有所体现的一种实践。它在法典制定方面的直接表现是"纳礼入律",即统治者制定和修改法律以使其符合"礼"的要求。荀子是儒家中最重视法的,他称"隆礼至法则国有常"(《荀子·君道》)。但是,荀子认为,在法与礼的关系中,礼才是国家的根本,"礼者……强国之本也"(《荀子·议兵》),而"法者,治之端也"(《荀子·君道》)。显然,在荀子看来,法是实现礼的起点,而礼是"道"的体现。"故坚甲利兵不足以为胜,高城深池不足以为固,严令繁刑不足以为威。由其道则行,不由其道则废。"(《荀子·议兵》)

自然法学是西方把道德视为法律基础和依据的学派。自然法学源远流长,其共同的基本价值信念有三:第一,自然法是由永恒的、普遍适用的一般原则构成的,因而不是成文法,不具备法律意义上的社会制裁关系和规范形式;第二,自然法与人定法是两个体系,它们之间可能是一致的,也可能是冲突的;第三,自然法作为普遍原则,是制定人定法的依据,也是人定法的价值评判标准。

自然法学在西方不同历史时期有不同的存在形态。古希腊罗马时期的自然法学是纯自然意义上的,最主要的特点是自然主义倾向,认为城邦及其立法、道德、风俗习惯、社会制度都与自然和神一样是自然生成的,具有神圣性,必须捍卫,不得违背。这种自然法能为人的理性所发现却不能为人的意志所左右。中世纪的自然法学是神学的。奥古斯丁以永恒法取代自然法,认为永恒法是上帝制定的律法,既不是自然规律,也无涉人的理性,而是唯一的上帝意志,因而与随时变易的世俗法律是截然对立的。托马斯·阿奎那把法划分为永恒法、自然法、人类法和上帝法,认为永恒法是上帝智慧的模型,它引导所有的行为和运动,而自然法则是人对永恒法的参与,求善避恶是其首要原则,自然法作为人类特有的东西是实践理性的产物。近代的自然法学主要是理性主义的,它将自然法归之于人的理性,认为理性是自然法的核心,并且以自然状态和自然法为根据,强调人的天赋权利,主张以社会契约为基础建立民主政治和实行法治。

自 19 世纪开始,随着西方国家法典化的逐渐完成,古典自然法学内在逻辑上的缺陷也开始暴露出来,并因而遭到了一些思想家的质疑,特别是遭到了分析法学及历史法学的批评。分析法学的奠基人奥斯丁(J. Austin, 1790—1859)最早提出法律与道德是两回事,法律无须以道德为依据。在奥斯丁看来,法律的存在是一回事,它的好坏则是另一回事,只要是实在的法律,人们就不能因为它是"恶法"而拒绝遵守或服从它。这即是为后来大多数分析法学家所共同推崇的"恶法亦法"的观点。奥斯丁的上述思想对后来的分析法学产生了重要影响,同时引起法律与道德关系特别是"恶法亦法"还是"恶法非法"的长期争论。

20 世纪西方法学界久负盛名的法学家凯尔森(H. Kelsen, 1881—1973)的纯粹法学的基本观点认为,"法律问题,作为一个科学问题,是社会技术问题,并不是一个道德问题"[①]。在凯尔森看来,法是一种手段,一种特殊的社会手段,而不是一个目的。这正是法与道德、宗教之间的区别所在。与道德不同,法是社会为维护秩序所制定的有组织的强制措施,而道德作为对不道德行为的反应,或者不由社会所规定,或者不由社会有组织地规定。

分析法学的最重要代表哈特(H. L. A. Hart, 1907—1992)将法律与道德的关系归结为以下四个主要相关的特征。其一,重要性不同。法律规定可能和道德一样能禁止某种行为而与道德相呼应,这时二者具有同等的重要性,然而和道德不同,"重要性"对法律规定的地位而言并非不可或缺的。其二,形成方式不同。法律可以通过提出新规则而改变或废除旧规则,而道德规则或原理不能用这种方式去改变或废除。其三,责任追究不同。就道德而言,如果某人的行为从外部看违反了道德规则,但他自己证明他不是故意的,而且已经尽力采取了应对措施,他就有理由免除道德责备。至于法律,则并非如此。虽然故意是刑事责任的要件之一,但在所有的法律体系里,这些阻却责任要素也受到许多不同方式的限制,在法律的"严格责任"领域更是如此。其四,强制形式不同。道德不是通过威吓、恐惧或利诱,而是提醒、劝导人们弃恶从善,启发人们的良心,而法律则主要是靠惩罚的威吓产生作用。

20 世纪的两次世界大战之后,自然法学重新受到重视并逐渐得到复兴,一些法学家在新的时代致力于对近代自然法理论进行弘扬和阐述,形成法学中的新自然法学流派。他们针对分析法学对道德和公正的排斥,强调法律与道德不可分的联系和实在法之外的公正原则。

20 世纪新托马斯主义的最主要代表人物马里旦(Jacques Maritain, 1882—1973)认为,自然法观念是古希腊思想和基督教思想的一项遗产。尽管格劳秀斯被公认为

---

① ［奥］凯尔森:《法与国家的一般理论》,沈宗灵译,商务印书馆 2013 年版,第 32 页。

"自然法之父",但这一观念并非起源于他,而且他更是扭曲了自然法。在那些伟大的思想家中,只有托马斯·阿奎那才抓住了自然法的实质,并将它变成了一个整体贯通的理论。在阿奎那之后,由于对自然法某些构成要素的误解,自然法的发展出现了倒退。为此,马里旦提出,要发现自然法观念的真正起源,我们必须回到奥古斯丁,回到教会神父们,回到保罗,甚至要回到更早的西塞罗、斯多亚派的哲学家、古代伟大的道德家及诗作家,特别是著名悲剧作家索福克勒斯。在索福克勒斯看来,只有充分了解自然法,才能理解作为法律核心内容的人权和义务,才能理解法律。"真正的人权的哲学基础是自然法的观念。自然法也为我们最基本的义务奠定了基础,各种法都受制于这种最基本的义务,这就是赋予我们根本权利的法则。"①

美国新自然法学的主要代表富勒(Lon L. Fuller,1902—1978)认为,在涉及法律与道德之间的关系问题上,现有的研究存在着两个问题:其一是对道德含义界定上的失败;其二是对"道德使法律成为可能"的无视。法律的一般性、公开性、非溯既往、清晰性、一致性、可行性、稳定性,以及官方行为与法律的一致性八条原则或曰八种卓越品质就是道德的八项要求或要件。

纵观人类思想史和社会实践,道德与法律的关系可归纳为三个基本方面:其一,道德是法律的依据,即哈耶克所说的"元法律原则"②。这种"元法律原则"就是道德。现代法律需要体现人民意志,由立法家制定,有立法依据,而立法依据主要就是道德要求;其二,法律所控制的是道德中的部分社会行为。法律作为社会控制机制实质上是对道德规范中一部分规范的强制化,这些规范控制的是那些可能破坏社会秩序、危害公众安全的行为。从范围上看,法律的规范只是道德规范的一部分;其三,道德的社会功能和覆盖面比法律广泛得多。法律只控制人们的一部分社会行为,即违犯法律的行为,而道德不仅控制这些行为,还控制这类行为之外的所有行为。此外,道德除规范功能之外还有引导功能,社会需要道德引导人们提升道德素质和人生境界,从而获得全面而自由的发展,过上幸福生活。

(四) 道德的根基

道德源自哪里? 或者说道德的根基是什么? 对于这个问题,自古以来伦理学家有不同的看法。较有影响的是以下五种看法:一是认为道德源自神灵的命令或启示。这是一种最古老的观点,许多原始民族的原始宗教及后来的宗教都把不同的神灵视为万物的创造者和真正统治者,人类生活中包含道德要求的戒律、禁忌等都被视为它们的命令,或者它们给人的启示。二是认为道德源自理性,体现了理性的要求,人有

① [法]马里旦:《人的权利与自然法》,万俊人主编:《20世纪西方伦理学经典》(Ⅲ.伦理学限阈:道德与宗教),中国人民大学出版社2004年版,第301页。
② [英]哈耶克:《自由秩序原理》上,邓正来译,生活·读书·新知三联书店1997年版,第261页。

理性才有道德。近代的笛卡尔、斯宾诺莎、莱布尼茨、康德、黑格尔等人是这种观点的典型代表。三是认为道德源自人的情感，是人某种本源性情感激发或驱动的结果。最有影响的是近代英国情感主义者和美国当代情感主义者迈克尔·斯洛特，把道德视为快乐和痛苦感觉或感受的快乐主义者也可划入其中。四是认为道德源自统治者的意志，是按照统治者意志构建的社会规范体系和导向体系。这是一种一直以来在非宗教化社会比较流行的观点。五是认为道德源自人的本性，所体现的是人的本性的要求和向善性。中国先秦的儒家和道家，古希腊的苏格拉底、柏拉图、亚里士多德、斯多亚派，以及现代的新亚里士多德主义者、新斯多亚主义者大致上持这种观点。

在以上观点中，前四种观点都有明显的偏颇。第一种观点虽然今天仍然在世界上相当大的范围流行，却是虚幻的，因为我们无法证明神灵的存在。神灵观念要么是人们在愚昧无知的时代无法解释道德现象是怎样产生的，要么是宗教组织教化的结果。就第二和第三种观点而言，理性主要是道德认识和善恶观的基础，情感则主要是道德情感的基础，但它们都不是整个道德的基础。因为前者解释不了人类为什么会有良心、道德感及仁爱情感，后者则解释不了人类为什么会有善恶观，为什么会有道德判断、评价和选择。显然，这两种观点都存在以偏概全的问题。第四种观点表达了文明社会的实际情况。统治者为了维护其统治和社会基本秩序，必须制定社会道德规范，因而文明社会的道德都是统治者意志的体现。但是，这里有两个问题：一是统治者可能是帝王，也可能是人民，道德本应体现人民的意志，而不是帝王的意志；二是统治者的意志也有其来源，道德原本来自人的本性，而非其他东西。上述观点中的第五种观点是有道理的，基本上能够成立，只不过持这种观点的思想家对人性的理解存在着分歧。

其实，道德的根基是人性，它既体现了理性的要求，也体现了情感的要求，还体现了意志的要求，归根到底它体现了人的本性的要求，人谋求生存得更好的本性才是道德的真正根源。关于什么是人性，古往今来有种种不同的理解和界定。人性是由人之为人的潜在规定性构成的整体，而这个整体隐含着人谋求存在、生存、生存得好、生存得更好的各种潜在特性。这里，生存得更好是人性的目的，也是作为人性现实化的人生的目的，而谋求生活得更好是人亘古不变的本性。谋求生存得更好的各种潜在特性或潜能，从心理学的角度看，包括人的认识、情感、意志和行为等方面。人性是潜在的东西，它需要通过人的开发使其现实化，而这种作为是在环境中进行的。因此，人性的现实化是人性、作为和环境三者的函数。人性的潜能现实化就形成了人的人格或综合素质，包括与潜能相应的认识、情感、意志和行为的能力，以及人性潜能现实化为现实能力过程中形成的知识、意识、观念和品质等人格要素。

人性现实化为人格的过程中存在着道德与不道德的维度。因为人是社会性动物，社会性客观上要求人性潜能现实化不仅要有利于个人更好地生存，而且要有利于他所在的共同体中的他人乃至共同体本身。社会正是把这种客观要求看作是道德的，并通过各种措施来促进人性朝着道德的方向发展。当人性总体上沿着社会所指引的正确道德方向现实化时，人就会在这个过程中生发出正确的善恶观和良好的道德判断能力，以及道德的情感、道德的品质、正当的行为。它们构成了道德素质的不同方面，分别属于道德认识、道德情感、道德意志、道德行为的范畴，而所有这些道德方面都是在道德地开发人性过程中形成的。

人性现实化的结果是使人的潜能转化为现实的能力，这种现实的能力就构成道德的现实基础。从心理的角度看，人的现实能力主要包括认识、情感、意志和行为方面的能力，它们构成人的道德的不同方面的基础。道德的不同方面大致上是与这些能力相对应的，或者说属于这些能力，因而都有相应的心理基础。善恶观（它是在长期的道德认识活动中积淀的基本道德观念）和道德判断能力都是以人的认识能力特别是理性为基础的；道德情感的基础是人的情感能力，特别是一些情感主义者所主张的“移情”；道德品质和道德行为则是基于人的意志能力，特别是基于欲望和兴趣的“有意于”和“有求于”的意愿结构和抉择结构，是通过现实的意志活动形成的。由此看来，道德不是像理性主义者所说的只是根源于理性，也不是像情感主义者所认为的只是根源于情感，而是根源于包括理性、情感等在内的人性潜能，并以源自人性潜能的现实能力为心理基础的。

个人道德的形成是作为人的综合调控机能的意志活动积淀的结果。意志作为人的一种特殊能力，与认识能力、情感能力不同，它既能产生和控制人的有意行为，还能协调人的所有能力（包括体力）及其活动。因此，意志是一种综合调控机能。当意志与人的理性相结合时就构成人的理智，而当意志具有德性品质时，理智就成为智慧。作为人的综合调控机能的意志一旦具有了德性品质，尤其是当人的理智转化为智慧时，人就会自觉地或自发地形成并实践各种道德能力，从而成为有道德之人。

总之，道德源自人性，道德的各个方面源自人性的各种基本潜能及其现实化过程，而最终又都指向人谋求更好生存的本性的实现，以及生存得更好的人生目的。当然，在不同的人那里，道德的各个方面并不是同步进行的，必定有现实化程度的不同，但它们常常是相互促进、良性互动的，从总体上构成一个人的道德素质和道德人格。

人性为什么能够成为道德的根基，这涉及伦理学的本体论依据和科学依据问题。中西“轴心时代”的哲学家都是从本体论的角度解答人性何以成为道德的基础。先秦儒道两家都认为天地万物都由“道”派生，万物禀赋了“道”就获得了自己的“性”，人性就是对“道”的分享，即所谓“一阴一阳之谓道。继之者善也，成之者性也”（《周易·系辞上》）。物性和人性得到充分的实现就是“德”。因此，对儒道两家来说，道德归根到底来自作为宇宙本根的“道”。苏格拉底、柏拉图则把道德（德性）看作灵魂或灵魂中的理性（人之为人的本性）的善，而灵魂的善是作为宇宙本体之善在人身上的体现。因此,对他们来说,作为道德基础的人性是与宇宙本体相通的。而现代科学认为,人性是人类长期进化的产物,在某种意义上可以说,人性是人类在生存竞争中遗传积累的有利于人类生存发展的优质基因,它体现为道德的潜能,为人成为道德之人提供了可能。

(五) 道德培育与道德建设

在现代社会,无论个人的道德素质还是整个社会的道德水平,都不是完全自发形成的,而主要是人为努力的结果。个人的道德素质是通过道德培育形成的,社会的道德水平是通过道德建设实现的。道德培育主要包括道德教育和道德修养,也包括环境(家庭、学校、职场和社会)的熏染,以及社会在学校道德教育之外有意识实施的道德影响。人的道德素质主要包括德情、德性、德行、智慧及善恶观等不可分离的方面,因而道德教育也包括这几个方面,道德修养亦是如此。道德建设则是社会自觉进行的提高社会成员道德素质的活动,包括道德宣传、道德教育、社会道德舆论氛围的营造、社会道德褒贬机制的建立、社会道德体系(包括规范体系和引导体系)的构建、道德理论研究,等等。道德教化是道德建设的目的,道德建设归根到底是为了对社会成员施加道德影响。显然,道德培育与道德建设是一种交叉关系,二者之间相互作用、相互影响,其共同目的是提高所有社会成员的道德素质,从而提高整个社会的道德水平。

家庭在道德培育中发挥着基础性的作用,这种作用主要是通过家庭环境和家庭教育实现的。家庭是人最原始、最根本的生活环境,是人接触社会生活的基础,是最重要的社会化场所,对人的发展特别是人的品质的形成具有极其重要的影响。在个人的一生中,家庭环境是变化较大的,而且情形非常复杂。个人最初的家庭环境一般主要由长辈(父母、祖父母或外祖父母)和兄弟姐妹构成,个人的身份是子辈;结婚后,家庭环境的构成增加了夫或妻,随后又增加了子女,个人的身份是父辈;当子女独立成家生子后,家庭的结构又增加了孙辈,个人的身份成了祖辈。家庭环境的三个阶段对人的道德的影响是不同的。婚前家庭环境是个人道德生长的"摇篮",对个人道德的影响最大,突出体现在对儿童和青少年时期道德素质包括德情自发形成等方面。这一段时间是人的道德的形成阶段,是人从无道德到有道德的初级阶段。

家庭环境对子女道德的影响体现在:一是个人主要是在被动接受家庭环境的影响。从出生到青少年这一段时期,个人从不懂事到逐渐懂事,个人的主体性处于形成过程中,一切事情都听从长辈,个人缺乏自主性和自我意识。二是在家庭环境中有多种途径对个人的道德发生影响,主要有家庭氛围的潜移默化作用、长辈的示范作用、长辈的教育作用、长辈的奖惩作用等。家庭氛围就是过去人们经常说的"家风"。道德氛围越浓的家庭越会使子女从小受到更多的道德熏陶,有利于子女形成德情、德性，反之则会不利于子女道德素质的形成。三是家庭环境对个人的影响总体上由强到弱。子女是完全在家庭和长辈的影响下成长的，到青少年时期，家庭的影响作用开始变弱，而学校的影响开始变强，特别是伴随着子女的自我意识明显增强及知识和能力的增长，他们可以用自己的眼睛观察，开始有自己初步的判断和选择。四是子辈时期在家庭环境中形成的道德对人终生的道德状况具有基础性的作用。

个人道德形成、养成和完善所需要的家庭环境是道德之家。所谓道德之家，就是家庭本身是道德化的整体，它是以道德为基础组织起来的，靠道德维系的，其功能也是出于道德的。虽然不能说有道德之家才有道德之人，但道德之家是道德之人的摇篮。因此，家庭要发挥道德培育功能，首先要建造道德之家。除此之外，长辈要注重道德示范，进行经常性的道德教育，注意纠正子女德情、德性、德行方面的偏差。

学校教育对于人的道德素质培育是非常必要和重要的，是现代社会道德教育的主渠道。学校道德教育的成败和水平高低直接影响全体社会成员的道德状况。好的学校道德教育培养出来的人不一定是普遍具有道德品质的社会成员，但不好的学校道德教育的结果必然是社会成员的道德水平普遍低下，甚至观念、情感、品质存在各种问题和缺陷。学校道德教育根据人类心理发展的规律循序渐进、由浅入深地进行，可以收到良好的效果。这是学校道德教育所特有的一个重要优势。学校应该充分发挥主渠道的作用，肩负起对学生进行系统道德教育的职责，使学生的道德发展尽可能全面到位，让学生掌握道德及其修养的知识，并在此基础上启发学生的道德意识，实现学生道德的自觉养成。

学校道德教育的责任主要包括三个方面：一是给学生传授道德知识，将道德理论作为一门从小学到大学的由浅入深的主干课程，让学生系统学习，通过教学使学生了解和掌握道德的本性、意义、类型和基本要求，道德形成的一般过程和基本规律，道德修养的重要性及其基本方法，使学生具备必要的道德理论知识。二是培养学生的道德素质，将对学生的道德教学与学生的道德实践结合起来，通过各种途径和方法使学生从我做起，从现在做起，在日常生活中按道德的要求行事，努力把道德要求内化为自己的德情和德性；将道德教学与日常的道德教导、日常的道德实践有机结合起来，将对优秀表现的表扬和鼓励与对不良表现的批评和惩罚有机地结合起来，将在学校的表现与在家庭、社会的表现有机地结合起来，使学生防微杜渐，慎独自律。三是启发学生的道德意识，通过学校道德教育让学生真正意识到道德人格形成和完善对于人的生存和发展、对于社会的繁荣和美好的重要性，意识到道德主要靠个人的道德修养来养成和完善，意识到道德完善是人终生的追求。这种道德意识越强烈，越有利于学生的道德形成和完善。

所谓道德修养，是指人们为了达到某种人生境界或理想人格所进行的旨在提高自身的道德素质的涵养锻炼活动。道德修养，用冯友兰先生的话说，就是人的"觉解"

活动。它的目的不是指向占有外在的资源,而是指向完善内在的自我,使自我达到某种境界。道德教育是道德培育的外在作用过程,而道德修养则是道德培育的内在作用过程,道德教育最终要通过道德修养起作用,道德修养是人提高道德素质和人生境界的主要途径。所以,中国传统文化非常重视修养的作用,《大学》称"自天子以至于庶人,壹是皆以修身为本"。

人生修养的终极目的是提升人格层次和人生境界,但对于人格层次和人生境界,不同思想家的看法不尽相同。先秦儒家将人格划分为小人、君子、贤者和圣人,老子只推崇圣人,庄子则提出至人、真人、神人、圣人四种各具特色的理想人格。我们可以借鉴先秦儒道两家的人格思想并根据人格发展的历史和现实状况,将人格划分为恶人、小人、常人、君子、圣人五个层次。[①] 人格层次见诸现实人生就是人生境界,或者说人生境界是不同人格层次的现实体现。冯友兰先生根据人对自己生活境遇的"觉解",将人生划分为自然境界、功利境界、道德境界和天地境界四个从低到高的不同境界。[②] 后来张世英先生按照人自我的发展历程、实现人生价值和精神自由的高低程度也将人生划分为四个境界,即欲求境界、道德境界、求知境界和审美境界。[③] 他们显然不是根据人格来谈人生境界的,但他们的"境界说"仍然具有重要价值且影响广泛。其实,道德修养的目的与人生修养的目的完全一致,其特殊性在于,道德修养是修养者通过提高自身的道德素质来提升自己的人格层次和人生境界。

道德修养像其他修养一样,也是一种学习与实践融为一体的知行合一的活动。对道德修养来说,道德意识是前提,道德知识是基础,但道德素质需要在行为过程中不断践行才能逐渐形成。这个过程就是道德实践过程,也是道德修养的实践过程。提升道德素质是一个需要不断下工夫的长期过程,道德素质能否得到提升关键在于道德修养的工夫。道德修养的功夫涉及下不下工夫、下多少工夫、怎样下工夫三个问题,而其关键在于要使道德修养卓有成效。中国传统文化中有丰富的道德修养方法,概括起来,主要有明理悟道、学以致用、察人省己、日积月累、防微杜渐和恪守底线等方面。[④]

道德建设是社会为了提高社会成员的道德素质和全社会的道德水平而自觉进行的一系列有目的、有措施的现实道德活动。虽然家庭、学校和社会群体(如政党、教会、企业、社团等)都参与道德建设,但在道德建设中起决定性作用的是社会治理者。社会治理者选择和确立什么样的道德来建设,对于道德建设的成败和成效具有决定性

---

① 关于五种人格层次,参见江畅:《好人格与好生活》,《求索》2021年第5期。
② 参见冯友兰:《中国哲学简史》,涂又光译,北京大学出版社1996年版,第291页之后。
③ 参见张世英:《人生的四种境界》,《中华活页文选》(高一年级)2010年第5期。
④ 参见江畅:《德性论》,人民出版社2011年版,第532～536页。

的意义。

社会道德建设包括诸多方面,其中最为重要的有确立社会主导道德观、构建社会道德体系、有组织地实施学校道德教育和社会道德影响、建立社会道德褒贬机制、营造社会道德舆论氛围等,其中最根本的是选择和确立社会主导道德观。确立什么样的道德观决定着构建什么样的道德体系,对于对社会成员实施什么样的道德教育和影响、营造什么样的道德氛围具有根本性的影响。

从人类文明史来看,社会治理者大多根据社会治理的需要来选择和确立社会主导道德观。但只有当社会治理的需要与人性相一致时,社会道德才可能得到社会成员的普遍认同和遵循,反之,社会道德就会成为引起社会成员反感的外在制约力量,不仅不能提高社会成员的道德素质和社会的整体道德水平,甚至还会导致种种社会道德问题。社会的道德观只有既顺应人性的要求又与社会现实状况相适应,以此为基础的道德建设才能取得应有的成效。从总体上看,只有有利于全体社会成员更好地生存发展的道德才能成为得到社会成员普遍认同并使之内化的道德,一切有害于社会成员的道德都不可能得到社会成员的普遍认同,更谈不上使之内化。社会道德建设就是要建设有利于社会成员生存发展的道德,使所要建设的道德与社会成员更好地生存发展的需要相一致、相对接。

(六) 道德的意义

道德作为人类特有的价值,是人性的综合体现,集中反映了人类的应然本质。人类文明有不计其数的发明创造,道德无疑是其中最伟大的发明创造。人类一产生,就有了道德萌芽,伴随人类约 300 万年的漫长进化,道德不断丰富发展,已经羽翼丰满,其力量充分彰显。道德是人类薪火相传、生生不已、日渐强大的真正遗传密码,乃人类伟力之所在,其意义极其重大。在人类文明史上,道德屡遭践踏,频生异化,时至今日仍然有人对它嗤之以鼻,但"青山遮不住,毕竟东流去",道德犹如涅槃凤凰,浴火重生。它可以凭借自身的力量克服激流险滩,引领和推动人类走向更加美好的明天。

首先,道德是个人幸福之源。道德对个人来说是幸福或好生活的主体内容、主导部分和实质内涵。这是中西"轴心时代"占主导地位的道德观。

按照中国古代的哲学观念,天地万物或宇宙之所以生生不已并和谐不辍,是因为天地万物背后有"道",万物循道而发育、生长、茂盛,于是就有了"德"。万物既尊道又贵德,宇宙就不仅生生不息,而且和谐有序。这就是老子所说的:"道生之,德畜之,物形之,势成之。是以万物莫不尊道而贵德。"(《老子》五十一章)人的幸福就是人性或主体性的彰显,是作为宇宙根本或本原的"道"在人这里的特殊体现,是人之德。所有其他不同种类的事物也都有自己体现"道"的物性的"德",幸福作为人之德,与其他事物物性得到充分实现之德在最终的根基上即道上是同一的,因而两类德是相通的。与其他事物的德之不同在于,人的德是按照人的意图通过自己自为地成己、成人、成物实现的,而其他事物的德即便客观上起到同样的作用,也不会是自为的。因此,人的德不是一般的德,而是宇宙万物之中最高层次的德。当这种德达到完善的程度,即人性得到充分实现,它就是至德或玄德,这种至德就是至福。

苏格拉底认为,人生活在世界上的目的就是使人生体现神的善的目的,过上善的生活。真正重要的事情不是活着,而是活得好。这里的"好"是与"善"同义的。"活得好"就是"活得高尚、活得正当"①。苏格拉底所说的"高尚""正当"就是善的体现。善作为一种目的,需要追求。人追求这种善的目的的过程就是好生活。好生活就个人而言是一切行为都以善为目的。亚里士多德基本上继承了苏格拉底的目的是事物的共同本质的观点。他在区分目的和手段的基础上将目的划分为完满的和不完满的,而幸福就是完满的目的,因而是我们寻求的最好的东西。幸福是善,而且是最高的、终极的、完满的、自足的善,即至善。幸福并不是一个目的地,不是静态的,而是合乎德性的现实活动。合乎德性的现实活动是幸福的主导,但并不等同于幸福。亚里士多德在这一点上与苏格拉底和柏拉图有所不同,他并不认为德性是幸福的充分必要条件,而认为德性是幸福的主要内容,在幸福生活中起主导作用,幸福还需要外在善的支撑。

根据上述古典哲学家的思想,幸福就是作为社会系统终极实体、主体的个人的人性的充分实现,其幸福的程度是与人性实现的程度完全一致的。这种人性就是人的以实体性为基础的潜在的主体性,人性的充分实现也就是主体性的实现。如果我们将人性理解为宇宙之"道"在人身上的体现,那么主体性的充分实现就是儒家的"至善"或老子所说的"玄德"。因此,个人的幸福就是中国古代哲学所讲的"德",而至福即至德。不过,这里所说的"德"并非今天通常意义上的道德,而是指人性的充分实现,即自我的实现。它并不意味着对满足需要或欲望的否定,相反,人性的充分实现包含对需要的开发和满足,包含对生活的享受,也正是通过开发需要和满足需要,人性才得以充分实现。当然,对每个人的需要和欲望的开发和满足,必须控制在合理的限度内,尤其是大自然可以承受的限度。

需要指出的是,把道德视为人生幸福的主体、主导的古典观念随着道德日益工具化而被逐渐淡化。道德的工具化是导致当代一系列重大问题的主要根源。要克服由道德工具化导致的当代人类生存危机,必须重新为道德正名,恢复其本义,用道德幸福观替代当代普遍流行的占有幸福观和享乐幸福观。

其次,道德是世泰民安之基。"世泰民安"是就社会系统而言的和谐。世泰民安是借用汉语成语"国泰民安"来表征的,指的是世界或天下太平,人民安乐。在全球

---

① ［古希腊］柏拉图:《克里托篇》,《柏拉图全集》第 1 卷,王晓朝译,人民出版社 2002 年版,第 41 页。

一体化的背景下,世泰民安就是世界永久和平、人类普遍幸福。世泰民安是自古以来人类的最高理想。中国在"大道之行"时代(即尧舜时代)就致力于实现天下"大同",后来儒家据此提出了"天下平"的最高理想。社会和谐对整个人类来说是最基本的和谐,有了社会和谐,生态和谐、日地月系统和谐才有意义。也可以这样说,只有世泰民安,人类才能过上真正好的生活,才有可能顾及生态和谐和日地月系统和谐,追求人天和谐。

世泰民安主要体现在以下四个方面:其一,永无战争。当前,世界上大多数国家结束了国内战乱,但一些国家和地区之间还存在战乱问题,而且国家之间也常发生战争。世泰民安意味着世界进入永久和平,从此无战事。其二,秩序稳定。社会有完整合理的结构和有效的制度保障体系,社会运行有序有常,无大起大落的震动。社会稳定不是建立在专制等级制的基础之上,而是建立在民主和法治的基础之上。其三,充满活力。社会充满生机活力,不断发展进步,公共利益不断增长,人民日益增长的美好生活需要能够得到满足。其四,人民安乐。社会有良好的生活保障,实现《礼记·礼运》所描绘的"大道之行也,天下为公"的大同景象。

最后,道德是人天和谐之路。宇宙万物"生生不已",这正是就社会、生态、日地月三个系统协同演化而言的和谐。现代科学证明,宇宙是演化的,日地月系统、生态系统和社会系统是在宇宙演化过程中出现的。作为宇宙演化的产物,这些系统还在不断演化,直至最终在宇宙中消亡。这样一个过程,就是中国古代经典《周易·系辞上》所描述的"生生之谓易"。"易"指日月、阴阳交替。宋代周敦颐的《太极图说》对此命题作了这样的解释:"二气交感,化生万物,万物生生而变化无穷焉。"所以,"生生之谓易"通常解作"生生不已"。

生生不已的道理告诉我们,以人类为中心的人天系统像整个宇宙一样永远处于变化之中,其和谐也是动态的。因此,以人天交融为核心内容的人天系统和谐也是变化的,即使已经实现了和谐,也会始终面临着系统内外力量的挑战。我们所说的"生生不已"指的就是人天不是一时或一个阶段的和谐,而是能经受住各种挑战的可持续的持久和谐,虽变化无穷而生生不已。

在中国古代观念看来,宇宙万物生生不已、和谐不辍之达道就在于"尊道贵德"。人类以外的万物只能顺其自然,唯独人类能够真正做到尊道贵德,而人类要达到人天和谐就必须做到这一点。人尊道贵德,需因顺人性之道,使人性得到充分的发挥,尤其是要形成完善的人格,也要使开发出来的人格特别是形成的完善人格得到充分的发挥,使人生兴旺发达。这就是人性的实现,也是道的实现,亦即是德。因此,尊道贵德,就人自身而言,就是要使自己成为道德之人,成为自我实现之人,成为兴旺发达之人,成为幸福之人。

人要做到这一点,就需要推己及人、推人及物,也就是要因顺万物物性之道。自然万物给人类提供滋养,自然界是人类的家园,人类与自然万物是一损俱损、一荣俱荣的生命共同体。因此,人不仅要把人作为自己的同胞,也要把宇宙万物作为自己的同胞,自己要自我实现、兴旺发达,也要让所有的同胞无不如此。这可谓之为成己、成人、成物。当然,这应是一种顺天应命,而非越俎代庖,更非图谋不轨。

四、伦理学的主要流派

中西伦理学史上出现过许多伦理学流派,它们为人类伦理学的发展作出了重要贡献。如果说单个伦理学家的伦理学是伦理学百花园中的花朵,那么可以说,一个学派的伦理学则是其中的一簇花。

(一)中国伦理思想主要流派

中国伦理学史上的主要流派有儒家、道家、墨家、法家和佛家。

1. 儒家

儒家乃先秦诸子百家之一,为春秋时期孔子(孔丘)所创立,战国时期孟子(孟轲)、荀子(荀况)分别从心性和礼法两方面对儒家思想加以发展。以董仲舒为代表的汉儒将其改造成以伦理纲常为核心内容的"儒术"之后,儒家思想成为中国皇权专制时代的主流意识形态。针对道教和佛教的严重冲击,宋明理学家为专制主义伦理纲常提供了本体论论证。伴随着皇权专制统治的崩溃,专制主义的伦理纲常退出了中国思想统治舞台。20世纪20年代至今,一些学者以重建儒学为基础,吸纳、融合、会通西学以谋求中国文化和社会的现代化,他们被称为"现代新儒家"。

先秦儒家所关注的重点是成人即成为仁者(孔子称之为"仁人志士",实即道德之人)的问题,将传统的礼与仁和义统一起来,使三者浑然一体,从而给礼提供了理论依据和学理论证,并将三者落实到个人、统一于个人,通过个人"成人"实现家齐、国治、天下平。从儒家整个道德体系来看,仁是核心,义、礼是实现仁的内在和外在的保证(以义正我,以礼制我)。儒家主张人成为仁者,也就是成为道德之人,仁者或道德之人才是真正意义的人,也是人应该成为的人。仁、义、礼都指向这一目的,也落实于这一目的,整个儒家理论道德体系是为了实现这一目的构建起来的。这个体系主要包括两个方面:一是既然要成为仁者,那么这里所说的"仁"意味着什么,意即什么样的人才是仁者;二是怎样才能成为仁者。

作为儒学核心的仁是广义的仁,而这种仁体现为"五常"即仁、义、礼、智、信,而主要是仁、义、礼。仁的基本含义是爱人,这是仁者首要之德,即"仁者爱人"(《孟子·离娄下》)。爱人首先指爱亲人,孝敬父母,尊敬兄长,"孝弟也者,其为仁之本与"(《论语·学而》);其次指爱他人,"博施于民而能济众",即孔子所要求的"己欲立而立人,已欲达而达人"(《论语·雍也》);最后指爱万物,即孟子所说的"仁民而爱物"(《孟子·尽心上》)。仁者的最高境界是"先天下之忧而忧,后天下之乐而乐"。在儒家看来,所有人都爱人,就会实现人与人相亲相爱的"大同"社会。一个人要成为爱人的仁者,它必须推己及人,即"己所不欲,勿施于人"(《论语·颜渊》)。

对于儒家来说,仁是道德的情感体现,而义是道德的行为准则,它们从不同方面体现了道德的要求。孟子认为仁是道德之居所,而义是走向道德之路径。"居恶在?仁是也;路恶在? 义是也。"(《孟子·尽心上》)董仲舒解释说,仁的实质是爱人、安人,义的实质则是正我,"以仁安人,以义正我"(《春秋繁露·仁义法》)。正我旨在安人,因此,道德之人要"居仁由义"(《孟子·尽心上》)。就义而言,道德之人的最高境界是因拥有"集义所生"的"至大至刚""塞于天地之间"的"浩然之气"(《孟子·公孙丑上》),而成为"富贵不能淫,贫贱不能移,威武不能屈"的"大丈夫"(《孟子·滕文公下》)。

礼是仁义的具体规范,仁义是礼的内在实质,礼是仁义的外在保证,它们构成了儒家道德体系的基本结构框架。儒家根据仁义的要求构建了一个庞大、完善的礼的体系,它所处理的是君臣、父子、兄弟、夫妇、朋友五种基本道德关系即"五伦"。儒家特别强调礼的意义,认为礼是实现仁的根本路径,"一日克己复礼,天下归仁焉"(《论语·颜渊》);礼也是立人之本,人"兴于《诗》,立于礼"(《论语·泰伯》)。因而儒家要求人们的一切言行都要符合于礼,做到"非礼勿视,非礼勿听,非礼勿言,非礼勿动"(《论语·颜渊》),以至达到"从心所欲不逾矩"(《论语·为政》)的自由境界。

对于儒家来说,成为仁者就是成为达到"五常"要求之人,这样的人就是君子。君子就是仁者,就是道德之人,这就是儒家的理想人格。儒家对君子有种种规定和描述,概述之,其要义就是"自强不息"和"厚德载物"。前者是就君子自己而言的,后者是就君子对他者而言的。儒家进一步将理想人格划分为君子、豪杰(志士)和圣人三个不同层次。圣人作为最高理想人格是"万善皆备"之尽善尽美之人,修养成了这样的人,就达到了儒家所说的"内圣",而达到了"内圣"就可以成为"以天下为己任"的"外王",对外实行王道。

在儒家看来,"人皆可以为尧舜"(《孟子·告子下》),成人成圣关键在于个人的修为,即"为仁由己"(《论语·颜渊》)。为此,儒家为人们成人成圣设计了一个"三纲领""八条目"《大学》路线图。"三纲领"即"明明德""亲民""止于至善"。"三纲领"就是修身的内在目标,达到了这个目标就会成为圣人。达到"三纲领"的目的需要通过格物、致知、诚意、正心、修身、齐家、治国、平天下八个步骤。在这八个步骤中,修身是关键,即所谓"修身为本",即"自天子以至庶人,壹是皆以修身为本"(《大学》)。修身是为了齐家、治国,最终达到明明德于天下的目的,而修身则需要通过格物、致知、诚意和正心四个环节。"三纲领""八条目"集中体现了儒家道德强调成己与成人相统一、养性与修身、内圣与外王相协调的特点。

2．道家

道家乃先秦诸子百家之一，为春秋时期老子(李耳)所创立。战国时期庄子(庄周)发展完善了老子学说，故后人通常将道家学说称为"老庄之学"。后因侧重点不同，道家分化为不同派别，主要有黄老之学、杨朱之学。东汉后期太平道、天师道等民间原始教团在吸收老庄道家思想并在吸收佛教的教理和仪礼等基础上形成了以"道"为信仰的本土道教。在汉初特殊的历史条件下，以《老子》"无为"思想为主旨的"黄老"思想受到统治者的尊崇。但儒学独尊后，道家成为在野之学，以老庄思想为主流的道家从天道观、人生观和政治论诸方面向经学提出挑战，并形成了在魏晋时代一度成为思想主流的"魏晋玄学"。

老、庄认为，无为的"道"是宇宙的本原和根本法则，人应该以"道"为法，清静无为，朴素自然，保持无知、无欲、无争的状态，这是人性之"常然"。达到并保持这种境界，就是与"道"合一，也就做到了"体道"。世俗的所谓仁、义、孝、慈等道德法则和规范，不过是废弃"大道"、丧失"素朴"的结果。因为这些道德原则和规范会"撄人之心""逆物之情"，诱使人们追名逐利。尤其是礼这一规范，更是"忠信之薄，而乱之首"，是人类道德退化的结果和表现。因此，老子主张"绝圣弃智""绝仁弃义""绝巧去利"，每日减损知识和世俗欲望，而"复归于婴儿"。

庄子更是把仁义之端、善恶之别、是非之辩以及生死利害等一切现实矛盾都看成是人生的桎梏，并用相对主义论证其虚幻性。他追求一种逍遥自由的人生理想，主张通过"心斋""坐忘"等神秘的"体道"工夫，使人们堕肢体，黜聪明，离形去知，同于大通，达到形如槁木，心如死灰，无是非好恶之情，忘利害之端，超出善恶之境，与天地并生，与万物为一的神秘精神境界。

在道家思想中，还包含着保全自身的处世方法。老子主张柔弱谦下，提出"是以圣人后其身而身先，外其身而身存。非以其无私邪？故能成其私"(《老子》七章)，"以其不争，故天下莫能与之争"(《老子》六十六章)。庄周提出，人应该"无所可用"以成己之"大用"。他说："为善无近名，为恶无近刑。缘督以为经。可以保身，可以全生，可以养亲，可以尽年。"(《庄子•养生主》)

道家养生的最终目的是要达到理想人生境界，老子推崇圣人，庄子向往圣人、真人、至人、神人。这些理想人格是形而上之"道"的化身，象征着德性的完善、精神的超越，表达了道家的崇高人格理想的向往和追求。"圣人"是在所有这些方面都表现出卓越智慧并达到崇高境界的人，圣人既是政治圣王，又是道德榜样。"真人"是极为独特的一种人格，他脱离凡尘而去的逍遥与自由，正是"道法自然"最为突出的精神实质。"至人"既能与天同乐，又能与人同乐。能够"与天同乐"的至人体悟到"至乐至美"背后的道德意蕴，从而通于天地，达到精神上的自由；善于"与人同乐"的至人愿意为百姓解决忧愁,也愿意把他人的快乐当作自己的快乐。"神人"是最为玄妙的一种人格,他把自己视作一个脱离于人世的旁观者,这使他超越于宇宙万物,独立、自由地存在着,所以他具有淡然自得、独立平静的德性。此四种人格在精神境界上无高低之分,都是"天人合一"的理想人格。然而,他们以各异的德性品质追求自我的完善,又以不同的精神境界过着超越的生活。

3. 墨家

墨家与儒家并称为春秋战国时期的"显学",墨家创始人是战国初期的墨子(墨翟)。墨家是一个纪律严密的学术团体,有前后期之分:前期墨家重视社会政治、伦理及认识问题,关注现世战乱;后期墨家在逻辑学方面有重要贡献,开始重视科学研究。汉武帝"独尊儒术"后,墨家学说成为"绝学"。

墨子提出"兴天下之利,除天下之害"(《墨子·兼爱下》)作为自己学说的宗旨,并以"兼相爱,交相利"(《墨子·兼爱中》)作为实现这一宗旨的基本原则。"天下之利"既指"天下之富",也指"天下之治",即实现社会各等级、各成员之间的"和调";"天下之害",就是由"不相爱""别相恶"导致的相互攻伐、篡夺,即"交相贼"。墨子认为,社会成员虽然在经济、政治地位上贫富有别、贵贱有等,但在道德上却是平等的,彼此的道德行为是对等互报的,如能"爱人若爱其身"(《墨子·兼爱上》),就会兼爱交利,使彼此利益"兼"而不"别"。在墨子看来,为天下兴利除害是一切道德行为的目的,也是道德价值之所在。道德之所以"贵",正在于"义可以利人"(《墨子·耕柱》)。反之,"亏人自利"则是"不义"。由此他提出了"利人乎即为,不利人乎即止"(《墨子·非乐上》)的行为准则,把"利人"还是"亏人"作为判断善恶的基本标准。墨子虽然强调利人、利天下,但并不排斥个人之利,认为个人利益可以通过"兼相爱,交相利"得到保障,即所谓"夫爱人者,人必从而爱之;利人者,人必从而利之"(《墨子·兼爱中》)。

墨子从功利主义观点出发,提出对行为作道德评价应"合其志功而观焉"(《墨子·鲁问》)。"志"即主观动机,"功"指客观效果,"合其志功"就是应将动机和效果结合起来评价行为。在如何约束人们的行为方面,墨子重视外力制裁而忽视行为主体的理性自觉。道德制裁不仅包括上之赏罚、众之诽誉,更主要指"天志"(天下之明法)的权威。在墨子那里,"天志"既是法律的来源,也是最好的法律,其核心是"兼相爱,交相利",他推崇"天志"的目的在于强调法律的公正和平等。

后期墨家进一步把爱、利结合起来,反对"有爱而无利"(《墨子·大取》),提出了"义,利也"的命题,甚至提倡损己"以成人之所急"(《墨子·经上》)。后期墨家把"爱""利"区分为主体的能爱、能利和客观的"所爱""所利",强调道德的爱他性和利他性。在"兼爱"问题上,后期墨家一方面主张爱人以义而分厚薄,另一方面将"交相爱"延伸为"待周爱人,而后为爱人"(《墨子·小取》)。就是说,爱人,不是只爱自己身边的人,而要放大自己的心量,从身边最亲近的人爱起,由小及大,由近及远,最后能够爱天下所有的人。这才算是爱人,就是墨家所说的"博爱"。

4.法家

法家乃先秦诸子百家之一,春秋战国时期亦称为刑名之学,是中国历史上以法治为核心思想的重要学派。法家不是纯粹的理论家,而是积极入世的行动派,其思想也是着眼于法律的实际效用。法家成型很早,但成熟很晚,最早可追溯至夏商时期的理官,成熟在战国时期。经过管仲、士匄、子产、李悝、吴起、商鞅、慎到、申不害、乐毅、剧辛等人的发展,法家逐渐成为一个学派。战国末期,韩非对法家学说加以总结、综合,形成了以法为中心的法、术、势相结合的政治思想体系,成为法家的集大成者。法家的法治思想曾成为秦王朝的统治思想,秦王朝灭亡之后,法家趋于没落,但其思想仍一直被沿用,成为皇权专制时代统治者稳定社会动荡的主要统治手段。法家从自然人性论出发,肯定利欲,提倡利己主义,把法与道德对立起来,主张"法治",否定道德的社会作用,具有非道德主义的倾向。

管子(管仲)主张治理国家和臣民要以法为主,以德为辅。他认为,"道德定于上,则百姓化于下矣"(《管子·君臣下》),"所谓仁义礼乐者,皆出于法"(《管子·任法》),所以教化需要以法令威行为前提,"法立令行"(《管子·法法》),然后"教可立而化可成"(《管子·正世》)。管子又以"凡人者,莫不欲利而恶害"(《管子·版法解》)为根据,提出统治者"与天下同利"的主张,即顺同百姓利欲,举百姓之利而利之。管子虽然肯定利欲,但反对纵欲,认为这会使"男女无别,反于禽兽","人君无以自守也"(《管子·立政九败解》)。管子特别重视道德的物质基础,提出"仓廪实则知礼节,衣食足则知荣辱"(《管子·轻重甲》)的著名论断,认为"衣食足,则侵争不生,怨怒无有,上下相亲,兵刃不用矣"(《管子·禁藏》),并由此断定"善为政者,田畴垦而国邑实,朝廷闲而官府治,公法行而私曲止,仓廪实而囹圄空,贤人进而奸民退。……不能为政者,田畴荒而国邑虚,朝廷凶而官府乱,公法废而私曲行,仓廪虚而囹圄实,贤人退而奸民进。"(《管子·五辅》)

商鞅和韩非则把法与德对立起来,主张"不贵义而贵法"(《商君书·画策》),"不务德而务法"(《韩非子·显学》)。韩非认为,时代是不断向前发展的,如果不从当今的实际出发,而一味地赞美古代先王,去效法古代,"非愚则诬"(《韩非子·显学》)。既然时代变了,治国的措施也应随之改革,因而他主张"圣人不期修古,不法常可,论世之事,因为之备"。他认为,"上古竞于道德,中世逐于智谋,当今争于气力",在"当今争于气力"的时代,决不能"以宽缓之政,治急世之民"(《韩非子·五蠹》),只有实行系列有利于建立和巩固新兴地主阶级、促成大一统的政策,才是顺乎历史潮流的。他以人皆自为的理论为根据,认为人皆"计利",各"用计算之心以相待"(《韩非子·六反》),相互之间只是赤裸裸的利害关系,根本不会有什么"仁爱"之心。因此,君主治国,只能倚仗暴力,"唯治为法"。"故法者,王之者也;刑者,爱之自也。"(《韩非子·心度》)韩非还对儒家的"德治"主张进行猛烈的抨击,将"儒"归于"五蠹"之中,认为"儒以文乱法"(《韩非子·五蠹》),嘲笑其仁义道德不合时势。

5.佛家

佛家亦称"释家",主要是指中国佛教思想流派,与儒家、道家构成中国传统文化三大精神支柱。东汉初年,印度佛教开始传入中国。洛阳白马寺一直被佛门弟子尊为"释源",即中国佛教的发源地。佛教在中国经长期传播发展,成为具有中国特色的中国佛教。佛教伦理思想内容丰富,独具特色。

佛教伦理思想,贯穿于整个佛教教义之中,其中最基本的就是我们常说的"五戒""十善"和"四摄""六度"。它们既是佛教教义的基石,也是佛教伦理思想的核心。

"五戒"是佛教戒律中最基本的戒条,它是全部佛教戒律的基础,所有佛教戒律都是在此基础上扩充而来。"五戒"虽然在佛教中被规定为在家佛教徒所必须受持的戒条,但在实际上它是所有出家、在家佛教徒都必须受持的戒条。"五戒"包括"不杀生"(即不杀害所有的生灵)、"不偷盗"(即不盗窃他人的财物)、"不邪淫"(即不得与配偶之外的人进行不正当的男女关系)、"不妄语"(即不说谎话,不诬陷他人,不作伪证等等)、"不饮酒"。

"十善"和"五戒"一样,也是佛教教义中最基本的伦理思想和道德信条。一个佛教徒,首先而且必须奉行"十善"。"十善"中的前四善和"五戒"中的前四戒完全相同,其他六善分别是"不两舌"(即不挑拨离间,搬弄是非)、"不恶口"(即不以粗言恶语对人)、"不绮语"(即不以花言巧语骗人,不以淫秽的语言引诱他人)、"不贪欲"(即不贪欲世间的一切财物,也包括了不贪欲名誉、地位等等)、"不嗔恚"(即不生嗔恨、恼怒他人之心)、"不邪见"(即不执着不正确的见解)。

"四摄"原意是指菩萨(在学佛、修佛方面已得到一定成就的人)为了摄受众生,使他们生起一种亲爱之心从而皈依佛教而应做的四件事。"四摄"包括"布施摄"(即将自己的财物和佛教道理布施给需要的众生)、"爱语摄"(即随顺众生的根性而善言慰喻,从而使他们生起一种亲爱之心而皈依佛教)、"利行摄"(即以身、口、意的种种善行利益众生)、"同事摄"(即和其他人相处,要做到投其所好,做到有福同享,有难同当,有利共得)。

"六度",也称"六波罗蜜",原指六种从生死此岸到达涅槃彼岸的方法或途径,是大乘佛教修习的主要内容。同时,"六度"也是佛教伦理思想的重要组成部分。"六度"包括"布施度"(即将财物、体力和智慧等施于他人,为他人造福成智而求得积累功德,以致解脱)、"持戒度"(即持守佛教戒律)、"忍辱度"(即忍受一切苦难和耻辱而于心不动)、"精进度"(即按照佛教教义,在修善断恶、去染转净的修行过程中,不懈怠地努力,以求达到最高的理想境界)、"禅定度"(即通过精神集中,观想特定对象而获得佛教悟解或功德)、"智慧度"(即通过修习智慧即可达到涅槃的彼岸)。

佛教伦理思想除了五戒、十善、四摄、六度以外,比较重要的还有"六和敬"。大乘佛教认为,学佛修佛的菩萨与众生要有六种和同爱敬,即学佛修佛之人必须互相友爱、互相敬重的六种事。六和敬包括"身和同住""口和无诤""意和同悦""戒和同修""见和同解""利和同均"。佛教伦理思想,散见于佛教经籍中的还有很多。如佛教教义中常说的慈、悲、喜、舍"四无量心"等等,都是佛教伦理思想中的重要组成部分。

(二) 西方伦理思想主要流派

西方伦理学史上的主要流派有幸福主义、快乐主义、利己主义、功利主义、道义论和情感主义。与中国伦理学主要流派不同,这些流派的伦理学说具有比较明显的伦理学学科特征。这里介绍具有典型意义的西方六大伦理学流派。

1. 德性伦理学和幸福主义

德性伦理学(Virtue Ethics)是西方最早的伦理学流派,可追溯到苏格拉底和柏拉图,在亚里士多德那里有了完善的形态。幸福(eudaimoníā)、德性(areté)、实践智慧(phrónēsis)是亚里士多德的德性伦理学的三个基本概念。亚里士多德把幸福作为德性的目的或主要内容,其伦理学也被称为幸福主义(Eudaemonism)。中世纪基本上沿袭了古代的德性伦理学,但更关注神学德性,而且律法问题也受到重视。至近代,伦理学研究的重心发生了转移,从关注德性问题转向关注规范问题,德性伦理学的传统因而中断。到 20 世纪 50 年代,西方德性伦理学开始复兴,目前,它已成为与结果主义(主要是功利主义)、康德主义三足鼎立的三大伦理学流派之一。德性伦理学发展到今天不仅超出了简单复兴的范畴,而且对整个当代伦理学产生了重要影响。

关于德性伦理学的总体特征,荷斯特豪斯(Rosalind Hursthouse)有一个比较简要的阐述。她说:"关于德性伦理学的一个共同信念是,它不告诉我们应该做什么。这个信念是纯粹在这样一个得到表达的假定中被表明的某种东西,即'以行为者为中心'而不是'以行为为中心'的德性伦理学关注是(being)而不是做(doing),关注好(和坏)的品质而不是正当的(和不正当的)行为,关注的是'我应该是什么类型的人'的问题而不是'我应该做什么'的问题。"[1] 荷斯特豪斯的意思是,德性伦理学主要不是聚焦于正当行为的标准,而是关注德性的本性和内容——好人具有的那些品质和理智的特性,或者好生活的组成部分的特性。这种对好的行为主体而不是正当行为的聚焦,导致许多哲学家诘难德性伦理学能否告诉我们怎样在特定情境下行动。而且,由德性伦理学产生的正当行为的标准(回到了亚里士多德那里)是这样的:要做的正当事情正好是德性之人在那种情境中会做的。

当代德性伦理学主要有三条发展线索:

(1) 幸福主义。荷斯特豪斯像亚里士多德一样认为,德性使其具有者成为好人,

---

[1]　Rosalind Hursthouse, "Normative Virtue Ethics", in Oliver A. Johnson and Andrews Reath, eds., *Ethics: Selections from Classical & Contemporary Writers* (9th Ed.), Cambridge, MA: Wadsworth, 2004, p.454.

而人类独具特征的方式是理性,人类根据他们的真实本性而理性地行动,这是一种使人类能作出选择和影响人类品质变化的特征,也是人类要对那些决策负责的特征。德性地行动,即符合理性地行动,就是依人类本性行动,而这会导向幸福。

(2) 基于行为者的德性伦理学解释。亚里士多德的聚焦于行为者的理论是先有德性之人,后有德性之行,德性之人就是判断行为正当与否的标准,德性之人不必刻意考虑自己的行为是否符合德性原则,他的行为本身就是符合德性原则的。与之形成对照的是,斯洛特认为他的基于行为者的理论更根本,强调一个行为是不是德性的,就看它是否以内在的德性品质作为选择的动机。如果一个人自愿地按内在德性品质的要求行动,他的行为就是德性的。而这种德性就是普遍的慈善或关怀,其基础则是"移情"。

(3) 关怀伦理学。道德心理学家卡罗尔·吉利根认为,存在着两种不同的德性视角,一种是公正的视角,一种是关怀的视角。前者以男人的思考为特征,而后者以女人的思考为特征。公正的视角运用抽象的、普遍的和非个人的原则,与之形成对照的是,关怀是一种对另一个人的福利的直接关注的态度,它是特殊的并且是基于一个人与另一个人之间的情感联系的。阿勒特·拜尔等女权主义理论家接受了吉利根的观点,而且斯洛特最终也走向了关怀伦理学,建立了现代情感主义伦理学体系。

德性伦理学在当代复兴的过程中也遭到不少批评,这些批评主要针对德性伦理学不能解决自我中心、行为指导、道德运气等问题。德性伦理学家对这些问题进行了辩护。还有一些伦理学家针对德性伦理学的观点指出,关于德性品质的理论最好是作为对义务行为的理论的补充,而不是要代替义务行为的理论。

2. 快乐主义

快乐主义(Hedonism),也被译为"享乐主义"。它始于小苏格拉底派的昔勒尼学派,而最有影响的是伊壁鸠鲁学派。近代哲学家伽桑狄也主张快乐主义,近代的利己主义和功利主义一般都以快乐主义为立论前提,但它们的理论主张已经不再是快乐主义。1929—1933 年世界经济危机爆发,西方国家实行"三高"政策(高工资、高福利、高消费)之后,消费主义兴起,享乐主义成为西方人的普遍信念。但是,当代西方未见有主张享乐主义的思想家。

快乐主义的主张本身也不相同,以亚里斯提卜为代表的快乐主义学派更重视肉体快乐,而以伊壁鸠鲁学派为代表的快乐主义更重视精神快乐。不过,从总体上看,快乐主义者将趋乐避苦看作人的天性,因而不仅把快乐看作是善的,甚至把快乐看作至善,与幸福等同,而把痛苦看作是恶的,把追求快乐避免痛苦作为人生的目的。

伊壁鸠鲁认为,"快乐就是身体无痛苦和灵魂的不受纷扰"[①]。在他看来,通过消

---

① ［古希腊］第欧根尼·拉尔修:《名哲言行录》(下),马永翔等译,吉林人民出版社 2010 年版,第 577 页。

除由得不到满足而引起痛苦的欲望,消除在未来得不到满足而引起焦虑的欲望,人们就会获得灵魂的平静,并由此获得幸福。为了将欲望减少到最低限度,他把人的欲望分为三类:一是自然的也是必要的欲望。这是为了维持人的生命和健康所必需的物质条件,如吃饱穿暖,渴饮困睡,其目的在于消除体内的痛苦。二是自然而不必要的欲望,如奢侈的宴饮、过度的物质享受。伊壁鸠鲁一方面强调基本物质的需要是合理的,另一方面又反对过度的纵欲享乐。三是既非自然又非必要的欲望,如贪财、贪权等。这种欲望违背了人的天性。伊壁鸠鲁将快乐分为身体的快乐或痛苦和精神的快乐或痛苦两类。身体的快乐或痛苦只与现在有关,而精神的快乐或痛苦还包括过去与未来。

伊壁鸠鲁认为,要获得快乐,智慧、勇敢、节制、公正、友爱等德性都是必要的,而且他还对公正、友爱等一些德性进行了较深入的研究。在他看来,恐惧,特别是对神和死亡的恐惧,是快乐的最大敌人。如果人能摆脱对将来的恐惧,勇敢地面对将来,并相信将来的愿望能够满足,人就能够获得"宁静"的最佳状态。这就是他所说的"不动心",亦即"内心的宁静"。伊壁鸠鲁把快乐等同于幸福,但他明确反对把快乐等同于享乐。他认为不是所有的快乐都能选取,也不是所有的痛苦都能避免,有的快乐后面伴随着痛苦,有的痛苦后面会有更大的快乐,而且快乐的强度也有差别,精神快乐大于肉体快乐,精神痛苦也大于肉体痛苦,学习哲学就是为了聪明地选择生活中的快乐。

西方历史上有人对伊壁鸠鲁的快乐主义有所误解,将其视为耽于肉体享受的粗俗的"肚皮哲学"与变态的心理发泄,但也有哲学家对伊壁鸠鲁的快乐主义作了公正的评价。黑格尔说:"如果说伊壁鸠鲁把目的定为快乐,那这只是就享乐这个快乐乃是哲学的后果而言。如果一个人只是一个没有思想的、放荡的人,只是毫无理智地沉溺在享乐之中,过着放纵的生活,决不可以说他是一个伊壁鸠鲁的信徒,也不可以设想伊壁鸠鲁的生活目的在这里已经得到了实现。"①

快乐主义的问题在于,它从心理学快乐主义引申出了伦理学快乐主义,是一种典型的感觉主义观点。

3. 利己主义

利己主义(Egoism)理论起源于近代,由马基雅维利最初提出,在霍布斯那里得到了完善和进一步论证,爱尔维修等人对它作了阐发。利己主义都把利己看作人的自然本性,认为它是天然合理的,在道德上是正当的,并因而走向伦理学利己主义。不过,利己主义伦理学一般都主张合理的利己,一方面强调利己要符合理性,另一方面主张利己不能损人。

---

① [德]黑格尔:《哲学史讲演录》第 3 卷,贺麟等译,商务印书馆 1997 年版,第 73 页。

　　马基雅维利认为,如果从经验事实出发,那么可以看出人性是恶的,而这种恶的体现就是自私和贪婪。人不存在一种自然向善的本性,更不会择善而行,除非需要,人从来不会做什么好事,当他们有作恶的选择和自由而不受惩罚时,那他们一定会到处制造混乱与不安。既然人的本性是恶的,各自为了自己的利益而不择手段,那么在由人组成的社会里只有凭借一种外在的权力才能维持正常的秩序,否则人与人之间的争斗必定导致社会的战争状态。

　　霍布斯认为,人们的目的主要是"自我保存",有时则只是为了自己的欢乐。为了达到目的,人们彼此力图征服、摧毁对方,特别是在两个人都想获得同一东西时更是如此。"在没有一个共同权力使大家慑服的时候,人们便处在所谓的战争状态之下。"①这种战争是每一个人对其他人的战争,而且不仅存在于实际战斗的过程中,也存在于战争意图的策划过程中,因而是所有人参与的、持续不断的。人们在自然状态中之所以会彼此争斗,是人的本性使然,因为人具有竞争、猜疑、求名的天性。但人性本身并没有罪,导致这种情形是由于社会没有管理,没有法律。

　　曼德威尔(Bernard Mandeville,1670—1733)在《蜜蜂的寓言》中把人类社会比喻成一个巨大的蜂巢,其中的"蜜蜂"都是只为自己考虑的利己主义者。他们为了自己的利益,勾心斗角,尔虞我诈,不惜采取一切手段来损人利己。因此,人类社会的一切行业都充满了欺诈。在曼德威尔看来,本性的自私、自爱并不是坏的,相反是对社会有益的,损人利己、尔虞我诈的邪恶带来了社会的繁荣:"无数的人们都在努力满足彼此之间的虚荣与欲望,到处都充满了邪恶,但整个社会却变成了天堂。"②

　　爱尔维修认为,肉体的感受性是人性的根本性质和唯一动力。肉体感受性在人身上表现为一种喜欢快乐、憎恶痛苦的感情,因而快乐和痛苦就成了人的动力。他认为人能够感受肉体的快乐和痛苦,并将逃避后者追求前者称为"自爱"即"利己"。"自爱"在人们的行为中表现为对利益的追求,人们在各个方面的利益,归结起来都是"自爱"的变形。爱尔维修认为,在从古至今的社会生活中,利益是对人们唯一起支配作用的东西。利益是人们行为的唯一推动力。利益在社会生活中的支配作用不仅是普遍的,而且是必然的、不可违的。无论在任何时候,任何地方,无论在道德问题上,还是在认识问题上,都是个人利益支配着个人的判断,公共利益支配着各个国家的判断。

　　4.功利主义

　　功利主义(Utilitarianism)是对利己主义的发展,其创始人是边沁(Jeremy Bentham,1748—1832),在约翰·密尔(John Mill,1806—1873)那里得到了辩护、修正和完善。它在 20 世纪初由于摩尔的批评而沉寂多时,但到 20 世纪 50 年代又有所复兴,

---

① ［英］霍布斯:《利维坦》,黎思复、黎廷弼译,杨昌裕校,商务印书馆 1985 年版,第 94 页。
② Bernard Mandeville, *The Fable of Bees*, Oxford: Clarenden Press, 1924, p.24.

出现了行为功利主义与准则功利主义之争。虽然功利主义遭到诸多批评,但它一直是西方社会占主导地位的道德理论。功利主义的前提是快乐主义,其基本观点是不仅要无损于人,而且还要有益于人,其最典型的表达是"最大多数人的最大幸福"原则,即"最大幸福"原则。

边沁的功利主义的基础是快乐主义,他认为人类的一切行为以至所思、所言都是受快乐和痛苦控制的。快乐在边沁那里是目的价值,是功利的指向,功利的意义就在于它有助于给相关者带来快乐。他不仅把快乐与幸福完全等同起来,而且把快乐与善完全等同起来。边沁对功利有明确的界定。功利是指任何客体的这么一种性质:它倾向于给利益有关者带来实惠、好处、快乐、利益或幸福(所有这些在此含义相同),或者倾向于防止利益有关者遭受损害、痛苦、祸患或不幸(这些含义也相同);如果利益有关者是一般的共同体,那就是共同体的幸福,如果是一个具体的个人,那就是这个人的幸福。边沁的功利原则,实质上就是他的"最大多数人的最大幸福"原则,即"最大幸福原则",二者实质上是同一原则,只是表述不同而已。边沁认为,功利原则是在所有场合都起主宰作用的原则,而任何与之不同的原则都是错误的。

边沁的功利主义提出来以后,受到了人们的种种批评和指责。其中之一就是指责功利主义把一切都交给快乐来处理,而且是交给最粗俗的快乐。面对这一责难,密尔一方面坚持功利主义的快乐主义基本立场,另一方面又对边沁粗糙的"快乐"或"幸福"概念进行了精致化的改造。他对功利主义的基本观点作了如下概括:行为的对错,与它们增进幸福或造成不幸的倾向成正比。所谓幸福,是指快乐和免除痛苦;所谓不幸,是指痛苦或丧失快乐。唯有快乐和免除痛苦是值得欲求的。所有值得欲求的东西之所以值得欲求,或者是因为内在于它们之中的快乐,或者是因为它们是增进快乐避免痛苦的手段。

密尔承认,边沁的功利主义在评估各种快乐时,只考虑了数量的因素,而没有考虑质量的因素。针对边沁理论的这种局限,密尔提出快乐不仅有数量的区别,而且有质量的差别。就是说,不同的快乐之间,存在着一种快乐比另一种快乐更有价值、更值得欲求的情形。在他看来,人之所以偏好这种质量更优的快乐,是因为人有比动物更高级的官能,这种官能使人不愿意沉沦到一种低级的生存中去。

密尔认为,阻碍人们接受"功利"或"幸福"是检验行为对错的标准这一学说的最大障碍之一,来自公正观念。他认为,一切正义的问题都是利益的问题,这始终是显而易见的;正义与利益的不同之处在于正义附有一种特殊的情感,从而使正义有别于利益。同时,公正代表着一些社会功能,这些社会功能作为一个整体要比其他任何社会功能重要得多,因而应当且自然而然地会受到一种与众不同的情感的保卫。较之人们仅仅想要增进快乐或方便时所怀有的那种温和感情,这种正义的情感显然具有更加确定的命令性和更加严格的约束力。

5. 道义论

道义论(Deontology)是与以功利主义为代表的结果主义相对立的一种规范伦理学理论。"道义论"最早可追溯到古罗马时代的西塞罗,但最主要的代表人物是康德。康德为了阐明自由的实在性而提出了他的道义论。不过,康德虽然将责任作为他的道德哲学的核心概念,但他从来没有称自己的道德哲学为道义论,而是称之为道德形而上学。他从分析普通人的道德知识入手,然后分析通俗的道德哲学,进而转到道德形而上学,并通过对纯粹实践理性进行批判,揭示道德的最高原理即意志自律,最后指出自由概念是说明意志自律的关键,从而确定了自由在道德形而上学中的基础地位。

康德认为,在我们生活的世界,甚至在我们生活的世界以外,只有善的意志才是绝对善的东西。除此之外的一切东西,即使有价值也是相对的、有条件的。康德从行为的道德价值与出于责任(义务)行动之间的关系的角度研究善良意志。他认为,责任是出于对道德法则的敬重,这样,康德就从道德价值与责任的关系中引出了道德法则,把责任与道德法则联系了起来。

康德认为,自然界的一切事物都是按照必然规律活动的,有理性者却不同,其理性具有实践的力量,它要求意志必须遵从理性原则,而这就是理性的定言命令。康德认为,定言命令式只有一个,即只按照你同时能够愿意它成为一个普遍法则的那个准则去行动。康德又从这条定言命令推出了"人是目的"(你要如此行动,即无论你的人格中的人性,还是其他任何一个人的人格中的人性,你在任何时候都同时当作目的,绝不仅仅当作手段来使用)和"意志自律"(不要以其他方式做选择,除非其选择的准则同时作为普遍的法则被一起包含在同一个意欲中)两条定言命令。这三条定言命令并不是三条不同的道德法则,它们是以定言命令的总公式为根据展开的,这个总公式就是:"要依照能使自己同时成为普遍法则的那种准则而行动。"① 如此,道德法则就是意志绝对服从又法由己出的原则。

那么,对人来说,定言命令如何可能呢?在这里,康德以他对物自体与现象的划分为根据,把人看作既属于感性世界又属于理智世界的存在者。从人属于感性世界的角度来看,他受自然规律控制,因而是不自由的;就人属于理智世界的角度来说,他是超乎自然界的,不根据经验而只受理性法则控制,因而是自由的。定言命令之所以可能,是因为自由这个理念使我们这个感性世界的成员成为理智世界的一分子。假如我们只属于理智世界,那么,我们的一切行为一定会永远合乎意志的自律。但是,由于我们也是感性世界的一分子,我们只能说我们的行为应当合乎意志的自律。这样,康德就不仅把自由看作道德的最高原则即意志自律,而且把它看作作为定言命令

---

① [德]康德:《道德形而上学的奠基》,李秋零主编:《康德著作全集》第4卷,中国人民大学出版社2005年版,第445页。

的意志自律如何可能的基础或前提。

6. 情感主义

情感主义（Sentimentalism）是一种把情感作为道德基础的理论和流派。情感主义道德理论直接源自洛克，近代的主要代表人物是沙夫茨伯里、哈奇森、巴特勒，休谟和亚当·斯密。20 世纪以来，迈克尔·斯洛特在批判继承近代情感主义的基础上构建了庞大的现代情感主义体系。情感主义的共同特征在于力图以作为人的本性的天然情感为基础引申出社会的道德原则和构建社会的道德体系。

洛克认为，所谓善或恶，只是快乐或痛苦本身，快乐和痛苦都是情感，一切道德的原则都应当建立在维护和有利于趋乐避苦本性实现的基础上。洛克的道德思想成为后来的情感主义德性论的主要理论来源。沙夫茨伯里（Anthony Ashley Cooper, 3rd Earl of Shaftesbury, 1671—1713）是近代情感主义道德理论的奠基者，他认为，善恶产生于情感；情感本身有善恶，自然情感是善的情感，自我情感是可善可恶的情感，而非自然情感则是恶的情感；德性在于自然情感和自我情感的协调与和谐，使两者实现协调与和谐的是作为人的特有道德能力的"道德感"（moral sense, 亦译为"道德官能"或"道德感官"）；道德感通过对人的情感进行反思形成一种新的情感，即正当感，这种情感对原有情感产生爱憎态度。哈奇森（Francis Hutcheson, 1694—1746）更突出了人的仁爱感情，认为人天生就有一种"道德感"，它直接指向公众的福利。道德感就是人将自身或他人的德性或恶性作为对象进行反思的能力，是心灵的自我规定能力，而不是我们对自身或他人的德性或恶性产生的喜悦或厌恶的自然情感。它既是一种道德判断和评价能力，也是一种道德抉择能力，也就是他所说的人的"心灵规定"的机制。巴特勒（Joseph Butler, 1692—1752）认为人天生就具有良心，而良心是道德的基础，道德行为就是按良心的命令行事。在这一点上，巴特勒既不同于沙夫茨伯里，也不同于哈奇森。巴特勒认为，人性是利他的，但这并不意味着排斥利己，相反利他与利己是相互统一、相互促进的，仁爱与自爱构成了人性不可或缺的、不可分离的两个方面。为了克服人们在人性方面达不到完善的程度特别是常常违背本性的问题，巴特勒认为需要借助人的反思原则或良心。

休谟主张道德来自基于同感的情感，情感是道德的基础。他坚定地站在情感主义立场上，旗帜鲜明地主张道德不是起源于理性，而是起源于情感。道德源自情感，并且以情感为动力，没有情感，就没有对道德的爱和对恶性的恨。休谟认为，人性具有一种对别人有同感的自然倾向，也可以说是一种人性的本原，正是这种倾向或本原使我们接受别人的心理倾向和情绪。他认为，我们的感情比任何其他印象更依赖于我们自己和心灵的内部活动，正因为如此，这些感情就更为自然地由想象发生，由我们对这些感情所形成的每个生动的观念发生，而这种想象和观念源自他人。休谟认为，这就是同情的本性和原因之所在。亚当·斯密以"同感"作为道德的母体，认为随着人们对同感意识的深化,就会形成自觉的道德认识能力和普遍的道德原则。在斯密看来,即使人们认为人的本性是自私的,也不能否认人性中还有一些其他的本原,其中不仅有对他人不幸所产生的"怜悯"(pity)或"同情",还包括对他人其他情感产生的情感,即"同感"。

迈克尔·斯洛特是当代情感主义伦理学的主要代表。斯洛特根据人的情感动机来重构道德理论。他所说的情感动机指的是人的那种无功利地利他的品质特性,主要包括"普遍的/无偏袒的慈善"和"偏袒的慈善/关怀"。他由这两种情感动机分别引申出"普遍的慈善"的德性和作为"关怀"的德性,但他最后选择了基于关怀的德性理论,认为基于普遍慈善的德性理论不合常识,是非常人所能践行的。由于关怀德性(它在关切"亲近之人"与关切"疏远之人"之间有一种偏袒性特征,即"重亲轻疏"性特征)与"移情"(它在特定的时空具象中表现出一种"重近轻远"性特征)之间在结构上具有一种"偏斜式"的同构特征,故作为偏斜的"关怀"动机就可以与作为偏斜的"移情"心理对接起来。二者之间,"移情"作为人的一种普遍的心理能动(能力)潜质,充当了关怀这一德性(行为)动机的心理学基础,"关怀"则充当了"移情"心理能力中(给予"他者"关怀)的一种伦理学原则。他认为关怀德性的根源就在于移情。

案例分析:

浮士德的悲剧:灵魂不可出卖。

思考题:

1.伦理学在哲学中具有什么样的地位?
2.伦理学有何重大意义?
3.伦理学的研究对象是什么?
4.如何理解道德?
5.道德与伦理是什么关系?
6.道德具有什么样的重要意义?

第一章 价值论

　　伦理学价值论不同于哲学价值论,它的研究对象是道德价值。"善"和"恶"是道德价值的一对基本范畴,伦理学价值论也可称为善恶论。道德价值是价值的一种特殊类型,与其他价值具有一致性,也有其特殊性。善是善的事物具有的性质,人可以认识和评价事物的善性,又可以选择、追求和创造善。个人和社会都会在价值认识的基础上形成道德价值观,即善恶观,而善恶观与价值观同样需要构建。无论个人还是社会,其善恶观经常会发生冲突,这些冲突需要有适当的解决方式。本章的任务就是要讨论所有这些有关道德价值的问题。

第一节
价值论的基本范畴:善

　　价值论的基本范畴是"善"。善既是人们追求的一般价值对象,又是判断事物是否具有道德价值的一般标准。善的对立面是恶,善总是与恶相对而言的。一个事物是善的意味着它具有正面的道德价值,一个事物是恶的意味着它具有负面的道德价值。但在善恶之间,仍有不善不恶、可善可恶存在。自古以来,人们对善的理解并不一致,说到底,是人们用以判断善恶的标准不一致。善恶标准不同,人们眼中的善恶就不相同,人们追求的善也不同。善恶标准不同是主体需要、环境条件和主体作为等因素综合作用造成的。从伦理学的角度看,虽然人们有不同的善恶标准,但善作为一般意义的道德价值是有终极标准的,根据这一终极标准可以判断人们的善恶标准是否正确。

一、善与价值

　　汉语"善"的英文对应词是"good"。英语的"good"一词的含义非常丰富,使用也十分广泛,相当于汉语的"好"。但"good"也用于表达道德价值,这时它大致上相当于汉语的"善"。汉语的"善"则侧重于道德的含义,主要用于道德领域,这是"善"与"good"之间的区别,也是中西道德价值观之间值得特别注意的地方。

　　"善"是形容词,含义是"善的"。说某事物是善的是指它具有善的性质。善的性质就是善性（goodness）。具有善性或具有道德价值就是符合某种道德价值标准，善或善性总是事物具有符合某种道德价值标准的性质。道德价值标准是衡量或判断事物是否具有道德价值或者是否善的直接依据。因此，"善的"实质上是道德的，善就是道德价值，二者是同义的。[①]不过，善不仅是道德概念，也是宗教概念。例如，佛教就特别重视善，推崇"十善业"（不杀生，不偷盗，不邪淫，不恶口，不两舌，不妄语，不绮语，不贪欲，不嗔恚，不邪见），把符合"十善业"的行为视为善行。

在宇宙万物中，只有人才拥有道德价值标准，人的道德价值标准是人确定的或制定的。因此，道德价值总是相对于人的，其实质在于它能够满足人的生存和发展需要。离开了人，世界上的任何事物都不具有道德价值，无所谓善恶。这里所说的"人"有四重意义：一是指个人；二是组织群体（如家庭、企业、政党等）；三是基本共同体或社会（在当代为国家）；四是人类整体。因此，善就是相对于这四类人而言的，能够满足他们的需要便是善。

具有善性的事物或存在物通常被称为善的事物或善物（a good 或 goods）。一个事物之所以被称为善的，是因为它具有善性。当一个事物具有善性时，该事物就是善性的载体。这里所说的"善物"是有所限定的，并不是宇宙中所有的事物都具有善性，而只有人以及以人为主体的事物才能够具有善性。上述四类人都能够成为善物，人类个体的行为、品质、情感、人格也都能够成为善物。但是，一切与人不相关的事物都不可能成为善物。比如，所有的自然事物、人为事物、自然现象等都不能成为善物。人类是宇宙中能够具有善性或道德价值的唯一一类事物。

之所以只有人才能够成为善物或充当道德价值物，有两个方面的原因：一方面，一切善作为价值都是人追求并构建或创造的。比如，一个人人格的善，是他涵养锻炼形成的，没有这个工夫，就不会有人格的善。而人之所以追求并构建善是因为善能够满足人的需要，如每一个人都行善社会才会有序和谐。另一方面，只有人具有构建善所需要的认识能力和创造能力。人能够根据自己需要什么样的善，去追求并构建所需要的善。人需要善而且又能认识、追求和构建善，这使人成为道德价值主体或善恶主体，或者说使人具有道德主体性。所谓道德价值主体或善恶主体，指的是能够自主地认识、追求和构建道德价值（善）的人（包括个人、组织群体、基本共同体和整个人类）。[②]

善能够满足人的需要，因而人会去追求善；同时，人会根据需要派生或引申出道德标准，用作衡量事物是否善的价值标准。因此，善是人的一般价值追求和一般价值标准。说善是一般的价值追求或一般的价值标准，是因为它总会体现在人的不同层

[①] 不过，"道德价值"一词有时也在中性的意义上使用，即事物的道德性，或是事物的善性，抑或是事物的恶性。
[②] 道德价值主体或善恶主体与通常所谓的道德主体是同一主体，就是说善恶主体就是道德主体，反之亦然。

次、不同方面。善体现在品质方面就是德性,体现在行为方面就是德行或善行,体现在人格方面就是道德人格,体现在人本身则是善人或好人。从这种意义上看,善可以体现为人的各种活动的具体追求以及评价各种活动的道德标准,比如体现为对善行的追求,以及评价行为是不是善的,也可以体现为人格、人生、人本身的具体追求,以及评价它们的道德标准,如人生追求至善或以至善作为标准来评价人生是不是至善的。

善属于价值,是价值的类型之一,即道德价值。从逻辑上看,善的上位概念是价值。学界关于价值有很多不同的看法,究其实质,价值就是有用性。一个事物对其他事物有用,它就具有价值。这里所说的"有用"指的是能够满足需要。说一个事物对其他事物有用,也就是说这个事物能够满足其他事物的需要。价值是宇宙中普遍存在的,宇宙中所有事物的关系实质上都是价值关系,因为所有的事物都存在着相互作用,存在着不同程度的物质、能量和信息的交换,因而事物之间存在着依赖性。这种依赖性所体现的正是事物之间的有用性。价值并不是实体,而是性质,它总是以事物作为载体,具有价值的事物就是价值物。善同其他价值一样,也是一种有用性,即善性,具有善性的事物则是一种价值物,即善物。但是,与其他价值相比较,善作为一种价值有四个明显的特点:

其一,善只是相对于人而言的,人是善的不二主体,其他价值并非必须是相对于人的。世界上有各种不同种类的价值,它们广泛地存在于宇宙万物之间。例如,阳光雨露有利于植物的生长,阳光雨露对于植物就具有价值,但这种价值并不是相对于人而言的。作为价值的善则不同,它仅仅存在于人类,只有人类自身才有善和恶的问题,而人以外的宇宙万物无所谓善恶。有人认为,价值属于人,只有人才有价值,离开了人无所谓价值。这种看法是值得商榷的,它实际上是混淆了价值和道德价值或善的区别。

其二,善通常总是着眼于整体的,而非单一整体中的部分或群体整体中的个体,其他价值则并非如此。善作为价值的根本意义在于维护整体的利益,或者说满足整体存在和发展的需要。整体通常有两种基本类型:一种是单一整体,比如人是一个整体,但是单一整体。单一整体的特点是它总是由部分构成,这些部分不能离开整体存在。例如,构成人的四肢、内脏、大脑等不能离开整体的人单独存在。另一种是群体整体,比如社会是一个整体,但它是由许多人组成的。群体整体的特点是它总是由具有相对独立性的不同个体组成,这些个体可以在一定程度上离开整体存在。善作为价值的根本特性就在于总是维护和增进整体的利益,满足整体的需要。这就是道德总是要求部分和个体服从整体的根本原因之所在。当然,道德维护和增进整体利益并非必定会牺牲部分和个体,相反能够让部分和个体在整体中更好地生存。只有那种异化了的道德才会去牺牲部分和个体以满足整体的需要。善的整体性不仅具有全局性特征,还具有长远性及代际性的特征,着眼于人长远的生存和发展,也顾及人类的代际繁衍。长远性和代际性是善的整体性在时间维度上的体现。道德的整体性正好体现了人类关怀自己的总体状况和终极目的的智慧。

其三，就特定社会而言，善是一元的，而非多元的，而其他价值通常是多元的。宇宙万物的价值多种多样，或者说是无限多元的，人类的价值亦如此。人类除了道德价值，还有很多不同种类的价值，即使同一种类的价值也会是多元的。道德价值则不同，在特定的社会，社会只认可某种道德价值。尤其是在当代社会，存在着多种道德，道德是多元化的，道德之间不仅存在着差异，甚至存在着对立和冲突。一个社会不管存在着多少种道德，社会治理者只会把一种道德看作占主导地位的道德，这种道德的道德价值才被看作是善的，而不会把多种道德价值尤其是不会把对立的道德价值同时看作是善的。

其四，善总是与恶相对而言，因而善恶具有褒贬意义，而价值虽有正面价值与负面价值之分，但不具有褒义和贬义。善不仅表示具有价值，还具有赞成、褒扬的含义，而恶则不仅表示具有负面价值，而且含有反对、贬斥的含义。这是善的特殊性，其他价值一般不具有这种含义。善之所以具有这种含义是因为人类在长期的经验中发现道德价值对于人具有致命的重要性，一个人没有道德就不得善终，一个社会没有道德就会很快走向覆灭。道德价值的这种作用是所有其他的价值所不具有的。

二、恶

恶与善是对立的，如同人类的黑暗与光明。恶在英语中有两个对应词，即 evil 和 bad，前者指的就是恶，后者指的是坏，其中包含恶。恶为道德所否弃，但人类进入文明社会以来恶一直存在着，而且还在不断地发生着。恶的存在不仅会占领善的地盘，还会损害善、破坏善，因而恶是人类生存发展的大敌。虽然在人类社会，通常情况下恶所占的比重都远远低于善，但恶的破坏性极大，是人类更好生存的最大威胁和挑战，因此人类坚持不懈地同恶作斗争。伦理学不仅要告诉人们如何向善、求善、行善，还要回答怎样防范恶的产生和对人类的伤害。

从道德的意义看，恶是指具有负面道德价值的事物。恶像善一样，也是事物的性质，不过它是指事物恶的性质，即恶性（evilness 或 badness）。恶性也是一种一般意义的性质，总是体现在不同的主体或主体的不同方面。它体现在品质方面即恶性，体现在情感方面即恶情，体现在行为方面即恶行。就恶的内涵而言，恶不仅是善的缺失或丧失，而且是善的否定形式。恶就是违背某种道德价值标准，恶性总是事物具有违背某种道德价值标准的性质。因此，道德价值标准也是衡量或判断事物是否恶的直接依据。像善一样，恶的主体只能是人，人以外的其他事物可能是坏的，但不是道德意义上恶的，只有具有主体性的人才有意志，才能运用意志作恶。

恶不仅是道德概念,也是宗教概念。例如,佛教就大量涉及恶的问题。在佛教看来,恶就是悖理的行为,体现在身体、言语和意念三个方面,即所谓"恶者乖理之行,谓众生触境颠倒,纵此感情于身口意"。佛教从身口意三方面将恶分为十种即所谓"十恶业":一是与身相关的杀生、盗窃、邪淫;二是与口相关的妄语、绮语、恶口、两舌;三是与意相关的贪欲、嗔恚、邪见。基督教讲的"罪"(sin)实际上也是恶,不过这种罪被看作是与生俱来的,是人的原初本性或"原罪"。"恶"有时也被用于法律,其意义大体相当于"罪"。例如,中国的隋朝在开皇年间制定律法,规定了"十恶",即谋反、谋大逆、谋叛、恶逆、不道、大不敬、不孝、不睦、不义、内乱。从对恶的理解来看,宗教和法律的恶在很大程度上是道德意义的,因而恶是一个道德术语。

在哲学史上,奥古斯丁曾把恶划分为三种类型。一是"物理恶",指事物的自然属性造成的损失和伤害,各种自然灾害、人由于生老病死等生理原因造成的身心痛苦等皆属此类。导致这类恶的原因是缺乏完善性。上帝创造的万事万物有不同的完善性,它们不像造物主那样十全十美,但各自的不完善性是整体秩序的需要。因此,物理的恶从整体上看可以是善。二是"认识恶",其特点是把错误当作正确接受,把正确当作错误拒绝,将不确定当作确定固守。认识的恶的原因在于人的理智不完善,因而也是一种"缺乏"。与物理的恶相比,认识的恶更危险,因为人们可能由于认识上的错误背离对上帝的信仰,因而认识上的恶虽然不是罪,但比物理恶更接近于罪。三是"伦理恶",即人的意志的悖逆,选择了不应选择的目标,放弃了不应放弃的目标,无视责任,沉湎于有害的东西。奥古斯丁认为,这三种恶的程度不同,但性质是一致的,都是善的缺乏,都是上帝创造的完善秩序的缺陷或反常。实际上,三种恶中的伦理恶不仅是善的缺乏,更是善的敌人。

与善不同,恶不会成为人追求的目标,也不会成为人们评价事物的标准,但恶是人有意所为的,是一种故意。那么,人为什么会故意作恶呢?哲学家对此有种种不同的看法。苏格拉底有著名的"作恶由于无知"的论断。在他看来,人们作恶的原因是由于缺乏善知识导致的。这种看法是不对的,无知作的恶,严格地说并不是真正的恶,真正的恶是有意所为的。而且,缺乏善的知识会作恶,但也有许多具有丰富的善的知识的人作恶,知法犯法就大有人在。基督教认为人作恶的最终原因是人类祖先犯了原罪,本来善良而自由的意志变成了罪恶的意志。这种看法同样不能成立,它不能解释为什么世界上大多数人是善的。人作恶的原因归根到底就是人的意志软弱,对可能发生的侵犯道德底线的行为不能加以调控。解决恶的问题,从个人来看,关键是意志要坚强有力,受理性控制,要将理性和意志相统一的理智转化为智慧。

三、善恶标准的不一致性

善恶作为价值,总是人们根据一定的标准对事物进行判断后为人们所认识的。

人们通过这种判断形成对事物善恶的认识或观念后,就形成对他们而言的善恶,并有对善恶进行的选择和追求。社会的不同道德主体有不同的道德,有不同的道德价值标准或善恶标准,也就有相对于他们而言的善恶。任何一个社会的道德主体无非是个人、组织群体、基本共同体(当代为国家)三大类。这些不同种类的道德主体判断善恶的标准是不同的,因而纵观人类历史,善恶是很不相同的。

首先,同一社会中不同道德主体的善恶标准不一致。同一社会内部有不同的主体,其判断善恶的标准也不相同,善恶观也就不一致。一般来说,社会有治理机构,它负责社会的管理,其善恶标准就是社会判断善恶的标准。但不同道德主体都具有主体性,他们可能并不以社会的善恶标准来评价善恶,这样就有不同的善恶观。

其次,不同社会形态的善恶标准不一致。在今天,人类有不同的基本共同体——国家,每一个国家都有不同的社会形态。所有国家都有自己的善恶标准,所以彼此之间的善恶认识和善恶观念也必定不一致。当今世界,价值观存在比较尖锐的冲突,其中就包含善恶标准以及善恶观念的冲突。

最后,不同时代的道德主体的善恶标准不一致。社会是发展变化的,不同社会形态及其道德主体也会变化。即使是同一类主体(如不同个人),他们判断善恶的标准也会因为社会的变化而变化。所以,不同时代、不同时期的善恶标准也会不一致。

人们的善恶观不一致,是由于人们的善恶标准不一致。而其根本原因是不同道德主体的需要各不相同,因而确立的善恶标准也各不相同。道德主体的需要对善恶标准的影响主要体现在两个方面:

一方面,不同道德主体有不同的根本需要,根本需要不同就会确定不同的至善目标。在一个社会内部,个人的根本需要不同于企业,个人和企业的根本需要不同于国家,依此类推。人们的根本需要不同会形成不同的终极价值目标,终极价值目标不同则至善目标也就会不同。例如,企业的根本需要决定了企业会把利润的增长视为终极价值目标,而国家的根本需要则使它不能仅仅将物质财富的增长视为终极价值目标,而要把人民的普遍幸福作为终极追求。因此,它们的至善标准也就不同。

另一方面,同一时代同一社会的不同道德主体有大致相同的需要结构,但存在着对其中的哪个层次的哪种需要最偏好的问题。这种偏好就是需要偏好或欲望偏好。需要偏好对善恶标准的影响很大,假如某种需要原本不是根本需要,但一旦对它产生偏好后,就有可能将它当作根本需要。因此,人们的需要偏好不同,其善恶标准和至善标准也就会不同。比如,有的人对占有有需要偏好,有的人对友谊有需要偏好,他们就有可能以占有或友谊作为至善标准。至善标准的不同会导致整个善恶标准不同。

不同道德主体的善恶标准会直接受到他们生活于其中的社会的广泛而深刻的影响。每一个人都生活在不同的国家。国家是不同道德主体的基本共同体,绝大多数人生于斯、死于斯。各个国家不仅有不同的社会制度,而且有不同的意识形态、价值体系、道德体系,这一切都会对人们的善恶标准产生深刻影响。国家还会通过各种途径传播自己的价值观和善恶标准,对其成员的善恶标准施加直接影响。同时,在当今时代,在同一社会不可避免地存在着各种不同的价值观和善恶标准,它们也会程度不同地对人们的善恶标准产生影响。这样,社会的每一个成员(包括个人和组织群体)的善恶标准实际上是这些影响因子的函数,加之他们的根本需要和需要偏好的影响,彼此之间的善恶标准不可能完全相同。

人们的善恶标准也与文化传统有着密切的关系。世界不同的民族、不同的区域都有自己的历史文化传统,当然,某一阶段或时期确立的善恶标准在一些民族或区域会得到传承。从当代世界来看,宗教的影响力非常强大,一些宗教的善恶标准源自最初宗教创始人所确立的善恶标准。不同宗教创始人所确立的善恶标准各不相同,导致后来的信奉者的善恶观也彼此不同。就世俗社会而言,文化传统也是导致人们善恶标准不同的重要原因。当代西方人的善恶标准在很大程度上是受到启蒙思想的影响,当然也受到中世纪传统、古希腊罗马传统的影响。

四、善恶的终极性标准

影响人们确定善恶标准的因素很复杂,加上人们的生活处于变化之中,古今中外不同道德主体的善恶标准也就不可能完全一致,过去不一致,现在不一致,将来也不可能一致。但这并不意味着任何一种善恶标准都是正确的,都是人们可以理所当然地运用的。从伦理学的角度看,存在着一种用于判断和评价所有善恶标准是否正确的一般性标准,即善恶。

人是社会性动物,必须在社会中生存发展。人们在满足自身生存发展需要的同时,不能妨碍和伤害他者(他人和共同体)需要的满足。如果人们只顾自己需要的满足不管他者,甚至通过损害他者来满足自己的需要,那么,他自己的需要最终也不可能得到满足,因为他者同样会损害他。因此,只有那些有利于自己需要的满足且至少对他人无害的事物才能被看作是善的,而不管是对自己有害还是对他者有害的事物都是恶的。因此,从伦理学的意义看,真正善的事物是有利于人生存发展的事物,真正恶的事物就是有害于人生存发展的事物。善就是有利于人生存发展的,恶就是有害于人生存发展的。这就是伦理学意义的善恶的终极性标准。

所有个人、组织群体、基本共同体和人类整体都可以被视为社会主体。因此,也可以进一步把善恶表述为:善就是那种具有有利于他人、组织群体、基本共同体、人类整体等所有社会主体自身生存发展的性质,恶则是那种具有有害于所有社会主体生存发展的性质。

　　由此我们就可以引申出善恶及至善极恶的细化。对上述四种社会主体都有利，就是至善；对上述者都有害，就是极恶。对其中部分有利而对他者无害的，就是善的，对之有利者越多越善，因而也就有大善与小善的区别。对其中四者之中任何一者有害，都是恶的，对之有害者越多越恶，因而也就有大恶与小恶的区别。

　　上述善恶主要是就范围而言的，还可以从程度上对善恶加以规定。对四类社会主体中的任何一类都极其有利，或者说对它们均有重大贡献，而对他者无任何伤害，即是至善。对四类社会主体中的任何一类有害且达到无以复加的程度，就是极恶。

　　这里所说的"有利""有害"不仅指对于社会主体的那些根本性、总体性需要的满足方面的有利有害，也指对社会主体一些细小需要的满足方面的有利有害。例如，奴隶社会把一些人当作奴隶，使他们没有做人的资格、权利和尊严，即使奴隶社会其他方面都好，它也是恶的，因为它把本来是主人的人当作奴隶。这是一种对个人的极端程度的损害，因而是极恶。人们日常生活中的一般性的损人利己、损公肥私行为，也是对他者的伤害，因而是恶的，但属于小恶。把人们的小善小恶行为纳入评价的范围，这是道德不同于法律的一个重要特点。蜀汉昭烈帝刘备的诏书中说的"勿以恶小而为之，勿以善小而不为"，充分表达了道德的这种特点。

　　确立善恶的终极性标准具有重要意义。首先，它可以评价和裁定各种不同道德主体的善恶标准的正确性。这是善恶的终极性标准的主要意义。在社会现实中不同道德主体的善恶标准之间存在着矛盾冲突，而且公说公有理，婆说婆有理。如此一来就会发生是非对错的混淆。为了克服这种混淆，对不同善恶标准的正确性作出评价和裁定就需要一种终极性的标准。其次，它可以用作人们确立善恶标准的依据。社会是变化的，社会的道德主体也在不断地更新，因而制定或确立善恶标准是经常发生的。确立善恶标准需要依据，善恶就是这种依据。虽然它不是唯一的依据，但肯定是主要的依据。最后，它也可以作为人们善恶选择和至善追求的直接依据。人们在作道德选择时并不一定知道具体的善恶标准或道德规范，但他如果知道善恶的终极性标准，就可以作出正确的道德选择。因为他会意识到，只要对他者无害就是善的，应该作出这种无害的选择。同时，人们可以把对他者无害而对他者和对自己有利作为道德追求甚至人生追求，因此善恶的终极性标准对人生具有指导意义。

　　总体上看，作为一种伦理学最一般的终极性标准，善恶是适用于全人类的，具有普遍性和规导性，可以作为评价古今中外的一切价值标准正确与否的标准，也可以作为将来确立正确善恶标准、作出正确道德选择的依据。正因为善恶具有以上重要意义，伦理学才把善恶问题作为重要的研究课题，致力于善恶标准的确立。

第二节

善的类型和层次

　　善与人类生活密切相关,且像人类生活一样复杂。伦理学家为了便于人们把握善,对善作了不同类型的划分,同时区别了善的大小、层次,尤其关注至善(最高的善)和幸福(总体的完善的善)。

一、目的善与手段善

　　在伦理学史上,不少伦理学家对善进行过分类,其中比较有影响的有柏拉图、亚里士多德与刘易斯的分类。柏拉图既把善作为理念世界中的最高理念,也经常在广义上理解善。当他从广义上理解善时,他实际上把善划分为三类,即财富之类的外在善、身体的善和灵魂的善。这三类善存在着等级区别,灵魂的善是最高层次的,其次是身体的善,最后才是财富之类的善。财富之类的善,是为身体服务的,而身体是为灵魂服务的,因此财富之类的善归根到底也是为灵魂的善服务的。亚里士多德则把善划分为目的善和手段善两类。美国哲学家刘易斯(C. I. Lewis,1883—1964)在亚里士多德的基础上将善划分为外在善、内在善、功利善、固有善、贡献善五种。在关于善的种种不同划分中,亚里士多德的划分得到了伦理学界的广泛认同,而且在理论上最具有合理性,至今没有被超越。

　　对人来说,善可以从不同角度进行划分,其中最有影响的是将善划分为目的善和手段善。在亚里士多德看来,如果在我们活动的目的中,有的是因为其自身之故而被当作目的的,而我们以别的事物为目的都是为了它,那么,这一为自身的目的就是善自身,而那些以善自身为目的所选择的他物就是外在善。他认为,善自身是灵魂的善,因而是主要的、最高的善。其言外之意是,外在善是次要的、派生的善。显然,亚里士多德所言的善自身实际上就是目的善,而外在善就是手段善。他明确提出在具有目的和手段关系的场合,就有目的善与手段善的区分,有些善是目的善,有些善是手段善。他还强调目的总比那些手段更好,如健康是目的善,而为达到健康而服务的东西则是手段善。①

　　如果我们把价值体系看作一种立体的、向四周扩散的动态结构,那么亚里士多德的划分可以说是把人作为中心,把人的直接需要所指向的各种目的作为可以扩展的

---

① 参见[古希腊]亚里士多德:《大伦理学》,苗力田主编:《亚里士多德全集》第八卷,中国人民大学出版社1992年版,第247～248页。

内圆,把指向各种目的的各种不同层次的手段作为可以扩展的外圆。在这种体系中,作为中心的人是根本,一切善归根到底都取决于人。作为内圆的目的,一方面根源于人的需要,是完全由人规定的,其善的大小取决于满足人的需要的程度,因而所有目的善都可以称为"满足性的善"。另一方面,这种善又是相对于人而言的所有善中的最高层次,是衡量所有手段是否善以及善的大小的根据。作为外圆的手段,有着无限多的层次,上一层次的手段又会成为下一层次的目的,它们各自的善的大小取决于对上一目的实现作出贡献的大小,因而所有手段善都可以称为"贡献性的善"。

以上是在肯定目的和手段对于人都是善的意义上,讨论目的善是"满足性的善",手段善是"贡献性的善"。事实上,并不是任何目的和任何手段对于人都是善的。因此,有必要进一步讨论目的和手段分别在什么意义上对于人是善的,或者说,它们在什么意义上才能成为"满足性的善"和"贡献性的善"。目的有合理与不合理之分。合理的目的是善的,不合理的目的不是善的。手段不仅有合理性问题,还有正当性问题。只有既合理又正当的手段才是善的。目的和手段是在"合目的性"的意义上对于人才是善的,才能成为"满足性的善"和"贡献性的善"。因此,合目的性是理解善的关键,是善的价值本质之所在。无论目的善,还是手段善,其善的根据都在于"合目的性",差别只在于:目的善是合目的的事物的善,而手段善是事物合目的的善。

在理性的作用下,人的需要所指向的对象就会成为人追求的目标或活动的目的。如果以人为中心即以人的生存、发展和享受需要来思考问题,那么就不难发现,人的生存、发展和享受需要所指向的目的有两类:一类是旨在直接满足这些欲望的目的,这就是作为目的的目的,即基本目的,简称为"目的";另一类是旨在最终实现这种基本目的的目的,这就是作为手段的目的,即派生目的,简称为"手段"。目的善能够直接满足人的生存、发展和享受需要,手段善则是相对于目的而言的,对人来说是间接善,不能直接满足人的生存、发展和享受需要,而只能满足实现目的的需要。目的善和手段善构成两个不同的基本善领域。随着人类文明的发展,基本目的之后的手段层次不断增加,手段层次的增加在一定意义上可以说是文明进步的重要标志。手段层次的增加使越来越多的手段成为目的。于是,目的与手段的区分越来越具有相对性,而且基本目的也越来越难以确定。这就常常会导致目的与手段的混淆,基本目的与派生目的的混淆,其后果是目的与手段的异化。

将善划分为目的善和手段善的意义在于能更容易地辨识不同事物的善在人生存和发展中的地位,比较正确地判断事物的善的大小,因而不仅有助于人们作出正确的道德选择,更重要的是能够防止目的与手段的异化。例如,健康是人的生存需要所直接指向的目的,医药、卫生、锻炼就是实现这种目的的手段,医药等又是其他手段(如医药业)的目的。其中健康的价值显然比其他的价值更为根本,其他的善都是服务于健康这一轴心的。当锻炼更有利于健康时,锻炼比医药更有价值;而当医药在目前更有利于健康时,医药比锻炼更有价值。当然,生活中总有许多难题和价值冲突需要我们判断和抉择。在这样的时候,从目的和手段的角度来考察善的价值会使我们少犯错误,特别有助于避免把目的当手段、把手段当目的。

二、小善与大善

善作为价值是存在着大小区别的,通俗地说就是善有大善小善之分。在日常生活中人们对此是普遍认同的。比如,中国古代的道德要求在"忠孝不能两全"的情况下要选择尽忠,这就意味着,忠作为善,其价值比孝的价值大。中西思想家大多也承认善有大小的区别。孟子说的"穷则独善其身,达则兼济天下"(《孟子·尽心上》),实际上包含了道德主体本身的善在不同的时段可能有大有小的意思。边沁曾经对快乐进行过系统研究,认为快乐存在着量的区别。他像快乐主义者一样把快乐看作善,既然如此,善对他来说就存在着小善和大善的不同。不过,对于善的大小问题,伦理学界似乎历来重视不够,到目前为止尚未发现有这方面的系统研究成果。

从理论上看,善的价值大小问题实质上是一个价值大小的衡量尺度及其根据的问题,而这个问题又涉及善的高度和善的强度两个方面。

就价值的高度而言,同类价值的高度取决于价值(通常是价值物或善物)的数量大小和质量高低。同类善中量大的价值和质优的价值就是高层次的价值。例如,同样是孝,一个人为父母提供的帮助越多,提供的帮助质量越高,其价值的层次就越高。在衡量价值的高度时面临的难题是如何衡量不同种类的价值高低。例如,中国传统的"孝"和"忠"这两种善就存在着价值高低衡量的道德难题。

中国传统文化对这一难题的解决方法是把共同体的价值看作高于个人的价值、把大共同体的价值看作高于小共同体的价值。这种方法实际上是根据价值主体层次或社会地位来决定价值的大小,高层次价值主体的价值大于低层次价值主体的价值,因而相比较而言,个人价值是最小的。根据这种解决方法,"忠"是国家的善,而"孝"是家庭的善,因而"忠"高于"孝"。"个人的事再大也是小事,国家的事再小也是大事"可谓这种解决方法的典型表达。在今天看来,这种解决道德难题的方法是人们难以接受的,因为在现代社会,个人和基本共同体一样是社会的主体,个人甚至被视为共同体中至高无上的。因此,不能简单地把基本共同体的善无条件地看作高于个人的善、大共同体的善无条件地看作高于小共同体的善。

德国伦理学家马克斯·舍勒(Max Scheler,1874—1928)采取了另外一种方式,他根据自己确立的一些衡量善或价值高低的标准确定善的等级。在他看来,价值的等级是在偏爱的行动中认识到的,可以从偏爱的行动分离出确定价值等级所使用的标准。他认为这种标准有五个:(1)持久性,即一个持久的价值胜过一个短暂的价值。(2)可分性,即价值的高低与价值是否可分的限度成反比,如可分的蛋糕的价值比不可分的音乐的价值低。(3)基础性,即如果某一价值是另一价值的基础,那么前者高于后者。(4)满足之深度,即价值体验越深刻,价值就越高。(5)相对性,即越是较高价值,对主体的机体的依赖性越小。在舍勒看来,根据这五条标准,足以建立起严格的价值等级王国,他自己就建立了这样一个王国。

在舍勒的价值等级王国中,最低层的是感觉价值,它出现于具有感官的生物身上。第二层次是生命价值,主要包括高贵和卑贱,体现在从植物、动物到人的一切生命体中,是用较大的或较小的生命力、健康和青春活力等表达的。第三层次是精神价值。它们与有机体——环境没有关系,我们通过“精神的”感性知觉及精神的偏爱、爱与恨的行动来把握这种价值。它们是美与丑的价值、正义与不义的价值、“纯粹真理知识”的价值。第四层次亦即最高层次的价值是神圣与不神圣的价值。这种价值不能化约成精神价值,它的特色是必须由那些绝对对象显示给我们,因此,这种价值的载体不得不在宗教领域中去寻找。舍勒在理论上虽然把价值区分为四个层次,但在实际运用中还是在感觉价值与生命价值之间增加了功利的价值。它分为有用的价值和无用的价值,包括实践的价值,效用的价值和经济的价值。

舍勒通过一般性地区分价值的等级来排列善的层次高低,克服了中国传统文化中简单地根据价值主体层次区分价值高低所存在的问题。但舍勒的价值区分方法仍然存在问题,最大的问题是没有注意到善的强度。所以,他之后的德国伦理学家尼古拉·哈特曼(Nicolai Hartmann,1882—1950)试图克服这一问题。

哈特曼一方面批评舍勒的价值表过于简单,他描绘了一幅更为壮观的价值王国的图景;另一方面批评舍勒以“高”作为规定价值等级的唯一向度的做法,提出了多向度的观点。在哈特曼看来,价值领域还受另一种向度即“强度”的支配。这种向度在某种意义上是“高”这一向度的反面。他认为,强度大的价值的非现实化同强度小的价值的非现实化相比,会导致更严重的后果,因此,对强度大的价值的忽视或亵渎同对强度小的价值的忽视和亵渎相比,代表着更严重的罪过。然而,强度较高的价值一般来说又是较低的价值,而强度较小的价值则必定是较高的价值。他举例说,物质善的丧失一般来说是比精神善的丧失更严重的事情。审美愉快比物质愉快层次高,但只要一个人没有得到后者,他就会更多地追求它。另一方面较低价值意义上的罪恶比较高价值意义上的罪恶强度更大,如凶杀比说谎更为严重。因此,他强调不能把两种向度对立起来,而必须兼顾两个方面。他说,道德表现了它的两面性——罗马神话中看守门户的两面神是其象征。它对更基本的价值提出了一种向后看的主张,对更高级的价值提出了一种向前看的主张。他的结论是:实现一个较高的价值比实现一个较低的价值好,但实现一个较低的价值比实现一个较高的价值重要。

　　哈特曼对舍勒的批评是切中要害的,对于善或价值的大小不仅要从高度衡量,而且要从强度上加以衡量。强度大的价值实际上也是价值大的价值,只不过衡量的尺度不一样而已。中国文化中有"雪中送炭"和"锦上添花"两个成语,它们正是表达了价值的高度与强度的关系。根据中国传统,雪中送炭要比锦上添花的价值大。

　　从以上分析我们至少可以得到这样的启示:首先,在人类生活中确实存在大善小善或价值大小的问题。其次,衡量价值大小的尺度不是单一的,至少要考虑价值主体的层次、价值的高度、价值的强度三种因素,也许还有其他因素。最后,在衡量价值大小的过程中如何对这些因素排序、把哪种因素放在首位,则需要根据价值主体的实际情况,以及时间、地点、条件等综合考虑,不能一刀切。在通常情况下,个人既是社会和人类的终极主体,又是最弱者,因而其价值必须给予重点考虑。

三、至善

　　在伦理学史上,伦理学家较少关注大善小善问题,但十分重视至善问题,而且中西古代伦理学家在彼此完全隔离的情况下对此就有共识。《大学》中有"大学之道,在明明德,在亲民,在止于至善"的记述。这是认为做大学问的人最终的目的就是要达到尽善尽美的境界。在古希腊,德性主义哲学家苏格拉底、柏拉图和亚里士多德师徒三人都重视至善,而亚里士多德对至善做了系统的研究。在近现代,康德又根据现代社会条件对至善作了系统研究,形成了他独特的至善论。不过,康德之后,思想家们逐渐不怎么谈至善问题,可以说,随着人们日益看重资源占有和感官享受,至善这一古老追求逐渐淡出了人们的视野。

　　"至善"的英语表达是"supreme good",拉丁语表达是"summun bonum"。一般地说,至善就是最高层次的善,也可以说是善的极致。至善是最大的善,因而属于前面所讨论的"大善"范畴,与至善相对立的是极恶(extreme evil)。对于这一点,历史上的思想家并无异议,但对于至善究竟指什么,或者说它的基本内涵是什么,思想家们的看法存在着很大的差异。其中,圣人至善论、德性至善论、快乐至善论、幸福与德性统一至善论是最典型的至善论。

　　圣人至善论是先秦哲学尤其是儒家主张的一种至善理论。先秦儒家把圣人视为至善人格的体现。孟子明确把圣人视为在道德上达到最高境界的人:"圣人,人伦之至也。"(《孟子·离娄上》)圣人就是德智兼优、尽善尽美的完善之人。圣人目光敏锐,能顺应天地人之道;智慧超凡,创制八卦以昭示吉凶;德性高尚,顺应天道以德养民。朱熹后来对圣人做了这样一个界定:"圣人万善皆备,有一毫之失,此不足为圣人。"(《朱子语类》卷第十三)对孔子来说,圣人不只是理想人格,而是在现实生活中有对应的楷模,尧、舜就是圣王,孟子也认为"人皆可以为尧舜"(《孟子·告子下》)。为此,《大学》设计了"三纲领""八条目"的"内圣外王"之路,宋代周敦颐还提出了"圣希天,贤希圣,士希贤"(《通书•志学》)的"希贤希圣"路径。从内涵看,圣人至善论也可以说是道德至善论。

德性至善论的主要提倡者是苏格拉底、柏拉图和亚里士多德,并在亚里士多德那里得到了系统阐述。亚里士多德在区分目的和手段的基础上将目的划分为完满的和不完满的,而且认为完满的目的比不完满的目的更好。这是因为完满的目的一旦达到,就不需要添加任何东西,而不完满的目的即使达到了,也还需要添加某种东西。例如,外在善就是一种不完满的目的,因为外在善需要机遇等因素发生作用;而幸福则是完满的目的,一旦我们获得了幸福,就无须再加任何东西了。如果说所有的目的都是善的话,那么完善的目的就是一切善中之善,即至善。所以,对亚里士多德来说,幸福就是完善的目的,就是至善。他的结论是:"幸福是我们寻求的最好的东西,也是完满的目的。完善的目的是善,也是一切善物的目的。"[1]

快乐至善论主要是伊壁鸠鲁派主张的至善论。伊壁鸠鲁同意苏格拉底等人的幸福就是至善的观点,但他不认为幸福在于德性,而认为幸福在于快乐。他将幸福与快乐完全等同起来,或者说把快乐看作幸福的内容,并要求人们关注给自己带来幸福的快乐。"我们必须关心给我们带来幸福的事物。有了它们,我们便就有了一切;缺少了它们,我们就要尽一切努力去获得。"[2]这种带来幸福的事物就是快乐,而快乐就是幸福本身。显然他是用快乐代替幸福作为至善,作为人生的目的和追求。

幸福与德性统一至善论是康德提出的至善论。康德认为,纯粹思辨理性为追求无条件的总体而有了理念,而纯粹实践理性同样追求无条件的总体,于是就有了"至善"。在康德看来,既然道德法则是自由意志的唯一根据,而至善是一个自由意志追求的无条件的总体,因而只有道德法则才是意志使至善成为自己的总体对象的根据。康德把至善看作德性和幸福的统一体,他所理解的"幸福"已经不是古希腊意义的人的本性即理性自我实现的幸福,而是指近代以来所理解的感性欲望满足的幸福。在两者的关系上,康德强调,德性是配享幸福的条件,它"是一切在我们看来只要可能值得期望的东西,因而也是我们谋求幸福的一切努力的至上条件,所以是至上的善"[3]。那么,至善怎样才可能呢? 康德提出了作为实现"至善"的必要前提的实践理性的公设——灵魂不朽与上帝存在。在他看来,要达到至善,首先必须使人的意志同道德法则完全契合,而人的意志因感性欲望的影响很难完全做到这一点。要达到完全的契合,只有通过无止境的努力,光靠短短一生的努力是不够的。因此,必须假定灵魂不

① [古希腊]亚里士多德:《大伦理学》,苗力田主编:《亚里士多德全集》第八卷,中国人民大学出版社1992年版,第248页。
② [古希腊]第欧根尼•拉尔修:《名哲言行录》(下),马永翔等译,吉林人民出版社2011年版,第574页。
③ [德]康德:《实践理性批判》,李秋零主编:《康德著作全集》第5卷,中国人民大学出版社2007年版,第117页。

朽,将今生的失败寄托在来生的努力上。而且,把德性与幸福这两种根本对立的东西调和起来,光靠人的力量是办不到的,只有假设一个超自然的最高存在者上帝的存在才有可能实现。

以上四种至善论虽然各不相同,但除了快乐至善论,其他三种至善论不仅有相通之处,而且其主旨是一致的。归纳起来,它们有四个大致相似的方面:一是它们都把至善作为人生的最高目标,认为人应当终生追求这种最高目标;二是它们都不把至善视为某一种善的最高、最大程度,而是人生各个方面善的综合达到至高无上,是人生的最高境界;三是它们都认为达到这种最高境界是可行的,人具备应有的条件,关键在于要不断致力于追求;四是它们都为如何达到至善提供了各具特色的方案,人们可以从中作出选择并可以综合创新。这四个方面正是伦理学给人们提供的理论指导,值得高度重视。

四、幸福与好生活

人们经常将"幸福"与"好生活"混为一谈,但其实二者并不相同。生活是一个整体,包括不同维度,存在着质量好坏优劣的区别,呈现出不同的层次。好生活指的是具有好性的生活,它本身可以划分为底线层次、基础层次、高级层次和最高层次四个层次,其中最高层次的好生活就是至善,即最好的生活。幸福是一种生活的最高层次的圆满的好性,具有幸福这种好性的生活就是幸福生活。它是生活整体上令人满意意义上的幸福(eudaimonia 或 eudaemonia),而不仅仅是欲望得到满足意义上的幸福(happiness)。

关于好生活,自古以来较为流行的是这样两种观点:一是把好生活理解为"值得赞赏的生活"(the admirable life),这是指道德或德性高尚的生活;二是把好生活理解为"值得欲望的生活"(the desirable life),这是指繁荣或发达的生活。从总体上看,传统社会比较推崇前一种观点,而后一种观点在现代社会比较流行。然而,这两种观点都是有偏颇的,真正的好生活,是指生存、发展和享受的需要获得越来越好满足的生活。这里所说的"生存、发展和享受的需要",也可以说是"基于根本需要的总体需要",其中根本需要就是生存需要,总体需要则包括生存、发展、享受需要。

好生活是一种令人满意的生活,但人对生活的满意是相对的,通常会由满意逐渐变得不满意。当对生活由满意变得不满意时,好的生活就会变得不再好了。同时,现代社会发展突飞猛进,生活质量不断提高,好生活日益成为一个动态的概念和目标。一个人如果只满足于现在生活得好,而不追求生活得更好,也许不用多久,好生活就会变得不再好了。因此,真正好的生活应该是越来越好的生活,真正的好生活应该还原为生活得更好。

好生活可以划分为两个大的层次:生存需要满足层次上的好生活,可简称为生存层次的好生活,这是低层次的好生活;发展需要即人格完善需要满足层次上的好生活,可简称为发展层次的好生活,这是高层次的好生活。生存层次的好生活可依据马斯洛的需要层次理论进一步划分为两个层次:生理需要、安全需要得到满足的底线层次,归属与爱的需要、尊重需要的满足的基础层次。发展需要也可以从人格完善的程度进一步划分为人格健全(高级层次)、人格高尚(最高层次)两个层次。每一个层次的好生活都有不同的维度。例如,生理需要满足可以细分为吃、穿、住、行、用、玩、医、性八个主要维度;人格完善需要或自我实现需要的满足主要有观念、知识、能力和品质四个维度。幸福生活从个人的角度看就是人格完善需要得到满足的生活。

自古以来,关于幸福人们见仁见智,但对这一问题的回答存在着正确不正确的问题,也存在着完整不完整的问题。一般地说,幸福是人的需要得到完全或充分满足的最好生活或最令人满意的状态。然而,人的需要几乎在任何时候都不可能得到完全满足,而只能得到程度尽可能高的满足,单纯的满足并不一定就是心满意足的愉悦状态。如果不将幸福理解为生活的尽善尽美性,而是理解为人的生活有可能达到的最高圆满性或终极价值目标,我们就可以对幸福作出如下界定:幸福就是人的根本的总体的需要得到某种程度的满足所产生的愉悦状态。这里涉及以下三个方面的问题。

一是如何理解"人的根本的总体的需要"。人的需要是一个复杂的系统,有不同的层次和不同的维度。随着社会的发展,人的需要还在迅速地向广度和深度扩展。在当代社会,人的需要与人的想要(欲望或愿望)越来越难以分辨,以至于人的需要日益呈现出没有限度的态势。如果认为幸福是人的所有需要都得到满足,那么,人不可能有幸福,因为人的需要太多,同时在不断地产生,任何人都不可能使自己不断产生的所有需要得到满足。因此,应当把幸福限定在人的根本的总体的需要得到某种程度的满足上。人的根本的总体的需要,就是人在世界上生存、发展和享受的需要。其中生存需要是人的根本需要,而生存、发展、享受的需要是人的总体需要。

二是如何理解"某种程度的满足"。即便是人生存、发展和享受的需要也不可能得到完全的满足。如果把幸福看作人生存、发展和享受的需要得到完全的满足,那么,现实世界也不会有幸福,幸福只会存在于天国。"某种程度的满足"就是既承认人生存、发展和享受的需要不可能得到完全满足,同时强调必须达到一定程度的满足。这种程度就是:生存需要必须得到充分满足,发展需要得到一定程度的满足,而且有进一步满足的可能。这三个方面都是必要的。一个人的生存需要得不到充分满足,他就不得不为生存奔波。这种成天为生存操劳的生活不能说是幸福生活。另一方面,如果生存需要能得到充分满足,但到此为止,饱食终日,无所用心,这种生活会使人感到厌倦、无聊、空虚,也谈不上幸福。真正的幸福不等于生存需要的满足,而是在生存需要得到充分满足的同时,发展需要也得到一定程度的满足,尤其重要的是,有可能得到进一步的满足,包括有更高的追求及其实现的条件。

三是如何理解"愉悦状态"。幸福并不就是需要的满足,而是由需要满足所产生的一种愉悦状态,可以说是一种满意的状态。从人的需要的角度看,人对生活满意的需要,就是人的享受的需要。这种需要是以需要满足为基础、以享受意识为前提产生的。它可以在生存需要层次(低层次)上产生,也可以在发展需要层次(高层次)上产生。一旦享受需要得到满足,他就会产生愉悦感,就会感到满意。当一个人有享受意识且生存和发展需要得到一定程度满足时,他就会产生高层次享受需要,而当这种高层次享受需要得到满足时,他就会感到幸福,就有了幸福感。从这种意义上看,幸福可以说是高层次享受需要的满足。但是,人在一生当中不可能每时每刻都处于满意或愉悦状态。作为幸福的那种愉悦状态,是就生活总体而言的,就是说生存、发展和享受的需要从总体上看得到了令人满意的满足。这种令人满意的满足达到了这样的程度,即在生活中出现某种烦恼或痛苦时,只要一想到自己生活总体上是令人满意的,就能从容对待并纾缓烦恼或痛苦。

幸福作为一种生活的好性质,它是要有价值载体的。幸福的价值载体就是幸福所需要的主客观条件,包括好人格及好家庭、好学校、好职场、好社会乃至好自然。其中,好人格和好社会是幸福的主要条件。人格完善是人生幸福的一个基本方面,即主观条件。如果将人生幸福看作是由内在要素和外在要素两大方面构成的,那么完善的人格就是人生幸福的内在要素的总体结构。这一结构对人生幸福具有决定性意义,也可以说是人生幸福所需要的充分主观条件。当一个人形成了完善的人格,并具备必要的外部条件,他就是幸福的。人格完善之人只要具备适当的外在条件,就是幸福之人。

一个人的生活具备了幸福的主客观条件就客观上过上了好生活,但这种客观上的好生活并不就是幸福生活。幸福作为一种愉悦状态,它包含了人的感受因素,这就涉及幸福感问题。幸福与幸福感实质上是含义相同的,只不过真正的幸福感并不是纯粹的个人感受,而是以客观上的好生活为其实质内涵的,否则幸福感就是虚假的或虚幻的幸福感。幸福感是以幸福意识为前提的,一个有幸福意识的人就会经常反思自己的生活是否幸福。一旦他意识到自己的生活客观上是好的,他就会产生幸福感,也就有了真正的幸福。如果一个人没有幸福意识或没有享受的需要,那么,客观上的好生活就不会转变成个人的主观感受,客观上的好生活对他来说就是外在的,没有变成对他而言的幸福生活,就会发生人们常说的"身在福中不知福"问题。因此,幸福感对个人幸福来说是至关重要的。没有幸福感,即使一个人拥有整个世界,或者他的一切欲望都得到了满足,他也肯定不会是幸福的。

幸福生活尤其具有社会性。当社会为每一个成员提供了幸福所必需的条件,社会成员才有可能获得幸福,社会也才会是幸福美好的社会。幸福所需要的社会条件主要有五个:一是所有社会成员的人性潜能都能被尽可能地充分开发;二是所有社会成员开发出来的能力都能尽可能地充分发挥;三是所有社会成员的生存需要或基本需要能得到尽可能的充分满足;四是所有社会成员的发展需要或自我实现需要有得到满足的可能;五是所有社会成员都有安全感、获得感、公正感、认同感、归属感等美好感受。这五个方面的条件都有底线要求和理想状况。一般来说,社会成员要普遍获得幸福必须在所有这些方面都达到底线要求,而这些条件越是接近理想状况,越是有利于社会成员普遍获得幸福。这些社会条件是一个相互关联的完整系统,其基本要素缺一不可。

幸福也具有相对性。不仅不同时代、不同国度、不同民族的人的幸福是不同的,而且不同年龄、不同性别、不同职业、不同社会地位的人的幸福也是不尽相同的。最典型的是,对孩子而言的幸福不一定是对老人而言的幸福。但也必须看到,幸福的相对性之中又有某种绝对性。一方面,同一时代、同一国度、同一民族、相同年龄、相同性别的人,他们的幸福总有某种共同性;另一方面,所有能称得上幸福的人都有一个共同特点,那就是他们的生存需要得到了充分满足,发展需要得到了一定程度的满足并有进一步满足的可能。

幸福还具有脆弱性。亚里士多德把幸福看作是自足的,具有至善性、完善性、圆满性。正因为如此,它就十分脆弱,不精心呵护就会遭到破坏。古希腊哲学家已经清醒地意识到了这一点,中国古代先哲对此不仅有清醒的意识,而且还深刻阐述了福祸之间的辩证关系。根据中国传统幸福观,福与祸相对立,还可能发生相互转化。因此,求福必须避祸,促进祸向福转化,防范福向祸逆转。

幸福和快乐都可以使人产生愉悦感,但这两种愉悦感是有重要区别的。快乐的愉悦感是人的某种欲望特别是强烈的欲望得到满足时产生的,具有一事性、即时性、一时性,即只要某种欲望得到满足这种愉悦感就当即产生,事过即逝。而且,无论正常、健康的欲望还是不正常、不健康的欲望,都能产生快乐的愉悦感。幸福的愉悦感则不同,它是人的根本的总体的需要得到满足时产生的,具有整体性、持久性、反思性,即只有根本的总体的需要得到满足才可能产生,只有经过反思和回味才会产生,一旦产生便会成为一种持久的心理状态。由于这种根本的总体的需要包含了对法律和道德的要求,因而幸福的愉悦感总是正常的、健康的美好愉悦感。总体上看,幸福是令人满意的生活过程,快乐是令人满足的生活调剂,二者在人生中的地位和作用不能颠倒。

第三节
善恶的判断、评价与选择

道德价值存在认识问题,对道德价值的认识是以判断的形式呈现的,其结果就是形成道德价值判断。道德价值判断的内容是认识对象的善和恶及善恶的程度,因而道德价值判断实质上是善恶判断。道德价值认识不仅包括对事物善恶的判断,也包括对事物善恶的评价。善恶评价以善恶判断为依据,但并不等于善恶判断,它比善恶判断更为复杂。人们还会在善恶判断和善恶评价的基础上进行道德价值选择,即善恶选择。善恶选择涉及更多的因素,情形更为复杂。人们作出道德价值选择之后,才有可能追求道德价值的实现。作出道德价值选择和追求道德价值实现属于道德实践环节。

一、道德判断、价值判断与善恶判断

道德是道德主体的道德,道德认识就是对道德主体及其情感、品质和行为的认识。道德认识像其他认识一样主要是以判断的形式呈现的,因而道德认识实质上就是道德判断。"道德判断"一词既可以是动词,表示道德认识活动,也可以是名词,表示道德认识结果。从总体上看,道德判断包括两类,一类是对道德主体及其情感、品质、行为、人格等的道德价值的认识,另一类是对道德主体应遵循的道德规范的认识。前者是道德价值判断或善恶判断活动及其结果,后者是道德规范判断活动及其结果。显然,善恶判断属于道德判断,而不等于道德判断。注意这两者之间的区别十分重要,西方自休谟开始出现的"价值与事实"之争与对这两者的混淆有着直接的关系。

在人类历史上,道德判断(被误认为就是价值判断)与事实判断一直没有被加以区别。休谟在《人性论》中第一次提出了二者之间的区别,逻辑实证主义者使这一区别凸显出来。休谟也好,逻辑实证主义者也好,他们的一个共同问题是将道德规范命题等同于道德命题。道德规范命题是以"应当"为联系词的,不存在真假问题,而道德价值命题则是以"是"为联系词的,存在着真假问题。价值判断(包括善恶判断)与事实判断存在以下四个区别。

其一,价值判断所判断的价值总是相对于价值客体[①]而言的,而事实判断不存在这种相对性。价值判断的最典型形式是"X 是善的(有价值的)",而这个判断实际上是"X 对于……是善的(有价值的)"的一种简化形式。在道德上,我们说一个事物有价值,总是相对于某人(个人、组织群体或基本共同体)而言。这里的某人就是隐含着的一个价值客体。比如,"湖南农民运动好得很"这样一个问题中的"好得很"是相对农民而言,就是说农民运动对于农民来说好得很,而对于地主而言则糟得很。与价值判断不同,事实判断则不存在这种相对于谁而言的事实客体。比如,"人是有理性的动物"是一个事实判断,这个判断不是"人对于……是有理性的动物"的简化形式。

---

① 需要注意的是,这里说的"价值客体"不同于价值认识的对象,它是指价值主体所具有的价值是对谁而言的那种价值关系中的客体。

在这里，人是有理性的动物是一个事实，这一事实不是相对于某个事实客体而言的。

其二，价值判断总是依据标准或理由作出的，而事实判断不存在这一依据。事实判断就是对对象的实际情形的陈述。比如，"太阳东升西落"是一个事实判断，这个判断就是对太阳东升西落这一事实的陈述。这里不存在根据某种标准来判断太阳是东升西落的。与事实判断不同，所有的价值判断都是根据某种标准或理由作出的，可称之为"价值标准""价值理由"。这种标准或理由在一定意义上可以说是参与判断的"第三方"。比如，"张三孝敬父母的行为是善行"这个道德价值判断隐含着一个道德价值标准，即"孝敬父母的行为是善行"。这里存在着一个伦理学和价值论上所说的"实践推理"，即：大前提是"孝敬父母的行为是善行"；小前提是"张三的行为是孝敬父母的行为"；结论是"张三孝敬父母的行为是善行"。作为大前提的道德价值标准本身不一定具有价值标准，而如果没有更一般的价值标准，那么必定会有某种价值理由，这种理由往往是功利性的。比如"孝敬父母的行为是善行"，理由就是孝敬父母的行为有利于社会的和谐稳定等等。

其三，价值判断不能得到经验的证实，而事实判断是能够得到经验证实的。事实判断所判断的内容是可感知（也可能要通过科学手段感知）的事实，事实判断是对可感知事实的陈述。但是，价值判断所判断的内容是不可感知的，价值判断是对对象所蕴含的或承载的价值性质的断定。价值性质可能是客观存在的（张三的这个行为是孝敬父母的行为），也可能不是客观存在的，而是可能会发生的（如果张三孝敬父母，他的行为就是善行）。事物的价值性质是人不能感知的，而只能通过直觉把握。比如，人无法感知张三孝敬父母的行为的善的性质，只能通过价值直觉加以把握。

其四，价值判断像事实判断一样也有真假情形，通常也是以"是"为联系词的判断，但情形比事实判断要复杂。事物的价值也是客观存在的事实，因而价值判断也存在着真假情形。这种复杂性不仅体现在价值判断总要根据某种标准或理由作出，这种标准和理由是判断价值真假的直接依据，而且存在对同一对象的不同价值判断同时为真的情形。不同主体对同一对象可能作出不同的甚至对立的判断，而且它们可能同时是真的。比如，对于湖南农民运动，当时就有两种对立的价值判断："湖南农民运动好得很"和"湖南农民运动糟得很"。这两个判断都是真的，只是前一个判断是相对于农民而言的，后一个判断是相对于地主而言的。鉴于这种复杂情况，对价值判断，最好不用真理性作为标准，而用合理性作为标准。所谓"合理性"是指价值判断者能够对自己作的价值判断提供充足理由，而所谓"充足理由"就是能够说服别人的理由。除基本价值判断外，其他价值判断通常都以基本价值判断作为判断根据。

善恶判断作为价值判断也具有价值判断的上述基本特征，但又有自己的特殊性。善恶判断的特殊性主要表现在四个方面：一是它的对象总是各类社会主体及其内在素质和外显活动，而不是社会主体之外的事物；二是它关注的不是对象的一般价值性或有用性,而是对象在道德意义上的有用性或善恶性;三是它用以判断的根据不是一个事物(认识对象)是否有利于其他事物(价值客体)需要的满足,而是一个社会主体及其素质和行为是否有利于其他社会主体更好地生存发展的需要,其价值标准是道德价值标准或善恶标准而不是其他价值标准;四是它的功能不是为人们的任何价值选择提供依据,而只是给人们的善恶选择提供依据,引导人们去恶扬善、向善求善、行善积德。总之,善恶判断是直接服务于人更好生存发展的价值判断。

善恶判断既是人的道德认识活动,也是人的道德认识活动结果。善恶判断是人的一切道德活动(包括人的道德评价、道德行为、道德实践、道德教化、道德修养等)的认识前提,也是人的道德素质(包括道德观念、道德情感、道德品质、道德意志、道德智慧)的知识基础。因此,善恶判断对于道德主体极为重要。道德主体要不断提高善恶判断的能力,善于作出正确的善恶判断。

二、善恶判断的根据

任何判断都是有根据的,事实判断的根据是对象的事实状况,价值判断(包括善恶判断)的根据,除了对象的价值状况,还有价值标准和价值理由。那么,我们需要了解善恶判断的标准和理由是什么,以及它们来自哪里。

先看善恶判断的标准。善恶判断的标准是指人们在作善恶判断时所依据的标准,而善恶标准本身也是一种善恶判断。比如,一个人作出"张三孝敬父母的行为是善行"的判断就是有标准的,这个标准就是"孝敬父母的行为是善行"。善恶判断的标准可能是一阶的,也可能是二阶的,还有可能是多阶的。如上例中的"孝敬父母的行为是善行"就是一阶的标准,而这个标准之上可能还有标准,比如"善行对于社会和谐是有益的"。这是二阶的标准。这个更一般的标准作为善恶判断可能还有标准,比如"社会和谐有利于作为社会成员的人更好地生存发展"。这就是三阶标准。这一层次的善恶判断对"张三孝敬父母的行为是善行"这一判断来说就是最高阶的价值标准,也可以说是终极标准,在它之上再也没有标准了。终极性善恶标准作为善恶判断,其根据不再是标准,而是把它作为终极性善恶标准的理由,这种理由必须充足,人们才会认可和接受这种善恶标准。

一般来说,只要善恶判断所依据的标准或理由是正确的或合理的,依据它作出的善恶判断就是合理的,也就得到了论证或证明。比如,甲说"张三孝敬父母的行为是善行",乙问他为什么,甲说因为"孝敬父母的行为是善行,张三的行为是孝敬父母的行为"。如果乙承认孝敬父母的行为是善行,那么甲的这个判断就得到了证明,它是合理的。作为终极价值标准的善恶判断的情形与一般的善恶判断不同,它再也没有标准可以依据或作为根据,这时就只能提供理由。比如,"社会和谐有利于作为社会成员的人更好地生存发展"要得到证明,不能再依据什么标准,因为没有标准可依据,只能提供理由。不过,善恶判断尤其是其他的价值判断,不一定都是有标准的。在没有价值标准的情况下,善恶判断的根据就是理由。人们既根据理由作出善恶判断,也根据理由来确证或证明。

再来看善恶判断的理由。前面已经说明,作为终极性善恶标准的善恶判断的证明只能根据价值理由,也有些价值判断本身就没有标准,只能以价值理由为根据。价值理由就是在论证价值判断或为价值判断辩护时提供的理由,能够给价值判断提供充足的理由,价值判断的合理性才能得到证明和辩护。比如,甲说"社会和谐有利于作为社会成员的人更好地生存发展",乙问他为什么,甲说因为人必须在社会中生存,如果人在混乱无序的社会中生存就很痛苦,甚至生不如死。如果乙同意甲所陈述的理由,此判断对乙来说就得到了论证,他就会承认其合理性。如果这个判断的理由得到了所有人的同意,它就得到了证明。

不同类型的价值判断的理由各不相同,善恶判断的理由是有利于人更好地生存发展。这个理由涉及两个问题:一是这里的"人"指的是前文所说的四类社会主体。有利于人更好地生存发展,可以只是有利于其中一类社会主体,但不能有害于其他类社会主体,当然对四类社会主体都有利最优。这一点正是善恶判断的道德性体现。二是"更好地生存发展"是人的根本的总体的需要,但不是人的所有需要,因此"有利于人更好地生存发展"不能等同于满足人的所有需要,而只限于有利于人更好地生存发展的需要。这也是善恶判断的道德性体现。比如,甲说我每天不吃早餐,乙问他为什么,甲回答说,我喜欢睡懒觉。在这里,不吃早餐表面看起来只是个人习惯问题,但这个习惯是不利于身体健康的,因此甲的这个说法在道德上不能得到合理性论证。

以上是理论上的分析,在现实的社会生活中,善恶判断根据的情形要复杂得多。进入文明社会以来,人类社会一直都流行着一些善恶标准,社会治理者也会根据社会的需要倡导和推行一些标准。这些标准有的是历史流传下来的,有的是当代约定俗成的,有的是不同主体规定的。由于种种原因,现实生活中善恶终极标准并不一定有利于人更好地生存发展,因而其合理性存在很大问题。其中有许多没有体现前面所说的有利于人更好生存发展的要求,而只是有利于统治者或"圈内"的人,对被统治者和"圈外"的人有害。如此一来,道德标准就会导致消极的社会后果。中国传统社会的"君为臣纲"的善恶标准,只有利于君王的权威,而有害于天下百姓。市场社会通行的"利益最大化原则"作为道德标准则只有利于强者,而不利于无任何实力的弱者。

自古至今,在善恶标准的终极根据上历来存在着个人主义与整体主义的分歧。个人主义将个人的自由权利作为善恶判断的终极根据,而整体主义将基本共同体(在当代是国家)的利益作为善恶判断的终极根据。今天看来,这两种终极根据都有其局限性。现代社会已经改变了过去社会(包括近代西方社会)的基本共同体、家庭和个人的格局,出现了除国家、个人之外的各种组织群体,如企业、社团等。在民主社会中,不仅个人、家庭和国家成为社会的主体,各种组织群体也都成为社会的主体。在这种新的格局之下,无论以个人的自由权利还是以国家的整体利益作为价值标准的终极根据都是不妥的,而必须同时考虑到所有这些道德主体的权利和利益。不过,在所有这些主体中,就其社会地位而言,个体高于国家,因为国家是为作为社会成员的个体服务的;个人又高于组织,因为一切组织的目的最终都是为了作为社会成员的个人更好地生存发展。因此,一切善恶标准的终极根据都在于社会成员个人,有利于所有社会成员个人更好地生存发展应成为一切善恶标准以至一切善恶判断的终极根据。

三、道德评价与善恶评价

道德认识不仅包括道德判断,也包括道德评价。道德评价主要包括善恶评价和正当评价或道德规范评价。两种评价的对象范围是相同的,包括个人、组织群体、基本共同体、人类整体。但是,正当评价的对象一般仅限于行为,而善恶评价的对象范围则广得多,它包括人的情感、品质、意志、行为、人格、作为社会主体的人本身。正当本身是善在行为中的体现,因而正当评价在广义上也属于善恶评价。从这种意义上看,道德评价与善恶评价是同义的。

善恶评价是以善恶判断为基础和前提的,而且善恶判断也有某种善恶评价的功能。在一些情况下,一个人对某人作出一个道德判断就意味着他对他的评价。例如,某人说张三孝敬父母的行为是善行,这个说法就有评价的性质。之所以如此,是因为善恶判断中或显或隐地包含着道德术语或概念,这些概念就具有褒贬的意味,如"善的""道德的""可敬的"等。善恶评价也是以善恶判断呈现的,二者之间并没有分明的界限。因此,善恶评价具有善恶判断的基本特征。但是,二者之间仍是有区别的,主要体现在以下三个方面。

第一,善恶判断具有即时性,善恶评价通常具有综合性。善恶判断在大多数情况下是一种直接的、单一的判断,只是对对象是善是恶及善恶的程度作出判断。例如,"张三这一段时间悉心照料父亲是行孝"。这一判断只是就张三的孝敬本身作出的,具有一事一议性,而不考虑张三的其他方面。善恶评价则不同,它不仅要从评价对象本身当时的情况考虑,可能还要考虑对象的其他方面,包括行为的意图和动机、事态的过去和未来、对象的主观条件等。这样,善恶评价有时会作出与善恶判断不同甚至相反的结论。例如,一个人在对张三的行为作善恶评价时,承认张三这一段时间悉心照料父亲是行孝,但据这个人的了解,张三这一段时间悉心照料父亲是因为他父亲将不久于人世,他希望赢得父亲的好感并得到更多的遗产。这样,评价者就可能作出这样的善恶评价:"张三这一段时间悉心照料父亲不是真正的行孝。"显然,这一评价结论是与上面的善恶判断很不相同的。可以说,善恶评价的过程是一个评价者对评价对象进行"研判"的过程,需考虑到事外的因素。

第二,善恶判断主要是对或善或恶作出判断,善恶评价则通常会同时考虑善恶两个方面。在现实生活中,对他者的有利和有害常常是交织在一起的,一个道德主体可能对他者既有有利的方面,也有有害的方面,或者今天是有利的,而明天又是有害的。善恶判断的当下性、单一性往往会导致判断者只注意对象善的方面或恶的方面,只对其中的一个方面作出判断。如此,不同的判断者对同一事态可能作出不同的判断。这有点类似于苏轼《题西林壁》诗中"横看成岭侧成峰"所说的情形。与善恶判断不同,善恶评价可能既会看到善的一面,也会看到恶或不善的一面。前面谈到的"湖南农民运动好得很还是糟得很"问题,农民和地主作出了迥然对立的判断。如果从中国社会发展的角度来对这一事件作出善恶评价,其结论可能既不是好得很,也不是糟得很,而是这一运动总体上顺应了历史发展潮流,但农民的行为也有些过火。

第三,善恶判断更注重对象本身的善恶价值,因而更具有客观性,善恶评价则受评价者自己的善恶观影响较大,因而更具有主观性。善恶判断是对对象本身所具有的善恶价值及其大小作出判断,因而要求判断者要客观公正,尽量排除自己的主观因素。因此,一个正确合理的善恶判断必定是客观公正的,是能够接受公众和历史检验的。善恶评价则不同。虽然它要求评价者尽量客观公正地作评价,但由于评价会考虑多种因素,而不只是考虑事态本身,因此评价者的主观因素就有更大的作用空间。对善恶评价影响最大、最直接的是评价者的善恶观。如果他的善恶观是正确的,其评价才可能是正确的,如果他的善恶观是错误的,其评价也很难正确。例如,对于张三孝敬父母的行为,假如评价者信奉的是个人主义善恶观,他评价的结论可能就不是"张三孝敬父母的行为是善行"。因此,善恶评价通常会体现评价者的道德立场和道德态度。从这个意义上讲,善恶评价应基于善恶判断作出,努力与之一致,以减少评价过程掺杂的主观因素。

四、善的选择、追求和拥有

在善恶判断和善恶评价之后,人就会面临善恶选择问题。善恶选择作为道德价值选择属于道德选择范围,也是道德选择的前提和主体。道德选择包括道德价值选择即善恶选择和道德规范选择即正当不正当选择。人们的善恶选择对正当不正当选择有决定性的影响,而且正当不正当选择属于广义的善恶选择。人们认识道德价值,作出善恶判断和评价,归根到底是为善恶选择服务的,所指向的是让自己选择善,追求善,最终拥有善。当然,现实的情形比较复杂,有些人的善恶判断和评价并没有让他们选择、追求和拥有善。但这些并非普遍现象,即便如此,这些人也不会在所有方面都没有这样做,一个作恶多端的人也会有某些善的因素。

善恶选择包括两个层次的选择:第一个层次是在善与恶之间作出选择。一般来说,绝大多数人都会选择善,尤其是在做人和造就人格方面会作出善的选择。不过,在其他具体的方面,虽然大多数人都会选择善,但选择恶的人也不少。实际的情形很复杂,也许每一个人一生中都有过选择恶的经历,但不同的人在选择恶的次数方面差异巨大。导致人们作恶的原因极其复杂,善恶判断错误、为了谋取眼前利益、经受不住外界诱惑或攻击、害怕为善的艰辛等是一些常见的原因。要解决人们在日常生活中有意选择恶的问题,既需要营造良好的社会环境,也需要个人努力提升自己的道德素质,使自己在道德上强大。

第二个层次是在选择了善或恶之后对追求何种善或追求何种恶,以及追求的程度作出选择。这里只讨论选择善之后的选择。此时的选择就是对善的选择,包括两个方面:一是在多种善的可选择项中作出选择。在可能选择的诸善之中,有些人可能选择所有,有些人只是选择一些,有些人只是选择一项。就大的方面而言,善包括情感善、意志善、行为善,一个人就面临着选择所有还是选择其中某一个或两个的问题。选择所有这些方面并努力加以培育,他才有可能成为善人或道德之人。如果选择其中一个或两个,他就不可能成为道德之人。就小的方面而言,也存在同样的情形。比如,人的品质善即德性有许多种,善良、诚实、正直、感恩、负责是其中最基本的德性。对于这些最基本的德性,有的人可能选择全部,有的人可能只选择其中的一项或几项。

二是对所选择的善再作出程度或层次选择的问题。这也是人们会面临的选择。在可能选择的诸善中,所有的选项都存在着程度问题,程度越高,层级或境界越高,通常表达为"高尚"。例如,在中国传统社会,儒家把善人划分为君子、贤者和圣人。一个选择成为善人的人就面临着只是当个君子,还是想成为贤者或圣人的选择问题。其他的善虽然不一定有明显的层级,但仍然有程度问题。比如,诚实就有程度的不同,最低层次是忠诚老实,而最高层次则是孟子所说的"至诚"。在孟子看来,"至诚"有"至德"之意,天有至德,即天道,人追求至德,则是人道,人达到至诚可以感天动地。

人在选择善的过程中必须考虑环境、情景,尤其要考虑自身的条件。中国传统道德一直倡导"人皆可以为尧舜""涂之人可以为禹",鼓励所有人都要修身、齐家、治国、平天下,都要"希贤希圣"。这种引导是有意义的,可以激励人们不断完善自我,但并不是每个人都要作这种理想人格的选择。圣人人格的形成极其特殊,不仅要以超常天赋为前提,而且要经过长期的、甚至痛苦的磨难才能够形成,中外历史上达到了圣人人格的人大多如此。当然,虽然人们不必作圣人人格选择,但社会可以鼓励人们学习和模仿圣人,以使人们净化自己的灵魂,提升自己的人生境界。

人们对善的选择像其他价值选择一样,要遵循适宜性原则,无需一定要选择层次最高的善,而是选择最适合自己的善。当然,在善的选择上,人们也要有较高的要求,但也只能"跳起来摘桃子",而不能想着"跳起来摘星星"。对于善的选择,最重要的是要有智慧。一个人有了智慧,就会明智而审慎,也就能在认识善时心明眼亮,选择善时恰当稳妥。

选择了善意味着确立了以善为目标,然后就要去追求它的实现,以达到拥有善的目的。所谓"拥有善",就是人使自己善化,有正确的善恶观、有善的品质、善的情感、善的意志、善的行为、善的理智。从确立善目标到追求善再到拥有善,这是一个漫长的过程,在这个过程中需要道德主体持续不断的努力,需要社会的培养,更需要道德主体的修身。关于如何修身,中国传统文化中有着极其丰富的资源。按照儒家的设想,修身是一个"格物、致知、诚意、正心"的过程。如此一种修身的路径今天人们不一定都能够接受,但修身是必不可少的。修身的过程就是追求善的过程。没有持之以恒的修身,就不可能拥有善。

需要指出的是,人对善的追求和拥有,不同于对财富的追求和拥有,它不来自外界,而是来自人对自己的人性的开发和发挥,让人类长期进化积淀下来的优秀基因得到发扬光大,形成完善的人格,并使人格得到发挥。社会的道德教化实际上只能对人起一种触媒作用和引导作用,通过教育激发人开发和发挥本性,告诉人们自己的本性怎样开发和发挥。社会的道德亦本应来自人性,只是历史上的道德有许多不是来自人性,而是来自生活习惯或统治者的意志,因而不能对人起到触媒的作用,更不能与人们的本性相对接。为此,社会的道德教化只能靠强力"灌输",其结果也只会事倍功半。要使社会道德真正被人们普遍接受,它必须顺应人性,体现人应有的本质,必须是前人人性开发和发挥的结晶。

第四节
善恶观与幸福观

社会主体在长期的生活实践中受家庭、社会尤其是教化等因素的影响会形成自己的善恶观。善恶观对人的一切道德活动包括道德修身活动都具有直接的影响,在一定意义上可以说,它是人的一切道德活动定势或"前见"。对于人来说,真正的善目标就是幸福,人们在追求幸福的过程中,也会形成幸福观。幸福观是人们关于什么是幸福以及如何获得幸福的基本观念。幸福观是善恶观的核心内容,两者之间的关系密不可分。

一、善恶观、道德观与价值观

善恶观属于道德观,道德观属于价值观,要准确把握善恶观,需要了解道德观和价值观。

价值观作为人们的观念定势是人们一切有意识活动的根据,从根本上规定着人们的价值判断和选择、价值取向和追求,对于个人成为什么样的人、社会成为什么样的社会具有决定性的作用。

通常认为,价值观是人们关于价值的最一般看法或总的根本的看法。这种观点不仅过于抽象,而且也不准确。价值观本质上就是一种价值观念,是人们基于对事物价值的价值观念而自发形成或自觉构建的观念价值体系。这种观念价值体系在不同的主体那里的情形是不同的。在个人那里,观念价值体系通常是不完整的,也不一定是自洽的或前后一贯的。在许多群体那里也是如此,如直到今天,人类这类主体都没有完全系统的观念价值体系。然而,在基本共同体那里,观念的价值体系通常相对比较完整。之所以如此,是因为基本共同体包括了人类生活的各个方面,如果没有一种较为完整系统的观念价值体系,就不可能有较为完整系统的现实价值体系,基本共同体就无法存续下去。

一种完整系统的价值观就是一种观念的价值体系,它是由不同维度、不同层次的子体系构成的。从不同维度看,观念价值体系包括经济价值体系、政治价值体系、文化价值体系、社会价值体系、生态价值体系等子体系。从不同层次看,观念价值体系包括目的价值体系、手段价值体系、规则价值体系、制约机制价值体系等子体系。目的系统主要是由关于目的的原则构成的体系;手段系统主要是由关于实现目的的手段的原则构成的体系;规则系统主要是由关于在运用手段实现目的的过程中(包括选择手段和确立目的本身)应遵循的规则的原则构成的体系;制约系统主要是由关于保证规则有效遵循的制约机制的原则(法律、道德、政治、权威、舆论、习俗、良心等)构成的体系。这四个子体系各自有一定的相对独立性,其中某一子体系的某一要素发生变化并不一定就会引起整个价值体系结构的变化,但要整个结构有鲜明的目的性,就需要考虑怎样使价值目的有效地实现。正是这种目的性,使整个结构成为一个有机的整体。

在所有这些不同层次、不同维度的价值体系之中,还有一个核心的体系,即我们现在常说的核心价值体系。核心价值体系包括三个基本层次,即终极价值目标、核心价值理念和基本价值原则。终极价值目标是旗帜,是航标,具有形成共识、鼓舞人心、凝聚力量的重要作用。核心价值理念是终极价值目标的具体化,也是社会共同理想的体现或简明精炼的表达,它是信念,是动力。基本价值原则是实现共同理想及其核心价值理念必须遵守、不可违背的基本要求,是社会管理各项工作必须遵循的准则,也是检验各项管理工作是否正确有效的尺度。在整个核心价值体系之中,核心价值理念是核心、灵魂,是一种价值体系不同于其他价值体系的根本规定性和最显著标志。

价值观的现实化就是现实的价值体系。一种观念的价值体系与其现实化的现实价值体系基本上是同构的,二者之间具有程度不同的一致性。但是,观念价值体系变为现实价值体系的情形很复杂,二者之间同构的情形、一致性的程度存在着很大的差别。

一般地说,道德观是人基于道德认识、道德情感、道德品质、道德意志和道德行为的价值观念而自发形成或自觉构建的观念道德体系。个人、组织群体和基本共同体都有自己的道德观,但只有基本共同体的道德观才是完整系统的,而且会现实化为现实的道德体系。道德观既是价值观的基础和母体,又是价值观的实质和核心,任何社会和个人的价值观都受制于道德观。在漫长的原始社会,道德观就是价值观,社会的道德体系就是价值体系。进入文明社会后,伴随着社会生活的复杂化,从道德观、道德体系中生发出了许多超出道德范畴的新价值内涵和价值子系统,道德观退隐为价值观的基础和内核。道德观像价值观一样有其结构,并且二者是基本同构的。道德观作为观念道德体系包括不同的层次和维度,从层次看包括目的体系、手段体系、规则体系、制约体系;从维度看包括经济、政治、文化、社会、生态等体系。

从总体上看,道德观如价值观一样,包括两个层次的体系:一是观念的规范体系,它对人们进行制约以保证社会的有序;二是观念的引导体系,它引导人们朝向更美好的生活发展。其中观念的规范体系就是道德规范观或正当观,而观念的引导体系就是道德价值观或善恶观,在这两种道德观中,善恶观是基础和核心,正当观是一种特殊的善恶观,其特殊性就在于它所反映的是人类社会生活的一个特殊领域(即行为领域)的特殊要求。行为领域之所以特殊,是因为人们的行为可能会相互妨碍和相互伤害,从而导致社会的敌对和混乱,为此必须制定规则和建立制约机制对人们的行为加以约束,以保证社会的有序和谐。由此看来,道德观实质上是善恶观,也可以说是广义的善恶观。

善恶观存在着合理与否、优秀与否的问题。人类的进步是文明的进步,文明进步的核心是价值观的进步。而善恶观是价值观的核心内容,如果没有善恶观的进步就不会有人类文明的进步。而善恶观进步的过程就是更合理、更进步的善恶观取代不合理、不优秀的善恶观的过程。这种进步过程并非纯粹自然进化的过程,一些根本的、总体性的善恶观的更替是通过人类自觉进行革新实现的。人们普遍承认现代文明比传统文明进步,这就意味着现代善恶观比传统善恶观进步。从人类的历史发展来看,在纷纭复杂、丰富多彩的善恶观中,有些善恶观确实相对而言更合理、更优秀。若非如此,那就无法解释人类社会的进步性。

历史上和现实中的道德观、善恶观存在的合理与否、优秀与否问题也可以从伦理学上得到解释。人们的根本需要和需要的结构及生活条件是不同的,因而人们会形成不尽相同的善恶观,而且由于上述事实不可改变,人们的善恶观永远也不可能达成一致。但归根到底,善恶观是道德主体的需要、条件和作为(构建)相互作用的结果,其中道德主体的作为是关键因素。在善恶观形成的过程中,人们是否积极发挥了构建的作用,构建是否真实反映了人生存发展的需要,是否充分体现了环境条件的要求,彼此之间存在着差异。这种差异又决定了道德观、善恶观在人生存发展中的差异。正是这种差异决定了人们善恶观是否合理、是否优秀。一般而言,有利于人生存发展的善恶观就是合理的,而这种"有利"的程度则决定着善恶观优秀的程度。

二、善恶观的形成与更新

善恶观作为价值观的核心内容是与价值观一同形成、变化和更新的。无论个人的善恶观还是组织群体、基本共同体的善恶观,都不是与生俱来的,而是后天形成的,它们还会在一定的主客观条件影响下发生变化和更新。

个人善恶观的形成是一个漫长的过程,从人出生开始到人成熟这一过程才基本完成。个人出生后,在父母和亲人的影响和教育下,逐渐对周围的事物和人形成有利有害、是亲是疏(亲疏隐含着利害)的意识,久而久之,这些意识会积淀成为观念。例如,婴儿在父母的教导下,再加上自己的认识和感受,很早就会形成父母比其他人更亲近的观念。随着成长,孩子会慢慢形成人及其行为善恶的观念。大约成长到30岁左右的时候,即到成家立业之时,一个人的各种基本价值观念已经形成,善恶观也随之形成。此后,这个人的善恶观念还会不断丰富、变化和更新,但总体上是稳定的,较少发生根本性的变化。

个人善恶观的形成有几个重要条件。一是天赋。一个人的天赋状况对于其成长的各个方面都极其重要,具有先决意义,人的善恶观的形成和变化也受天赋状况的制约。一个人的天赋越好,越有可能对自己的善恶观形成自觉,越有可能构建系统的善恶观,越有可能辨识、选择和构建正确的善恶观,并处理与社会流行的各种善恶观的关系。二是受教育的程度和内容。受教育的程度是一个人文明程度的重要标志,对个人善恶观系统与否、正确与否有着直接影响。善恶观与知识是正相关的,一个人的知识越丰富、越深厚,他的善恶观的内涵就越丰富、越有可能系统完整。知识主要是通过受教育获得的,而且受教育过程本身也能使人增长道德见识,改变道德思维方式,丰富道德生活内容。三是对社会主流善恶观的认同度,换言之,受非主流善恶观影响的程度。在正常情况下,个人的善恶观是与社会主流善恶观相一致的,是社会主流善恶观与个人实际情况的有机结合。个人对社会主流善恶观的认同主要取决于社会主流善恶观本身是否值得接受。社会要使成员普遍形成正确的善恶观,就要使他们接受社会主流善恶观,而社会主流善恶观本身也要正确且内在一致,能够促进成员道德完善且对非主流善恶观开放。

个人善恶观在基本形成之后还会不断变化,这种变化与社会状况息息相关。在社会稳定时期,个人善恶观的变化主要体现为丰富和深化,从而不断走向完善。促进这种变化的因素主要有三个方面：一是个人的善恶观意识不断增强，对自己的道德需要和追求越来越明确，对实现自己的道德价值目标的路径、方式、策略等更有经验；二是在社会主流善恶观正确的前提下，对其理解越来越深刻，更自觉地使之融入自己的善恶观；三是不断从各种非主流善恶观中汲取合理内容，在丰富自己的善恶观的同时，使之更具现实适应性。在社会急剧变化的时期，个人善恶观的变化仍然可能丰富和深化，但更多地体现为对一些原有善恶观念的更新。这种更新有以下三种可能内容：一是对具体的、工具性的善恶观念的更新，如对责任观念的更新；二是对一般的、根本性的善恶观念的更新，如对终极道德价值目标的更新；三是对善恶观进行的总体上的更新，不仅更新了终极道德价值目标，也更新了实现终极道德价值目标的多种重要善恶观念，这是善恶观的变革。引起个人善恶观变革的主要原因是社会的深刻变化。

社会善恶观是社会自觉构建的结果，只是文明社会早期的构建缺乏自觉性，随着社会文明的进步，构建越来越受到重视。社会善恶观构建主要有三种方式：一是经验的方式。统治者根据自己的经验确立社会主导善恶观，其缺点主要在于，这种善恶观所反映和代表的主要是统治者的利益，而不是全体社会成员的利益。二是专制的方式。这是根据与统治者的利益和需要相一致的伦理学理论来构建的社会善恶观，其最大的问题是唯我独尊，排除其他伦理学理论。排除批判，也就排除了创新，所构建的善恶观通常是干瘪的、单调的，缺乏生机和活力。三是民主的方式。这是在各种伦理学理论中选择能最好地反映全体社会成员需要和愿望的理论构建社会善恶观，所构建的善恶观是开放的、动态的，始终保持生机和活力，并根据情况的变化进行必要的调整。显然，这种构建方式是最合理的、最佳的方式。

社会主流善恶观确立的最显著标志是社会道德体系的构建。社会道德体系主要是依据社会主流善恶观构建的，而社会主流善恶观要贯彻到社会生活的各方面并对社会成员产生影响，又必须通过社会的道德规范体系和道德导向体系来实现。社会主流善恶观也可以通过学校教育和大众传媒直接对社会成员产生影响，但这通常只有在社会道德体系构建完成后才有可能。这是因为学校的道德教育和大众传媒的道德影响本身属于社会道德体系的组成部分，而且只有当道德体系建立起来以后主流善恶观才能渗透到社会生活的各个方面，从而形成主流善恶观直接影响全体社会成员的社会氛围。主流善恶观确立的过程也是其意识形态化的过程。一种善恶观意识形态化就是要使其成为占主导地位的善恶观，表明社会在道德上主张和褒扬什么、反对和贬抑什么，并通过各种意识形态的形式促使全体社会成员认同社会善恶观，让社会的善恶观转化为各种组织群体和全体人民的价值观。从这种意义上看，社会的道德体系和意识形态既是社会主流善恶观的体现，又是社会主流善恶观现实化的保障。

社会主流善恶观的更新通常发生在同一社会形态内两种不同的特定社会形式发

生交替的时期。从历史上看,所有同一社会形态内的改朝换代都或多或少会更新原有社会主流善恶观。关于社会主流善恶观的更新,有几点值得注意:一是这里所说的"更新",不仅指善恶观朝着进步的方向变化,也指朝着退步的方向变化。新出现的善恶观并不一定是进步的、正确的善恶观。二是社会善恶观更新可能是善恶观念的全方位更新,也可能是部分甚至个别的善恶观念更新。社会善恶观的全方位更新通常被称为善恶观变革。三是社会主流善恶观的更新会程度不同地对社会不同主体的善恶观产生影响。

社会善恶观变革主要发生在新社会形态取代旧社会形态的过程中。从整个人类历史来看,深刻的社会形态变化有两次:一次是从原始社会到文明社会的第一种形态即传统社会的转变,另一次是从传统社会到现代社会的转变。这两次变化均引起了社会主流善恶观的深刻变化,也算得上是社会主流善恶观的变革。

三、幸福观

幸福观就是关于作为人类终极价值追求的幸福的观念体系。它是善恶观、价值观的核心内容,是人们看待和对待幸福的主要依据,对人生幸福有着深刻的影响。美国实用主义哲学家和心理学家威廉·詹姆斯曾说过:"如果我们要问'人类主要关心的是什么?'我们应该能听到一种答案:'幸福'。"[1]但自古以来,无论思想家(包括伦理学家)还是普通人都对幸福有种种不同的理解,对幸福对于人生的意义也有种种不同的看法。

人类有了幸福意识之后,就开始谈论和追求幸福,就对幸福有不同的理解,就有了不同的幸福观。中国最早谈论幸福的人是大禹。据《尚书·洪范》记载,大禹得到天帝的传授而制定了"洪范九畴",也就是九种统治大法。其中最后一畴即为"五福",即"一曰寿,二曰富,三曰康宁,四曰攸好德,五曰考终命"。这里的"五福"并不是五种幸福,而是幸福的五个方面,就是说一个幸福的人是长寿、富贵、健康安宁、德性优良和善始善终的人。古希腊的"幸福"一词是 εὐδαιμουία,与英文对应的词 happiness 意指欲望的满足不同,它是指作为整体的生活的兴旺或繁荣。亚里士多德在肯定幸福在于"生活优裕和行为良好"的基础上提出,幸福在于外在的善、身体的善和灵魂的善的统一。不过,他强调作为灵魂善的德性是其中最重要的因素,认为幸福是"德性最完满的运用和实现活动"。这就是一种系统的幸福观。然而,直到今天,人类远未在什么是幸福和如何获得幸福这两大幸福基本问题上形成完全的共识,在幸福问题上仍然是见仁见智。

幸福简单地说就是人的需要获得满足所产生的愉悦状态。人的需要是一个整体

---

① William James, *The Varieties of Religious Experience*, New York: Modern Library, 1929, p.77.

结构,有不同层次和不同要素,有根本需要和总体需要。人们重视需要的不同方面,就会形成不同的幸福观。纵观人类文明史,幸福观有五种基本形态,即德性幸福观、快乐幸福观、利益幸福观、享乐幸福观和完善幸福观。其中前四种幸福观是分别将德性、快乐、利益和享受视为人的根本需要,它们通常不考虑人的总体需要。完善幸福观则不同,它考虑人的根本需要,更关注人的整体需要。

(1)德性幸福观。这种幸福观把德性与幸福等同起来,认为是德性而不是快乐使人幸福。这种幸福观在古希腊罗马时代的斯多亚派那里得到了典型表达。该学派鲜明地针对快乐主义的主张,提出快乐不是幸福,快乐与幸福毫不相干。他们认为善是依照本性(即理性)而生活。只有人本身所具有的、由其本性所规定的性质即德性,才是唯一的善。一个人,不论他有无财富或健康,只要他按照作为本性的理性生活,使自己的行为符合理性的法则,他就是道德的、善的,幸福也就在德性之中。反之,不论他多么富有或多么健康,只要他没有按照理性生活,就不是道德的、善的,也不会有幸福。但是人们对什么是德性的看法并不一致,因而这种幸福观本身又存在着分歧。中国儒家的幸福观也具有典型的德性幸福观特征。在儒家看来,只有成为君子、贤人、圣人才能获得幸福,而成为圣人则能达到最高的幸福境界。君子、贤人、圣人是儒家理想人格由低到高的三个层次,这种理想人格的本质规定性是德性,差别在于德性达到的程度不同。按照孟子的观点,人性本善,而善就善在它具有与生俱来的"仁义礼智"四种"善端"。人生对这些"善端"修养发挥的程度不同就有了上述不同的理想人格,而败坏这些善端的人则会成为"小人"。

(2)快乐幸福观。这种幸福观把快乐和幸福等同起来,主张快乐就是幸福,而且一般认为快乐既包括肉体的、感官的快乐,也包括精神的、心灵的快乐。但是,在谈到这两种快乐何者更重要时,人们就存在着意见分歧。古希腊快乐主义学派的亚里斯提卜认为,人生的唯一目的就是快乐,而且肉体的快乐比精神的快乐更迫切、更强烈,只有现实的、眼前的、肉体的快乐才是真实的。更多的思想家则主张精神快乐比肉体快乐更重要,至少二者同样重要。德谟克利特提出了他的快乐主义的三个著名结论:"对人,最好的是能够在一种尽可能愉快的状态中过生活,并且尽可能少受痛苦。""快乐和不适构成了那'应该做或不应该做的事'的标准。""快乐和不适决定了有利与有害之间的界限。"[1]他主张,幸福不在于占有畜群,也不在于占有黄金,而在于追求高尚的快乐,即"精神的完善",而要达到幸福,必须节制、明智。伊壁鸠鲁进一步指出,人生的目的就是追求快乐,快乐是人生的最高善和一切取舍的标准,而快乐就是"身体无痛苦和灵魂的不受干扰"[2]。

① 北京大学哲学系外国哲学史教研室编译:《古希腊罗马哲学》,商务印书馆1961年版,第114～115、107、114页。
② [古希腊]第欧根尼·拉尔修:《名哲言行录》下,马永翔等译,吉林人民出版社2011年版,第577页。

（3）利益幸福观。近代以来在市场经济利益最大化原则的影响下，将幸福理解为利益成为一种主流的幸福观。只要获得了利益，人们就可以过上幸福生活，这种幸福观鼓励人们追求自己的利益，"白手起家"，发财致富。这种幸福观像快乐幸福观一样，认为人的本性在于趋乐避苦，并由此推出，正是在这种本性的驱动下，人的一切行为都以获利为动机。快乐只有通过利益才能获得，因而是否对自己有利就应该成为判断一切的根本标准。既然如此，人们追求个人利益（或者说利己）就既是合理的，也是正当的。对此，法国哲学家爱尔维修论述得最清楚：利益是我们唯一的推动力。由此他进一步推论利己在道德上的合理性，强调要把道德与利益结合起来。他断定，如果爱德性没有利益可得，那就绝没有德性。

（4）享乐幸福观。享乐幸福观是 20 世纪西方国家开始实行"三高"（高工资、高福利、高消费）政策后流行的一种幸福观，它是消费主义及与之相关的享乐主义的产物。它与西方古代快乐幸福观有一定的渊源，但与之不同的是，它不是思想家所主张的幸福观，而是一种大众普遍奉行的日常幸福观。它不限于满足具体欲望，而是把生活享受视为人生目的，极力追求最大限度的感官享受和即时享受。根据这种幸福观，一个人是否应该做某事的唯一标准是这件事会不会给他带来生活上的享受。美国和西方其他国家曾流行过许多这类口号或格言，如"觉得好，就干""能带来感官享受，就做；如果不能，就不做""尽情享受"，等等。这些口号或格言是西方享乐主义观念的典型表达和生动写照。持这种幸福观的人们所关心的不再是如何工作，如何取得成就，而是如何花钱，因而这种幸福观甚至动摇了作为西方现代社会基础的金钱观。丹尼尔·贝尔描述说：20 世纪五六十年代，情欲高潮崇拜取代了金钱崇拜，成为美国生活的基本欲望。[1] 享乐幸福观最初流行于美国，后来成为一种世界性的风潮。

（5）完善幸福观。这种幸福观认为幸福既不仅仅在于快乐，也不仅仅在于德性，还包含着多方面的内容，至少包括快乐和德性这两个方面。中国上古的"五福"幸福观就是这种幸福观。古希腊著名政治改革家梭伦就持这种观点。他针对当时人们把占有财富看作幸福，提出财富对于幸福是重要的条件，但没有德性的财富是不义之财，不能得到幸福。梭伦的这种幸福观在亚里士多德那里得到了理论上的系统化。亚里士多德认为，人生的幸福要具备三个条件，即身体、财富和德性。身体健康是幸福的前提，财富也是必要的，但幸福不能只看财富，而是适当的财富。德性则是最重要的，因为如果不具有德性条件而只具备其他两个条件，就不会有真正的幸福。他强调，最优良的德性就是幸福，幸福是德性的实现，也是德性的极致。

---

① 参见［美］丹尼尔·贝尔：《资本主义文化矛盾》，严蓓雯译，江苏人民出版社、人民出版社2010年版，第74页。

四、"德福悖反"问题

无论在伦理思想史上还是在现实生活中，人们常常认为道德和幸福之间存在着不一致甚至冲突，这便是所谓的"德福二律悖反"。关于德福的关系主要有两种不一致的基本观点：其一，德福一致。这种观点又有两种完全不同的倾向。一是苏格拉底、柏拉图、亚里士多德等人主张的德性主义观点，认为幸福在于德性或主要在于德性，德性与幸福在本质上是一致的。二是伊壁鸠鲁等人主张的快乐主义观点，这种观点将快乐与善（或至善）、幸福等同起来，认为快乐就是善，也是幸福。这两种观点虽然存在着分歧，但一般来说，都把幸福看作善或至善、把幸福生活看作好生活，这种好生活就是人的理想生活，也是人追求的终极目的。主张这种观点的学者中也有人（如约翰·密尔）认为德性是实现幸福的工具，而且认为存在德性由手段变成目的的异化情况，但并不认为德性与幸福是相冲突的。其二，德福不一致。这种观点认为道德和幸福是冲突的，有德之人很难有福或者不会有福，有福之人则通常没有德，并认为这种冲突在现实世界中是不可调和的。这种观点以康德为典型代表，但思想史上和现实生活中持这种看法的人相当多，这种观点由于康德的学术影响在今天似乎成了一种共识。

德福悖反观点的依据主要有两个方面。一是人性的依据。持这种观点的学者一般都认为人性既有欲望、情感等感性方面，也有理性方面。人性的感性方面追求自爱、快乐、享受等个人利益，即幸福，而理性的方面则追求利他、为公等社会利益，即道德，而且这两个方面存在着不可调和的冲突。其最典型的说法是，道德是或多或少以自我牺牲为前提的。二是现实的依据。在社会现实生活中，不少富有的、有权势的、过着享乐生活的人是通过不道德的途径获得这些优越的生活条件的，而那些道德之人常常生活清苦甚至一无所有，根本无幸福可言。其最常见的说法就是，"有德者未必有福，有福者实多恶徒"。持这种观点的人据此认为，幸福与道德是分离的。

导致"德福悖反"结论的原因既有观念方面，也有现实方面。对道德和幸福的不正确理解是导致认为德福悖反的重要原因。传统的道德观及一些伦理学理论是极端利他主义的，把道德片面地理解为了他人或整体利益牺牲自我利益，将道德与自我牺牲画等号。于是，个人利益与他人利益、整体利益成为一种对立的、此消彼长、不可双赢的关系。既然如此，一个人要成为道德的，他就必定会牺牲自我利益，一个人越是有道德，他越是要牺牲自己的利益甚至自己的生命。显然，如果我们不是将幸福等同于道德，而认为幸福包含个人生存、发展和享受需要的满足，那么，传统道德观下的道德之人是不可能有幸福的。

传统的道德观及一些伦理学理论对幸福的理解也不正确。它们要么把幸福狭隘地理解为对社会紧缺资源的占有，认为对金钱、财富、权力、名誉、地位等的占有越多越幸福,要么把幸福简单地等同于个人生活的享受和满足,认为一个人生活越享受、越满足,他就越幸福。而在不公正的社会里,占有资源越多的人、获得享受和满足越多的人常常不是个人道德的报偿,更有可能是通过不道德的途径获得的。

从社会现实看,在不公正的社会,社会对社会紧缺资源包括机会的分配是不公正的,存在着严重的"强权即公理"、弱肉强食的问题。在这种情况下,人们主要靠唯利是图、不择手段的不道德途径来获取紧缺的社会资源。那些占有社会紧缺资源越多的人,常常就是越不道德的人,而那些道德之人往往成为这种不公正社会的牺牲品,他们虽然可能获得道德上的好名声,但他们一无所有。这种社会现实加上对道德和幸福的不正确理解,必定会形成"德福悖反"的看法。如果在不正确的道德观和幸福观的前提下将德福背离的现实与人性的两面性联系起来,就会得出"德福悖反"的伦理学结论。

要解决"德福悖反"的问题,首先要树立正确的道德观。道德从个体的角度看并不等于为了他人和整体利益作出自我牺牲,而是一种有利于个体更好生存的生存智慧。这种生存智慧主要体现为正确处理三种基本关系,即个人与他人和整体的利益关系、眼前利益与长远利益的关系、局部利益与全局利益的关系。它要求通过无损于人、有益于人来实现自己的利益,通过他人和社会利益更好的实现来更好地实现自己的利益,在追求眼前的、局部利益的同时兼顾长远的、全局的利益。其次还要树立正确的幸福观。幸福需要享有一定的资源,但幸福不等于占有资源,幸福也不是单纯的生活享受,而是与人的追求、奋斗相联系的。个人要靠自己合法、合德的勤奋努力来获得生存、发展和享受需要的满足,从而产生幸福感,过上幸福生活。

要解决"德福悖反"的问题,更要建立公正的社会制度。"德福悖反"的看法从根本上说是分配不公的社会现实的反映。要改变这种看法,关键是要改变长期以来人类社会存在的严重不公现象,建立公正的社会制度,实现资源、机会的公正分配,使社会成为每一个成员共有、共享、共建的社会,使每一个社会成员各受其教、各尽其能、各得其所,使人们的道德水平与其占有的资源和机会正相关。只有这样,"德福悖反"这种流行的看法才会从根本上得到改变。

案例分析:

伊斯特林"幸福悖论": 财富与幸福不成正比。

思考题：

　　1.如何理解善？善作为一种价值具有哪些特点？

　　2.如何理解幸福？

　　3.价值判断与事实判断有哪些区别？善恶判断作为价值判断有何特殊性？

　　4. 何谓幸福观？幸福观有哪几种主要类型？

　　5.如何正确对待"德福悖反"问题？

第二章　德情论

　　伦理学德情论的研究对象是道德情感,尤其是德情。"德情"是德性论的基本范畴,其对立面是恶情。德情在人格中属于能力的范畴即情感能力,德情即道德的情感能力。从这种意义上看,德情属于德性,或者说,德情是情感方面的德性。为了强调德情的重要性,本书将它与德性并列起来讨论。德情包括良心、道德感、道德情爱,以及道德温情和道德激情等不同层次和不同种类。人的自然情感道德化是可能的,而且可以培育德情,但这一切均需要教育、环境和修养等方面的影响和作用。本章主要讨论德情的本质、结构、培育,以及德情的对立面恶情等问题。

第一节
德情论的基本范畴：德情

　　伦理学的情感论与价值论、德性论几乎同时诞生,但它们之间有所不同。人们常用的德情概念有爱、友爱、关爱、仁爱、兼爱、博爱等,但没有一个概念被公认为是德情论的基本范畴。我们选择德情作为德性论的基本范畴,以与前后四章以基本范畴作学科分支名称相一致。德情就是道德的情感或善的情感,既包括良心和道德感,也包括道德情爱,而且有其深厚的根基。德情像德性一样,不是与生俱来的,而是培育特别是修养的结果。

一、情感与德情

　　情感是人的激发状态。人的情感(包括感情与情绪)是以本能、欲望、感觉为基础,相对于理智而言的心理状态。这种心理状态由某种事件所引起,会产生生理反应和心理反应,并且兼具行为与动机两种性质。因此,情感既是一种心理活动,又是一种心理能量或能力。情感的原始基础是本能。什么是本能? 本能是人类在长期进化的过程中积淀的原始求生存的能力及其对环境作出反应的活动,情感就是在本能的驱动下对对象产生的具有赞成性倾向(如好感、喜悦、爱恋)或反对性倾向(如反感、忧愁、憎恶)的心理感受。

　　情感是一种混合物,由三个部分组成,即生理唤醒(如心跳加快)、外显行为(如步伐加快)和意识体验(如作出判断、感到恐惧)。人的情感作为心理感受是相对于人的理智而言的。情感是以本能和欲望(本能受理智作用后产生的心理机能)为基础产生的心理能量和活动,这种能量和活动可以强化或弱化本能和欲望活动,因而情感是人生存的动力机制。理智是人理性与意志的统一,理智活动可以控制人的本能和欲望活动。从这个意义上可以说,理智是人生存的控制机制。人类有了理智之后,情感这种动力机制会作用于理智,而理智这种控制机制也会对情感发生作用。从这种意义上看,人的情感是以本能为基础,并受理智影响和控制的心理能量和活动。人的情感由于与理智纠缠在一起,因而已经不完全是本能的。因为理智的作用,人的情感与动物的情感相比较而言要丰富、深刻得多,也复杂得多。

情感与态度的关系十分密切。态度(attitude)一方面是指对人或事的方式、意向、感情、立场等,特别是心灵的倾向或取向;另一方面是指对人或事的看法和采取的行动。态度是人们在某种处境中对某种对象的喜欢或不喜欢、积极或消极的心理反应。态度具有四种特殊功能:一是能使人取得他希望的东西(因喜欢而求取);二是能使人躲开他不希望的东西(因厌恶而躲开);三是能使人理解并整合复杂的信息(因认知而求知);四是能使人反省自己对别人、对事物或对观念所作的评价(所表达的批评是否适当)。所有这些功能表明,态度能通过影响行为而对人的生活产生能动作用,一个人对人、对事有正确的态度,就会产生正当的行为;反之,就可能产生不正当的行为。在所有影响态度的因素中,情感是最重要的因素。任何一种态度都会体现人对对象喜欢的程度(或偏好的程度),而对对象的喜欢与否及其程度就是人对对象的情感反应。情感是态度变化的构成要素,而且情感可以对态度产生基本的、直接的影响,人们可以通过诉诸情感改变人们的态度。

情感是一种复杂现象,可以从性质、广度和强度三个主要维度加以理解。从性质来看,情感是有倾向性的,或者是正面的或者是负面的,或者是肯定的或者是否定的,或者是积极的或者是消极的。从广度来看,人能接触的一切都可以成为人的情感诱因和情感对象,因此情感世界多姿多彩。从强度来看,人的每一种情感都有程度的不同。无论正面情感还是负面情感,无论肯定性情感还是否定性情感,无论积极情感还是消极情感,都存在着强度的区别。情感强度最低的是淡泊或平淡,最高的是激情。淡泊就是没有多少情感。这是一种无喜无怒、无爱无恨的情感状态。这种状态与冷漠不同,它是自然形成的,而不是本来可以产生和释放情感而刻意压抑使其不产生或不释放,更不是对一切都无所谓和不动心。激情则是强烈的情感。这是一种大喜大怒、大爱大恨的情感状态。

情感可以从不同的角度划分为不同种类,从伦理学的角度看,情感可划分为自然情感和道德情感。相对于自然情感而言,道德情感指道德意义上的情感,可以是道德的情感,也可以是不道德的情感,道德的情感就是我们所说的德情。所谓德情,就是社会主体通过转化自然情感和培养后天情感形成的,以良心和道德感为自我情感调控机制,以爱他者为实质内涵,见之于道德行为(德行)的、有利于人生存发展的善感情。[①]

首先,德情是人的情感,但不是自然情感,而是获得性情感。德情是建立在人的自然情感基础之上,缺乏这种基础,道德感情就会成为无源之水、无本之木。德情的主体是人,但不只是个人,也包括组织群体和基本共同体。所有这些主体都可以成为仁者,即德情之人。德情不是与生俱来的,而是人在家庭和社会环境影响下,通过接受教育和自我修养形成的情感。环境对德情的形成有着潜移默化的影响,道德教育为德情的形成提供知识的支撑,而自我修养则对德情的最终形成起着决定性作用。这三种因素的相互作用规定德情的广度和深度。

其次,德情的内容很丰富,既包括良心和道德感,也包括对他者的道德情爱。良心和道德感是人的自我道德情感调控机制,发挥着防范作恶(良心)和鼓励行善(道德感)的作用。道德情爱以自爱为基础,但其实质内涵是对他者之爱。这里所说的“他者”包括他人、组织群体、基本共同体、人类,以及自然万物(尤其是动植物)。相对于良心和道德感而言,我们可把对他者之爱称为道德情爱或仁爱。道德情爱不仅指对某一他者之爱,而是对所有他者之爱。只有当人爱所有他者时,人才是真正的仁爱之人,或仁者。所以,道德情爱是人以自我为中心,将爱不断向周围扩展的情感,也就是孟子所说的“亲亲而仁民,仁民而爱物”(《孟子·尽心上》)。这种仁爱是没有限度的,可以不断拓展,可以不断加深。有了仁爱,即便是对仇敌,也能够以德报怨、化干戈为玉帛。

再次,德情包括转化的德情和培育的德情。德情的种类很多,但可从其形成方式上归结为两类:一是由人的自然情感转化的德情,如将自然激情转化为道德激情,将母亲对子女的自然关爱转化为对他人的关爱等;二是人自己培育的非自然的德情,如家国情怀、天下情怀、“民胞物与”情怀等。正因为如此,人是德情的主体,人是否具有德情,主要取决于人自己。

最后,德情是见之于行的有利于他者的情感。德情不是一种纯粹的感情,而是要落实到行善、见之于德行的具有行为倾向的情感。德情包含实践要求,可以转化为人的行为动机。因此,德情是行善的一种强大动力,一旦产生就会将其投射到相应的对象。能否见之于行是一个人是否具有德情的标志和检验标准。

二、道德情爱术语辨析

在人类学术史上和人们的日常生活中,人们经常使用一些表达以爱为核心的

---

① 需要注意的是,德情也是品质,是情感的品质,指情感具有善性。从这种意义上看,德情也可以看作是德性,不过是一种特殊的德性。一般意义的德性主要以意志为基础,而德情主要以情感为基础。人也有一些品质既可以说是德情也可以说是德性,如关爱或关怀,这说明两者之间存在着深刻的内在关联。

道德情爱术语，最常见的有爱（love）、友爱（friendship）、博爱（fraternity）、关爱（care /
caring）、兼爱（universal love）、仁爱（charity）等。这些术语都是表达道德情爱的术语，
其共同特点是都以爱他者为主旨，但它们的含义、目的、动机、对象范围存在着不同。
为了更好地理解"德情"的含义以及将其作为伦理学德性论的基本范畴的理由，有必
要对它们作些简要辨析。

　　"爱"是人们日常使用最频繁的表达爱的情感术语，但在人类思想史上，也有思想
家赋予它以道德的含义。《论语•颜渊》记载，樊迟问仁，孔子曰："爱人。"后来孟子将
其明确表达为"仁者爱人"（《孟子•离娄下》）。这里的"爱"就具有明显的道德意义。
柏拉图的对话《会饮篇》集中表达了柏拉图关于作为德情的爱的观点，这一观点被后
人称为"柏拉图之爱"（platonic love）。他所谈的"爱"就是看见美本身、拥有德性本
身，这样他就给爱神阿佛洛狄忒的世俗的"爱"赋予了道德意义。奥古斯丁沿用了柏
拉图用"爱"表达道德之爱的做法，首次将"爱"作为三种神学德性之一（另两种为"信
仰"和"希望"）。他的"爱"既包括上帝之爱的圣爱，又包括人类之爱的博爱。上述思
想家都是使用"爱"这个术语表达人们对他者的道德情爱，但这个术语在日常生活中
使用太频繁，因而后来的思想家不怎么使用它来表达道德情爱。托马斯•阿奎那也将
奥古斯丁所使用的表达神学德性的术语"爱"（love）改为"仁爱"（charity）。而在中国，
在孔子之后，孟子更多地使用"仁"而不怎么使用"爱"。

　　友爱或友谊作为一种道德情爱早在柏拉图对话集中就被谈论过，亚里士多德更
对友爱作过深入系统的研究，伊壁鸠鲁亦非常重视友爱。亚里士多德根据友爱产生
的原因将友爱划分为三种：一是为了有用而产生的友爱；二是为了快乐而产生的友
爱；三是为了友爱本身或德性而产生的友爱。他承认以上三种友爱都属于友爱的范
畴，但他所推崇的是为了友爱本身而产生的友爱。他认为，只有善良的人基于德性的
友爱才是真正的、高贵的友爱，友爱在善良的人们那里达到了最完美、最高尚的状态。
亚里士多德所谈的友爱的范围只是局限于朋友和亲人，不包括其他人，更不包括奴
隶。实际上，日常意义的友爱也主要局限于朋友等熟人，中国传统社会流行的俗语"为
朋友两肋插刀"突出地体现了友爱的局限，即为了朋友可以牺牲自己。

　　博爱是基督教的道德情爱观念，可追溯到斯多亚学派。晚期斯多亚派主张建立
世界城邦，城邦中的公民人人皆兄弟，基督教在形成发展的过程中接受了这种思想，
它强调不仅要爱上帝，而且要爱邻人。这里所说的"邻人"不仅指陌生人，还包括你
的仇敌；这里说的"爱"不仅是无差别的爱，还是无条件的爱。正因为如此，基督教被
称为爱的宗教或博爱的宗教。然而，天主教会没有实现真正的博爱，近代启蒙运动又
高举起了博爱的大旗，并将它与自由、平等并列在一起，作为反对天主教教会和封建
专制主义统治的强大思想武器。不过，近代思想家最关心的是自由和平等，而在西方
社会占据主导地位的自由主义思想家更关心自由权利，对博爱的追求只停留在口号

上,并没有落到实处。

关爱是当代女性主义德性伦理学家所力倡的一种道德情爱。这个概念是卡罗尔·吉利根(Carol Gilligan)最初引入伦理学的。她认为,存在两种有区别的道德视角:一是公正的视角,倾向于描述男人思维的特征,采用应用于个人的抽象的、普遍的和非个人性的原则;二是关怀的视角,倾向于描述女人的思维特征,以一个人与另一个人之间的特殊情感联系为基础,采取对其他人的幸福安康直接关注的道德态度。迈克尔·斯洛特对关爱作了这样的解释:一个好人能够被想成既关心他/她所熟识的亲密的人(的福祉),并且也程度较小但仍实质上一般地关心人类(的福祉)。关爱类似于友爱而不同于博爱,它不是一种平等的普遍的爱,而是有远近亲疏之别的爱。

兼爱是墨子提出的一种道德情爱概念。他认为社会动乱的原因就在于人们不能兼爱,所以他提出要"兼相爱,交相利",把兼爱与实现人们物质利益方面的平等互利相联系,希望通过兼爱解决社会矛盾。兼爱的基本含义是无差别等级、不分厚薄亲疏的爱。墨子以天志为源头,引导出上天爱万物、养万物、包容万物,并由此得出人也应当如此的结论。

仁爱是中国儒家所推崇的一种道德情爱观念。孔子最早提出了仁的概念并将其含义界定为"爱人",孟子将他的这一思想表达为"仁者爱人"。这种"仁者爱人"之爱,通常简称为"仁爱"。"仁爱"一词出自《淮南子·修务训》:"尧立孝慈仁爱,使民如子弟。"经过历代儒家的丰富和发展,仁爱的图景最终得以形成。就其范围而言,一是爱亲人,即"亲亲";二是爱亲人之外所接触的人,"出门如见大宾";三是爱所有的人,即"四海之内皆兄弟""亲亲而仁民""无不爱也";四是作为统治者爱臣民,"使民如承大祭""博施于民而能济众",实行"王道仁政";五是由人扩展到天地之间,爱宇宙万物,即"仁民而爱物""博爱""民胞物与"。就其层次而言,一是"孝悌",二是"兼善天下",三是"老吾老,以及人之老,幼吾幼,以及人之幼",四是"民吾同胞,物吾与也"的"天人合一"境界。关于儒家"仁爱"图景的结构关系,朱熹有一个概括性的归纳:"仁是根,恻隐是萌芽。亲亲、仁民、爱物,便是推广到枝叶处。"(《朱子语类》卷第六)

从以上对各种德情术语的辨析可以看出,"仁爱"是一种对他者的道德情爱,在这一点上,它与所有其他道德情爱术语相同,但又与它们存在两点区别:其一,"兼爱"和"博爱"都是有功利的,而"仁爱"是一种无功利之爱。"兼相爱"是为"交相利","爱人如己"则是出于对上帝的爱,而爱上帝是为了死后进天堂;"仁爱"则是出于人和万物"性相近",而这种"性"均源于"道",所以人与人、人与万物之间彼此是兄弟。其二,"友爱"和"关爱"或局限于亲友,或有"偏袒",即有亲疏;"仁爱"不仅主张爱人,还爱万物,只不过这种爱有远近之分,而无亲疏之别。学界长期以来流行的儒家主张"爱有差等"的观点,其实是一种误解。孟子说的两句话也是对这种误解最好的澄清:"老吾老,以及人之老;幼吾幼,以及人之幼。"(《孟子·梁惠王上》)"儒者之道,古之人'若

保赤子',此言何谓也？之则以为爱无差等,施由亲始。"(《孟子·滕文公上》)

仁爱具有爱无差等和无功利的内涵和以人为中心的天地万物外延,同时"仁爱"概念涵盖了"爱""友爱""博爱""兼爱"等概念的内容而舍弃了其中的功利性和局限性。所以,我们可以将仁爱作为德情论的基本概念,相应地可以将以它为基本概念的德情论称为"仁爱论"。据此,我们也可以把孔子视为伦理学德情论或仁爱论的鼻祖。

三、德情的根源

历史上的思想家几乎都承认德情的存在,但对于人为什么会有不同于自然感情的德情、德情来自哪里的问题,他们存在着意见分歧。归纳起来,思想家们关于德情来源的看法主要有以下四种:

第一,德情来自人的理性。苏格拉底、柏拉图、亚里士多德都认为人的爱也好、友爱也好,都是基于德性,而德性的根源并不是情感,而是理性。在柏拉图的对话《会饮篇》中,参与对话的大多数人认为人的爱来自爱神阿佛洛狄忒,而苏格拉底认为,爱是对德性本身的爱,而人之所以爱德性本身是因为人缺乏德性这种使人幸福而高尚的东西。苏格拉底和柏拉图把德性视为灵魂(理性)的善。亚里士多德认为真正友爱的建立是基于德性的,两个人因为能够使德性相得益彰而成为朋友。亚里士多德所说的德性实质上就是人的理性正确而充分的运用。

第二,德情乃至道德来自人的某种自然情感。17至18世纪英国道德情感主义者认为道德起源于情感,但他们对这种情感是什么有不同的看法。沙夫茨伯里和哈奇森认为是"道德官能"(the moral sense,亦译为"道德感""道德感官"),巴特勒认为是"良心",休谟和亚当·斯密认为是"同感"(sympathy)。休谟认为,所有人都有一种同情别人的天赋情感,这种情感使我们经过传达而接受他们的心理倾向和情绪,不论这些心理倾向和情绪同我们的是怎样不同。在他看来,人的道德就是根源于这种天赋的自然情感。尽管不同的情感主义者对于道德的根源在于什么情感的看法不一致,但他们都否认德情的根源在于理性。当代道德情感主义者迈克尔·斯洛特认为不仅关爱情感,而且人的德性乃至道德,其根源都是人的移情或共情(empathy)。所谓"移情"是指当我们看见另一个人处在痛苦中时,我们好像为他的痛苦所浸染,从而在自己身上(不自愿地)唤醒那个人的感受。他认为关怀德性的根源就在于移情并且在移情这种心理现象中可以找到关怀德性的事实根据,而关怀德性的根源就在于移情。正因为移情存在着偏袒的、不对称的结构,所以关怀德性才有了相应的结构。于是,斯洛特就把关怀德性与移情现象联系在了一起,建立了一种基于移情的关怀道德理论。

第三,德情来自人性,而人性来自天道或天理。这是儒家的一种观点。先秦儒家把"道"视为天地万物的本根和运行的法则,也是事物由以存在发展并需要得到发挥的本性。就事物的本性而言,这种发挥和实现不仅是自然的,而且是应当的甚至是必须的,这种实现就是德。《中庸》云:"天命之谓性,率性之谓道,修道之谓教。"意思是说,天赋予人的东西就是性,遵循天性就是道,遵循道来修养自身就是教。按《易传》的说法,天、地、人"三才"各有其道,天之道是阴阳,地之道是柔刚,而人之道是仁义,三种道实际上是不同的。为了解决这个问题,孟子提出"诚"的概念,把"诚"看作天道、地道、人道共同的性质,从而使不同的"三才"之道贯通起来,作为仁义道德的基础。孟子所说的"诚"实质上是儒家所倡导的"仁义礼智"。如此,孟子就给"道"赋予了道德的内涵。后来宋明理学家又进一步明确地把汉儒改造的"仁义礼智"等伦理纲常视为与"人欲"对立的所谓"天理",即宇宙普遍存在的道德法则。

第四,德情来自神或上帝。在基督教神学家看来,信仰、希望和爱三种神学德性并非源自人自身,而是来自上帝,爱尤其如此。奥古斯丁认为,爱是比信与望更大的恩赐。"比信与望更大的恩赐是爱,是圣灵将爱浇灌在我们心里。"[1]在神学家看来,神学德性是智慧的体现,而"一切智慧皆来自耶和华"(《圣经•哥林多前书》1 :20)。

上述关于德情来源的观点虽然各有各的道理,但也各有局限。在上述观点中,斯洛特用"移情"来解释德情是最有解释力的,而且有心理学理论的支持,但他忽视了理性在德情中的重要作用,他用"移情"作为全部道德的基础则更是难以成立。儒家将德情的根基置于人性,并将人性植根于天地的"道""德",这是试图为德情提供本体论根基,但他们又将"道"仁义道德化,最后导致用道德解释德情的解释循环。实际上,德情不来自上帝,也不仅仅来自理性或自然情感,德情虽然来自人性,但人性的内涵不是仁义道德。其实,德情是人性中情感潜能在开发过程中德化的结果,是人通过道德修养转化自然感情形成的、在自然情感基础上培育出来的情感,属于人格中情感能力的范畴。

由此看来,德情的基础相当复杂。它直接来自人的自然情感,自然情感是其根本,没有自然情感绝对不会有德情。即使像良心、道德感这样的德情在自然情感中没有直接根基,但也与人的态度相关,而人的态度取决于喜欢或不喜欢的情感。但是,德情绝对不是自然情感,而是对自然情感的德化。对自然情感进行德化的过程是两个过程的有机统一:一是对情感潜能进行开发,使其成为现实情感;二是在开发的过程中对情感进行道德培育,包括道德教化和道德修养,使现实情感成为德情。人的情感潜能一方面包含与万物相通的共同性,用中国传统文化的话说,其中包含有作为本体的"道";另一方面又包含人类进化过程中积累的人类的特殊性,即中国传统文化所说

---

[1] 〔古罗马〕奥古斯丁:《论信望爱手册》,《论信望爱》,许一新译,生活•读书•新知三联书店 2009 年版,第112 页。

的人对"道"的得即"德"。德情像德性一样实质上是万物共有的"道"与人特有的"德"的有机融合，是这种融合在情感上的体现。因此，德情的形成是人在开发情感潜能的过程中，通过道德培育实现的自然情感与道德认识、道德意志、道德实践的有机融合。德性的根基归根到底在于人性。

四、恶情

恶情是与德情相反的邪恶情感。人在生活中经常产生的一些喜怒哀乐无所谓善恶，但当这些情感可能对自己、对他者产生伤害而不加以控制时，这些情感就是恶的情感，个人要对这些情感负道德责任。比如，一个人在某种情况下对某人产生愤怒这是一种自然情感。但如果他不对这种情感加以控制，而去与他人争吵甚至动手打人，这种愤怒就变成了恶情。

人的情感有正面、负面之分。正面情感与负面情感的划分主要是以情感是否有利于人的生存为根据。有利于个人自己、他者生存的情感是正面的情感，不利于或有害于个人自己、他者生存的情感则是负面的情感。诸如自爱、亲情、乡情、同情之类的与人的本性甚至本能相联系的天然情感一般是正面的，德情都是正面情感，而自私、贪婪、猜忌、嫉妒、歹毒、残酷、愤懑、艾怨、憎恨、仇恨这样一些情感都是负面情感。

人的情感有积极与消极之分，正面的和负面的情感大多是积极的情感。它们都是以意愿（包括欲望、兴趣或希望）为指向的，是情感主体愿意宣泄或表达的。与之对立的是消极情感，包括悲观、失望、绝望、冷漠，以及情感扭曲、变态等。它们一般不是以意愿为指向的，而且是其情感主体往往不愿意宣泄或表达的。悲观、失望、绝望通常是由于愿望或情感受挫引起的看不到前途或希望的消极情绪或感情。冷漠则通常是由于悲观、失望、绝望引起的那种没有喜悦，没有忧愁，没有爱，没有恨，对一切无所谓、不动心的情感状态。由于悲观、失望、绝望、冷漠等消极情感是不正常的情感，长此以往极有可能导致情感的畸形、变态，所以消极情感也属于负面情感。所有负面情感都是恶情，它们之所以恶就是因为它们有害于个人自己、他者生存。人本来可以控制这些情感爆发，也可以通过道德修养杜绝这些情感产生，然而人没有做到，因此人就要对这些情感负道德责任。

恶情像德情一样，也有强度的区别。前面所说的悲观、失望、绝望、冷漠，以及情感扭曲、变态之类的消极情感通常是比较轻微的恶情，而自私、贪婪、猜忌、嫉妒、歹毒、残酷、愤懑、哀怨、憎恨、仇恨则是比较严重的恶情。在所有的恶情中，仇恨是最强烈的恶情，需要人们给予特别注意和防范。

仇恨通常是一种刻骨铭心的激情，如果无法控制或宣泄就不能够化解，就会长期贮藏在内心深处，一有机会它就会表现出来。所以说，仇恨是一颗种子，能够长期埋藏在心中，遇到适当的条件就会发芽。然而，一旦发芽，就会导致他者的伤害，所伤害的不仅是仇恨的对象，还有无辜者，有时是无数的无辜者。《荷马史诗》记载的古希腊特洛伊战争，就是由于特洛伊王子帕里斯拐走了斯巴达王墨涅拉奥斯的王后海伦，从而引起希腊人的仇恨引发的。这场战争持续了十年，死于战争者无数，不仅毁灭了特洛伊城，使特洛伊在小亚细亚地区的势力迅速消失，而且消耗了迈锡尼大量的元气，让这个一度辉煌的国家变得千疮百孔，走向衰败。所以说，"仇恨是魔鬼"。

更为糟糕的是，复仇者在伤害他者的同时，会严重伤害自己。不仅复仇的过程和结果会伤及报仇者，而且心中的仇恨种子就像是毒虫一样时刻吞噬着仇恨者的心灵。它让仇恨者咬牙切齿、寝食难安，陷入严重的心灵无序状态和生活混乱状态。在最好的情况下，报仇也只能化解仇恨，甚至只是出了一口气，没有任何利益，但后果极其严重。任何报仇都会既伤害报仇对象和无辜者，又会损害报仇者自己，甚至会导致"冤冤相报几时休"的久远恶性影响。

佛教经典《成唯识论》对仇恨作了比较充分的解释，曰："云何为恨，由忿为先，怀恶不舍，结怨为性，能障不恨，热恼为业，谓结恨者不能含忍，恒热恼故。此亦嗔恚一分为体，离嗔无别恨相用故。"这段话的意思是，仇恨是什么意思？它是因愤懑在先，心怀恶念而不能舍弃，于是就产生了怨恨之心。有了怨恨之心就不能宽容，也就不可避免地焦灼苦恼。仇恨实质上就是嗔恚。没有嗔恚，也就不会有仇恨的表现。这里说的"嗔恚"，亦作"嗔"，指仇视、怨恨和损害他人的心理。嗔是佛教所说的人的根本烦恼之一，与贪和痴一起被称为"三毒"。

在佛教看来，作为嗔的仇恨，其产生和作用与贪正好相反。贪是由对事物的喜好而产生的无餍足地追求、占有的心理欲望，嗔却是由对众生或事物的厌恶而产生的愤恨、恼怒的心理和情绪。佛教认为，对违背自己心愿的他人或他物生起怨恨之情，会使众生身心产生热恼、不安等精神作用，对佛道之修行是十分有害的，因而佛教把嗔看作修行的大敌。对佛教修行所言是这样，对他人或社会而言，嗔的危害则更大。仇恨会引起人们之间、不同共同体之间的敌对和仇杀，从而导致人与人、共同体与共同体之间的战争状况，严重损害、破坏和威胁人类的正常生活，是人类生存得更好的最大敌人。

从人类历史看，仇恨是一种极为古老的情感，也许在人类尚未有德情之前，仇恨的情感便已经存在。在原始社会，不同氏族部落中普遍存在着血亲复仇的现象。所谓"以血还血，以牙还牙"就是这种血亲复仇的典型表达。原始社会这种复仇的传统被沿袭到了文明社会。公元前1792年，古巴比伦王国颁布的《汉谟拉比法典》是人类历史上最早的一部法典。这部法典突出地展现了"以血还血、以牙还牙"的惩戒罪恶的方式。比如，两个人打架，一个人被打瞎了一只眼，那么对方就要被打瞎一只眼作为赔偿；如果房子塌了恰巧砸死了房子主人的儿子，那么，建造这座房子的人就得拿出自己的儿子来抵命。这看似最为公平的做法，实际上是最野蛮、最不人道的，是复仇心理在作祟。

在传统社会,社会法制不健全,人们的自由平等权利甚至生命权利得不到保障。人们之间常常会由于伤害、利益冲突而产生仇恨,而且仇恨产生后无法化解,结果积怨越来越深,最终由仇恨产生争斗、战争。在现代社会,由于每一个人都有独立、自由、平等的人格和权利,我们都必须尊重这种人格和权利。对他人有什么意见可以表达出来,发生了伤害行为或利益冲突可以通过协商解决,还可以通过法律的途径解决。因此,任何一个道德主体都不能因为一些伤害行为或利益冲突而产生仇恨,更不能由憎恨引起敌对的行动。仇恨是一种邪恶的感情,在任何情况下都必须抑制这种感情产生。因此,伦理学告诫人们,只可以仁爱,不可以仇恨,即使不能成为仁爱之人,也不能成为仇恨之人。

在现实生活中,伤害行为和利益冲突经常发生,人们常常会因此产生愤怒的情绪。在愤怒的情绪之下,人们需要运用智慧控制情绪,防止将愤怒情绪转化为仇恨的情感。一个人的情绪长期置于智慧的控制之下,就不会产生仇恨,发生伤害行为,出现利益冲突的时候会诉诸协商或法律制度处理,而不会以血还血,以牙还牙,伺机报仇雪恨。因此,要防止愤怒转化为仇恨,关键是要有智慧。当然,智慧的人是有涵养的人,他通常也不会产生愤怒的情绪,在任何情况下都会比较冷静,比较宽厚仁慈。只要全人类普遍培养德情,仇恨这种情感就会逐渐消亡。到那个时候,人类就可以彻底告别战争和恐怖主义,共享永久和平。

第二节
良心与道德感

人的德情有两种自发的自我调控机制:一种是防范作恶的调控机制,即良心,主要包括正当感、羞耻心;另一种是鼓励行善的调控机制,即道德感,包括义务感、责任感、使命感、公正感、事业心、责任心及荣辱感等。良心和道德感是紧密关联的,很难截然分开。良心和道德感虽然是自发地发生作用,但并不是与生俱来的,而是培育的结果。这两种自我控制机制对于人生和社会具有十分重大的意义,既是个人自我保护、社会有序和谐的可靠保障,也是个人积极进取、社会稳健发展的强大动力。

一、良心

"良心"或"良知"是一个古老的道德概念。根据《现代汉语词典》(第七版)的解释,良心"本指人天生的善良的心地,后多指内心对是非、善恶的正确认识,特别是跟自己的行为有关的"。英文中的"良心"(conscience)一词,源于拉丁文 conscire,本意是"知道",由此衍生出"conscientia"(知识、意识),其字面的含义是"人对自己思想和行为正确与错误的意识"。从字面上看,良心主要是对思想和行为对错的认识或意识。

在中外思想史上,许多学者从宗教、心理学和哲学等角度对良心作过研究。基督教神学家认为,良心是当你对你的邻人作恶时使你感到不安的那种东西,或者是在你这样做时告诉你什么行为是正当的、什么行为是不正当的东西。当你为你的邻人做好事时,良心不会被唤醒,但你伤害无辜者的恶行会引起良心的大叫。这是因为上帝已经要求所有人都要爱邻人。当一个人没有这样做时,他就违背了上帝的法则,这样他的良心就会使他感到不安,直到他向上帝忏悔他的罪并悔改那种罪。一个人长期坚持恶的生活方式,那就说明他的良心已经泯灭。

弗洛伊德将良心看作起源于超我(superego)的东西,它是人在孩童时期从父母那里获得其暗示的。在他看来,不服从良心的结果是"有罪"的,而这种有罪感会成为神经疾病的一个诱发因素。人的良心是通过有罪的否定性反馈系统使一个人在社会意识形态之下活动的社会结构。

海德格尔从哲学本体论的意义来理解良心或良知,把良知看作人走出"沉沦"、返回本真的能在的途径。他说:"我们所称的良知,即呼唤,是在其自身中召唤常人自身;作为这样一种召唤,它就是唤起这个自身到它的能自身存在上去,因而也就是把此在唤上前来,唤到它的诸种可能性上去。"①

一般地说,良心是人们在道德实践中通过对社会道德规范认知、认同而逐渐内化的,是对行为起自我道德调控作用的好善恶恶、扬善抑恶的德情。其核心是通过荣辱感对行为及其动机进行调控的正当感。正当感像责任感、义务感、使命感一样,也是一种道德感,不过是一种底线性的道德感,人不具有它就会作恶。良心不是一种单一的情感,而是一种复杂的情结。它能对行为及其动机做出道德评价,同时通过荣辱感对人们的认识、情感、意志、行为进行道德调控,所指向的是人更好地生存。良心是最基本的德情或底线德情,人突破了它就会作恶。良心作为德情具有不同于其他德情的特点。

第一,良心是人辨别行为及其动机或目的善恶、区分行为正当与否的道德能力。良心是人们在长期的道德实践中形成的道德认识和判断的能力,人们总是根据自己的良心来认识和判断自己的动机或目的的善恶,以及自己行为的正当与否。良心对他人行为、动机善恶的辨别及正当与否的区分也有一定的作用,但通常是一种直觉,而不是一种自觉的道德意识,不是一种有意识的道德认识、判断和评价。对他人行为的认识、判断和评价在更多场合下是通过理性而不是通过良心实现的。良心对行为

---

① ［德］海德格尔,《存在与时间》,陈嘉映、王庆节译,生活·读书·新知三联书店 2006 年版,第 314 页。

及其动机或目的善恶的辨别、对行为正当与否的区分是以良心具有某种善恶标准和正当不正当标准为前提的。它是控制或禁止个人行为触犯底线道德的原则，所以人们经常说"凭良心办事"。

第二，良心是一种通过荣辱感尤其是羞耻心发生作用的好善恶恶、扬善抑恶的正当感。良心对行为及其动机的善恶、行为的正当与否有一种认可或否定的态度。它能通过这种认可和否定的态度，以及与之伴随的欣慰和懊悔的感受自觉地调控动机和行为，使人们倾向于善的动机和正当的行为，特别是能强烈地遏制作恶的倾向。良心因其荣辱感而对善的动机及正当的行为感到满意或欣慰，对恶的动机及不正当的行为感到厌恶或懊悔。良心的这种态度就是人的正当感，这种正当感发挥着自我道德调控作用，它通过荣辱感对人们的行为进行道德调控。人们经常说的"对得起良心""受到良心的责备"就是良心的道德调控作用的体现。良心的调控作用并不是消极的，而是积极的。它要求人们适当克服只顾个体、局部、眼前利益的自然倾向，而兼顾整体、全局和长远利益，要求人们通过正当的手段达到正当的目的。其意义在于通过对动机和行为的调控保护自我，从而为自我实现，为生存、发展和享受的需要更好地得到满足营造环境，创造条件。

第三，良心是自发地发生作用的，但其形成是一个从道德自发走向道德自觉的过程。良心发挥作用不是有意识的，而是自发的，是人的一种自动的道德调控机制。一个人生来就具有良心的禀赋，即孟子所说的"善端"或"良知"。但是，这种先天的禀赋并不就是良心，良心总是在特定的社会环境中自发地形成或通过修养形成的。自发形成的良心一般在性质和水平上与一定社会的日常道德状况相一致。社会道德环境好，人们会普遍形成良心，反之人们就难以普遍形成良心。通过修养形成的良心则不同，它的性质取决于个人修养的内容，修养的内容不同，良心的性质也不同。在价值、道德多元化的当代社会，个人的道德和良心越来越成为个人自主选择和养成的结果，其形成是一个从有意识到无意识的过程。修养对于现代人形成什么样的良心、良心作用力的大小有着决定性的意义。现代社会中任何人的良心都可以被视为由修养形成的，每个人都要对自己本应由良心调控的行为负道德责任。

二、道德感

在伦理学史上，道德感（sense of morality）的概念是近代英国道德情感主义伦理学家沙夫茨伯里提出的。他认为，人有一种特殊的能力，这种能力不仅可以评判或审查自己和别人的所作所为，并借此分辨善恶、正当不正当，判断事物对于公众或物种是否有利，而且可以将有价值的认识和观念作为自己情感的对象，形成自己的道德品质，形成正当与过失感。正因为如此，人才能成为有德性的人。在他看来，人的这种能力并不是理性主义思想家所说的理性能力,而是人的另外一种能力或官能,即"道德感"。道德感可以使人对情感进行反思,并在此基础上形成一种新的情感,这就是正当不正当感。正当不正当感可以使人对自己原来那些情感产生爱憎的态度。

同时代的哈奇森进一步丰富了"道德感"的内涵。他认为,我们对道德行为的知觉必定不同于对利益行为的知觉。那么,是什么东西造成这种差别呢? 如果一切赞许或善的感官都源于对益处的期待,就不会形成这种差别,因为无生命的对象给我们的自然善与有德情之人的友善帮助一样可以促进我们的益处。在他看来,造成这种差别的是我们对理性主体的友善情感中的美或善拥有一种明晰的知觉,正是这种知觉促使我们钦佩并喜爱这种品质和人格。哈奇森把这种知觉的能力称为"道德感"。

中国传统文化中虽然没有"道德感"的概念,但有许多思想体现了"道德感"的精神。孟子特别推崇的大丈夫气概就是道德感使然:"居天下之广居,立天下之正位,行天下之大道。得志,与民由之;不得志,独行其道。富贵不能淫,贫贱不能移,威武不能屈,此之谓大丈夫。"(《孟子•滕文公下》)"穷则独善其身,达则兼善天下。"(《孟子•尽心上》)中国传统文化中的"见义勇为""扶危济困""急公好义""临危不惧""义无反顾""大义凛然""坚贞不屈""杀身成仁""舍生取义"等表达所体现的都是道德感的要求。可以说,中国人、中华民族是最重视、最推崇道德感的,中国文化蕴藏着丰富的道德感思想资源。

根据历史上的道德思想资源和道德实践经验,道德感可理解为人在社会道德的影响下,经过长期修养锻炼形成的忠实践行道德要求、充分体现道德尊严、高度彰显道德人格的具有大爱精神的道德激情。这种激情可以体现在日常的生活和工作中,更体现在那些危难时刻。道德感的对象通常是与人的职责和追求直接相关的,人热爱自己的职责和追求就会产生道德感。具体而言,道德感包括义务感、责任感、责任心、使命感、事业心、正义感,以及作为其制约机制的强烈荣辱感。

义务感是人在对自己所肩负的义务及其意义有清楚意识的前提下,具有自觉履行义务的强烈动机和自觉行动的道德激情。具有义务感的人会把自己承担的各种角色所应有的义务看作天职,会无条件地履行自己的义务。他们会为义务而履行义务,而不会计较权利、利益。

责任感的对象包括义务,但更侧重于义务范围以外的责任。有责任感的人会去做许多不属于义务但被认为是正当的、有价值的事情,这些事情是超义务的事情(supererogation),是他可做可不做的。比如,从事公益活动、慷慨赞助处于危困中的人、自觉为人类作贡献等。马克思称自己是"世界公民"并终身为人类解放事业鞠躬尽瘁、死而后已,就是一种强烈的人类责任感使然。所以,责任感是一种对人类、对社会、对同胞、对亲人高度负责的道德激情和大爱情怀,充分体现了人类的尊严感。

使命感是这样的一种道德激情,有这种道德激情的人,对自己作为人尤其是作为从业者所应有的使命有强烈意识,并根据自己的专长和优势去做那些有益于他者的事情。比如,一位科学家意识到了自己所从事的工作对人类特别有意义,于是心无旁骛,不计名利得失,全心全意献身于自己的事业,而且有一种舍我其谁的强烈使命担当。这就是使命感的体现。

正义感主要是在面对罪恶时所体现的不畏强暴、大义凛然、视死如归、敢于与之作斗争的道德激情。正义感强烈的人具有杀身成仁、舍生取义的"大丈夫"气概,董存瑞舍身炸碉堡、江姐遭酷刑仍不屈服等事迹都是正义感的鲜活写照。

此外,在道德感中,人们还经常谈到责任心和事业心。责任心、事业心与责任感、使命感相关联,但有些细微的差异。前者侧重于在履行责任或职责过程中的负责、专心的态度,而后者侧重于在作出履行责任和使命决定时的态度。

道德感与良心关系十分密切。良心是所有其他道德感的基础,它本身也可以说是一种道德感,一种基础性的道德感。在一定意义上可以说,良心是低层次的道德感,而道德感是高层次的良心,二者可视为同一种道德情结。

道德感与良心还有很多相同的地方。首先,它们都不是单一的德情,而是复杂的德情,其中有多种德情因素发挥作用。其次,它们都是对人的动机和行为自发地发生作用的,通常不需要道德意识发挥作用。最后,它们都主要是人长期修养形成的德情,其形成有一个从自发到自觉的过程。由于两者具有以上相同之处,所以许多人包括伦理学家没有在两者之间作出区别,将道德感混同于良心,其结果是无法解释作为底线德情的良心怎么会具有这样一些巨大的道德积极作用。此外,荣辱感是道德感与良心共同的调控机制,只不过羞耻感或羞耻心与良心的关联更紧密,而荣誉感对道德感具有更强的激励作用。

道德感与良心确实是两种不同的德情,其主要区别如下:其一,道德感虽然也是德情,但在内容上更体现了仁爱精神。其二,良心的侧重点是守护道德底线,道德感则侧重鼓励在道德上积极进取。其三,道德感不像良心那样是一种道德温情,而是一种道德激情,在有些情况下表现为道德冲动。其四,良心是任何人都多少具有的,但道德感并不是每一个人都具有的。其五,良心或多或少能在社会生活中自发地获得,而道德感离不开道德修养,更需要道德历练。

需要注意的是,道德感与良心的划分只是理论上的,在人的实际道德生活中二者可谓是密不可分,是人统一的道德情结。二者之间还存在着相互依存、相互促进的关系。一个人越是有良心,道德感就越强,一个人道德感越强,其必定会越有良心。

三、良心和道德感的意义

所有人,包括个人、组织群体和基本共同体,都要有良心和道德感。之所以如此,是因为这对于所有人都具有重要意义。这里主要分析良心和道德感对于个人和基本共同体的社会治理者的意义。

首先是良心的意义。良心的意义是多方面的,其中最重要的意义在于它可以防范个人和社会治理者作恶。无论个人还是社会治理者,都有可能为了自身的利益而损害他人、组织群体、基本共同体、人类整体的利益。今天世界上一些国家奉行的国家至上主义就既损害了社会成员的利益,也导致人类整体的生存危机。因此,个人和社会治理者都需要良心。

良心的基本功能就在于好善恶恶、扬善抑恶。如果全社会的每一个人都有良心,他们的行为就不会对他者造成伤害。即使在某些情况下发生了对他者造成的伤害,良心会发挥警示和自我谴责作用,使人警醒和纠正。如果没有良心,他们作恶后除非有外在的制约,否则可能仍然我行我素,在作恶的路上越走越远。社会治理者更需要良心,因为它所作的任何恶都会伤害全体社会成员或其中一部分成员。中国有"苛政猛于虎"之说,秦王朝的暴政就祸害了全天下的百姓。秦王朝就是因为没有良心,所以只存在了 14 年就被推翻了。若个人和社会治理者都有良心,他们就能够自我控制,就能自发地制约自己,社会的罪恶就会大大减少,社会就会和谐有序,这无论对于个人还是对于社会治理者无疑都是意义重大的。

良心的另一个重要意义在于它要求个人和社会治理者处理好各种基本关系,从而使社会良性运行和稳健发展。无论个人还是社会治理者,在现实生活中都必须处理一系列关系,其中重要的有整体与个体、全局与局部、长远与眼前的利益关系,以及物质需要满足与精神需要满足、目的与手段、创造和享受等关系。个人和社会治理者在处理这些关系时常常由于多种因素的影响发生偏差,而有些偏差会导致严重的消极后果,不仅给他者带来伤害,也会给自己带来伤害。比如,过去人们为了粮食增产而毁林开荒、围湖造田,其结果是生态系统遭到严重破坏。这就是为了眼前利益而不顾长远利益导致的消极后果。

良心作为自我调控机制具有要求人们处理好各种关系的功能。它能使人不贪图个人的、局部的、眼前的狭隘利益而兼顾他人的、整体的和长远的利益,使人不沉湎于即时的享乐而追求持久的幸福,使人通过正当的手段实现个人幸福。在现代社会,社会的调控机制主要是法律,较之于传统社会,人们有了更多的自由空间和机会。在这种情况下,如果不建立起良心这种自律机制,人们的行为即使是合法的,也可能是不合适、不正当的。个人和社会治理者都是道德主体,他们自己就应当有使行为成为正当的、道德的控制手段。这种手段不是别的,就是他的良心。在现代社会条件下,如果没有良心,没有良心的召唤,没有良心的警告,没有良心的约束,人们不但不会获得真正的自由,相反会受奴役,成为私利、贪欲的奴隶。个人是这样,社会治理者也是如此。如果任由社会生活市场化、物化,不只是社会成员,甚至整个社会都会成为金钱、财富的奴隶。

其次是道德感的意义。道德感最重要的意义在于它可以使个人充分实现自己的人生价值,从而获得幸福;可以增强国家的综合实力,从而提高国际地位。

人生在世都是为了让自己过上幸福生活。如何过上幸福生活? 最重要的就是要充分实现自己的人性,也就是要充分实现自己的人生价值。人性的充分实现就是人的自我实现,而人真正做到了自我实现也就过上了幸福生活。人性的充分实现包括许多方面,但最重要的是把人性的各种潜能开发出来,使之成为现实的能力,同时要把现实的能力发挥出来,使之体现为现实生活。道德感的意义正在于,它通过不断增强义务感、责任感和使命感来激发人们充分开发潜能,又把开发出来的能力充分发挥出来。历史上和现实中的许多事例告诉我们,一个人只有具有强烈的道德感,他才会有强大的开拓进取的动力和精神,才会不忘初心、矢志不渝,不断增强自己的实力,不断为他者作出贡献。如此,他在给他者作贡献的同时,使自己的人生变得幸福而美好。

社会治理者也需要道德感。若社会治理者有强烈的道德感,就不会满足现状,就会把全体社会成员过上更美好的生活作为自己的义务、责任、使命。而为了做到这一点,他们就要通过各种途径增强全体社会成员的道德感,从而汇集全社会的力量。如此,社会成员道德感增强与社会治理者道德感的增强就会形成良性互动。这种良性互动一方面可以使国家强大,另一方面又会使社会成员强大,从而实现整个社会及其成员繁荣昌盛,而这正是社会普遍幸福的标志。社会治理者道德感强不仅可以使国家和人民强大,还可以为人类和世界承担更多、更大的义务和责任,自觉为世界谋求永久和平,为人类谋求普遍幸福。

此外,良心和道德感在人的德情中具有非常特殊的地位。如果说良心是整个德情的基础、底线的话,那么可以说道德感是整个德情的核心,其他各种德情都是它的展开,同时不断地复归于它,所以它是德情的真正母体。比如,一个有强烈责任感的人,必然会爱他人,爱环境,而且富有道德激情;而爱他人、爱环境又最终落脚到道德感,使自己不断增强对他人和环境的责任,履行自己应尽的义务。

第三节
德情的基本类型

德情的类型可以从不同的角度进行划分,这里我们从德情的对象角度进行划分。除了人自己,人的情感对象无非三大类,一是他人(包括亲人、亲友、同事、路人),二是环境(包括家乡、组织群体、国家或祖国、世界、自然等),三是事物(包括职业、事业、真理、金钱、财富、名誉、地位、美色,以及时装、首饰、玩物、宠物等)。爱的对象大多是人追求的对象,但其情形十分复杂。对这些对象的爱有许多是得到强化的自然情感(如对金钱的爱),只有由追求高尚事物产生的情感才属于德情,这类事物有利于人更好地生存。我们可以根据情感的对象将德情划分为三大类:对他人之爱、对环境之爱和对高尚事物之爱。同时,德情像自然情感一样,存在着强度的问题,我们可以根据道德情爱的强度将其划分为道德温情和道德激情。

一、对他人之爱

人生活在与自己和与他人的关系之中,要道德地处理这些关系,除了需要道德的品质(德性)和道德规范,还需要对他人的爱,这就是道德意义的对他人之爱。这是人与人之间建立和谐关系的重要前提,也可以说是人际关系的黏合剂。任何一个道德主体,有了对他人的爱,生活才会充满温情,才会欢乐幸福,才会得到关心、支持和帮助。反之,一个道德主体缺乏对他人的爱,也就不会得到他人爱的回报,他就会感觉到自己生活在冷漠无情、孤苦伶仃、孤立无助、彼此不信任甚至敌对的可怕世界中。因此,对他人之爱对于人的生活和人的幸福是必不可少的。

道德意义上的对他人之爱不是人自然产生的对他人的爱的情感,而是指人基于对他人的自然之爱培育出的对他人的道德情爱。它与自然意义上的对他人之爱至少有四点不同:一是自然的对他人之爱通常只爱亲人、熟人,而道德的对他人之爱除此之外还爱陌生人、爱同胞、爱人类;二是自然的对他人之爱通常是希望有回报的,得不到回报可能会淡化下去,道德的对他人之爱是不求回报的,是无条件的;三是自然的对他人之爱不一定付诸行动,在许多情况下只是纯粹的情感,而道德的对他人之爱是要求付诸行动的,尤其是在当他人需要的时候,为他人提供帮助;四是自然的对他人之爱有可能转移到动物,如各种宠物,道德的对他人之爱不会转移到动物,对宠物之爱并不是德情。显然,道德的对他人之爱是比自然的对他人之爱高级的德情,它是人类特有的,任何动物都不会具有。

道德的对他人之爱包括亲爱、友爱、博爱三种类型,这三种类型的对他人之爱是每一个人都应该培养和具备的基本德情。

亲爱就是对亲人的爱。亲爱包括夫妻之爱、父母子女之爱、兄弟姐妹之爱。在正常的情况下,一个人会对亲人有自然之爱的感情,但也并非总是如此。历史上兄弟手足相残、弑父篡位的记载甚多,现实生活中兄弟、父子反目成仇的情形也十分常见。正因为如此,对亲人的爱就成为一种道德要求,以维持正常、亲密、和谐的家庭关系。亲爱要求家人彼此之间相亲相爱、互帮互助,既尊重家庭成员的权利又履行家庭的义务,自觉维护家庭稳定、团结、和睦,为家庭富裕幸福作贡献。中国传统社会十分重视亲情关系,尤其是重视孝亲敬老,有"百善孝为先"的说法。

友爱就是对朋友的爱。友爱无论在中国还是在西方都是思想家和社会所倡导的。《论语》在谈到人每日反省自身的三项内容中就包括"与朋友交而不信乎?"中国历史上留下了许多关于友爱的名言,如"与朋友相与,只取其长,弗计其短"(《温氏母训》),"君子与君子以同道为朋;小人与小人以同利为友"(欧阳修,《朋党论》)等。中国民间更有所谓"为朋友两肋插刀"之说。在西方,早在古希腊时期,苏格拉底、柏拉图和亚里士多德就有关于友爱的丰富论述。柏拉图对话《吕西斯篇》中,苏格拉底自述了他同一群天真活泼的少年讨论友爱的往事。苏格拉底运用他的辩驳法着意破除关于友爱的朴素常识观念,特别是用当时流行的"同者相聚"这一解释自然法则的说法来说明友爱本性的哲学观点,强调知识的重要性。他认为,如果你获得了知识,所有人都会成为你的朋友,所有人都会依靠你,因为你是有用的和好的。如果你没有获得知识,那么你不会有朋友,甚至连你的父母,你的家庭成员都不会与你交朋友。亚里士多德更是高度重视友爱,认为友爱不仅仅是一种德性或者说是与德性相关的,而且是所有人生活中所必需的东西,是幸福所不可缺少的,同时事关城邦的和谐美好。他根据友爱产生的原因将友爱划分为为了有用而产生的友爱、为了快乐而产生的友爱和为了友爱本身或德性而产生的友爱三种。他认为这三种友爱之中,只有为了友爱本身或德性而产生的友爱才是真正的友爱。

博爱也就是对所有人的爱,包括对熟人之爱尤其是对陌生人的爱。博爱是人类历来所称道的。在西方,斯多亚学派最早提出"人人皆兄弟"的观点,《圣经》更明确提出了"爱人如己"的博爱思想,近代还将"博爱"与"自由""平等"一起作为社会理念提了出来,成为法国大革命时期响彻云霄的时代口号。过去,不少人以为"博爱"是西方特有的,实际上这是一种极大的误会。中国先秦时期就有了博爱思想。它不仅比西方早,而且不像基督教的博爱那样有为了死后进天堂的功利尾巴。成书秦汉之际的《孝经》不仅揭示了儒家仁爱的"博爱"实质,而且使用了"博爱"一词。《孝经·三才章》:"先王见教之可以化民也,是故先之以博爱而民莫遗其亲,陈之于德义而民兴行。"后来韩愈亦认为,仁爱就是博爱。"博爱之谓仁,行而宜之之谓义,由是而之焉之谓道,足乎己,无待于外之谓德。"(《原道》)在儒家看来,人们真正实践了仁爱,就可以构建起"老吾老,以及人之老,幼吾幼,以及人之幼""不独亲其亲,不独子其子"的"天下为公"的美好"大同"社会。墨子的"兼爱"思想、张载的"民胞物与"思想都含有博爱的成分。实际上,我们是使用中国传统的"博爱"这一术语来翻译英语中的"fraternity"一词。

博爱面临的一个问题是是否要爱仇敌。《圣经》记载基督耶稣曾多次说过爱仇敌的话:"只是我告诉你们、不要与恶人作对。有人打你的右脸、连左脸也转过来由他打。"(《圣经·马太福者》5:39)"有人想要告你、要拿你的里衣、连外衣也由他拿去。"

(《圣经·马太福者》5：40)"有人强逼你走一里路、你就同他走二里。"(《圣经·马太福者》5：41)基督教的这种要求显然太过分,它就是让人们无条件地逆来顺受。中国传统社会的"以德报怨"观念,也包含让人们爱跟自己有过节的人甚至仇人的意思。但与基督教的"逆来顺受"不同,中国传统社会的"以德报怨"观念要求人们以德行感化与自己有过结的人或仇敌。一般来说,除了仇敌攻击自己的时候要自卫,在其他的情况下,人们仍然要宽大为怀,施以仁爱。

对道德主体来说,上述三种对他人之爱是有亲疏远近的。伦理学并不要求人们反其道而行之,而是要求人们从亲爱走向友爱,从友爱走向博爱,不断扩展自己爱的情感,提升道德境界。

需要注意的是,"对他人之爱"是以自爱为前提的。中国传统社会特别强调个人修身,要求人们通过修身成为君子、贤者和圣人,这里面包含着浓烈而深郁的自爱成分。耶稣基督要求人们"爱人如己",其中隐含着爱己。自爱是他人之爱的前提和基础,没有自爱,不可能有他人之爱。一个不会爱自己的人,当然也不会真正爱他人,即使有心也无力。从这种意义上看,自爱就具有道德的意义。对伦理学来说,问题不在于是否自爱,而在于是否只是局限于自爱,或只是自爱。在现实生活中,既有不自爱的人(如肆意虐待自己的身体),也有只爱自己的人。这两种情感都是不道德的情感,违背了德情要求人们既自爱又爱他的原则。

二、对环境之爱

人生活在家庭、组织群体、基本共同体、人类整体和自然界等不同环境中。家庭是人生长的摇篮,也是人生的驿站和港湾。各种组织群体尤其是工作单位是人获取生活必需品的源泉,也是人实现自己人生价值的场所。基本共同体则是人生于斯、长于斯的家园,人生存发展的一切条件和机会都靠它提供。人类是所有人的最大家园。在全球化的今天,人类正在成为一个命运共同体,每一个人的命运都与人类整体的命运息息相关。自然界更是人不能须臾脱离的环境,人对自然存在着致命性的依赖性。人与上述所有环境都存在着复杂的物质、能量和信息交换,人与环境同呼吸、共命运,因此人必须呵护环境、善待环境,为环境的不断改善作出自己应有的贡献。这些要求的集中表达就是对环境之爱。

人对环境之爱与人对他人之爱有所不同。除家庭和故乡之外,人们对环境通常不具有自然意义上的爱,只能通过修养形成道德之爱。相反,人们常常抱怨环境不好,没有给自己生存发展提供好的条件和机会。人们对环境的爱得不到回报,甚至得不到回应,因而人们对它们的爱会随着时间的推移而渐渐淡化,以至消失。在这种情况下,人们常常以功利的态度对待环境,哪一种环境好就爱哪一种环境。因此,对环境产生爱的感情相对较难,它不仅需要人们的道德修养,还需要人们有更渊博的知识和更宽广的视野。

对环境之爱主要包括对家庭之爱、对社会组织之爱、对故乡或社区之爱、对祖国或国家之爱、对世界或人类之爱、对自然之爱。

对家庭之爱是指人们对家庭和家人的爱。家庭是人休养生息的"港湾""驿站"，需要人以真情对待它、爱护它、呵护它。中国人历来高度重视对家庭之爱，通过培养家庭之爱来维护家庭伦理。中国传统家庭之爱的核心内涵是孝亲。《尚书》记载，在尧舜时代社会就重视"五典"，要求夫义妇顺，父慈子孝，兄友弟恭；《孟子》中讲到"父子有亲，夫妇有别，长幼有序"。这种说法主要是从规范（人伦）的角度提出的，但包含有情感的意义。家庭之爱与亲人之爱有不尽相同的含义，前者所侧重的是对家庭的情爱，包括对家庭的归属感、亲切感、温情感、甜蜜感、眷恋感等美好情感，也包括由这种感情所引起和推动的对家庭的责任感、义务感、使命感等道德感。

对社会组织之爱是指人们对自己所在的各种社会组织（如职业单位、政治组织、群众组织、社团组织、宗教组织等）的爱，其中最重要的是职业单位。现代社会是社会组织日益丰富的社会，社会地位越高的人，参加的组织越多。组织是个人事业成功和个性发展的主要场所，通常是人们自愿选择参加组织的。然而，人们虽然在各种不同社会组织之中，但大多是出于功利的考虑进入组织的，并没有什么感情。为了使个人与组织处于和谐美好的关系，需要培养对组织的道德感情。对组织之爱包括对组织的认同感、归属感、亲切感等美好感情，以及由此产生的对组织的责任感、义务感、使命感等道德感。现在有许多单位都注重培养职工的认同感、归属感，这表明单位是可以成为情感诱因和情感对象的，各种组织、社团亦如此。

对家乡和社区之爱是指对家庭之外的小生活环境的爱。在传统社会，绝大多数人都长期生活在乡村，乡村与人的生存发展息息相关，不仅人们生长劳动在这里，而且其中的乡亲都是自己的亲友或熟人。今天人们常说，中国传统社会是熟人社会，所谓"熟人社会"实际上就是家乡，其范围一般不超过传统行政建制的乡。中国传统社会把"他乡遇故知"视为人生四大幸事之一，还有"美不美家乡水，亲不亲故乡人"的说法，这都表明人们可能对作为自然村落的家乡产生家园的眷恋感。这种情感可以说只是一种自然情感，而不是道德情感。进入现代社会后，家乡逐渐为社区所取代，城市社区中的居民是来自四面八方的人，彼此成为陌生人，同一单元里的邻居也许从生到死住在一起但彼此并不认识。在这种新情况下，人们再也没有了过去的那种乡情。事实表明，现代城市社区的这种陌生人际关系，破坏了人对家乡的认同感、归属感、眷恋感，导致现代人情感的重大缺失。这是现代人心理疾病频发、生活压力不断增强的重要诱因之一。因此，社会必须注意培养人们对社区的情感，并为居民相互了解和交往创造条件。

对祖国或国家之爱是指人们对自己生活在其中的国家的爱，即通常所说的爱国主义。到今天为止,人类生活的社会仍然是以国家为单位的,国家又常常与祖国在范围上一致。今天世界各国都强调人们要热爱祖国,这表明政治国家也好,祖国也好,都可以激发人们的爱国情感,成为人们的情感对象。在现代社会,国家是人类的基本共同体,在一定意义上对于人的生存发展具有决定性意义。因此,国家的成员需要具备对国家的深厚感情。国家之爱包括对国家的认同感、归属感、家园感、崇敬感等美好感情,也包括基于这些感情产生的对国家的责任感、义务感、使命感等道德感。

对世界或人类之爱是指对整个人类及世界的德情。世界和人类虽然与个人的感情相隔较远,但自古以来,一直都有人倡导"四海之内皆兄弟""先天下之忧而忧,后天下之乐而乐"的天下情怀,并充满为人类工作的热情。在全球化的今天,世界和人类更成为人类情感关注的对象,过去长期存在的人类之间的敌对状态正在消逝。在这种新的历史条件下,需要每一个人培育对全人类和世界的道德情感。人类之爱不同于博爱,它是指对整个人类的爱,对人类作为一个整体的爱,也可以说是对世界的爱。人类之爱包括对人类的从属感、认同感、家园感、同胞感等美好感情,以及由此产生的对人类的责任感、义务感、使命感等道德感。

对自然之爱是指对自然环境和资源(包括动物)的爱。古人对自然的恐惧,今人对自然的热爱,文人骚客对自然的赞美等都表明,自古以来,自然就是人类情感的重要源泉,也是人类情感的重要对象。宠物爱好者的存在,更表明动物可以成为人类爱恋的对象。自然是人类生存的母亲,对于人类具有根本性的意义。在当代自然环境遭破坏程度日益加剧的情况下,培育和增进人们对自然的道德情感极其重要。自然之爱包括对自然的敬畏感、顺从感、家园感等美好感情,以及由此产生的维护自然的责任感、义务感和使命感等道德感。

以上所述表明,对他人、环境的道德情感,都包含对德情对象的义务感、责任感和使命感,都体现了对他人、环境之爱的实践要求。同时,这些情感都是以美好的自然情感为基础的,缺乏自然的美好感情,即使有责任感、义务感和使命感等道德情感,它们也不过是人的一种额外负担,而非情不自禁的结果。康德所说的对道德的敬畏感,在某种意义上就是这种外在的德情,而不是人自我实现的有机组成部分。

三、对高尚事物之爱

人追求的对象丰富多彩,它们几乎都能激发人喜欢甚至热爱的情感。不少人对自己的宠物宠爱有加,甚至对其死亡悲痛欲绝,更不用说对与自身生存发展有重要影响的金钱、财富、名誉、地位等的喜爱。进入文明社会后,人类产生了许多原始人未曾有过的新追求对象,其中有一些对象是有利于人更好生存的事物。这里所说的"事物",主要不是指实实在在的实体性事物,而是指对个人、社会乃至人类有重要影响的事物,如理想、信念或信仰等。相对于金钱、财富、名誉、地位、美色、时装、宠物之类的事物,这些事物通常被视为高尚事物。随着人的年龄增长,并且在家庭、职场或社会环境的影响下,这些事物会逐渐受到人们的青睐,成为人们的情感对象和追求对象。对高尚事物之爱,亦可称为高尚情怀。

从人类文明史和当代现实看,能够成为高尚情怀对象的事物主要有职业、事业、真理、理想几类。职业源于原始人的劳动,随着社会分工的发展而日渐明晰。它原本是人获取生活所需要的资源和条件的劳动,但后来许多人对职业产生了深厚的敬畏和热爱情感,职业成为他们敬重、热爱和为之献身的重要之事。事业本来是指人所从事的对社会发展有重要意义的经常性活动,如革命事业、共产主义事业等。当一个人把职业作为事业或其中的一部分时,职业也会成为他的事业。事业通常因为其伟大和崇高而成为许多人毕生追求的对象,人们会对它产生强烈的热爱情感,甚至为之献身。真理是通过认识获得的关于事物真相及其规律的知识,掌握真理是人类有效改造客观世界和主观世界从而使自身获得自由和幸福的前提。因此,许多哲学家、数学家、科学家和学者把获得真理作为崇高事业和人生追求,终生热爱真理并献身于真理的探索。理想是个人和社会追求并为之奋斗的最高目标,它体现了个人和社会对终极目的的渴望。人们在确定理想和追求其实现的过程中会对它产生强烈的热爱情感,并会把它作为自己坚定不移的信念甚至信仰,为实现理想献身而无怨无悔。当人们把对职业成就、事业、真理、理想的追求作为自己的神圣使命、作为自己的责任和义务时,就会产生对它们的使命感、责任感、义务感等强烈道德感,这些道德感也是德情的重要体现。

高尚情怀通常是一种炽热之爱,是道德激情的典型形式。相较于其他情感,这类德情具有以下几个主要特点:其一,高尚情怀是一种敬爱情感,隐含着对情感对象的敬畏、敬慕、敬仰之情。高尚情怀通常是由于人对情感对象敬重而产生的由"敬"而"爱"的深厚感情,"敬"这种情感是前提,没有敬重就不会产生热爱。其二,高尚情怀极其强烈,能够激励人们为情感对象献身。高尚情怀的对象往往对个人、社会有着极其重大的意义,对象的崇高性和重大性会激起人们对它产生爱之切的强烈炽爱情感。"砍头不要紧,只要主义真""为革命,砍头只当风吹帽"之类的名言就是这种情感的最好注脚。其三,高尚情怀内蕴强大的驱动力量,人们在它的激发下会不顾一切地追求情感对象。高尚情怀的能量往往难以言喻,甚至难以想象。裴多菲的"生命诚可贵,爱情价更高,若为自由故,二者皆可抛"诗句,充分体现了这种情感力量的勇往直前精神。其四,高尚情怀具有巨大的吸引力,会使人对情感对象忠贞不渝。高尚情怀总是在对情感对象实现的长期性和艰巨性有自觉而充分的意识后形成的,这种情感一旦产生就会具有很强的韧性,难以淡化和丧失,而且越是经历磨难越会得到强化。高尚情怀往往具有悲壮性,有高尚情怀的人类似于孟子推崇的"大丈夫",能够产生强烈的感召力和震撼力。

正因为高尚情怀具有上述特点,所以拥有这种情怀的人都会成为毛泽东所说的"高尚的人"。这种人既有矢志不渝的远大志向,又有生机勃勃的持久动力,是内心和实力强大的强者,其人生必定走向成功。

对高尚对象产生爱的根本原因是人的主体性及其意识。人与宇宙万物不同,人能够通过开发人性形成主体性,而人性包含人类在进化过程中逐渐积累的需要高尚事物的潜能,以及促进这些需要得到满足的情感潜能。这两种潜能都是更有利于人类生存发展的高级潜能,但同时它们是难以转化成现实的,现实生活中很多人就不能实现这种转化。当人充分开发人性获得主体性时,对高尚事物的需要潜能和促进其得到满足的情感潜能就会转变成主体的持续欲望和激情,人于是就有了高尚情怀。人的主体性既体现为自为性,又体现为社会性,高尚情怀突出地体现了人主体性的这两个方面。人的自为性要求人有大的作为,社会性要求人的大作为必须体现为对社会的大贡献,而高尚情怀的对象都是对社会具有重要意义的事物。对这些事物的追求,既能满足人的自为性要求,使个人形成完善人格,充分实现自我,又能满足人的社会性要求,使个人对他者和对社会的贡献在其完善人格和实现自我的过程中来完成。

一般而言,高尚情怀的产生有三个环节:一是人们对高尚对象产生敬重感。高尚情怀的对象几乎都是崇高事物,一个人所从事的职业虽然不一定是崇高事物,但人可以把他所从事的职业作为崇高事物对待,而且许多职业本身就是崇高的。当一个人意识到崇高事物的崇高性时,他就有可能由此产生对它的尊敬、敬重,这是高尚情怀产生的前提。现实生活中不少人缺乏对崇高事物的意识,也就缺乏对高尚事物产生热爱的必要基础。当然,他们也就不可能成为人类之中真正的强者、高尚者。二是将高尚情怀的对象作为追求对象。意识到这些对象并不一定会去追求它们,有些人会敬而远之,只有那些勇敢者才会把它们作为追求对象,并为拥有这些对象或在这些对象上有所成就而不懈努力。三是在追求高尚对象的过程中逐渐产生了忠贞不渝的炽热之爱。在对高尚情怀的对象有了充分意识之后,人就会对其产生敬重感,并进而把它作为奋斗目标,与此同时就会被它吸引,对它产生敬重、倾慕、珍视、热爱等高尚情怀,并在这种情感的激发下为之拼搏奋斗。在它遭到破坏或践踏的情况下,有高尚情怀的人就会挺身而出,不惜牺牲自己的一切。

四、道德温情与道德激情

人的每一种自然情感都有程度的不同,这即是自然情感的强度。在汉语中,对自然情感强度的表达,从低到高大致上可以区分为六种:淡泊、感觉、情感、感情、情绪、激情。如果说激情是一种强情感,那么大致上可以把其他的自然情感都归为弱情感。

与自然情感一样,德情也存在强弱的差别,可分别称为道德激情和道德温情。

德情不同于自然情感,在性质上,它是正面的、肯定性的、积极的善情感,因此道德温情和道德激情不同于自然情感的弱情感和强情感。

首先,德情无论强弱都是人类需要的、有价值的,并不因为其强弱而有价值上的区别。自然情感存在着负面的、否定性的和消极的情感,这些情感无论其强度如何都可能具有负面价值,或许对人类有害,只有在理智控制下才不会产生消极后果或效应。德情则是能够满足人类需要、对人类有价值的。能称得上德情的情感都是善的,它的表达和体现都会产生积极的正面效果。例如,天下情怀就是一种胸怀天下,以天下为己任的高尚情感,一个具有这种情怀的人就会有为人类社会更加美好作出贡献的强烈使命担当。德情不会因为是道德激情而更凸显价值,是道德温情而降低价值。

其次,道德温情和道德激情都是人类根据自身需要培育形成的善良情感。自然情感无论其强度如何,都是自然形成的,人只能运用理智加以控制。德情则是人类根据自身需要通过培育形成的,它本身就是善的感情。人可以通过培育将自然情感提升或扩展为德情,也可以培育原本不具有自然情感基础的德情。家国情怀就是将人们对家庭的爱的自然情感扩展到对国家的热爱,而马克思的那种"为人类工作"的人类情怀则是他在长期革命生涯中培育的一种对于人类充满深沉的爱的德情。在正常情况下,它的表达和体现都会产生积极的正面效果。

最后,道德温情和道德激情也是自发激发出来的,但不需要理智的控制就能产生积极的正面效果。自然情感无论强弱,都必须在理智控制下才可能成为善的,缺乏理智控制有可能导致消极后果。道德温情和道德激情则是通过培育形成的情感倾向或定势,一旦形成就像自然情感一样自发地发生作用。但是,它被有关对象激发出来时不需要理智控制就能够产生积极的正面价值。一位使命感强烈的人,在工作中就会自然而然地爱岗敬业、兢兢业业,追求卓越的业绩,这就是德情使然。

道德温情是一种温和的德情。像宽厚、仁慈、友善、乐善好施等大致上属于道德温情的范围。道德温情是温情脉脉的,给人以温暖,因而可以称之为道德柔情。我国家喻户晓的道德楷模雷锋,他一生中从未做过一件惊天动地的壮举,所做的都是平凡小事。这些小事却是善举,他不仅每时每刻都做,而且持续不断地做,直到心脏停止跳动为止。他做这些好事从来不指望回报,甚至没有任何求回报的想法。

道德激情是一种强烈的德情。像见义勇为、扶危济困、急公好义、临危不惧、义无反顾、大义凛然、坚贞不屈、舍生取义、杀身成仁等大致上属于道德激情的范围。道德激情常常是受道德冲动的驱使所形成的强烈道德感情,因而也可以称之为道德冲动。2020年年初暴发的新冠肺炎疫情,是新中国成立以来我国遭遇的传播速度最快、感染范围最广、防控难度最大的重大突发公共卫生事件。病毒突袭而至,疫情来势汹洶,人民生命安全和身体健康面临严重威胁。面对突如其来的严重疫情,广大医务人员白衣为甲、逆行出征,舍生忘死挽救生命。全国数百万名医务人员奋战在抗疫一线,给病毒肆虐的漫漫黑夜带来了光明,生死救援情景感天动地!面对突如其来的疫情,白衣战士逆行出征,所体现的就是道德激情,他们在道德激情的激励下义无反顾地冲向了抗疫的前线。

无论道德温情还是道德激情,都存在着大爱与小爱的区别。不过,人们通常将道德激情看作大爱。具有这种大爱的人,常常被认为是道德英雄。但实际上,小爱之中也可能有道德激情。雷锋所做的几乎都是小的善事,但他所做的一切都是出于对他人、社会的强烈热爱。因此,这种爱不仅是道德温情,也是道德激情。它像一团永不熄灭的火,不断在雷锋胸中燃烧,不断激励他去行善。同样,大爱之中亦会有道德温情。在抗击新冠肺炎疫情的过程中,许多白衣天使是出于道德激情走向了抗疫第一线,但在工作中对病人充满了关爱。他们不仅为病人积极治疗,还充满热忱地为病人喂食、吸痰,甚至清理病人的排泄物,无时无刻不充满着人道化的道德温情。

道德温情是道德情感的常态,而道德激情是在特殊情况下产生的具有冲动性质的德情。而且,道德激情需要以道德温情为基础。一个人在日常生活中充满了道德温情,在一些危急的时刻就会产生道德冲动,从而做出道德壮举。在人的各种德情中,大致上说,良心属于道德温情的范畴,道德感则属于道德激情的范畴,而无论对他人之爱还是对环境之爱都既可能是道德温情,也可能是道德激情。

第四节

德情的培育

德情像德性品质一样,不是自然形成的,而是培育的结果。学校的道德教育、社会的道德影响,尤其是家庭的道德熏染都能对人的德情起到一定作用,特别是对像良心这样的基本道德起到培养、导向和规范的作用。但是,个人在德情培育中的作用更为重要,人的道德感、仁爱、博爱、人类之爱、自然之爱等高尚情感及美好情感的形成和保持,几乎都要靠个人德情修养实现。

一、正确认识道德情感

由于诱发情感的因素极其复杂,情感可能从道德和不道德两个基本向度对人的生活产生影响。德情就是有利于人(包括情感主体和他人、组织群体、基本共同体及人类整体)更好地生存的情感,而恶情是有害于人更好地生存的情感。培育德情就是要使情感朝着有利于人更好地生存的向度发展。根据是否有利于人更好地生存，可以从五个方面对道德情感加以衡量，即情感是否健康，是否丰富，是否持久，是否高尚，是否美好。有利于人更好地生存的情感就是健康的情感，而有害于人更好地生存的情感是不健康的情感，这是衡量情感是不是德情的底线标准。是否丰富、是否持久、是否高尚这三条标准是德情的量度标准，它们规定着德情价值的大小。是否美好是德情的最高标准，所涉及的是能否使德情成为高尚的人生情怀和完美的人生境界。

那么，什么样的情感是健康的呢？首先，有利于个人身心健康的情感是健康的。个人身心健康是人生存的基本前提，没有身心的健康，谈不上更好地生存。因此，情感是否健康的首要标准就要看情感是否有利于人的身心健康。健康的情感应当是有助于身体和心理健康的，不会由情感诱发身体或心理疾病。其次，有利于个人事业成功、家庭和睦的情感是健康的。职业和家庭是人生存得好和生存得更好的两大支柱。健康的情感应当是促进家庭和睦和事业成功的。健康的情感应当是个人事业成功、家庭和睦的源泉与动力。再次，有利于营造和谐的人际关系的情感是健康的。人际关系环境是人生活中最重要的环境，环境不好，不仅生存的压力大，而且会影响个人的身心健康及事业成功和家庭幸福。最后，有利于促进个人活动于其中的共同体和谐发展的情感是健康的。现代人活动在各种不同的组织群体中，个人的生存状况与个人活动于其中的组织群体的命运紧密相连。有组织群体的和谐，才有个人人际关系的和谐，才有个人的身心健康，也才有个人事业的成功和家庭和睦。有组织群体的公共福利的增进和繁荣，个人的幸福才有根本保障。健康的情感应当是有利于组织群体和谐和公共福利增长繁荣的。

在情感健康的前提下，一般来说，情感越丰富越有利于人更好地生存，人的生存质量也随之提高。不同时代有不同的生存质量标准和要求，当代人类生存的质量标准和要求是人的全面而有个性的发展。人的全面发展就是人格朝完善的方向发展，人的综合素质（包括思想道德、专业技能、生理、心理等素质）得到全面发展。人有个性的发展，就是个人的人格及综合素质是与他的主观条件和客观条件相适应的、具有个性特色的，而不是追求千篇一律的。人的情感越丰富，对人全面而有个性的发展越有利，并且可以提高生活质量，相反，如果人的情感单一，人的人格和素质的一些方面就会得不到发展，生活就会有欠缺。一个有强烈事业心而缺乏亲情、友情且兴趣单一的人，可能专业技能素质得到较充分发展，职业取得较大成就，但就他的家庭生活、社交生活而言，可能是单调而乏味的。

不言而喻，丰富的健康情感越持久，就越有助于人的全面而有个性的发展。如果一个人一直都保持强烈的责任感，那么他就会始终以负责的态度对待亲人和朋友、对待工作和社会，这种负责的态度无疑有利于他在世界上安身立命，使他得到尊重和取得成功。当然，这种情感的持久并不是指自始至终保持某种情感状态，而是指在适当的场合、适当的时间能激发和释放情感。情感像理智一样，它是一种能力，情感能力培养出来后，并非一劳永逸，已经获得的情感能力还有可能丧失。情感持久指的是始终都保持或增强情感能力，而不使这种能力弱化或丧失。

德情存在着不断升华的问题。所谓升华就是提高情感的层次，也是通常所说的使情感更高尚。使情感走向高尚，主要就是使情感从良心上升到道德感，从亲爱上升到博爱，从对人类之爱上升到对自然之爱。情感升华对个人生存的意义主要在于，它可以提高人的精神境界及人生境界，扩展个人自身存在的意义，从而使人生更有深度感，更有愉悦感和幸福感。德情逐渐升华更有利于共同体的和谐和美好，可以使人们从自我走向"大我"，更关注他人和共同体整体的幸福。这样，罪恶和争斗就会减少，社会就会更加人性化、人情化和人道化。

对情感主体和他人来说，情感都存在着一个是否美好的问题，即使是道德的情感和高尚的情感也存在这样的问题。所谓情感美好，就是情感引起了情感主体愉悦的感觉，令情感主体心旷神怡，甚至陶醉，而且这种感觉可以在别人那里引起共鸣或同感。情感美好有三个前提条件：一是情感道德，道德的情感才可能是美好的。情感不道德，即使情感主体对它有美好的感觉，其他人也不会有同感。二是情感适宜，情感要与情感主体相适应。只有与个人的年龄、性别和素质状态及客观条件相适宜的情感，才会在情感主体那里引起美好的感觉。如果不适宜，看起来道德、丰富、持久或高尚的感情也有可能引起不好的感觉，甚至令人难受，看起来别扭。三是情感达到一定的强度，一种情感要达到一定的强度才能使人愉悦，才能令人陶醉。文天祥"人生自古谁无死，留取丹心照汗青"的强烈爱国情怀，在给人以情感震撼的同时，给人以一种为人豪迈的美好感觉。显然，这句诗的情感如果没有这样强烈，就产生不了如此美好的感动人和振奋人的效果。

二、用理智控制情感

理智是控制情感的主要能力和机制，只有得到理智控制的情感才可能成为道德的。在德情培育的过程中，首先需要理智给情感导向并对情感给予控制。理智对情感的导向和控制必须是合理的，否则即使理智对情感实现了有效的导向和控制，形成的情感也不是道德的，甚至会对人产生毁灭性的消极作用。理智对情感的那种"断激情""灭人欲"式的控制，所导致的是人生的不幸和悲哀。其次，需要理智对情感的导向和控制必须是合理的。理智要以使人更好地生存为根据进行导向和控制，也就是要培养、呵护此类丰富、持久、高尚、美好的健康情感，并在合适的时间和地点，对适当的对象激发这种优良情感，使之释放出来。此外，需要理智扼制那些负面的、消极的不良情感产生，对于已经产生的负面、消极情感要制止或限制其宣泄和表达。

具体地说,理智对情感的合理导向和控制作用主要体现在以下六个方面。

第一,根据人更好地生存需要确定培养什么样的情感、培养到什么程度。人的情感潜能是一种无目标的盲目心理能量,可以朝不同的方向发展成不同程度的现实情感。理智对情感的引导和控制作用不是要压抑情感的产生,而是要区分哪些是人更好地生存所需要的优良情感,哪些是不利于或有害于人生存的情感,要确定那些优良的情感培养到什么程度为好,并要引导人们培养合适程度的优良情感,从而使这些情感促进人的幸福,成为幸福生活的丰富内容。情感划分为正面的与负面的、积极的与消极的,这是一种理智的划分。每个人都可以根据自己的实际情况参照这种划分作出自己理智的选择,从而为培养自己的情感提供依据。

第二,根据不同情感主体的自身情况及其具体环境和情景确定怎样培养和呵护并适时激发优良的情感。情感主体是各不相同的,不同的主体有不同的培养和呵护情感的方式方法。女性与男性、青年人与老年人在这方面就存在着很大的差异,不同的个人之间的差异更大。不同人培养和呵护情感的方式方法需要人的理智对自己和环境的认识来选择和确定。人的情感是需要激发的,在何时及怎样激发情感、将情感激发到什么程度,也需要理智来判断和决定。在祖国被外敌侵略的时候,就需要激发爱国热情,这种热情必须在理智的控制之下,否则就有可能激发到一见敌国的人就攻击的程度。

第三,根据不同人的特点确定如何使人的各种感情保持动态平衡又突出重点。每一个人的主观条件和客观条件不同,所形成的情感结构也各不相同。因人而异地形成合理的情感结构,使各种情感因素保持动态的平衡,同时根据不同情感主体突出培养和增强某种情感,使各种情感主体形成自己的情感特色和个性特色,这也需要理智的判断和决定。一个很有天赋且由于接受过良好教育而专业技能高超的人,就需要在理智的指导下,突出自己的专业感和道德感特色。有了强烈的专业感和道德感,这个人就有可能成为一位伟大的人。

第四,根据不同的时间、地点、情景或对象确定如何使情感主体在特定程度上表达特定情感。不少情感是对象性的,需要表达出来。同情、爱情、性爱、友情、仁爱、博爱、德感等就是这样的情感。理智对情感的作用之一就是确定在特定时候针对特定对象突出表达特定情感,并表达到特定程度。没有理智的这种重大作用,看起来是优良的情感可能由于表达的时间、地点、情景或对象不合适而出现问题。例如,夫妻之间的性爱本来是健康美好的,如果地点、情景不对,就会是有伤风化或让人出丑的。

第五,根据人身体健康的需要,在情感压抑、得不到满足的情况下确定怎样适度宣泄。任何人都有失意、压抑的时候,在这种情况下,情感的适度宣泄是有助于身心健康的。宣泄不足和宣泄过度、宣泄的方式和时机不对都有可能引起不良后果。遇到烦心的事时独自借酒消愁,结果会是"借酒消愁愁更愁"。消愁的方式和"度"的问题也很重要,要把握好情感宣泄的方式和"度"就得靠理智。

第六,根据理智的要求,确定怎样抑制那些负面情感和消极情感的产生和表达的对策。负面和消极情感虽然对人的生存不利,但很容易产生并很容易表达出来。自私这种情感就是如此。人有利己的天然倾向,这种倾向没有理智特别是智慧的控制就很容易演化成自私的情感,这种情感一旦形成就可能表现出来。尽管它因丑恶而常常被隐藏起来,但总会在生活的方方面面露出尾巴。正因为如此,就存在着认识负面和消极情感对人的生存的损害问题,存在着怎样抑制这些情感产生、诱发和表达的问题。这种认识和控制的职责无疑要由理智来承担。

理智要对情感进行正确合理的引导和控制,自身也需要培养和提高。人由于进化而具有理智的潜能,要使理智的潜能变为现实,特别是要变成能使人更好地生存所需要的认知、判断、选择和控制能力,需要长期培养和不断提高。只有当理智的培养和提高达到一定的程度时,它才能正确合理地引导和控制情感。在理智形成和增强的过程中,情感也起着重要的作用,情感可以作为动力促进理智的提高,特别是在理智引导和控制情感的过程中,情感所产生的反引导和反控制的作用,可以对理智的提高起重要促进作用。理智的形成和增强以及理智引导和控制情感的过程,也是理智与情感交互作用的过程。当这种相互作用在有利于人更好地生存的前提下达到协调一致的状态时,人就具有了智慧。有了智慧,人就走上了幸福之路。人有情感是本能,人能管理控制情感是本领。人管理控制情感的本领就是智慧。

三、促进德情与德性良性互动

德情与德性关系十分密切,促进两者之间的良性互动是培养德情最重要的途径。作为心理定势的德性对情感具有积极作用,有助于产生和培养德情,也对不道德的情感具有控制作用。

德性对情感的积极作用主要体现在对情感的控制、优化和提升三个方面。德性可以对情感起控制作用。人的情感可以自发产生,也可以在一定程度上进行自觉的控制。当人的德性形成后,就会自发对情感起控制作用,它表现在三个方面。首先,德性对情感的产生和形成起定向作用。当人具有了德性后,德性就会作为一种心理定势自发地限制那些与德性取向不一致的不良情感的产生和形成,促进那些与德性一致的良好情感产生和形成。一个具有善良、关怀德性的人,在一般情况下更容易产生仁爱的情感,并让这种德情扎根于心灵之中,成为持久高尚的情怀。一个敬业、负责的人更会使自己具有强烈的事业心。其次,德性防范并抑制不良情感。德性作为一种心理定势,在不道德的情感可能萌发的时候,就会起到抑制的作用。德性可以说是不良情感产生的一道隐秘防线。一个有德性的人由于德性的自发控制作用,本来产生不良情感的机会就会大为减少,特别是不大可能产生那些极端的负面情感和消极情感。再次,德性调节情感的过度和不足。人的生活是极其复杂的,即使是一位德性完整而高尚的人也难免在某些时候会发生情感过度或不足的问题。在这种情况下,德性可以对这种情感或情绪起到调节作用。比如,当一个人注重对自重、关怀、负责、进取等德性的修养时,他会因此而增强自己对生活的热情,增强对他人仁爱和对职业热爱的情感。

德性对情感的优化也具有重要作用。人的情感结构存在着优劣问题,而情感结构的优劣问题可以从两个层次来看:一是结构中有没有不健康情感的问题,二是健康的情感结构完善不完善的问题。要使情感结构完善,不仅要消除情感结构中的不健康情感,还要使健康的情感丰富、持久、高尚、美好。人的德性与人的优良情感具有取向和性质的一致性,其结构和功能也在一定程度上相关。德性完整的人,他的情感结构不会存在不健康的情感,即使在某些情况下产生不良情感也会得到适当的抑制和调节,更重要的是,他的健康情感也会因德性的完整而丰富、持久。

情感的升华就是在情感健康、丰富而持久的基础上使情感走向高尚、美好。这种走向不是“否定”,而是“超越”,是通过“超越”达到“融合”,即个人、亲人、家庭与他人、社会、自然融为一体,融合后就会达到情感的新境界,这种境界就是冯友兰先生所说的“天地境界”,也就是我们前面所说的“至爱”。显然,情感的这种升华需要道德的基础,需要德性的基础。一个人只有不断追求德性修养,才能在德性渐进的过程中实现这种情感的升华。德性的升华与情感的升华是同一的过程。我们经常说到“情操”这个概念。“情”指情感,就是情怀,“操”指操守,就是德性。当一个人的德性和情感达到足够的高度时,我们说这个人具有“高尚的情操”,情感与德性在他那里达到了高度的统一并达到足够的高度。不过,在这两个方面中,德性是主导的方面。一个人没有德性的修养,没有使德性达到足够的高度,就很难具有高尚、美好的情感,更不会具有伟大的情怀。

德情与德性是一种互动关系。德性需要情感作为动力和养分。人的品质在出生之初是无所谓德性恶性之分的,在一定意义上说是中性的。品质向德性还是恶性的方向发展,既存在着选择的问题,也存在着动力的问题。推动品质的发展主要有两种力量,一是欲望,二是情感。情感无疑是人德性发展的推动力之一,无论发展的方向是德性的还是恶性的,都不可能离开这种力量。没有情感,德性不可能形成。情感像欲望一样,作为原始的心理能量,本身是没有好坏、善恶之分的,但这两种原始能量存在一个重要区别:一旦它们成为现实的欲望和情感,情感就有好坏、善恶之分,而欲望虽然存在着适度性的问题,但一般没有好坏、善恶之分。对品质而言,只有那种好的、善的德情才能真正成为德性形成的动力,而坏的、恶的恶情则是德性的阻力。因此,我们说德性需要情感作动力,实际上是说需要好的、善的德情作动力。

　　认识或知识、欲望是德性的养分,情感也是德性的养分,但只有德情才能使品质变成德性的养分。德性需要德情滋养,缺乏德情的德性是僵死的。没有德情的滋养,德性就像没有养分的花,迟早会枯萎。德情能使德性由可敬、可畏变得可亲、可爱,使德性真正成为人们好生活或幸福生活中富有生机和活力的鲜活部分。德性与理智相关联,没有理智的作用,德性是不能形成的。但是,在德性养成的过程中,如果德性过分理智化,就可能变成僵硬的、死板的,缺乏生机、活力和人情味。只有通过智慧选择和确认形成的德性,才能防止德性的过分理智化。智慧与理性是有重要区别的,智慧是包含德情在其中的,是理智与德情的有机统一。智慧选择和确认的德性是包含和体现德情的德性,而不是纯理智的德性。纯智性的德性由于缺乏必要的德情,不是真正的德性。缺乏德情的德性由于缺乏必要的养分而很难达到高尚美好的程度。德性越完善,越需要德情的支撑和滋养,越需要与德情融为一体。

　　总之,对人的好生活来说,德情与德性是不可分离的。德性需要德情滋养,有德情滋养的德性才是人情化的德性;情感需要德性控制,有德性控制的情感才是智慧化的德情。同时,德情与德性是可以良性互动的。一旦达到这种最佳状态,德情和德性就能实现双赢,一方面可以使德性进一步完善,另一方面可以使德情进一步丰富和升华,从而使两者达到更高的境界。

案例分析：

密尔格拉姆实验:良心需强大。

思考题：

1.什么是德情?

2.怎样理解良心和道德感及其意义?

3.德性有哪些基本类型?

4.理智对情感的引导和控制作用体现在哪些方面?

第三章 德性论

伦理学德性论的研究对象是道德品质。"德性"是德性论的基本范畴,其对立面是恶性。德性是人道德的或善的品质,德性规定着人格的道德性质。德性是后天获得的,有一个从形成到完善的持续过程。在德性形成和完善的过程中,修养和践行的作用尤其重要。本章主要讨论德性的一般含义、德性的体现(德目)、恶性、德性对于人格和人生的意义,以及德性的形成和完善过程等问题。

第一节
德性论的基本范畴:德性

德性是道德的最早形态,也是早期伦理学研究的主要对象。德性论是伦理学中最早获得独立学科形态的分支学科。德性以心理定势对人的活动发生作用,并使人的活动及其主体成为善的。德性作为善的品质体现在对自己、对他人、对组织群体(包括基本共同体)、对环境等诸多方面,这些不同方面的德性被称为德目。德性的养成和完善出于人谋求生存得更好的本性,但也深受社会道德教化的影响。与德性相反的品质是恶性,即不道德的品质。

一、德性的含义及特点

德性(virtue,亦译为"美德")的最一般含义是"道德的品质"或"善的品质"。在西方,virtue 这个词源自希腊文的 ἀρετή。后来拉丁文将 ἀρετή 译为 virtus,从词源的意义看,表示男子气概或勇敢。用西塞罗的话说,"德性这个术语是从那个表示男人的词来的;一个男人的主要特质是刚毅。"英语中的 virtue 直接来自拉丁文。对希腊人来说,ἀρετή 除了我们今天说的德性的含义,还包括其他各种被看作优秀的性质。正是在这种意义上,可以说"快速是马的德性""身高是篮球运动员的德性",等等。所以,有学者主张将 ἀρετή 译为"优秀"或"卓越"(excellence)。这种译法也许更准确。就其最广泛的意义而言,德性指一个事物在完善性方面的优秀,正如它的反义词恶性意味着一个事物的缺陷或一个事物在完善性方面的缺乏一样。希腊词 ἀρετή 比拉丁文词 virtus 含义宽,而这两个词的含义都比 virtue 宽。德性作为人的品质常常被看作人的特性、习性、性格,所以道德的品质通常被称为"德性"。

自古以来,哲学家、伦理学家对德性的理解和阐释不尽一致,但也有一些共识:德性是不同于一般行为习惯的意向(心理定势)或品质特性;德性是公认为好的、优良的或值得赞扬的品质;德性不是与生俱来的,也不是自发形成的,而是在环境的作用下通过智慧选择形成的;德性不只是体现在行为方面,而且体现在认知、情感、意志等活动及态度方面。以上述共识为基础,我们可以对德性作出这样的规定:德性是人运用理智或智慧,根据其谋求生存得更好的本性的根本要求并以生存得更好为指向来培育的,以心理定势对人的活动发生作用,使人的活动及其主体成为善的善品质,即道德的品质。

德性是一种品质,是人的品质的道德特性或状态。亚里士多德在分析德性的归属时指出,在心灵中有三种东西,即情感、能力和品质。在这三者之中,德性既非性情也非能力,而只是品质。亚里士多德意义上的德性,是广义的德性,意指品质的优秀,即价值论上的优秀或值得赞扬的性质,而我们所说的德性特指人的具有道德意义的优秀品质,这种品质在性质上是道德的。就德性作为品质而言,它是与作为品质的恶性相同的,因为恶性也是品质,但恶性是一种坏品质或恶品质,而德性是一种好品质或善品质。德性也可以说是品质的一种状态,即品质的善的状态。

一种品质被看作德性,是因为它有利于人更好地生存。这里所说的"有利于人更好地生存",不仅指有利于具有者更好地生存,同时指有利于他活动于其中的组织群体及其成员更好地生存,或者有利于其中一者更好地生存而无碍于并无害于他者更好地生存。有利于人更好地生存的品质才是具有道德价值的,才是道德的。这是德性的实质,是所有德性所具有的共同本质。有利于人更好地生存是德性的根本规定性,是否有利于人更好地生存则是衡量和评价一种品质是不是德性的根本标准或终极标准。

德性是通过自觉培育养成和完善的。真正意义上的德性不是自然而然形成的,而是德性主体在社会的教育和其他因素影响下,同时在生活实践中运用理智或智慧进行选择和确认并将这种确认转变为意愿、谋求和行为而逐渐形成的,而选择又是以反思、比较、甄别、判断为前提的,确认则需要经过寻找理由和试错过程。这个过程通常是德性的养成过程,也是德性的修养过程。在这个过程中,理智发挥着主导作用。德性基本形成之后,还需要进一步拓展并提升。这是德性完善的过程,这个过程也是一个德性修养的过程。在德性养成和完善的过程中,智慧发挥着主导作用。只有理智转化成了智慧,人们才会自觉地进行德性修养。德性是人们在生活实践中运用智慧不断选择逐渐积累下来的心理倾向(表现为态度)和活动方式。

在德性养成和完善的过程中,智慧选择的根据是人谋求生存得更好的本性。智慧是以人更好地生存为价值取向进行德性养成和完善的。价值取向存在着正确与否的问题。正确的价值取向,从终极意义上看,根源于人的本性的根本要求。人的本性的根本要求就是谋求生存得更好,或者谋求更好的生存。根源于这种根本要求的正确价值取向就是,人的一切活动都要有利于个人自己、有利于他活动于其中的组织群体及其成员更好地生存。之所以这种价值取向是正确的,是因为它兼顾了个人与他人、社会、环境,实现了互利共赢。当这种正确的价值取向成为人的内心信念时,它就成为人的善恶观念。所谓善恶观念就是关于什么是善的、什么是恶的观念,它是道德观念的核心。从人的本性角度看,正确的善恶观念把追求个人与他人、社会、环境互利看作是善的,把为了其中一方利益而妨碍或损害他方利益看作是恶的。显然,这种正确的善恶观念正是正确价值取向的体现。从这种意义上看,德性也是理智或智慧以这种正确的善恶观念为根据作出选择的结果。

当然,无论从历史还是从现实来看,不少人的价值取向受不同的道德环境及个人的其他因素影响,并不一定是有利于德性具有者本人和他活动于其中的组织群体及其成员更好地生存的。在整体主义的道德环境中,个人的价值取向通常是整体主义的;在个体主义的道德环境中,个人的价值取向通常是个体主义的。事实表明,这两种取向可能并不真正是有利于德性具有者本人和他活动于其中的组织群体及其成员更好地生存的。然而,无论历史上和现实中人们的实际价值取向如何,从伦理学的角度看,只有理智或智慧以有利于个人和他活动于其中的组织群体及其成员更好地生存为价值取向和善恶观念作出的选择才是正确的选择,根据这种选择所形成的品质才是德性的。也正因为德性是理智或智慧根据这种正确的价值取向和道德观念选择的结果,所以它才是有利于人更好地生存的。

德性作为品质,是对认识、情感(包括情绪)、意志、行为活动具有稳定的规范和导向作用,并通过这些活动体现出来的意向或心理定势。德性在行为、认识、情感和意志等活动中都体现为稳定的态度,对行为、认识、情感、意志活动具有规范和导向作用。它不仅对人的活动、生活的各方面具有规范和导向作用,而且对整个人格具有规范和导向作用。可以说,德性作为道德意义上的好品质是使人的行为、认识、情感、意志乃至人格及其实现本身成为善的道德规定性。正是这种道德规定性使人的各种活动成为好活动,使人成为好人。

德性上述作用的发挥通常是无意识的、自然而然的,而不是有意识的、理性控制的。用康德的话说,是"出于倾向"的,而不是"出于责任(或义务)"的。德性通常是以未被意识到的动机对人的活动产生作用,智慧一般没有参与,但有德性的人也可以使这种无意识的动机转变为有意识的动机,这时智慧就会起作用。例如,一个诚实的人在一般的情境下会以诚实的心理定势从事活动,在这种意义上,许多伦理学家将德性看作良好的习惯。不过,在有些情境中(如当他作为医生通过检查发现患者患上恶性疾病的时候),他需要根据情境对是否以诚实的德性行事进行选择。在这种情况下,德性的动机还需要智慧加以调控。

人们谈到德性时,可能指的是某一种德性,也可能指的是一个人的德性。因此,德性这个词可以指单一的德性,也可以指整体的德性。我们通常说的"善良""诚实""正直",所指的就是单一的德性,人们常常在这种意义上使用德性。但是严格来说,德性是一个总体。作为总体的德性,它有两个维度:完整性和高尚性。完整的德性是指人可能具备的德性达到了完整无缺的程度,高尚的德性则是指人可能具备的德性达到了至高无上的程度。达到了完整和高尚有机统一的德性,可谓之为"完善的德性"或"至德"。至德是一种德性的理想境界,是人德性修养(包括德性养成和完善的过程)所追求的终极目标。

德性具有以下六个特点:其一,指向性。任何一种德性都不是目的本身,而是指向人更好地生存,或者说指向幸福。其二,意向性。德性不是一般的心理现象,而是一种心理定势,对人的态度和活动具有规范作用和导向作用。或者说,它是一种心理的倾向和活动的方式。因此,许多西方伦理学家将德性理解为"意向"(dispositions)或倾向(inclinations)。其三,多维性。德性作为人的心理定势或无意识动机体现在人的知、情、意、行等各个方面。其四,统一性。苏格拉底认为,一个人真正拥有一种德性,他便拥有一切德性,所以他得出了"诸德为一"的结论。德性的统一性在于所有德性都以智慧为基础,所有德性都是智慧的体现,也在于各种德性之间存在着相互依存、相互联系、相互作用的关系,而且一种德性和多种德性有助于另一种新德性的形成。其五,稳定性。德性作为品质不容易形成,一旦形成也难以改变,只有在一些特殊情况下(大脑受损或药物作用)才可能突然发生变化。其六,普适性。伦理学家构建的适合人类生活的德性一般不是只适合于特定道德和文化体系的德性,而是适合于全人类的具有普适性的德性。

二、德目

德性项目,简称为"德目",是人们在长期的社会生活中逐渐形成的一些德性要求。它们既是人们判断和评价德性的标准,也是人们进行德性培育(包括德性教育和德性修养)的根据。德目一般都是以名词的形式出现,它们都是肯定性的、正面的,而不是否定性的,如"公正"。德目虽然在字面上并没有明显的德性要求,但隐含着德性的要求,也可以说是德性原则。

人们通常把"善良""正直""诚实""守信"等看作德目,这是一些日常生活的德目。它们更多地体现在不同的人群中。不同的人群有不尽相同的日常生活德目,如古希腊荷马时代有所谓"英雄的德性(德目)"。日常生活的德目是人们在日常的道德生活中自发形成的。人们在长期的生活中逐渐注意到一些德目是有利于人的生存的,特别是有利于个人在世界上安身立命、有利于社会的安定和平的,于是就信奉它们。对于这些在日常道德生活中自发形成的德目,我们可称之为"常识性德目"。

常识性德目具有四个主要特点:一是形成的自发性。常识性德目一般不是通过教育和修养而是通过道德环境的熏染自发形成的。人们通常没有对这种德目经过认真反思和批判,人们养成这些德目也没有明确的目的性,在很大程度上是随大流。二是认同的普遍性。绝大多数人都会对该道德环境中流行的德目司空见惯,自然而然地认同它们。三是含义的含混性。常识性德目的含义比较模糊含混,很难准确把握,彼此之间可能会发生冲突。四是适用的局限性。常识性德目由于没有经过智慧的洗礼而往往难以应对一些复杂的、例外的道德情境。

政治家、宗教家、教育家等也常常从不同角度倡导一些德目。《周礼》中记载的"四德"(妇德、妇言、妇容、妇功),基督教的信仰、希望、爱等,都是这一类德目。这些德目不一定完全是道德意义上的,但常常与道德有关,因而通常也被看作德目。它们大多是由政治家、宗教家、教育家从现实生活中存在的德目或伦理学家主张的德目中选择出来并加以倡导,因而可称之为"倡导性德目"。

倡导性德目不完全是根据个人生存发展需要加以倡导的,而主要是根据社会生活某方面的现实需要加以倡导的,如政治家的根据主要是政治的需要,宗教家的根据主要是宗教的需要,教育家的根据可能是人成长的需要。倡导性德目通常只适用于特定人群或特定年龄段的人,不具有普适性,如宗教家倡导的德目往往只适用于教徒。倡导性德目通常兼有德性和政治性或宗教性两方面的特性。倡导者常常希望将这种政治性、宗教性等变成像德性那样的品质特性,并通过德性这种人们普遍认同的形式承载政治性、宗教性等方面的内容,使两者混合起来,以便使人们认同和养成。政治家具有一定的社会调控手段,他们可以利用这些手段强制推行他们倡导的德目。宗教家可以利用宗教组织、宗教仪式等手段来推行他们倡导的宗教德目。因此,倡导性德目在社会生活中影响较大,往往会成为社会或特定人群的主流性德目。

伦理学家介入德性研究之后,在德目方面主要做了两方面的工作:一是他们在概括德性的本性及概念的基础上对社会生活中熟知的德目(包括常识性的和倡导性的德目)进行提炼。这种提炼一般是以反思和批判为前提的,而不像政治家、宗教家那样主要根据自己的需要而不经过反思和批判来从社会生活中选择。同时,这种提炼要对现存的或流行的德目进行界定,明确其含义和适用范围,规定德目彼此之间的关系,使之体系化。二是根据德性的本性和类型提出新的德目,以构建新德目体系或补充根据现存或流行的德目所构建的德目体系,使之完善。一位伦理学家可以同时做这两方面的工作,也可以做其中一方面的工作。柏拉图的四大德目(智慧、勇敢、节制和公正)体系就是对古代雅典社会流行的主要德性进行提炼构建的。奥古斯丁和托马斯·阿奎那则是在批判性继承古希腊四主德的基础上提出并论证三种神学德目(信仰、希望、爱)从而构成他们的德目体系。伦理学家的德目都是在反思和批判基础上经过哲学论证所提出并主张的,因而可称之为"论证性德目"或"伦理学德目"。

与政治家、宗教家、教育家等主要根据某方面的现实需要倡导德性不同,伦理学家通常根据所主张的价值取向和道德体系的需要批判地提出德目,构建其德目体系。他们所主张的价值取向和道德体系一般都是最终指向人根本的总体的需要,或者说是为了人更好地生存,因而伦理学家的论证性德目常常具有深远的影响力和持久的生命力,具有跨越区域、超越时代的意义。柏拉图所论证的智慧、勇敢、节制和公正直至今天仍然是许多人德性修养的目标,这算得上是伦理学家构建的德目经久不衰的有力证明。

伦理学家所提炼和主张的德目远远没有覆盖全部的道德生活,充其量只涉及道德生活的一些主要方面。从近代开始一直到20世纪70年代,德性问题(包括德目问题)在伦理学领域被边缘化,大多数伦理学家停止了德性及其项目的研究工作,导致论证性德目远远不能满足现实生活的需要。今天,论证性德目在现实社会生活中的影响力有限,人们一谈到论证性德目,必称古代。在这种情况下,常识性德目、倡导性德目在实际的道德生活中仍然发挥着重要作用,论证性德目充其量只是与它们同时发挥作用,远没有占据主导地位。这种状况是需要改变的。

人类已有的德目产生的时代不同、环境不同、途径不同,其情形相当复杂。有些德目只适用于一定时代或时期、一定范围或区域,这些德目可以称为"特适性德目";有些德目具有恒久的、超文化、超国界的性质,这些德目可称为"普适性德目"。这种区分也是相对的,那些普适性德目也总是在特定条件下产生的,因而也常常具有一些特适性内容,具有一定的局限性。那种绝对普适的德目是没有的,尽管伦理学家努力确立这样的德目。柏拉图主张的四主德虽然至今为人们所称道和践行,但其中包含有他生活时代的等级制的明显印记。另外,那些特适性德目也有某种普适性意义。如基督教倡导的神学德性,不仅对其他宗教有借鉴意义,对世俗社会也有借鉴意义。因此,所谓普适性德目和特适性德目的划分是相对的。普适性德目是具有较大普适性的特适性德目,而特适性德目是具有较小普适性的普适性德目。

德目就其实质而言不过是具体的德性原则,或者说德性规范,是便于理解和记忆、用简练术语表达的德性要求。人们十分重视德目,主要出于四种需要:一是告知的需要。德目以通俗易懂的简练形式告诉人们什么是好品质,使人们知道什么品质是道德的。二是评价的需要。人们的品质状况不仅对个人有决定性影响,也对社会有决定性影响,社会需要对人们的品质进行评价。评价品质是有标准的,德目就是评价品质的明确的、具体的标准。三是鼓励的需要。人们的品质对人的行为活动有着根本性的影响,因而品质也被纳入社会调控的范围。鼓励是社会调控的一种手段,德目可以作为社会鼓励的依据。四是倡导的需要。社会要调控人们的品质,最重要的就是倡导人们按好品质的要求进行品质培育,德目就是这种好品质的要求。

伦理学家对德性进行分类最初可能是出于对德目进行分类的需要,但后来则是因为他们发现从理论上将德性划分为不同的类型更有助于人们对德性及其德目的了解和掌握。在伦理思想史上,对德性进行过分类的古代伦理学家有柏拉图、亚里士多德、奥古斯丁和托马斯·阿奎那。近代哲学家对德性进行划分的较少,其中比较重要的有休谟。休谟在自然的德性(如慷慨、仁慈和同情)与人为的德性(如公正、忠诚)之间作出了一个基本的划分。当代有多位德性伦理学家对德性进行了分类,比较有影响的是冯·赖特和迈克尔·斯洛特等人,他们将德性分为"关涉自我的"(self-regarding)和"关涉他人的"(other-regarding)。在当代,人们客观上存在着处理与自我、与他人、与组织群体、与环境这四个方面关系的德性。因此,可以据此来划分德性的基本类型,即有利于自我生存发展的德性,有利于人际关系和谐的德性,有利于组织群体利益增进的德性,有利于环境舒美友好的德性。这四种基本类型也可以分别简称为利己的德性、利他的德性、利群的德性和利境的德性。我们也可借鉴冯·赖特和迈克尔·斯洛特的做法,将这四种德性分别称为关涉自我的德性、关涉他人的德性、关涉群体的德性和关涉环境的德性。

德目也可以划分为基本德目、派生德目和关键德目。基本德目,如善良、诚实、正直、负责、感恩等,是德性的基本要求,或者说是底线的德性,因而也可以说是基本德性要求。这种德目是一个正常的人必须转化为品质的德性要求,否则就是有问题的人或恶性之人。之所以基本德目是底线,是因为它从总体上规定着一个人的品质是不是道德的,若超出了它,一个人的品质就是恶性的。因此,是否具备基本德目所要求的德性是一个人品质是不是德性的分水岭。派生德目,如关怀、慷慨、开拓、进取、合作等,则是德性的更高要求,或者说是倡导的德性,因而也可以说是派生德性。这种德目是一个优秀的人应该具备的,如果不具备,即使是一个正常的德性之人,也无法称之为一个优秀的、德性高尚的人。派生德目之所以是非基本的,是因为这种德目必须以基本德目为前提才是德性,否则它就不是德性,在有些情况下可能还是恶性的帮凶。在所有德目中,明智和审慎是两个特殊的德目,它们是智慧的体现。明智体现思辨智慧,而审慎体现实践智慧。这两种德性要求对于人的生存和幸福具有关键性意义,所以我们可以将它们称为关键德目。关键德目在性质上也是派生的,必须以基本德目为前提。

三、德性的源泉

自亚里士多德以来,许多学者都承认德性是人通过实践特别是行为活动获得的品质,但对这种品质的道德性质从何而来或人为什么要获得德性有着不同的看法。

亚里士多德根据苏格拉底和柏拉图德性就是灵魂(理性)之善的观点,认为德性作为"一种中庸的品质"源自人的理性，并且是人的实践智慧的体现。德性就是实践智慧根据特定情境在过度、中道、不及之中选择的中道，过度和不及属于过错，中道属于德性。根据亚里士多德的观点，德性不是某种社会道德要求的内化或个性化，而是理性或智慧根据怎样才能使人成为好的或善的并能很好地履行人的适当功能的需要，在情感和行为的过度与不及之间作出的中道选择。亚里士多德把德性视为理性功能体现的观点可称为内在论的观点，这种观点为不少当代德性主义伦理学家所赞同。

当然，不少学者也把德性或道德品质看作社会的道德规范在个人身上的内化或在个人思想和行为中的体现。这种观点在我国比较流行，可以称之为"内化论"的观点。在当代西方，也有学者主张这种内化论的观点。

内在论的观点和内化论的观点并不是对立的，而是互补的，有着共同的方面。这两种观点都将德性看作人的品质或道德行为的稳定特征和倾向；都强调德性是后天获得的，而不是与生俱来的；都重视道德实践在德性形成过程中的作用；都注意到了人的自主选择对于德性形成的意义。二者的区别主要在于，内在论的观点侧重于从人自身更好地生存的角度考察德性的源泉，而内化论的观点侧重于从社会道德对个人影响的角度考察德性的源泉。个人为什么要接受社会道德的影响？为什么要将社会的道德要求内化？是因为个人意识到只有这样他才能更好地生存。这两种观点是在不同的层面考察德性的源泉的结果。

用黑尔（R. M. Hare）将道德思维划分为直觉思维和批判思维的观点来分析，内化论和内在论是分别在直觉的道德思维层次和批判的道德思维层次考察德性的源泉的。从直觉的道德思维层次看，人们的德性一般都是社会道德要求在自己身上的转化，在德性自发形成的过程中尤其如此。人们通常是在社会的道德要求下（通常通过父母、教师等权威的力量或舆论褒贬的力量等）自觉或不自觉地践行社会的道德要求，并逐渐形成行为习惯和内在品质。在这一过程中，许多人并没有意识到德性形成与自己更好地生存的关系，不一定形成智慧。只有当人们在这一过程中逐渐意识到了为什么要按社会道德要求行动、这样行动对自己的生存有什么意义，并根据自己更好地生存的需要对自己已形成的品质进行批判性反思并重新进行德性的选择和确认的时候，他的道德思维才达到了批判的道德思维层次。

由于人们的德性可能有两个不同层次的源泉，所以当不同的伦理学家从不同层次进行考察时会形成不同的观点。内在论注重的是人们着眼于自己更好地生存的需要而获得德性，而内化论则注重的是人们根据社会道德要求而获得德性。两种观点各有其合理性和局限性。如果将两种观点结合起来，可以达到对德性源泉的更全面认识。在这种意义上，我们可以说这两种观点是互补的。

在谈到德性的源泉的时候，我们需要对德性与社会道德规范的关系作进一步的考察。

　　德性通常体现为德目或德性要求，人们一般都承认这种德目具有规范性，在一定意义上说是一种规范。但是，德性规范与道德规范在性质上是有区别的。我们可以用约翰·塞尔（John R. Searle）的观点来区分这两者之间的关系。塞尔在他的著名文章《怎样从"是"派生出"应当"》中将规则区分为规范性的规则（regulative rules）与构成性的规则（constitutive rules）。他认为，规范性的规则规范存在着的行为形式。例如，礼貌的餐桌行为的规则规范吃的行为，但吃的行为独立于这些规则存在。构成性的规则不仅规范而且创设或界定新的行为形式。例如，下棋的规则就不仅规范一个先前存在的被称为下棋的活动，它们还创制那种行为的可能性。婚姻、金钱、承诺的惯例是像棒球或下棋的惯例一样的，因为它们都是这种构成性规则体系。① 根据塞尔的这种区分，我们可以说德性规范是构成性规则，它是使一个人成为德性之人的规则，而道德规范则是规范性规则，它是使一个行为成为道德行为的规则；道德规范通过人的有意识动机对行为产生影响，而德性规范则通常通过无意识动机对行为产生影响。不过，两者并不是截然分离的，而是关系密切的。

　　社会的道德规范是不同社会（基本共同体）根据自身的需要自发形成或自觉提出的对人们行为的道德要求，这种道德要求被有的学者称为"实践必要性"（practical necessity）②。不同社会的根本需要和终极追求各不相同，有的社会将统治的长治久安作为社会的终极追求，有的社会则将社会成员的普遍幸福作为终极追求，因而以不同需要为根据自发形成或自觉提出的社会道德规范也不会相同。而且，社会的道德规范可能是明确提出甚至是成文的，也可能是以风俗习惯的形式流行的。不过，每一个社会都有自己的道德规范，而且每一个社会的道德规范都会对其成员的行为有不同程度的约束力，并对其成员的品质有不同程度的影响力。正是这种约束力和影响力催生了人们的德性，并不断地对人们的德性起强化作用。同时，由社会成员践行道德规范构成的社会道德生活，给人们的德性提供了可供吸取的营养和可供实践的场所。社会道德规范是个人德性生长的土壤。另外，在社会道德规范约束和影响下形成的德性，对于社会道德规范的践行又具有非常重要的积极作用。个人的德性不只是个人的幸福之基，它还可以使人们更自发地遵守社会的道德规范。

四、恶性

　　在汉语中，人们平常似乎较少使用与德性或美德对应的专门术语，说一个人品质不好时通常用"品质恶劣""道德败坏"等短语。在英语中，则有与德性对应的专门术语，即"vice"。一般来说，作为德性的对立面，"vice"主要是指一个人的品质不道

---

① 参见 John R. Searle, "How to Derive 'Ought' from 'Is'", in Philippa Food, ed., *Theories of Ethics*, Oxford: Oxford University Press, 1964, p.112。

② Stan van Hooft, *Understanding Virtue Ethics*, Durham: Acumen Publishing Limited, 2006, p.8.

德或低劣。需要注意的是,相对于德性而言的恶性,不同于相对于善性而言的恶性(evilness)。相对于善性而言的恶性涵盖情感的恶性、品质的恶性、行为的不正当性,以及人及其人格的恶性等。

恶性是在智慧缺失的情况下受错误的道德观念影响自主形成的,有害于具有者和他活动于其中的组织群体及其成员更好地生存,通常以心理定势对人的活动发生作用并使人及其活动成为恶的品质,即不道德的品质。

恶性具有以下主要特征:一是自发性。恶性作为一种品质的特性,像德性一样也是一种心理定势,具有意向性,会自发地体现在人的态度和活动之中。二是难控性。恶性是人们的心理定势,体现为态度倾向和活动方式,因而出现恶性行为时常常是不自觉的,其行为产生了危害而行为者自己没有意识到。即使意识到了,往往也只能有意识地克服恶行,而一旦放松了警惕,恶性又会死灰复燃。三是顽固性。恶性是通过长期的选择和实践养成的,因而一旦成为心理定势,成为态度倾向和活动方式,就很难改变。四是可恶性。当一个人具有某种极端恶性并被看作品质败坏的人即恶性之人时,特别是当其恶性对他人或基本共同体产生严重危害时,人们就不会谅解他,只会谴责他,甚至对他像对瘟疫一样唯恐躲避不及。

恶性可以划分为不同的种类。在西方历史上,基督教曾经对恶性进行过划分。基督教徒相信,存在着两种类型的恶性:一种是源于身体器官的作为邪恶本能的恶性,如淫欲;另一种是源于精神领域虚妄的偶像崇拜。基督教的这种划分显然是站在基督教的立场上的,从伦理学意义看,其局限性很明显,在今天看来,还有许多恶性没有纳入其视野。个人在世界上生活主要涉及四个方面的关系:一是与自身的关系;二是与他人的关系;三是与群体(组织或共同体)的关系;四是与环境的关系。我们可以据此来划分德性的基本类型,同样可以据此来划分恶性的基本类型,将恶性划分为如下四类,即有害于自我生存发展的恶性、有害于人际关系和谐的恶性、有害于群体利益增进的恶性、有害于环境舒美友好的恶性。我们可以分别将它们称为害己的恶性、害他的恶性、害群的恶性和害境的恶性。像利境的德性一样,害境的恶性是根据当代人类生活的新情况增加的,其中一些项目尚未得到公认。

恶性不仅存在着不同的种类,还存在着程度的不同。早在中世纪,基督教神学家就已经注意到了恶性的程度问题并使之突显出来。他们提出有七种恶性是"致命的恶性"。这七种恶性也被天主教会贴上了"七种致命的罪"(seven deadly sins,也译为"七宗罪")的标签。这七种致命的恶性按严重程度,由重到轻依次为傲慢、嫉妒、愤怒、懒惰、贪婪、暴食和淫欲。基督教神学家所说的致命的恶性就是程度最深的极端恶性。如果我们承认有极端恶性,那么就有不极端的或者说一般的恶性。按照基督教神学家的思路,恶性至少有两个层次:一是致命恶性或主要恶性,二是非致命恶性或次要恶性。根据这种思路,可以将恶性划分为主要恶性或极端恶性和次要恶性或一般恶性。

我们可以从三个方面综合考虑区分恶性的程度：一是恶性本身的邪恶程度，即看恶性是否到了无以复加的程度；二是恶性的顽固程度，即看恶性是否根深蒂固；三是恶性的破坏程度，即看一种恶性所产生的恶行是否持续不断地对个人生存、个人活动于其中的共同体或者其成员造成严重损害。这三个方面是判断恶性程度时需要综合考虑的主要因素。

恶性与恶、罪的关系非常密切，有必要从概念上对它们之间的关系进行分析。恶性与恶（evil）的关系大致相当于德性与善的关系。如果说德性是指品质的善，或者说是指道德的品质，那么恶性则是指品质的恶，或者说指不道德的品质或邪恶的品质。在西方，恶性的概念与罪（sin）的概念关系密切，二者既有联系又有区别。它们都指导致恶行的人的恶性，但又有三个方面不同：一是"罪"主要是基督教和基督教神学的术语，而"恶性"是道德和伦理学的术语。二是"罪"更侧重于人的灵魂（本性），指本性的恶所引起的恶行或对作为道德法则的神法的违犯，其前提往往是人本身是恶的或有恶的倾向；恶性更侧重于人的品质，指的是品质的恶所引起的恶行及其对人的道德本性的伤害，不具有品质本恶或有恶的倾向这样的前提。三是"罪"至少包括行为对神法的违犯的含义，这种违犯是以神法存在作为前提，并以神法作为标准对行为进行衡量的；恶性则不包括对某种道德法则违犯的含义，而是已经养成的一种恶的心理定势和活动方式，行为的恶是品质的恶这一心理定势的外化。恶性不是对德性原则的违犯，而是没有按德性规范养成和维护品质所导致的德性缺失或德性丧失。

第二节
德性与人格

德性是品质，而品质是人格的基本构建要素之一。品质是德性的还是恶性的，决定着人格的善恶性质。这里我们从德性对于人格的重要性来凸显其意义。人格是人性的现实化，要理解人格需要从人性问题谈起。

一、人性与人格

在宇宙中，人是动物，也是生物，还是事物，因而人性涵盖了动物性、生物性和事物性，是所有这些潜在本质规定性的统一。动物性、生物性、事物性是人与动物、生物及其他事物不同层次的共享性，而自为性和社群性则是人类的独特性。人作为存在物，要谋求存在；作为生物，要谋求生存；作为动物，要谋求生存得好；作为人类，则要谋求生存得更好。因此,人性是由人谋求存在、生存、生存得好、生存得更好的各种潜在本质规定性构成的统一整体。而谋求生存得更好是人本然的独特本质,它内蕴了动物性、生物性和事物性,但超越了它们,是人类特有的人类性。只有具有这种独特本质,人才是真正的人。人性在不同时代、不同地域的不同个人身上体现为各种不同的潜质。由这些潜质构成的整体才是具体的人性。人性作为人类共有的本性,是抽象的、一般的人性,这就是通常所说的一般人性,也就是人的本性。一般人性寓于每一个人的人性之中,而这种本性所寓于其中的人性就是具体的、个别的个体人性,也就是我们通常所说的人性。与抽象人性相比较,具体人性是人的现实的历史的潜在本质,它是抽象人性的具体化、现实化,其结构和内涵复杂、丰富得多。

人的本性是人生存的出发点,实现和复归人的本性是人生存的终极目的,同时是人生存的过程。人是为了谋求生存得更好来到世间的,并将此作为自己来到世间后的目的。生存得更好是一个不确定的动态目的,人不可能一蹴而就地达到,甚至永远也不可能完全达到目的,人的一生实际上就处于不断谋求生存得更好的活动之中。从这种意义上看,人的本性决定着人的终极目的,决定着人的全部活动,决定着人的生命过程。人的整个一生都在体现着人自己的本性,都在实践并实现着自己的本性。人的本性是对人的全部活动起操纵作用的"看不见的手"。然而,人的本性在实现的过程中会受到环境和人性惰性的消极影响,这些消极影响对"看不见的手"起"掣肘"作用,使这种本性不能完全而充分地实现,甚至会在实现的过程中发生偏离或异化。人生就是在本性要求与环境制约、遵循本性要求与违背本性要求这一矛盾中展开的,始终面临着排除干扰以进一步实现人性和复归人性的重负。

人性包括潜在的需要、潜在的能量、潜在的能力、潜在能力积累成果的可能性和潜在能力形成定势的可能性。潜在的需要是指人的需要(包括生存、发展、享受)的潜在可能性,开发这种可能性,就会使之转化为人的现实需要。潜在的能量是指欲望、情感的潜在可能性,开发这种可能性,就形成了人的现实欲望和情感。潜在的能力主要包括生理能力、认识能力、情感能力、意志能力和行为能力的潜在可能性,开发这种可能性,就是要使这些潜在能力转化为现实的满足人的需要的现实能力。潜在能力积累成果的可能性,指的是潜在能力(特别是潜在认识能力)在现实化为现实能力并得到运用的过程中会积累为知识、意识和观念的那种可能性。知识、意识和观念从根本上说是受能力的潜在可能性制约的。潜在能力形成定势的可能性是指潜在能力(特别是意志能力)在现实化过程中形成品质的那种可能性。品质也最终取决于能力的潜在可能性。从所有这些方面看,人性实际上是一个综合体,潜在的需要、潜在的能量、潜在的能力是其基本要素,知识、意识、观念和品质的可能性是潜在能力转化为现实能力的过程中必然会产生的派生要素。所有这些要素一起构成人性的立体动态结构。

就当代人类而言,人的三种基本潜能及其实现之间相互影响、相互制约,它们的关系越来越密切。在人的三种基本潜能中,需要的潜能是根本性的,作为能量潜能的欲望和情感潜能归根到底是从属于、服务于人的需要的。需要的潜能包括生存需要的潜能、发展需要的潜能和享受需要的潜能三个基本方面,这可归结为更好地生存的需要的潜能。欲望潜能开发的空间巨大,在理性的作用下,欲望潜能可以转化为人的欲求或愿望,呈现出没有限度的趋势。情感的潜能也很大,不仅可以从中开发出自然情感还可以开发出人为情感。欲望潜能和情感潜能不仅伴随需要潜能的开发而被开发,而且其开发归根到底是为满足需要提供能量。需要的潜能是在能力潜能开发的过程中伴随着开发的,深受能力潜能开发数量和程度的影响。人的能力潜能十分复杂,从人活动的角度看,主要包括生理能力的潜能、认识能力的潜能、情感能力的潜能、意志能力的潜能和实践能力的潜能。能力潜能从人性结构上是服务于需要潜能的,要通过开发出来的能力来开发需要潜能,并满足开发出来的现实需要。人的品质潜能是服务于人的能力潜能的,所涉及的是各种能力本身的品质,同时涉及能力运用与个人更好地生存的关系以及与个人更好地生存所需要的他人、群体、环境的关系问题,特别是道德不道德或善恶问题。

人性是一个人的潜能或禀赋(一个人禀赋的潜能),是一个人的潜在自我。这种潜在自我的现实化,就是一个人的现实自我,现实自我就是一个人的人格(personality,亦译为"个性")。英语中的"personality"直译为汉语就是"个人性",即一个人的现实规定性或现实规定性的总和。人格就是把人性潜在的需要、能量、能力及其积累成果和形成定势的潜在可能性变成现实规定性或综合素质。如果说,人性是人的潜在规定性,是由使人成为人的各种可能性构成的统一整体,那么可以说,人格是人的现实规定性,是由使人成为人的各种素质构成的统一整体。

人格是与自我、同一性大致相当的概念。关于三者的关系,心理学家约翰•W.桑特洛克认为,"自我是一个人全部特质的总和","同一性指一个人是谁,代表自我认识的综合和整体","人格是个体一贯的个人特点。通常,人格被看作是三个概念中范围最广的一个,涵盖了其他两个概念(自我和同一性)。"[①]

心理学、社会学、伦理学及其他学科都对人格作过不少研究,但是它们都较少涉及人格与人性的关系。从伦理学的角度看,人格是人性的现实化,二者有着密切关联。首先,人性是一个人自我的潜在可能性的集合,而人格是一个人自我的现实规定性的集合,是一个人现实的总体状态。其次,人性是人格的阈限,但人格的结构并不等于人性的结构。人性在现实化的过程中,受外在环境和条件以及个人作为的影响而会发生诸多变化,因而人格不会是与人性一一对应的。最后,不同人性虽然存在着质量的区别,但不存在道德不道德的区别,人们一般不会对一个人的人性作道德评价,但

---

① 〔美〕约翰•W.桑特洛克:《毕生发展》,桑标等译,上海人民出版社2009年版,第359页。

通常会对一个人的人格作道德评价。

人格实际上是人的综合规定性,观念、知识、能力和品质是其基本要素,它们共同构成一个人的总体个性特性和完整精神面貌。虽然这些要素是人分别具有的,但观念正确与否、知识是否丰富、能力是强是弱、品质是否优良,这些共同规定着一个人的人格的好坏优劣。因此,一个人的人格主要不是一个人的生理状况或身体形象,而是这个人的心理特征的综合体现,是他内心世界的呈现。从这种意义上看,人格主要是心理的人、精神的人,与生理的人并没有直接的关联。一个身体有残疾的人也可能有完善的人格,一个体魄强健的人也可能是一个人格扭曲的人。这种心理的人、精神的人构成了人的真实人格,但这种真实的人格可能有不同的呈现。正常的人格是真实的人格与呈现的人格相一致的,如果不一致,人格就是不正常的。人格一旦形成就具有相对稳定性或同一性,尽管人格有变化的可能性,但正常人格的变化是缓慢的。

从人们对生活的理解出发,着眼于人格构成要素,并借鉴先秦儒家及其他哲学家的观点,可以将人格划分恶人人格、小人人格、常人(凡人)人格、君子(相当于贤人)人格和圣人人格五个层次。恶人人格和小人人格属于坏人格,君子人格和圣人人格是好人格。常人人格在通常情况下属于好人格,但在不好的环境中可能转变为坏人格。这里说的"环境"指家庭环境、学校环境、职场环境和社会环境,其中最重要的是社会环境。在社会大环境不好的情况下,许多具有常人人格的人可能不能坚守道德底线,由常人人格堕落到小人人格或恶人人格。常人人格还具有过渡性的特点。在人格形成的过程中,在比较正常的环境中,绝大多数人都先形成常人人格,然后在环境与自我相互作用下会发生分化。大多数人停留在常人人格,而一部分人向上发展走向君子人格甚至圣人人格,另一部分人向下发展走向小人人格甚至恶人人格。走向小人人格的人会成为令人讨厌的人,走向恶人人格的人可能会成为罪犯;走向君子人格的人可能会成为社会的精英,走向圣人人格的人可能会成为人类不同生活领域中极其罕见的卓越领袖;而停留在常人人格的人就会成为普通大众。人格层次与人生境界有着内在关联和对应关系,一般地说,人生境界应是人格层次现实化的结果,或者说是不同人格层次的现实体现。

二、品质在人格中的地位

"品质"的英文对应词是"character"。这个词源于希腊文的 χαρακτήρ,本义是印在硬币上的标记,后来逐渐有了一事物区别于其他事物之义。在英语中,"character"一词就其指人而言,主要是指个人、组织、民族等不同于其他个人、组织、民族等的精神的或道德的性质,汉译为"(个人、集体、民族等特有的)品质,特性"。人的品质是一种个性心理特征。它与观念、知识、能力等一样,都是人的心理活动与生活环境交互作用所形成的稳定的个性心理特征,但它们是个性心理特征的四个不同方面,或者说是四个不同维度的标识。人在以一定的观念、知识、能力与现实世界的人和事物打交道的过程中,通过认识、情感、意志和行为活动就会形成一定的态度倾向,这种态度倾向又会以一定的形式表现在个人的活动之中,构成个体的特有活动方式,这就是人的品质特征。

人的品质具有多种特征,主要包括:(1)理性特征,体现为感知、思维、想象等方面;(2)情感特征,表现为情感的强度、稳定性、持久性、主导心境等;(3)态度特征,包括对他人、组织群体、社会的态度,对劳动或工作的态度,对自己的态度等;(4)意志特征,如对行为目标明确的程度,对行为自觉控制的水平,对自己作出的决定的执行力和在紧急状态或困难情况下的意志力等。所有这些品质特征相互联系,彼此制约,构成一个具有动力性的品质结构。[①]

在观念、知识、能力和品质这四种内在人格构成要素中,知识和能力一般只从程度方面评价,评价知识用渊博与否,评价能力用大小、强弱。而观念和品质则一般从性质方面评价,观念存在着正确错误的问题,品质存在着善恶的问题。在四个个性心理特征或内在人格结构要素中,只有品质有善恶之分,它决定着人格的道德性质,即人格是德性的还是恶性的。人们通常只对品质作道德评价,因而品质属于道德调控范围,具有道德意义,所以伦理学要研究品质。

观念是基于认识形成的稳定的信念。人是观念的动物,人的有意识的活动都是以观念为前提的。观念是人的思维定势,对人的活动先在地起着定向的作用。观念有不同的类型,如哲学观念、事实观念、价值观念和规范观念等,可以划分为正确观念与不正确观念,但一般没有善恶、正当与否之分。一些旧观念虽然是过时的、不正确的,但我们不说它是恶的、不正当的、不道德的观念,一些新观念虽然是时新的、正确的,但我们不说它是善的、正当的、道德的观念。而且我们也不能说一个人具有正确观念就是善的、正当的、道德的,反之就是恶的、不正当的、不道德的。一个人观念正确与否不具有道德性质,古今中外概莫能外。

知识是对某种对象的状态和价值的正确认识、对某种文本的正确理解,以及对对象的构想,其实质内涵在于真理性。在现代社会,知识对于人的生活越来越重要,而且对观念、能力和德性都有直接影响。知识一般是以真为条件的,是人的正确认识的结晶。人们的知识状况有很大的差异,主要体现在广度和深度方面,渊博性(广度和深度)是衡量人们知识水平的标准。但是,知识像观念一样,也不存在善恶及正当与否的道德意义和伦理学意义,知识一般来说是中性的。对于中性知识,运用知识的行为才具有善恶的道德意义。因此,我们不能笼统地说知识是善的或恶的、正当或不正

① 参见高玉祥:《个性心理学概论》,陕西人民教育出版社1985年版,第124～127页。

当的,也不能说具有渊博知识的人更善、更正当、更有道德。

通常认为能力是完成某项活动或工作的主观条件。人有一般和各种特殊的能力,但无论一般能力还是特殊能力,都存在着一个有无和大小或强弱的问题。社会鼓励人们提高能力,推崇能力强的人,但是对于不具备某种能力或某种能力弱的人并不给予道德上的谴责。某种能力的有无或强弱通常不具有道德意义,因而也不进入道德评价的范围。能力像技术一样,本身是中性的,某种能力的有无或大小并不会直接给他人、社会及个人自己造成危害。但是,以下三种与能力有关的情况涉及道德评价问题:一是有可能提高能力而不努力提高能力;二是有能力但不能适时运用能力;三是运用能力去做损害他人、社会甚至自己的事情。这三种情况已经不是能力本身的问题,而是能力培养和运用方面的问题,它们都与人的品质和行为有关。

品质与行为的善恶、正当不正当直接关联,因而具有直接的道德意义。品质主要体现为两个相互关联的方面,一是态度倾向,二是行为方式。观念也是心理定势,是一种态度的倾向,但一般不是与活动的方式相联系的,不会对人们的活动产生直接的影响;品质则不同,它作为态度的倾向与活动的方式联系在一起,会对人们的活动产生直接影响,会表现为习惯的行为。态度的倾向也存在着好坏和正确与否的问题,但并不直接对他人、社会和个人自己造成影响,虽然有时也成为人们道德评价的对象,但那通常是在极端的情况下(如态度十分恶劣)或与活动相关联的时候才如此。但是,行为方式则不同,采取的行为方式不同会对他人、社会、个人自己产生有利或有害的影响,所以要进行道德评价,而对于习惯性地导致某种行动的行为方式,更需要作道德评价。这是因为按照这种活动方式进行的活动会反复发生,会经常对他人、社会或个人自己产生影响。

三、品质的善恶性质

人的品质具有好坏、善恶性质,这是人们很早就注意到的事实。品质的好坏或优劣是就一般意义而言,品质的善恶是就道德意义而言。好坏比善恶的含义要宽,善的品质肯定是好的品质,但好的品质不一定是善的品质。一个人思维敏捷,表明他的思维具有好品质,但我们不能说这种品质是善的品质。人有许多好品质,亚里士多德和古希腊人将好品质称为"优秀"或"卓越",善品质只是好品质中的一部分,是道德意义上的好品质或优秀品质,此外还有一些不好也不坏的中性品质。在现实生活中有的人既不勤奋也不懒惰、既不无私也不自私、既不公正也不偏私,他们的品质也许就属于中性品质。从这种意义上看,人类的品质实际上可以划分为三类,即好品质、坏品质和中性品质。

善的品质即道德的品质是好品质中的一类,而恶品质即不道德的品质是坏品质中的一类,因此从道德的角度看,除了善品质和恶品质,所有其他品质(包括不善的好品质和不恶的坏品质)都是中性的品质。例如,思维敏捷是一种好的思维品质,这种品质在道德上不是善的品质,而是道德上中性的品质;而一个人思维迟钝是一种坏品质,但在道德上不是恶品质,也是一种道德上的中性品质。所以,人的品质可以从道德的意义上划分为善的品质、恶的品质和中性的品质,而道德意义上的中性品质要比一般意义上的中性品质范围更宽。

对于善的、道德的品质和恶的、不道德的品质,自古以来有不同的说法,中外比较流行的说法是将善的、道德的品质称为德性品质,或者称为德性或美德,而将恶的、不道德的品质称为恶性品质,或者称为恶性或恶德。从伦理学的角度看,也许将善的、道德的品质称为德性更能体现品质的道德属性,若将其称为美德,尽管也表达了对这种品质的肯定,但其道德属性表现得不鲜明。

在汉语中,虽然人们广泛地使用"美德",但不常用"恶德",因为"德"在现代汉语中通常是褒义的。因此,我们用"德性"标示善的或道德的品质,而用"恶性"标示恶的或不道德的品质,用"德性"和"恶性"作为评价品质善恶、道德不道德的特有尺度,以区别于用德情恶情、正当不正当作为评价情感和行为善恶、道德不道德的特有尺度。这三种特有尺度都从属于更一般的善恶、道德不道德的道德价值尺度(可以称为道德的"一级尺度"),可被看作道德一级尺度在品质、情感和行为这三个对于道德具有特别重要性的领域的派生尺度(可以相应称为道德的"二级尺度")。

虽然品质有善恶之分,但只有善的品质即德性才是人之所以为人的品质。在伦理思想史上,许多思想家,特别是中国的儒家尤其强调这一点。在孔子看来,人与动物的分别就在于人有人伦道德,人能"亲亲""爱人",而动物不能,"鸟兽不可与同群"(《论语·微子》)。这也即是《中庸》的"仁者,人也"之义。对此,孔子也有直接的表述,如"人之生也直"(《论语·雍也》),"天生德于予"(《论语·述而》)。孟子更直接地把人的本质确定为善,断定人的善的本性是人所独有的。他认为人生而具有仁义礼智的"善端",它们不是后天加于人的,而是人生而固有的。他甚至断言:"人性之善也,犹水之就下也。人无有不善,水无有不下。"(《孟子·告子上》)儒家的人性本善论不一定能得到普遍认同,但人的本性肯定是向善的,且人性总体上是向善的,因为人的本性在于谋求更好地生存,只有向善,人才能更好地生存。

因此,善的品质或者说德性才体现了人的本性和人性的总体倾向,而恶的品质或恶性则与人的本性相悖。在这种意义上,我们可以将德性看作人之所以为人的根本规定性,看作人具有人格的前提条件。

四、德性完善与人格完善

每一个人都会将自己的人性现实化,都在自我实现,其结果就形成了人格。人格完善就是人性的完善实现,也就是人性得到了全面、充分、优质、道德的实现。人格作为自我实现的结果,首先是选择的结果,其次是根据选择造就的结果。一个人选择了以自己与他人、社会、环境利益共进互赢为取向,全面、充分、优质地实现自己的潜能后,努力使之付诸实施,就会获得完善的人格。这一选择和实施的过程,就是人格完善的过程。人格完善是人过上好生活的充分主观条件,人格完善与好生活(包括幸福)之间具有直接的内在关联性。如果不考虑家庭、社会等外在条件,人格完善就会与生活好成正比。人格越完善,生活就越好,反之亦然。

人格完善作为人性的完善实现,其内涵十分丰富,涉及不同的要素、层次和结构问题。从人类社会生活现实看,其中最重要的是人格性质是否道德、人格要素是否健康、人格结构是否完整、人格层次是高是低和人格是否具有鲜明的个性特色这五个方面的问题。综合这些方面,人格完善具有人格道德、人格健全、人格高尚、人格个性化四个主要特征。

人格道德,主要是指人格在性质上是道德的,具有正确的价值取向,能服务于个人更好地生存,能妥善处理个人与他人、群体和环境的关系,实现两者的利益共进。人格道德首先体现为其品质是德性的。一个人只有品质是德性的,其人格才会是道德的;相反,一个人的品质是恶性的,他的人格就是不道德的。人格道德还体现为具有良心这种基本的德情及其他德情,对人的所有活动德情都能发挥自我调控作用。人格的道德也体现为具有以社会道德要求为取向的意志控制机制,能在不同情境作出正确的行为选择,能确保行为在任何情况下都是正当的。

人格健全,主要指人格的各种构成要素及其结构是健康、完整、协调一致和前后一贯的,人格的各个要素没有缺损和障碍,不存在变形、扭曲、冲突、异化的情况。这样的人是全面完整的人,具有统一稳定的自我。我们不能说一个知识贫乏的人人格健全,也不能说一个心理变态的人人格健全,一个有自私、贪婪、懒惰等恶性的人也没有健全的人格。人格健全的前提是具有自我同一性。自我同一性(ego-identity)又称"自我认同",也就是个人对自我的定义与确认,包括个人对自己是谁,将来要成为什么样子,以及如何适应社会等方面的知觉与感受。它的形成既不在青春期开始,也不在青春期结束,而是一个逐渐的纵向发展过程。

人格高尚,主要指人格整体上达到了较高的层次,有很强的自我调适能力、自我塑造能力和自我完善能力。作为人格完善的人格高尚,与通常意义上的人格高尚不完全相同。人们一般把人格高尚理解为德性高尚或有气节,这里所说的人格高尚是指人格的整体水平高,除德性外还包括观念、知识、能力等人格要素在较高层次上达到了协调一致。当然,德性在人格结构中具有更突出的地位,是人格高尚的主导方面。人格高尚的重要体现是具有智慧,人格高尚的人就是有智慧的人。

一个人具有道德的人格、健全的人格,他的人格就是道德的、正常的,而在此基础上达到了高尚的层次,他的人格就是高尚的。道德、健全、高尚的人格就是完善的人格,但完善的人格并不是千篇一律的,而是个性化的,人格个性化是完善人格的重要特征。由于人的人性是不同的,因而每一个人的人格无论是否完善也是各不相同的。每一个人的人性本身就是个性化的,在进行人格塑造和追求人格健全、道德、高尚的过程中不是要消除这种个性化,而是要在塑造健全、道德和高尚人格的过程中使人格更具有个性特色。因此,个性化也是人格完善的一个重要特性,只有具有个性特色的健全、道德、高尚人格才是真正完善的。

人格个性化,主要指人格具有独特性或不可替代性。一般来说,人格总是共性与个性的统一,不同人的人格总有一些共同性,同时或多或少有些差异。这种差异不是人格个性化,人格的个性化不是自然形成的,而是通过自我塑造实现的。人格个性化所指的是每一个人应有自己不同于他人的独特人格,人格的共性寓于个性之中并通过丰富多彩的个性体现出来。按照人格个性化的要求,人不应该追求统一或同一的人格,社会要防止所有人的人格趋同,防止使所有的个人统一于一个刻板的模式。人格的个性化是人性的自然倾向,也是人格健全和完善的条件和标志。压制人格个性化并不能真的使人格整齐一致,相反会使人格发生各种问题。海德格尔在批评现代文明对人产生的消极后果时指出,作为个人的“此在”在现代文明的消极影响下,出现了普遍“沉沦”的情况,导致人们追求没有个性、丧失自由的“常人”(das man)。由这种“常人”构成的社会是可怕的社会。要解决现代文明导致的问题,就是要使人们的人格个性化。

无论在何种情况下,人格完善都包含德性完善。德性完善不只是人格完善的首要条件,更是人格完善的核心内容。一个人的德性越完善,他的人格就越完善。德性完善就是道德意义上的人格完善,完全意义上的德性之人就是道德意义上的人格完善之人。从某种意义上可以说,德性完善与人格完善是一而二、二而一的。

德性完善对于人格完善具有极端重要性:首先,德性完善直接规定着人格的好坏性质,只有具有优秀的品质才有优秀的人格,品质有缺陷就不会有完善人格,品质有恶性则绝无完善人格可言。品质不好,人格中的其他因素再好,可能对人格具有者和其他人乃至社会都是有害的。其次,在人格构成因素中只有品质这一构成因素能较少地受外在因素影响而养成德性并达到完善。无论观念、知识还是能力,在很大程度上是受环境制约的,与禀赋状况特别是与接受教育的程度直接相关。虽然一个接受教育很少的人很难有渊博的知识和卓越的能力,但他可以追求和达到德性完善。

不过,德性完善毕竟是道德意义上的人格完善,并不意味着完整意义上的人格完善。有学者认为,一个人的德性状况就是这个人的道德人格,并将道德人格与人格等同起来,不加区别,这是不正确的。人的社会生活丰富多彩,可以划分为政治生活、经济生活、道德生活、宗教生活、文化生活等,人在这些领域活动都会呈现出不同的人格,人们可以从这些不同生活领域看人格,于是就有了人的政治人格、经济人格、道德人格、宗教人格、文化人格等。从每一个视角看的人格都可以呈现为是否完善。德性完善是从道德的视角看一个人的品质所形成的结论。德性完善意味着一个人的品质完善，而品质是人格的构成要素之一，因而德性完善就是从道德的角度去看的人格完善。但是，从道德的视角看人格是完善的，并不意味着从其他视角看人格也是完善的。

德性完善就是品质人格完善，这种人格完善通常不能完全脱离观念人格、知识人格和能力人格。品质人格完善在整个完善人格结构中具有首要的地位，不能等同于其他方面人格的完善。一个德性完善的人并不意味着他的观念、知识和能力完善。现实生活中常常可以发现品质高尚而能力较弱的人。这样的人可以说德性人格比较完善，但能力人格谈不上完善，甚至还存在着缺陷。对于这样的人，不能认定他人格完善。综合以上考虑，在对人们的人格进行评价的时候，可以将单纯德性完善的人称为德性人格（或道德人格）完善的人，而将不仅德性完善而且其他方面也完善的人看作人格完善的人。

德性完善对于人格完善的意义不仅体现为德性是道德人格的决定性因素，是人格完善的首要条件和核心内容，也现实地体现为具有德性可以防止各种人格障碍的发生，也可以通过德性修养克服人格障碍。从人格障碍的共同特征和各种表现看，虽然人格障碍都会在行为上有所表现，但深入观察就会发现，这些行为上的问题都是人的品质发生了问题。如果一个人在品质自发形成阶段形成了德性的品质，特别是在德性养成和完善阶段注重德性修养并形成了完善德性，所有这些人格障碍就不会发生。一个德性之人不可能做出不符合社会要求的行为，即使由于行为情境出现了行为偏差，一旦意识到了也会及时纠正。因此，德性之人不会发生人格障碍。人格障碍的发生是与品质形成发生偏差直接相关的。人格障碍出现后很难纠正，需要通过多种途径才能克服，从根本上说，只有通过德性修养才能最终克服。人格障碍实质上是品质缺陷，克服这种缺陷离不开德性的养成和完善。

第三节
德性与幸福的关系

德性与幸福的关系是德性与人生最重要的关系，在一定意义上就是德性与人生的关系。正因为如此，这一关系也是伦理思想史上思想家们最关注的重要问题之一，存在着内在一致论的观点和外在相关论的观点分歧。内在一致论认为，幸福在于德性或主要在于德性。这种观点由于一般都把幸福看作好（善）生活，这种好生活是所有善中的最大善，也是人的终极目的，而幸福主要在于德性，因而被称为德性主义。

持这种观点的主要是西方古代德性伦理学家。外在相关论认为,德性对于幸福具有一定的意义,但德性并不是幸福的内容,只不过是实现幸福的工具或获得幸福的条件。这种观点的主要代表人物是约翰·密尔和康德。需要特别提出的是,这里所说的德性不只是指人的德性品质,也指人出于德性的活动。德性主体必须在活动中体现他的德性,只有追求和出于德性的活动才使人获得幸福。

一、德性原初的生存手段意义

从人类历史发展的角度看,德性先于幸福出现。幸福感及幸福观念并不是与人类相伴始终的,至少在人类社会的早期,人类的生活谈不上幸福,人类也没有幸福感和幸福观念可言。但是,在人类有幸福及幸福感和幸福观念之前很长一段时期,人类就已经有了德性及德性观念。麦特·里德雷(Matt Ridley)在《美德的起源:人类本能与协作的进化》一书中,通过大量的动物和人类的行为证明,德性是人生存的本能,而且在动物那里就有其基础。他针对 20 世纪 60 年代以来盛行的个体每时每刻都在关心如何使自己的基因受益的"自私的基因"的观念,指出人类并不总是以自己为中心,因此为人处世的驱动力也不见得是个人私欲,也可能是集体利益。他着重分析了人类和动物的互助或互惠互利行为,认为只要得到的比付出的多,人和动物都愿意帮助对方,因为将来有一天他/它也会得到对方的帮助,这样对双方来说都有利可图。他找到了许多动物和人类的例子证明这一点。例如,在社会生活中互惠互利似乎是人性中不可或缺的一部分,是人的本能,人无须认真分析推理就知道要"以德报德",更无须别人教导如何去做。随着一天天成熟起来,人学会了如何利用这一原则,使之渐渐在心中根深蒂固。他的结论是:德性是人类与生俱来的,它植根于人类本性之中,像润滑油一样对人类社会是不可或缺的。

人类在有幸福和幸福观念之前就有了德性和德性观念,这也能从不同民族的史诗及神话传说中得到印证。古希腊的神话,特别是《荷马史诗》就记载和描述了那些远古英雄的德性,并对具有这些德性的英雄进行了讴歌和颂扬。中国及其他民族的神话和传说中也有许多这样的记载和描述,尽管所歌颂的德性不尽相同。古代各民族的史诗、神话、传说歌颂的德性很多,不过至少有几种是相同的,它们是勤劳、勇敢、无私、正直或公正。所有这些德性之所以产生,并为不同民族的史诗、神话、传说所赞扬和传颂,是因为这些德性对于一个个体、部落、氏族、民族的生存具有重要意义,是维系它们生存的重要手段。

勤劳是农耕民族的最重要德性之一。在人类社会的早期,农业处于刀耕火种的原始阶段。在这种生产力十分落后的情况下,要想维持起码的生计,人们得没日没夜地勤扒苦做,否则就采集不到果实,更不可能让大地生长出粮食。中国古代神话中的

"精卫填海""愚公移山"所描述和歌颂的就是这种吃苦耐劳、锲而不舍的德性。与作为农耕民族的古代东方民族不同,古代西方民族是游牧民族和海洋民族,它们在与凶狠的野兽作斗争的过程中,在与波涛汹涌的大海作斗争的过程中更需要不怕牺牲、无所畏惧、勇往直前的英雄德性。《荷马史诗》描写了伊塔卡国王奥德修斯在攻陷特洛伊后归国途中十年漂泊的故事,所体现的就是这种英雄的德性。

无私是古代史诗、神话、传说歌颂的另一重要德性。在原始社会,人类基本上过着原始的共产主义生活,人们共同劳动,共同分享劳动果实,只有这样才能勉强维持部落或氏族的生存。无论在劳动中,还是在饮食起居方面,人们都不能不大公无私,否则部落或氏族就无法生存下去。在这种情况下,无私成为公认的德性。中国古代神话中关于尧让帝位于舜、舜让帝位于禹的传说,歌颂的就是尧舜的大公无私、不贪图权贵的美好品质。由于在原始社会个人与集体的生存和命运紧密联系在一起,因而集体中每一成员的无私不仅对集体,而且对集体中的每一成员的生存都具有至关重要的意义。

正直和公正实际上是同一种德性在不同情景中的体现。正直就是襟怀坦白、率真刚正、处事公道、疾恶如仇,当一个具有正直德性的人面临某种资源的分配时,这种德性就体现为公正。因此,一般来说,正直是对普通人而言的,而公正是对具有分配权的人而言的。这两种德性对于原始人类的生存也具有重要的意义。如果氏族部落内部的首领不是公正的,氏族部落内部必然会产生纷争。在这种情况下,氏族部落就无法团结一致对付恶劣的环境及其他氏族部落的侵略或攻击。如果氏族部落内部成员不是正直的,就不可能保证首领的公正。如果他们都阿谀逢迎、吹牛拍马,氏族部落就不会有公正,氏族部落就会解体,个人也将不可能生存下去。

以上分析表明,德性首先是生存的手段,而且是必要而有效的生存手段。因此,德性才能成为幸福的手段。幸福是一种好的生存或生活。对好的生存而言,首先得生存,然后才谈得上质的好。所以,德性作为生存的必要而有效的手段,必定同时是作为好的生存的幸福的手段,即使不为了幸福,只为生存,也需要有德性。

二、德性是幸福的前提、保障、动力和源泉

随着人类文明的进步,德性对于幸福已经具有了广泛而深刻的意义。也许正是在这些意义上,历史上许多思想家强调德性对于幸福的至关重要性。

(1) 德性是幸福的前提。说德性是幸福的前提,是指德性是获得和享有幸福的先决条件,可以从三种意义上理解:

首先,没有德性不会有幸福。一般来说,"没有德性"的情况是不存在的,因为今天人类的德性越来越丰富,没有人毫无德性,即使是一个十恶不赦的歹徒也总有某些

德性,否则他就不是人。当然,也不排除有的歹徒在丧心病狂的时候(如在绑架人质而被围困的时候)德性和天良完全丧失的情形。没有德性肯定不会有幸福,但完全没有德性的情况在实际生活中一般不会存在。

其次,不具备那些对幸福而言必需的德性也不会有幸福。有些德性对幸福而言是基本的德性,这些德性不同时具备就不可能有幸福。在人类德性越来越丰富的今天,这样的基本德性也越来越多。究竟哪些对幸福而言是必需的德性不好明确划定,但至少像善良、诚实、正直、感恩、负责等这样一些基本德性是任何时候的幸福都所必需的。今天,一个人不具备这些德性,很难获得幸福。德性对于幸福的先决条件意义在很多情况下体现为,因不具备这样的德性所导致的后果会对幸福乃至生存产生损害。

最后,达不到幸福所必需的德性水平也不会有幸福。一个人若想得到幸福,他不仅必须具备基本德性,而且他的德性要达到一定的程度。一个人仅仅具备基本德性是不够完整的,除了基本德性,还有不少派生德性和生活领域(如职业生活)的德性,这些德性对幸福生活而言也是重要的。而且,当一个人的品质还缺乏这些方面的德性时,他的德性整体上也不可能达到较高的水平。德性的完整程度和水平高低(这两方面可概括为德性的完善性)与幸福的程度成正比,当德性达不到一定的完善程度时,一个人就不可能获得幸福。

(2) 德性是幸福的保障。就保障条件而言,德性对于幸福的意义更为突出。当一个人具备了幸福所需要的其他必要条件,获得和享受幸福那就主要靠德性了。一个有德性的人因为具备各方面优秀的品质,就可以更有效地创造幸福所需的满足生理需要的物质条件,也可以营造幸福所需的良好人际关系环境。更为重要的是,德性品质完善的人不会满足于生存的需要,还会追求发展需要的满足,追求人格完善和自我实现,这样他就能过上更高层次的好生活,使自己成为真正幸福的人。几乎所有的德性都可以说是幸福的保障条件,甚至可以说哪一个方面的缺失都会对幸福产生不利影响。耶稣的"如果一个人得到了整个世界而失去了自己的灵魂,那会对他有什么好处"的发问与《圣经》的另一个说法"人不能只靠食物活着"可以互释。这个问题的答案隐含在关于浮士图斯(Faustus)博士的著名故事中,德国作家歌德根据这个故事写成了著名的诗剧《浮士德》(*Faust*)(1808 年出版)。浮士德把他的灵魂交给魔鬼撒旦以换回无限的物质财富和能力。浮士德与撒旦签订了一个契约,这个契约给他远远超过人类正常情况下能得到的知识和魔术能力,通过这种知识和魔术能力他可以实现他所有的世俗愿望,而撒旦承诺在他死的时候还回他的灵魂。为了确保这个交易的两个部分能被遵守,撒旦给他派了一个更阴险的仆人墨菲斯托菲利斯(Mephistopheles)。他给浮士德携带知识和魔术能力,同时监督浮士德。在与墨菲斯托菲利斯这个"一切障碍之父"、恶的化身结为主仆相伴而行之后,浮士德的前途可谓危机四伏,随时都有可能堕落为恶魔的奴隶。不过,浮士德具有不断追求、自强不息、勇于实践和自我反思的优良品质,这些品质使他免遭沉沦的厄运,最终破解了"浮士德难题",彰显了不断克服障碍、超越自我、不断地向最高存在奋进的"浮士德精神",达到了人生的更高境界。这个故事的重要性在于,它迫使我们在物质的好生活与道德的好生活这两种"好生活"的意义之间作出区别。同时,它向我们表明为什么一种好生活即正当地行动(doing right)比另一种好生活即满意地生活(faring well)更可取。正如柏拉图所看到的,当面对这种选择时我们应该宁愿在物质上受苦也不能作恶。这里所体现的就是德性对幸福的保障作用。一个没有德性、失去灵魂的人,过再好的物质生活,也不是真正幸福的。

(3) 德性是幸福的动力。幸福不是一旦获得就一劳永逸的,而是需要不断追求、精心呵护的,这就需要有不竭的动力。幸福的动力表面看起来似乎主要是幸福意识和幸福意欲。幸福意识就是关于幸福对于人的极端重要性、对于什么是幸福和如何获得幸福的意识。这种意识对人们追求幸福是非常重要的,没有这种意识人们就不会自觉地去追求幸福。幸福意欲就是在幸福意识的基础上产生了对幸福的欲望,并把这种欲望变成追求,力图获得幸福。这可以说是人谋求幸福的最直接动力源。然而,幸福意识和意欲要以德性为基础和保障。

一个人即使幸福意识和幸福意欲再强烈,但如果不具备幸福所需要的德性,也是空虚的。在德性不具备的情况下,甚至幸福意识和幸福意欲越强烈越痛苦,而不是越幸福。德性是人的品质的特性,是人的心理定势,能给人的好生活带来益处,使人自然倾向于对幸福的谋求。麦金太尔曾给德性作出这样的规定:"德性是一种获得性人类品质,具有和运用这种品质可以使我们有可能获得那些实践的内在的善,而缺少这种品质,就会严重地阻碍我们获得这样的善。"[①] 所谓"实践的内在善"指的是,如果不从事某种实践活动,人们就无法获得这种内在善。对这种内在善的追求就是对幸福的追求,具有德性就会使这种追求成为人们持久的强有力动机。德性所指向的是人生存得更好,是为人们不满足于生活现状而追求生存得更好提供动力的。具备了这些德性,人们就不会满足现状,不会满足已经获得的幸福,而要不断地进一步拓展幸福的范围和深度,使自己与时俱进,不仅保持生存得好的状态,还要力求生存得越来越好。

(4) 德性是幸福的源泉。德性作为幸福的源泉主要体现在两个方面:一方面,德性整体上是幸福生活的源泉。幸福体现在人生活的各个方面,但从整体上看,是人生活得好。这里的"好"主要是以德性作为其基本规定性或必要条件,有德性才能生活得好,不具备德性不可能真正生活得好。幸福在一定意义上就产生于由德性所规定

---

① Alasdair MacIntyre, *After Virtue: A Study in Moral Theory*, Beijing:China Social Sciences Publishing House, 1999, p.178.

的"好"。正是在这种意义上我们说,德性是幸福的源泉。另一方面,每一种德性也都可以为幸福的获得和保持作出贡献。以好学为例。大约在 20 世纪上半叶以前,人们一次性的学校教育所学到的知识和能力就足以使人们终身享用,但自 20 世纪中叶以来,伴随着信息时代的到来,知识和能力更新得越来越快。在这种时代背景下,不断学习就成了人们过上好生活和保持好生活的必然要求。如果不学习,过去掌握的足以过上幸福生活的知识和能力,用不了多久就不够了,个人的生活也会由幸福变得不幸福。为了保持幸福,就要不断学习,要养成好学的品质。而且好学还可以使人们不断更新幸福观念,调整幸福追求,丰富幸福内容,从而使人永远保持幸福。

幸福与德性息息相关,在广义上看,它也可以说是实现幸福的主要手段。德性之所以是幸福的主要手段,归根到底是因为它是人的智慧的体现和结晶,是人的智慧,而智慧是实现幸福的根本途径。

三、德性是幸福的内容

德性最初是作为生存的手段出现的,但随着人类的进化和文明的演变,又出现许多实现德性的手段,德性也成了目的。这种目的的实现也成为人生活得好、生活得幸福的重要内容。就个人而言,德性作为目的在他的生活中得以实现,他的生活就成了"值得赞赏的生活"。一个人过上这种值得赞赏的德性生活,就会成为德高望重的人,这样,他不仅有普通的幸福感,可能还会产生高层次的幸福感。

起初,德性是人们生存和繁衍的必要而有效的手段。当人们追求生存得好和生存得更好的时候,发现德性仍然是必要而有效的手段。这种手段对于人更好地生存是如此重要,以至于人会因为具有了德性而感到心满意足,并由此产生愉悦感。这样,德性就已经不只是实现生存目的的手段,而且成为生存特别是更好的生存的组成部分,成为人幸福的内容、幸福与否的一个标志。

德性为什么会由工具变为目的、成为幸福内容的一部分呢? 对这一问题不仅要从个人心理的角度进行分析,更要从文化演进的角度进行考察。这种变化的根本原因是人类需要的变化。人类最早的需要就是生存和繁衍,在追求这两种需要满足的过程中,人类又相继产生了更多的需要,特别是产生了精神的需要。在原初需要基础上产生继发需要、追求满足需要以及满足需要的过程就构成了人类的文化和文明,而文化和文明又作用于人类需要的产生、对人类需要满足的追求,以及人类需要满足本身的过程。在两者相互作用的过程中,许多过去的手段逐渐成为目的,成为人们获得满足、产生满足感和愉悦感的源泉。不只是德性,还有其他东西,如自由、真理、公正等,都是如此。在这整个过程中,人的理性发挥了重要作用。理性的不满足的特性,是人类需要不断丰富和深化的重要动力,也是人类文明演进和繁荣的重要动力。

　　我们说德性能成为幸福的内容,主要是从心理满足的角度来看的。当我们真正将德性作为幸福的必要而有效的工具的时候,就会意识到德性对幸福的极端重要性。在这种情况下,德性的养成和完善就会成为我们的目的,一旦我们养成和完善了德性,就会因为两个方面的原因而产生愉悦感:一是我们达到了养成和完善德性的目的,会有一种成就感、满足感以及由此引发的愉悦感;二是养成和完善了德性有助于我们的其他生存目的的实现,有助于幸福的获得,我们也会因此而感到愉悦。人的任何一种德性的养成和完善都会因为这两方面的原因而引起愉悦感。

　　如果我们养成了善良的德性,就会因为任何时候都与人为善、问心无愧而感到心安理得和心情舒畅;同时我们会因善良而获得他人的信任和好感,这也会引起我们的愉悦感。每一种德性都可以成为幸福的内容,德性整体则可以是人幸福内容的一个基本的或主要的方面。如果我们将人格完善引起的愉悦感作为幸福感在精神方面的主要内容,而德性是人格完善的道德规定性,那么德性对于精神方面的幸福感的获得就具有前提性的意义。人的善无非是品质善和行为善,而行为善是品质善的体现。因此,一个人整体上德性好,他就具有了幸福的基本内容,就具有产生幸福感的基本源泉。

　　早在两千年前,奥古斯丁在与埃伏第乌斯(Evodius)的谈话中就谈道:"幸福的人也应该是善良的人,但善良的人并不一定幸福,因为他们渴望幸福地生活,即使恶人也有这种需要。但更确切地说,善良的人希望正直地生活,在这一点上恶人却做不到。"[①]奥古斯丁的意思是,幸福必须包含善的内容,否则就不会有幸福。然而,到目前为止人们尚未形成对德性是幸福的内容的普遍共识,许多人以为幸福可以不考虑德性的方面。鉴于此,我们有必要强调,应该将德性作为人生的目的来追求,将德性纳入幸福的内容范围来考虑。

四、追求幸福对于德性的意义

　　幸福与快乐不同,它本身包含着对德性的要求。幸福是以德性为先决条件的,并且德性还是幸福的保障、工具和内容,因此,没有德性绝不会有幸福。快乐则没有对德性的要求,一些出于恶性的行为也会引起快乐。吸毒是公认的恶行,但这种恶行可以引起吸毒者的快乐。一个贪婪成性的人,也会因为发了不义之财而沾沾自喜。一个人只要追求幸福,就得养成德性,就得维护德性和追求德性完善,否则他就不可能获得幸福。幸福对德性的要求使幸福对德性的养成、维护和完善都有重要的意义。

　　首先,对幸福的追求有助于德性的养成和完善。幸福不像商品,只要我们到商店

---

①　Saint Augustine, *On Free Choice of the Will*, ed. and trans. by Peter King, Cambridge, New York: Cambridge University Press, 2010, p.25.

付了钱就可以得到,它是由多种因素决定的一种状态,只有当这些因素都具备了才能达到。德性就是其中的最重要因素,要获得幸福就必须具备德性。因此,只要一个人意欲追求幸福,他就得准备养成德性,就得将德性完善作为目标追求。一个社会如果要使人们普遍有德性,普遍养成德性和追求德性完善,最好的办法就是要求人们把幸福作为人生的终极目标。这样,就能使人们意识到,要他们养成和完善德性不只是为了社会,更是为了他们自己,为了他们的幸福。

其次,对幸福的追求有助于德性的维护。德性对于幸福的意义十分丰富,不只是通向幸福的桥梁,也是幸福的前提、保障和工具,更是内容。德性与幸福是形影不离、相伴始终的。因此,在养成了德性后,对幸福的追求还会有助于德性的维护和进一步修养。幸福是没有止境的,它需要与时俱进,不断追求,同时必然要求人们保持和完善已经养成的德性,进一步提高德性的水平,使之达到更高的境界。假如一个人由于德性实现了家庭和睦,那么,德性就成了他幸福的重要内容,于是这种状态对他的德性还会提出两方面的要求:一是在家庭状态基本不变的情况下,要求他始终保持原有的德性,这样家庭和睦才能维持下去,否则和睦的家庭会变得不和睦;二是在家庭发生变化(如父母去世或子女结婚)的情况下,他的德性必须适应这种变化才能使家庭在新的情况下继续保持和谐,而这就需要德性的进一步修养。

追求幸福与德性修养是合而为一的问题,二者不可能截然分开。当然,二者并不是完全等同的,追求幸福含义更广泛,内容更丰富。

除以上两方面外,追求幸福对于德性还有一种意义,即追求幸福、特别是处于幸福之中的人,更会意识到德性对于幸福与人生的意义,并因此会更注重德性的修养。这种德性意识对人们重视德性修养有非常重要的作用,而处于幸福之中的人对这种意义有更深刻的体会,德性意识会更强烈,也会更注重德性修养。

第四节
德性的形成发展及其培育

德性是后天获得的,但德性可以在社会环境中自发形成,也可以通过修养自觉形成。通过修养形成的德性才是真正具有道德意义的德性,而且可以达到完善。人的德性形成和发展变化过程并非千篇一律,但也存在着大致相同的轨迹。

一、德性形成发展的过程

如果从个人自身生长的角度看,德性的形成发展过程大致上可划分为四个阶段:

德性自发形成阶段、德性养成阶段、德性完善阶段、德性维护阶段。按照人生发展的过程划分,在 14 岁前的童年,人处于德性自发形成阶段,从 14 岁开始,人步入了德性养成、完善和维护的自觉阶段。

德性自发形成阶段是个人在他人和环境影响下形成德性的阶段。其主要特点是个人对德性及其形成没有意识,也没有主动的意愿。如此,德性像人的其他个性心理特征(如知识、能力)一样是与身体的生长发育和教育、环境的影响相伴随的。自发形成的德性(可简称为"自发德性"或"自然德性")一般是比较淳朴、率真的德性,但有两个明显的问题:一是没有经过思想意识的作用,对这样的德性没有形成确信,在外在因素的影响下很容易产生怀疑。这种德性很容易发生变化,在社会变革时期尤其如此。二是这种德性没有经过人的自主构建,不完备、不高尚,甚至是残缺不全的。这种德性不可能成为人幸福的工具、保障和内容。自发德性是不完全意义上的德性,如果将这种德性也看作德性的话,那么它是德性的最低层次。人如果一辈子停留在这种德性水平,就不可能有幸福,也不可能成功。德性自发形成阶段一般从人出生后就开始,但到什么时候终结则因人而异。有的人很早就有了德性意识,因而很早就开始走出了德性自发形成阶段,有的人较晚才开始走出这个阶段,而有的人一生都没有走出这个阶段,始终都处于这个阶段。走出这个阶段是以人的德性意识觉醒为标志的,而人的德性意识觉醒则以人的自我意识觉醒为前提,因而走出德性自发形成阶段一般要到 14 岁左右。

德性养成阶段是人到一定青少年阶段,在某种因素(如学习伦理学或哲学)的影响下开始对自己的自发德性进行反思、批判和确认,并在此基础上养成自己的基本德性的阶段。其主要特点是已经有了德性意识,并在此基础上开始了自觉的德性养成活动,包括对自发德性进行的反思和清理。这里所说的"养成",本身就包含了人的主动性的意味。这样形成的德性一般是自觉的、智慧的德性。它可以避免出现自发德性的两个问题,个人对这种德性更确信并因而具有耐冲击的韧性。这样的德性才是人生幸福所需要的德性。

德性养成阶段可以分为广义的和狭义的。广义的德性养成阶段指从最初开始自觉进行德性养成一直到不再进行德性养成为止的阶段,相当于德性修养的阶段。对有的人来说,这个阶段一直到他们去世才终结。狭义的德性养成阶段指自觉进行基本德性养成的阶段,大致上是在离开学校进入社会前。我们是在狭义上使用德性养成的。在这种意义上,养成的德性也还有其局限性,主要体现在两个方面:一是所养成的德性是基本德性,还有很多派生德性,特别是一些基本领域(如职业生活领域、个性生活领域)的德性还未形成,因而这种德性有较大的局限性,还不完备。二是所养成的德性还是基础性的,还不高尚。德性养成阶段主要从进入初中前后开始,但到什么时候终结也是因人而异的。有的人可能终生就处于这个阶段,而有的人较早就步入了德性完善的阶段。一辈子处于这一阶段的人,德性肯定不会达到完善的程度。

德性完善阶段是指人在德性养成的基础上进一步使德性结构完备、德性层次提升的阶段。其主要特点是有强烈的德性意识和使德性完善的愿望,并为此而自觉进行德性修养。这个阶段的目的有两个:一是在具备基本德性之后追求德性的完整,使德性覆盖人生的各个方面。二是对形成的德性进行提升,使之达到更高的水平或境界。这两个目的在不同人那里、在同一个人的不同时段可能是分离的,也可能是结合在一起的,但有所侧重。这是一个典型的德性修养阶段,需要更强烈的德性意识和更高的智慧水平。这个阶段一般要到大学毕业后才会开始,但有的人可能开始得更晚一些,当然,更有不少人一辈子都没有开始这个阶段。特别是在德性被边缘化的当代社会,为数众多的人甚至从未想过要进行德性修养以使自己的德性走向完善。

德性维护阶段是指对人的德性养成和完善阶段形成的基本德性、完整德性和所达到的德性水平不断加以维护使之不丧失、不缺损的阶段。其主要特点是在德性意识的作用下经常反思自己的德性状态,有意识地使德性保持在原有水平。德性由于不是人性的自发倾向,而是人在环境中自发形成的,或者是自觉修养的结果,它容易受到人本性自然倾向的侵蚀,也会受到外来诱惑或压力的冲击。不用心维护德性,就很有可能出现德性丧失、德性不完整、高尚的德性水平下滑的情况。因此,德性维护是人保持德性水平必须不断进行的活动。德性维护的过程在一定意义上也可看作德性养成和德性完善过程的一部分。这个过程是以经过养成和完善形成了自觉德性为前提的。

对于以上这种划分,有三点需要补充和强调:

第一,在德性形成发展的过程中,人的德性意识和德性自觉非常重要。如果从这两方面来看,人的德性形成发展大致上可划分为前反思阶段、反思阶段和后反思阶段。在前反思阶段,人没有对自己的德性进行反思、没有形成德性的自觉要求,只是在他人或环境影响下自发地形成德性。在反思阶段,人在理智或智慧的作用下产生了德性意识,并通过理智或智慧对自己在前反思阶段形成的德性进行反思、批判和确认。在后反思阶段,人在对德性进行反思的基础上自觉地养成、完善和维护德性。前反思阶段形成的德性是自发的德性,反思阶段和后反思阶段形成的德性是自觉的德性。用休谟的话说,前者是"自然的德性"(the natural virtues),如大方、慷慨和同情;后者是"人为的德性"(the artificial virtues),如公正、忠诚。① 在这三个阶段中,后反思阶段是以反思阶段为前提的,后反思阶段在一定意义上属于反思阶段。

第二,前述四个阶段,后一阶段一般以前一阶段为前提和基础,但后一阶段并不是前一阶段的必然演进。一个人完全可以停留在或"固置"于其中的某一过程。一个从未与外部世界接触过的人,他的德性可能始终都是自发的德性。不少人的德性

---

① David Hume, *A Teatise of Human Nature*, China Social Socionces Publishing House, 1999, p.477.

可能一辈子都处于养成阶段,至死都没有养成基本德性。因此,对人们进行德性教育,启发人们的德性意识、让人们了解德性的特性和掌握德性修养的知识,对于人们的德性完善具有重要意义。

第三,德性变化的过程可能是一个不断上升的发展过程,也可能出现相反的过程,即从高尚到低劣、从完整到残缺、从具有到丧失。这个过程也是一种德性的变化过程,在现实生活中这种过程并不鲜见。因此,德性存在着一个维护的问题。

二、道德培育与德性养成完善

影响德性形成的因素无非三种:一是环境,二是教育,三是修养。环境通常是被动地对人们的品质产生影响。道德教育和道德修养与环境影响不同,它们都是主动地作用于个人使之形成德性。道德教育是一种德性形成的外在主动作用力量,它通过教导、培养和知识传授等途径使人们自发地或自觉地形成德性,而道德修养是一种德性形成的内在主动作用力量,它在道德教育的影响下自主养成和完善德性。因此,道德教育与道德修养在根本目的上是一致的。

人们的德性是教育的结果,没有德性教育就没有德性的自发形成、养成和完善。首先,德性教育是德性自发形成的前提。人的许多具体的德性是自发形成的,这种自发形成的德性是德性走向完整和高尚的重要基础。一个人自发形成的具体德性越丰富,德性完善的基础就越厚实。道德教育对于人们应该怎样行动、应该养成什么样的品质具有直接的指导作用和培养作用。其次,道德教育是走向德性养成的桥梁。在人的德性形成发展过程中,从德性自发形成到德性自觉养成的转变是一个关键的环节。道德教育还为德性完善提供指导。德性完善既包括德性完整,也包括德性高尚。德性完善需要德性教育作指导,同时需要德性修养工夫来实现,德性完善是在德性教育指导下通过德性修养实现的。

德性修养是道德修养的基础和关键。德性修养使人具有德性,而德性使人的情感变成道德的,形成基本的德情即良心,并可以在此基础上产生更高尚的德情。人的理智可以控制情感,可以使某种情感成为道德的,但要形成那种持久存在并自发地发生作用的德情,则需要德性,因为只有德性才能作为心理定势每时每刻地对情感发生作用,使情感成为道德的。德性修养使人有德性,而德性与理智的结合,就形成了智慧。因此,形成智慧与形成德性大致上是一个过程。在当代社会,随着高等教育大众化、普及化时代的到来,每一个正常的成年人都有一定的知识、能力和观念,而缺少的往往是德性。如果人们都具有德性,他们就具有了基本的智慧。人们修养德性的过程实际上也就是修养智慧的过程;人们在具有了基本智慧的基础上,还要进一步通过智慧修养变成具有高度智慧的人。

德性修养不仅是道德修养的基础和关键,而且是整个人生修养的必要组成部分,并在整个人的修养中具有基础地位,是使人达到更高人生境界的基础。人生的不同境界有不同的要求,但较高的境界(君子境界和圣人境界)都必须有德性要求,否则它就不能称为人生的高境界。一个不具备基本德性的人不是一个发展得好的人,充其量只能是一个占有资源很多的人或者职业成功的人。德性是人生较高境界中不可缺少的部分。因此,为了达到更高境界所进行的修养必须包括道德的方面,尤其是德性的方面。德性修养是人生修养的有机组成部分,而且不同的人生境界有不同的德性及其修养的要求。同时,德性修养在整个人生修养中具有基础性的地位。人生修养是为了达到更高的人生境界,而更高的人生境界必须以德性为基础。缺乏德性,人不可能达到更高的人生境界。一个人观念再正确、知识再渊博、能力再强,如果不具备德性,就只能处于生存的境界而不可能进一步提升和超越。因此,德性修养也是整个人生修养的基础和保障。

德性教育和德性修养是对人们德性的形成具有能动作用的两种主要活动。德性教育是从外部对个人德性形成施加影响的德性帮助活动,德性修养是个人自己在德性教育的影响下自主进行的德性塑造活动。对德性形成而言,德性教育可以通过德性修养起作用,也可以直接起作用,而一旦个人开始进行德性修养,德性教育的作用便退居次要地位,或作用消失。就个人德性形成而言,德性教育可称之为"德性他助活动",德性修养可称之为"德性自助活动"。通过德性教育直接起作用形成的德性是自发形成的德性,尽管此过程中,个人的自主性也会发生作用,但这种德性不是完全自主选择的,不是自觉的德性;而通过德性修养形成的德性是自觉形成的德性,这种德性是人完全自主地选择和造就的德性,因而是真正自主的德性或自觉的德性。由此看来,德性教育与德性修养既有一致性又有不同的功能。

三、道德运气问题之争

提出"道德运气"(moral luck)概念并使之成为现代西方伦理学的一个热点问题的是伯纳德·威廉斯(Bernard Williams,1929—2003)和托马斯·内格尔(Thomas Nagel,1937—　)。他们的文章最初发表在1976年亚里士多德学会的一次学术研讨会上,并被收入该学会的会刊第50卷(1976年)。虽然他们两人在文章中强调的重点不同,但道德运气都是他们关注的中心问题。"他们两人都对道德免受运气影响的断言提出了挑战,力图表明运气威胁道德并不亚于它威胁人生活的其他领域。他们为他们称为道德运气的东西作论证,并给哲学赋予了一个新概念和一个广泛的问题领域。这些新的观念在哲学家中引起了极大的兴趣和巨大的反响。"[①]

---

① Daniel Statman,"Introduction",in Daniel Statman,ed.,*Moral Luck*,Albany,NY:State University of New York Press,1993,pp. 1-2.

　　威廉斯不赞同康德的道德观点并提出最好放弃道德概念,代之以更广泛的"伦理学"概念。他不只对康德的道德思想提出了挑战,也对关于道德的常识观念提出了挑战。他认为,道德免受运气影响的观念是"基于我们的道德观念的"。为什么会这样?在威廉斯看来,对康德道德观点来说,运气对每个人都不同,但我们会认为至少有一种价值是所有人都同样可利用的,那就是道德价值。张三也许比李四富有,但这并不意味着张三是一个更好的人。一个人道德也许更优秀,但运气与道德上的优秀没有什么关系。这样,道德就给我们提供一种安慰,用威廉斯的话说,道德"给世界的不公平提供一种慰藉"。然而,"即使道德价值根本上不受运气支配,但如果道德价值只是其他价值当中的一种,那么它不受运气支配这个事实就变得没有多大意义了"[①]。为了使道德具有这种慰藉作用,必须假设道德价值具有一种特殊的、实际上至高无上的重要性或尊严。只有道德价值真正具有这两个特征(是免受运气影响的和是价值的最高类型),它才能给我们威廉斯所描述的慰藉。正是针对这种观点,威廉斯提出了"道德运气"的概念,并为其存在作论证。

　　近几十年来,关于道德运气的研究很多,有关的争论也不少。我们在这里不可能对道德运气进行专门的研究,但从德性论的角度看,如果我们承认环境和个人的观念、知识、能力,以及认识、情感、意志和行为活动对德性有程度不同的影响,就要承认对德性自发形成、养成、维护和完善来说,道德运气是存在的。

　　"运气"在汉语中的意思有两种:一是命运,二是幸运。汉语"运气"的英文对应词是"luck",意为"机会,特别被看作带来好运或坏运的机会"。汉语中的"运气"与英语中的"luck"含义大致相同,既泛指对人的生存发展有利或不利的机会,在这种意义上,运气有好运气和坏运气之分,也特指对人生存发展有利的机会,在这种意义上存在着有运气和没有运气的区别。广义上的运气应该包括生存和发展的环境、条件和机遇,既包括外在的运气(家庭、学校、单位、社会等环境、条件和机遇),也包括内在的运气(个人禀赋、受教育程度,以及观念、能力、知识、活动等)。

　　从人的品质形成的角度看,无疑存在着有利于品质成为德性的因素,因而存在着运气。这种运气可以说是道德运气的一种,可以称之为"德性运气"。道德运气可以划分为两种,一种是德性运气,另一种是德行运气。前者主要指德性形成和保持过程中的运气,后者指人们在实际行动过程中的道德意义上的运气。与"运气"一词可以在两种意义上使用一样,"德性运气"一词可以在广义上使用,也可以在狭义上使用。前者是在中性的意义上使用,相当于"品质运气",我们可以说一个人德性运气好或者德性运气坏;后者是在正面的意义上使用,我们可以说一个人有德性运气或者没有德性运气。

　　德性运气可以从两方面看,一是从外在因素(环境、条件和机遇等)看,大致相当

---

① ［英］伯纳德·威廉斯:《道德运气》,徐向东译,上海译文出版社 2007 年版,第 31 页。

于内格尔所说的"环境方面的运气";二是从内在因素(如禀赋、气质、受教育程度以及观念、能力、知识、活动等)看,大致相当于内格尔所说的"生成方面的运气"。

外在的德性运气主要表现在,如果一个人生活和工作在德性之家、德性之校、德性之单位和德性之社会,他就更有可能形成德性的品质,这样的人我们可以称他为德性运气好或有德性运气。反之,如果一个人生长在道德风气不好的家庭、学校、单位和社会,他形成德性的品质的难度就会大一些。当然,实际的情形更为复杂。一个人面临的生活和工作环境可能会不一致,如家庭是德性之家,而社会是道德风气不好的社会,或其他不一致的情形。总体上看,环境越具有德性氛围,越有利于个人德性形成。同时,家庭、学校、单位和社会的其他条件对德性有重要影响。例如,一个家庭比较富有,能让孩子接受良好的教育,这显然也有利于孩子的德性形成。同样,一个社会富裕、文明、和谐也有利于其成员德性形成。

内在的德性运气主要表现在,一个人较好的潜能得到好的开发(受到适当的教育),并在这些基础上形成了正确的观念、渊博的知识和卓越的能力,他的品质更有可能朝德性方面发展,而且可以达到较高的层次。在这些德性运气因素中,有些是人能自主控制的,有些是人不能控制或不能完全控制的。人的禀赋一般是个人不能完全控制的,人受教育的程度也是个人不能完全控制的,而人的观念、知识和能力受人控制的可能性相对较大,但也受禀赋、受教育程度的影响。当然,这里的情形也很复杂,有的人禀赋虽然不那么好但开发得充分,而有的人禀赋好但开发得不充分,有的人虽然受到良好教育,但观念并不正确,知识、能力也存在问题。

德性运气对人的德性发展过程的影响程度是不一样的。德性运气对德性自发形成有关键性甚至决定性的影响,对德性的养成和完善的影响相对较小,而对德性保持的影响又相对较大。在德性自发形成的过程中,内外在因素在一定意义上都可以看作德性运气。这些德性运气因素特别是外在因素对个人德性的自发形成具有至关重要的作用。一个人出生时的禀赋、家庭环境、社会环境等不是个人能决定的,但它们作为个人不可控制的因素直接提供给个人。个人正是在这样的条件下形成自己的自发品质的。一个人生活的家庭、学校和社会的德性环境好,他的品质就会健康形成。在这三种因素中,家庭的影响最大而且最直接。一个生活在家长有恶性的家庭的孩子,就很难形成德性的品质。在未成年的阶段,特别是在学前,家庭的因素对孩子品质的影响是决定性的。在学校阶段,他们还会受到学校和社会环境的影响。在未成年阶段,个人的禀赋会起一定的作用,但与外在因素相比,其作用要小得多。

成年以后,特别是当一个人有了德性意识以后,内外在因素的影响还会起作用,但不是主要的。这时,德性形成的关键在个人的主观努力。因此,当一个人成年之后,德性运气的影响会退居第二位,而个人在德性方面的作为作用会凸显。这里有两点是值得注意的:一是有的人到了成年阶段,他们在德性方面仍然处于自发形成状态。

德性运气因素此时对他们还起着主导作用,没有退居到第二位。这种情况属于品质发展不正常的状态,因为对成年人来说,德性运气因素本应退居第二位。二是到了成年阶段,德性运气因素在一定意义上可以不被看作运气因素。德性运气因素虽然不能完全为个人所控制,但个人可以在不受或少受这些因素的影响下,通过自我德性修养养成并完善德性。

　　无论自发形成的德性还是自觉养成的德性,都存在着保持的问题。在德性保持的过程中,德性运气的各种因素也会对已经形成的德性产生较大的影响。就自发形成的德性而言,由于这种德性主要是非自主形成的,在很大程度上没有经过智慧的作用,因而在后来保持这种德性的过程中如同在它形成的过程中一样深受运气的影响。当原来的德性运气因素发生变化,德性也可能会相应发生变化。就养成的德性而言,这种德性养成之后还需要不断地修养加以维护,一旦停止了道德修养,原来的德性可能就会在较大程度上受道德运气因素的影响。

　　德性运气对于德性具有重要影响,而影响最大的是自发形成的德性,但德性运气的这种影响力可以通过德性修养加以克服。对注重德性修养的人来说,德性运气有一定的影响作用,但至少不是决定因素。如果我们将真正的德性看作是通过德性修养养成和完善的,那么德性运气对于德性的意义就是不大的。只有德性修养才是德性养成和完善的决定因素,对一个成年人来说,德性运气不好不能成为自己品质不好的辩护理由。

案例分析:

　　苏格拉底之死:彰显高尚德性。

思考题:

1.怎样理解德性?

2.德目有哪些基本类型?

3.怎样理解人性? 人性与人格是什么关系?

4.德性对于幸福有何重要意义?

5.道德存在不存在运气问题?

第四章　正当论

　　伦理学正当论是研究道德行为及其规范的,道德规范是正当论的研究对象,"正当"是正当论的基本范畴,其对立面是"不正当"。正当体现的是道德的一般价值——善在行为方面的要求。正当局限于行为,所依据的是道德规范。道德规范及其体系是整个社会规范及其体系的基础和依据,但有其特殊控制机制。道德规范是判断、评价行为正当与否的标准,也是选择道德行为的主要依据。行为的自主性决定了人们必须对自己行为的正当与否负责。社会的道德规范只有内化于个人才能真正发挥作用,其标志是个人的道德感形成。道德感形成后,人不仅能"从心所欲不逾矩",还能拥有道德豪情、道德气节。本章主要讨论正当的含义与意义、正当适用的行为及所依据的道德规范、道德规范体系、正当的判断和评价、正当的责任、道德规范体系内化与道德感形成等问题。

第一节
正当论的基本范畴：正当

　　道德正当是与道德规范的出现相伴随的。正当问题也许在人类进入文明社会时就已经出现,但真正把它作为一个突出问题加以对待是出于市场经济兴起后近代西方在自由的前提下建立社会秩序的需要。由此可以看出,行为正当问题对于社会的重大意义。正当是行为道德性的一般标准,其对象是行为,而其标准是道德规范。对正当问题的重视标志着伦理学从传统重视德性问题到重视规范问题的转向。

一、正当不正当的一般含义

　　正当与伦理学的其他基本范畴之间的一个重要区别是,它在社会中广泛地被使用。它不仅用于道德领域,也用于法律领域、政治领域、经济领域、文化领域等。人们可以从不同角度进行正当不正当的评价,其评价范围不仅包括社会行为,也包括人们的各种诉求(包括欲望、愿望、要求等)。当人们在日常意义上使用正当时,特别是用于人们的诉求时,侧重的是诉求的合理性,其中包括合法性或合规性。例如,当一个人的法定权利受到侵犯时,这个人要求保护自己的权利,这种诉求被认为是合法的,通常也被认为是正当的。

汉语"正当"的英语对应词是"right"，"right"的一般含义是"正确的"，因此英语的"right"比汉语的"正当"含义更广泛，包含汉语中"正确"的含义，可用于更广泛的范围。一个人选择一种合适的方式去北京出差，他的选择就可以被认为是正确的。在英语语境中，"正当"与"正确"之间没有严格的界限，而在汉语中"正当"和"正确"之间还是界限分明的。"正当"主要用于行为、诉求符合某种规定或惯例，而"正确"则一般不用于这些领域，而用于其他更广泛的领域。例如，在评价一个人文章中的某个句子时可以用"正确"表达它是否符合语法，而不用"正当"来加以表达。这是汉语与英语在习惯上的差异，汉语的"正当"具有更明确的道德含义。

即使在汉语中，道德意义上的正当既不同于日常生活意义上的正当，也与法律、政治领域使用的正当不相同。所谓道德意义上的正当，是指人们有意识的社会行为符合社会道德规范。正当是道德规范的一般标准，是判断和评价行为具有道德价值的依据。说一个行为是正当的，即是说该行为具有道德价值；说一个行为不正当，则是说该行为不具有道德价值。因此，在道德意义上，正当实际上是善在行为上的体现，正当的行为也可以说是善的行为。之所以要把善的行为说成正当的行为，是因为"正当"一词体现了行为与社会道德规范的关系，更具有规范性质。正当是对人们应当怎样或不应当怎样的判断和评价标准，也就是对被评价为正当的行为的肯定，因而它就隐含着应当如此的实践要求，而这正是正当的规范意义之所在。例如，说"孝敬父母"是正当的，就意味着每一个人应当孝敬父母。人们只有这样做，其行为才是正当的。

关于上述道德正当的界定，需要从以下几个方面进一步阐述，以便对道德正当有更准确的理解。

首先，道德正当的判断和评价的对象是人们有意识的社会行为。正当以社会规范为标准，因而它适用的范围也是与社会规范相同的。一般而言，社会规范只规定那些可能对他人、组织群体、自然环境等产生影响的行为，也就是只规定那些可能影响作为社会存续和发展基础的社会秩序的行为。因此，并不是人的所有行为都存在正当不正当的问题，只有那些与他人、组织群体、自然环境等有关的行为，即通常所说的社会行为，才有正当不正当的问题，也才存在着社会责任问题。那些纯粹个人的有意识行为一般不存在正当不正当的问题，也不存在社会责任问题。例如，个人的生活起居行为和受到法律保护的隐私行为一般就不存在正当不正当的问题。当然，在历史上和现实中，常常有人把一些并非社会行为的行为纳入道德正当与否的评价范围，这是不正确的，这样做就是侵犯他人的合法权利。

其次，道德正当的性质取决于它是否符合道德规范，符合就是正当的，不符合就是不正当的。道德正当是行为道德的标准，但实际上它只是一个一般意义的标准，甚至可以说只是一个名义的标准。正当的实质性标准是社会的道德规范。社会指的是基本共同体（国家），自古以来，人类都生活在不同共同体之中，不同共同体有不尽相同的道德规范。因此，在正当这个一般标准的名义下，各个社会正当标准的实质内涵是不一样的。这跟德情、德性及善的标准一样，伦理学上使用的是相同的标准，而各个社会则是在相同名义下赋予了它们不同的内涵。比如，中国把"应当孝敬父母"作为道德规范，不孝敬父母的行为就是不正当的。然而，在西方有的国家，这并不是一个道德规范，因而不孝敬父母的行为无所谓正当不正当的问题。

这里存在着一个对符合道德规范的理解问题，伦理学史上对这个问题长期存在着动机论和结果主义之争。动机论认为，行为符合不只是外在地符合规范，而主要是内在地符合，即出于对规范的敬重而按其要求去做。结果主义则只重视行为外在地符合，至于行为的动机和意图不是重要的。不过，伦理学一般都比较注重行为的动机，即使是结果主义也并不是简单地否定动机的必要性，只是觉得动机考察起来很麻烦，难以确定。这一点实际上体现了道德正当与其他种类的正当之间的一个重要区别。用非道德的正当评价行为是否正当，一般不考虑行为的动机问题，但道德正当评价一般都会考虑行为的动机。

再次，用以判断行为正当与否的道德规范是社会的基本道德要求，包括底线伦理。行为正当与否的标准是道德规范，而道德规范只是道德对社会行为的基本要求。道德规范有些是肯定性的，其表达通常用"应当"作为联系词，如"应当孝敬父母"；有些是否定性的，其表达通常用"不应当"作为联系词，如"不应当偷盗"。否定性道德规范的规范性更强，可视之为社会的底线伦理。社会除了道德规范的基本要求，通常还有道德理想的更高要求。比如，中国传统社会要求人们要成为君子以至成为圣人。这种要求就是理想要求，它具有引导性，而不具有规范性，达不到这种要求的人不是不道德的，只是不优秀的。这里需要注意的是，我国传统社会没有在基本道德要求与理想道德要求之间作出区别，结果常常是用理想道德要求规范和评价人们的行为。按照这种标准来评价，社会中的大多数人都不符合道德要求，都被看作是不道德的。社会道德规范的情况十分复杂。比如对今天的中国社会来说，道德规范有些是来自国家的规定，如2019年中共中央、国务院印发的《新时代公民道德建设实施纲要》中规定的道德规范，还有许多传统文化中传承下来的道德规范，也有一些适用于一定地区（如少数民族地区）的道德规范，等等。这种情况可能会引起不同规范之间的冲突。从伦理学的角度看，人类的不同社会应有某种统一的共同的道德规范标准，这种标准应像技术标准那样具有普遍适用性。

最后，道德正当性标准是二值标准，或者是正当的或者是不正当的，没有更正当、最正当的说法。道德正当指行为符合最低的道德要求，并不体现行为的道德价值的大小和行为者道德素质或道德境界的高低。正当是用来评价人们的行为是否符合义务和责任的，因而对一个行为来说，它要么是正当的，要么是不正当的，不存在中性的行为,也不存在正当或不正当的层次标准。在这一点上,道德正当标准如同法律等其他正当标准一样,具有唯一性。在一个行为与义务或责任发生关系时,或者说对一个义务行为或责任行为来说,关于它的判断和评价只会是要么是正当的,要么是不正当的。它否定那种既正当又不正当的情形或无所谓正当与否的情形。例如,一个人照顾父母的行为就是正当的,不能说它有些正当或有些不正当。这实际上是表明,正当标准只是一种定性标准,而不是定量标准。至于一个行为在多大程度上符合道德规范才算是正当的,没有确定的标准,主要取决于评价者的评价以及公众对评价的认同度。

二、行为与道德行为 [①]

在汉语中,"行为"的意思是受思想支配而表现在外面的活动。它与行动、活动的意思大致相当,没有严格的区别。与汉语"行为"对应的英文词主要有四个,即behavior、action、act 和 conduct。"behavior"指行为或一个有机体的反应,通常是就与环境的关系而言的。它可以是有意识的或无意识的、公开的或隐蔽的、自愿的或不自愿的。"action"则特指人的行为,意思是一个人能做的某事。"act"与"action"意思相近,都表示行为动作,但"act"指一时的或个别的行为或动作,注重效果而不注重过程,"action"则指持续而又复杂或长期的行动,强调动作的过程。"conduct"既指一般意义的行为,也指与道德或伦理相关的行为。在这四个词中,"behavior"含义最广,涵盖"action""act"和"conduct",既指动物的行为,也指人的行为。

在哲学意义上,行为(action)指行为者主观见之于客观的活动,是行为者出于一定动机、在一定环境中为实现某种目的所从事的身体运动。行为涉及行为者、意图、目标、动机和环境条件等因素,这些因素是缺一不可的,否则行为就不能发生,如投球涉及投球者及方方面面,包括意图、目标、动机、控制的身体运动,以及投球的场地、球栏、球等。行为是这多种因素的协调统一,具有适应性、多样性、动态性、指向性、可控性、发展性和整合性等特点。

首先,行为有行为者,行为者是行为的主体。行为的主体要成为行为者必须有意识并能在意识的主导下从事身体运动。一个人如果没有意识,尽管他可能有身体的运动,但他并不能成为行为者。同时,行为者必须能进行身体运动。一个人即使有意识,但他没有身体运动的能力,他也不能成为行为者。例如,一个全身瘫痪的人有清醒的意识,但不能进行身体运动,他的意识控制不了他的身体,我们不能说他是行为者。只有那种具有意识、具有运动能力并且意识能控制运动能力的人才能成为行为者。

其次,行为总有一定的目的(意图、目标),而且这些目的要转化为动机。人的行

[①]　请注意,"道德行为"像"道德情感""道德品质"一样,经常在中性的意义上使用,指道德意义上的行为,可能是指道德的或正当的,也可能是指不道德的或不正当的。"道德情感""道德品质"的情形也一样。

为可以追溯到人的需要，需要转化为欲望或兴趣，欲望或兴趣再转化为意图并转化为目标，目标在一定环境和条件下转化为动机。与行为直接相关的是意图、目标和动机，行为总是出于动机而指向目标以实现意图的。这些正是人的行为具有意识的表现。感冒不被看作行为，但一个人感冒了，对感冒进行医治（如看医生、吃药、打针等）则是行为，因为这种活动是有意图、目标和动机的，是为了治好感冒而有意识地进行的。人们通常把身体运动看作行为，这种理解是表面的，身体运动只是行为得以可能的因素，或者说，是行为的外显方面。行为还包括内在动机，如果没有动机，即使有身体运动，也不算是行为。

再次，行为是在一定的动机驱使下进行的身体运动。行为总是通过一定的身体运动实现的。身体的运动包括四肢的运动，也包括身体其他部位的运动。有些行为是复合的身体运动，而有些则是单一的身体运动。投球是一个复合的运动，不光需要四肢运动，还需要眼睛的运动；而鄙视的眼神是一种单一的运动，只有眼睛的运动。有的人把做某事的决定也看作行为，即精神行为，这种看法混淆了行为与活动。活动可以划分为心理活动和行为活动。心理活动是人们内心进行的活动，包括精神活动，如做决定就是精神活动或思想活动。与心理活动不同，人的言语（主要是说话）包括了行为的各种要素，大致上可以算得上行为。约翰·奥斯丁（J. L. Austin）把语言看作人的一种特异的行为形式，并提出"言语行为"（speech act）的概念。他将言语行为划分为言内行为（locutionary act）、言外行为（illocutionary act）、言后行为（perlocutionary act）。此处的"行为"指的是言语的意义，而不是真正意义上的言语行为。

最后，行为总是在一定环境中并在具备必要的条件下进行的。人每时每刻都生活在环境中并与之展开积极互动，而正是在这一互动的过程中，人的行为塑造成型。人们有了行为的动机后，一旦有合适的环境条件就会产生相应的身体运动。有必要的条件和环境，行为才得以可能，否则即使有动机也不能产生行为。心理学的古典行为主义将行为看作环境刺激的反应，这种观点虽然有失偏颇，但并非毫无根据。任何行为都离不开环境，也离不开行为所需要的条件。

人的有意识的行为大致可以划分为道德的（正当的）行为、不道德的（不正当的）行为和许可的行为。道德的行为是具有正面道德价值的行为，通常称为德行或正当行为；不道德的行为是具有负面道德价值的行为，通常称为恶行或不正当行为；许可的行为则是无所谓正当不正当的行为，也就是说一般不具有道德意义的行为。这种划分主要是从评价行为的角度看的。就是说，仅仅从评价的角度看，行为可划分为正当行为、不正当行为和许可行为。在日常生活中，道德的行为和不道德的行为通称为道德行为。"道德行为"像"道德情感""道德品质"一样，通常在中性的意义上使用，是指具有道德意义的行为。

正当行为主要有四种类型：德性行为、德情行为、规范行为、选择行为。（1）德性行为是指出于德性品质的行为。一个具有善良德性的人,在相应的情境中,他的善良德性就会无意识地转变为动机,并按善良德性的要求行动,这种行为就是德性行为。(2)德情行为是指出于道德情感的行为。在抗美援朝战争中,志愿军战士出于对祖国的大爱跨过鸭绿江赴朝作战就属于德情行为。(3)规范行为则是指遵循道德规范的行为。信守承诺是一个道德规范,以按这一规范行动为动机,并遵循这一原则行动,此时的行为就是规范行为。(4)选择行为是在既无德情和德性作动机,又无道德规范或不知道德规范的情况下,人们凭理智或智慧选择的行为。在这四种德行中,智慧通常均会发挥作用。出于德性或德情的行为还需要智慧辨析情景,规范行为需要智慧选择和监督,智慧对选择行为来说更是决定性的。

正当行为的情形相当复杂,不同的伦理学派在这个问题上存在着分歧,主要表现在两个方面:一是什么样的行为算正当行为,二是什么样的正当行为价值更高。

关于什么样的行为算正当行为,除了动机好、效果也好的行为被公认为正当行为,还存在着以下四种复杂的情形:第一种情形是为了某种非道德的目的、出于非道德的动机而有意识地采取的具有道德效果的行为。由于正当行为能得到某种好处,如给人好印象从而使别人相信自己,因而有的人为了得到这种好处而采取这种行为,达到了某种道德的结果。第二种情形是"无意插柳柳成荫"的行为。行为者本来没有正当行为的动机,但行为的结果具有正面的道德价值。第三种情形是"歪打正着"的行为。这种行为的动机本来是恶的,但行为的结果具有正面的道德价值。第四种情形是出于德情或德性的行为、遵循道德规范的行为,其结果是不道德的,甚至是恶的。我们通常说的"好心办坏事""帮倒忙"就属于这种情形。

对于如何看待正当行为的这些复杂情形,康德道义论与功利主义的结果主义之间存在着根本的分歧。按照康德道义论的观点,行为是不是正当、是不是具有道德价值,要看该行为是不是出于善良的动机,是不是遵循了道德规范,只要行为动机是善良的,并按道德规范行动,无论其结果如何,该行为都是正当行为。相反,按照功利主义的结果主义观点,一个行为无论其动机如何,也不论是否遵循道德规范,只要其结果是好的,那就是正当行为,就具有道德价值。这两种观点各有利弊,但相比较而言,康德的道义论观点更符合人们日常的道德观念。人们日常的道德观念是,一个行为无论结果如何,只要是出于道德的动机,那就是正当行为,就具有道德价值。

关于什么样的正当行为价值更高,以亚里士多德为代表的德性伦理学家与以康德为代表的道义论者之间存在着分歧。按照亚里士多德的看法,出于德性"倾向"所产生的正当行为在道德价值上要优于因为自制(控制自己的欲望)而产生的正当行为,因为前者是出于德性的,后者尽管可能出于责任但不一定出于德性。而在康德看来,一个人为了责任而自制所产生的正当行为在道德价值上要优于出于倾向产生的正当行为,无论这种倾向是不是德性或德情的倾向。

实际上,就效果相同而言,出于德情、德性的正当行为与出于自制(康德所说的出于责任的自制)的正当行为在道德价值上是相等的,但出于自制的正当行为的难度要大于出于德情、德性的正当行为。两种行为的动机都是善的,又都具有相同的好效果,所以它们的道德价值是相同的。但是,出于自制的德性需要理智或智慧的选择,需要意志力的控制,而出于德情、德性的正当行为通常是自然而然的,因而前者要比后者难做到,而且风险也比较大。正因为如此,社会更应该注重人们的德情、德性培育。那种出于义务的正当行为应被看作行为者不具备德情、德性的情况下不得已而为之的选择。

三、正当的社会性及其根源

道德的正当与道德的价值、德情、德性等概念不同,它纯粹是一个社会性范畴,所体现的总是社会对其成员行为的起码道德要求。说一个行为正当,是指它是符合社会道德规范的,而符合社会道德规范则意味着是有利于社会稳定和有序的。人类社会之所以需要道德正当和道德规范,归根到底是人的社会性决定的。

人的本性是谋求更好地生存和发展,这种本性体现在两个方面,一是人的自为性,二是人的社会性或社群性。这两者是紧密相连的,人的自为性体现为人自立、自主、自强,但人的自为不能脱离他人、不能脱离他生活的基本共同体。人类生活的基本共同体经历过原始人群、氏族公社、传统国家、现代国家等阶段,它们也是人类基本共同体的几种基本形态。今天,人类的基本共同体是国家,未来的基本共同体最终将超越国家。人类共同体的范围越大,越能给人的自为提供更多的条件和机会。但不管人生活的基本共同体是大是小,都不能改变人必须在社会中生存发展的事实。人必须在社会中谋求自己所需要的一切,必须通过自己创造的价值换取他人创造的价值。正是在这种意义上,亚里士多德称“人是政治的动物”,马克思说“人的本质不是单个人所固有的抽象物,在其现实性上,它是一切社会关系的总和”[①]。

人们在一定基本共同体中生活就必须有一定的规则。如果没有大家共同遵守的规则,人们在自为的过程中就会相互妨碍、相互伤害,还会对社会整体造成破坏。但是,社会仅仅有规则是不够的,因为人们总会有意或无意地破坏规则,导致规则不能真正起作用。于是,社会就需要有防止人们破坏规则的社会控制机制,其作用在于对那些破坏规则的人进行适当惩罚,使人们对规则有敬畏感,从而在人际交往中自觉遵守规则,注重自己行为对他人和社会的影响。这样,社会制定的规则和保证规则实施的机制一起就构成了社会的规范。因此,社会规范不只是规则,还包括规则背后的控制机制。

[①] 《马克思恩格斯文集》第 1 卷,人民出版社 2009 年版,第 501 页。

　　人类的社会规范是发展变化的。在原始人群阶段，人类的群体与其他动物群体没有明确区别，也许根本没有社会规范，群体完全靠着血缘关系维持。到了氏族公社阶段，人类逐渐有了各种禁忌、惯例等。这些就是当时的社会规则，而为其提供保证的除了氏族部落首领或长者的权威，还有图腾、神灵等。于是规则就具有了规范的意义。进入文明社会后，人类基本共同体的范围从氏族部落扩大到国家，从熟人社会扩展为生人社会，从家族内部的自然长幼、尊卑关系转化为统治者与被统治者之间的关系。在这种新的情况下，过去的禁忌、惯例等显然过于简单以至于不能适应新情况，需要重新制定社会规则，过去原始宗教的神灵及氏族部落长者的权威已经不能起到使全社会所有成员遵循规则的控制作用。

　　在文明社会条件下，社会规范逐渐发生了四大变化：其一，社会规则（其形式有义务和责任）开始取代过去的禁忌、惯例。二者之间的最大差异在于，社会规则是统治者规定和认可的，体现了统治者的意志，并且开始条文化。《尚书》记载，我国在尧舜时代就已经有了社会规定的"五典"即五种道德规范。其二，社会有了比较明确的控制人们遵循规则的机制。我国在尧舜时代就已经设有掌管"五典"的社会管理者，他们负责社会义务的宣传、教育和督察。其三，社会规范复杂化，除了道德规范，还有法律规范、行政规范等。法律规范是社会规范中那些对于维护社会秩序最为重要的规范，它以法律的手段来强制这些法律条文得到遵循；而行政规范则是维护社会经济、政治、文化等方面秩序的规范，它们以行政力量作为后盾。其四，道德自身发生了分化，分化为规范部分和引导部分。文明社会不仅追求社会有序，还追求社会美好，因而关注社会成员个体成为什么样的人，就需要对社会成员加以引导。

　　人类进入文明社会后，尽管社会规范变得越来越复杂，但道德规范在其中仍然具有基础性的地位。这有以下几方面的原因：一是文明社会的道德规范是直接与原始社会的禁忌、惯例相对接的，而其他规范都是从道德规范中分离出来的。二是所有其他规范都只涵盖社会生活的某个领域（如经济、政治等）或某个层面（如法律），只有道德涉及社会生活的所有领域。其他领域和层面的规范均可被视为道德规范在这些领域或层面的具体化和强化。三是道德规范以外的所有其他社会规范都是单纯的规范，其作用仅仅在于维护秩序，而道德规范不是单纯的规范，而是底线规范，在它上面还有与之承接的道德理想。所以，道德规范在文明社会是社会规范的母体，集中体现了社会规范的本质和本性。

　　道德规范的社会性是道德正当的社会性的根据，道德规范是社会性的，因而道德正当也是社会性的。从一定意义上可以说，社会性是正当的根本特性，它像规范一样是为社会而生的。不具备社会性，正当也就不是正当。正当和规范的社会性常常引起人们的误解，以为正当和规范体现的是统治者的意志，是他们对全体社会成员应当怎样的要求。这就涉及正当和规范的根源问题。由前面的阐述我们不难看到，道德规范是人的本性的必然要求,因为人的基本本性之一是社会性。人的社会性决定了人不得不在社会中存在,因此人与人之间、个体与整体之间难免会发生相互妨碍和伤害的问题。正是为了解决这样的问题,才需要道德规范。所以,社会的道德规范及其他社会规范的根源在于人谋求生存得更好的本性,其使命就在于通过规范人们的社会行为有利于全体成员更好地生存发展。

道德规范和道德正当的这种根源也从另一个方面告诉我们,道德规范和道德正当的作用只能是为了社会成员的本性得到更好的实现,而不是其他。社会统治者如果试图运用道德规范来体现自己的权威或实现自己的利益,通过道德的途径把一些与人的本性不一致的规范强加于社会成员,那不仅是不正当的,而且最终必定导致社会的毁灭。中国皇权专制主义统治和西方中世纪天主教会统治就是这样走向灭亡的。

四、正当行为的意义

行为的正当性的实质是其社会性。任何社会都高度重视行为的正当性,采取各种途径来保证人们行为的正当,这是因为人们行为正当的意义极其重大。就道德正当行为而言,其意义更为广泛、深刻,不仅对于人生和社会具有现实意义,对于道德自身也意义重大。

首先,正当行为是德情和德性自发形成的条件与途径。人的德情和德性自发形成是一个相当长的过程,这个过程从一个人幼年时期就已经开始。这时,身边的大人就会告诉他坚持做德情行为和德性行为。例如,大人会告诉小孩要做一个诚实的孩子,并且说诚实的孩子是好孩子。在大人的影响下,孩子就会按大人的要求在某种场合说真话。这种说真话的行为会受到大人的表扬或鼓励,会强化孩子在更多的场合说真话。如果孩子在某些场合下说了谎,大人就会告诉他说谎不对、说谎不是好孩子,甚至还会批评、责骂他。如此不断反复,孩子就由最初在个别场合下讲真话逐渐形成了讲真话的习惯和诚实的自发德性。显然,在这整个过程中,大人是通过控制孩子的行为来培养孩子的德性习惯和德性品质的。行为正当与否是大人判断孩子德情情感和德性品质状态的根据,也是大人控制小孩德情和德性发展、培养孩子德情和德性的条件和途径。在当代中国,很多家庭的孩子都是独生子女,由于没有兄弟姐妹,他们就很难形成兄弟姐妹之间应有的关爱情感和关怀品质。缺乏关爱情感和关怀品质形成的条件,长此以往,他们就不会形成关爱的情感和关怀的品质。等到他们上学时,他们往往因为缺乏这类品质和情感而不会关心同学。这一事实也告诉我们,要使孩子形成良好的品质和情感,大人需要为他们创造条件。

其次,正当行为是德情和德性形成和完善的条件和途径。从自发德性到养成德性、从自然情感到德情,都要经历一个理智或智慧洗礼的过程。在这个过程中,人对自发形成的德性、自然的情感进行反思、比较、甄别、判断、选择、寻找理由、试错和确认等活动都需要行为的参与，或者说要与行为结合起来进行，因为只有经过行为的过程，特别是经过试错才能发现它们是不是对自己同时对他人、组织和环境有利的。通过试错证明是有利的时候，人们就会确认一种德性或德情。但是，人们所确认的德性或德情并不就是德情的情感或德性的品质，还需要理智或智慧对这种情感和品质进行抉择，有了这种抉择后，就可以进入对这种德情和德性的谋求。在有了这种谋求之后，人还需要经过反复的行为才能使所谋求的德情和德性固定下来成为行为习惯和心理定势，成为德情情感和德性品质。如果形成的德情具有自然情感的基础、形成的德性是原有的自发德性，这种行为过程可能较短。如果并非如此，而是新选择的德性或德情，那么这种行为过程会相当长。但不管怎样，行为仍然是德情和德性形成的条件和途径。朱熹在谈到行与善的关系时说："善在那里，自家却去行他。行之久，则与自家为一；为一，则得之在我。未能行，善自善，我自我。"（《朱子语类》卷十三）朱子的话道出了行为在社会的道德要求与德情情感和德性品质形成之间的深刻关联。正当行为也是德情和德性完善的途径。当人们出于德情和德性行动时，行为就成了正当的，这种正当行为对于德情和德性完善更具有重要意义。人们是在践行正当行为的过程中不断地使德情和德性走向完善的。正当行为是德情和德性走向完善的根本途径。

再次，正当行为是人生幸福的基础。个人的幸福是通过个人的行为实现的，但并不是所有的个人行为都能实现幸福。有些行为不仅无助于幸福，甚至还有损于幸福，只有那些正当的行为才能实现幸福。正当行为的基础就是道德的动机，道德的动机有时是对道德规范的遵循，但更经常的是出于德情和德性。出于德情和德性的行为就是出于道德动机的行为。当一个人具有了德情和德性的心理定势时，在适当的情境下，这种心理定势就会转化为自发的行为动机和正当行为。人实现幸福的行为并不都是道德意义上的，还有许多行为也许是不具有道德意义的中性行为。正当行为的意义在于，当人们出于德性或德情行动时，行为即使不具有道德意义，通常也不会是不正当的，因为它是出于德化了的动机，这种动机是德情或德性的行为定势使然。

最后，正当行为是社会和谐的基本保证。人类社会可能以三种基本状态存在：一是无序的社会，二是有序的社会，三是和谐的社会。在无序的社会里，社会没有法制，没有道德，即使有规范也没有人遵循，通行的是"强权即公理"和"弱肉强食"的法则。这种处于"人对人是狼"的战争状态的无序社会是不适合人居住的可怕社会。在有序的社会里，社会有了健全的法制和道德，社会规范能得到普遍遵循，通行的是"合理利己"和"相互尊重"的法则，人们在这种法则的约束下追求利益的最大化。"人人为自己，上帝为大家"的社会虽然有序，也基本适合人居住，却充斥着利益冲突和无情竞争。在和谐社会里，社会不仅有健全的法制和道德，人与人之间又能互助共赢，团结友爱。这种社会不仅有序,而且人性化、人道化和人情化,因而是最适合人居住的美好社会。和谐的社会就是德化的社会。这种社会之所以和谐美好,就是因为其社会成员普遍具有德性品质和德情情感,他们的行为都是德化的,因而都是正当的。正当行为对于社会的意义正在于,当社会成员的行为普遍成为正当行为时,这个社会就是一个美好的社会。

第二节
道德规范及其体系

随着人类社会发展的日益复杂化,社会规范的种类和层次越来越多。就种类而言,有经济规范、政治规范、文化规范、技术规范、法律规范、道德规范,等等;就层次而言,比如法律,有宪法规定的一般性规范,有各种具体法律规定的具体性规范,有实体法的规范,有程序法的规范,等等。道德规范也有不同层次和不同类型,它和法律规范一样通常采取义务和责任的形式。但它是社会规范中的一种特殊类型,规范的内容、对象、范围、控制手段等均与其他社会规范有所不同。道德规范采取义务的形式,那么就涉及存不存在与道德义务相匹配的道德权利问题。对于这一问题,伦理学界并未形成普遍共识。

一、道德规范的特殊性及意义

"规范"是非常常见的语词,一般是指指导、调控人们行为的具有普适性的指示或指示系统,也指评价人们的行为及其后果的标准。"规范"与"规则"关系密切。"规则"也具有以上两层含义,但只有对行为的要求很具体、操作性很强的规范才可称为规则,而对行为的要求比较抽象、笼统的规范一般不称为规则。此外,规则有时会作为规律的同义词使用,而规范则无此意义。① 规范有各种不同种类,其中社会规范是指在一定社会内自发形成或由其治理者规定的对其成员具有普遍约束力的规范。社会规范非常复杂,可以从不同的角度进行分类。就调整人与人之间的关系而言,主要有法律、法规、规章、制度、政策、指令等。这类规范通常被称为社会规范,道德就属于这类规范。

上述社会规范都有各自的功能、作用范围和方式。法律一般是指体现国家意志,以国家强制力为后盾,通过立法机构立法,通过行政机关和司法机关执法的最具权威

---

① 参见徐梦秋、曾炜琴:《规范理论的若干基本概念辨析》,《厦门大学学报》(哲学社会科学版),2015 年第 6 期。

性的规范体系。现代社会日益法治化。所谓法治化,就是社会对人们社会行为的规范主要采取法律的形式,这意味着社会越来越依赖法律约束人们的行为。法规通常是政府的具有稳定性的规范要求。规章是各种组织制定的对其成员具有约束力的各种规范的总称,例如政党的党章、社团的章程、大学的章程等。制度是指各种共同体包括国家制定的对自身及其成员具有约束力的各种成文的规定。政策通常是政府根据社会实际情况制定的临时性、应对性的规范要求。指令则是指党政机关领导人对具体问题作出的指示和批示。它通常比政策更具体,更具有针对性,也更具有主观随意性。与法制和政策不同,道德作为规范是国家规范的、文化传承的或约定俗成的,通过非强制手段制约人们社会行为的规范体系。

广义上看,法律、法规、规章、制度四种类型大致上都属于法制的范畴。在现代社会,法制通常是成文的,具有稳定性和持久性。政策和指令一般不属于制度的范畴,它们是在制度范围内根据现实需要制定的规范,针对性较强,其中指令大致上可归入政策一类,属于更具有主观随意性的政策。法制、政策和道德这三种规范已成为现代社会的主要控制机制。从理论上看,所有社会控制机制都要体现社会成员(人民)的意志,但实际上它们都是在确立和坚守某种意识形态和主流价值观的前提下来体现人民意志的,所体现的都是主流价值观的要求和精神,其使命是通过贯彻主流价值观的要求和精神来维护社会秩序稳定和谐。但是它们采取的规范形式不同,在调整人际关系方面发挥着不同的作用。它们可以相互补充、相互促进,而不能有所缺失和相互替代。

法制的作用主要在于,它能使主流价值观的一些最基本内容和要求成为国家的宪法、法律和制度,从而通过法制的强制力使之得以贯彻实施。例如,我国宪法规定,"把我国建设成为富强民主文明和谐美丽的社会主义现代化强国","中华人民共和国的一切权力属于人民",这就对主流价值观中的"富强民主文明和谐美丽"作出了宪法的规定。同时,我国宪法把民主作为国家制度,如规定我国是人民民主专政的社会主义国家、国家机构实行民主集中制原则。如果有人在中国宣扬贫穷、专制、愚昧并从事这方面的活动,那就是违宪的行为,司法机关可以对其进行法律制裁。

法制是强制性的,因而威力强大,人们不得不接受它所规定的要求,否则就要受到制裁。但法制具有普适性,难以适用于一些特殊的、具体的和变化的情况。因此,需要政策来进行补充。在主流价值观现实化过程中,国家政策的主要作用,是在法制范围内针对特殊的、具体的和变化的情况,通过行政手段贯彻落实主流价值观的各项内容和要求,如国家可以出台最低社会保障政策、大病救助政策来贯彻落实主流价值观中的公正要求,当然对于违反政策的行为也可以给予行政处罚。政策的特点是灵活,特别是可通过灵活的政策措施对符合或违反主流价值观要求的行为给予鼓励或惩罚。不过,政策的处罚力度较轻,不足以维护那些根本性的、总体性的主流价值观要求,因而政策需要与法制配合起来发挥作用。

法制、政策的优势在于具有强制执行性,政策还有激励的优势,主流价值观的内容和要求一旦进入其范围,一般就能得到有效的贯彻落实。但是,它们有三个共同的局限。一是范围的局限性。它们体现的通常是根本性、总体性、全局性、事关国计民生的主流价值观内容和要求,这种规定不可能涉及社会生活的方方面面。二是层次的基础性。它们体现的通常是主流价值观的最基本内容,不涉及其中的理想化内容和要求。三是规范的外在性。它们是通过外在的强制性对人们起作用,而管不了人们是否将其转化为内心信念或自觉的行为准则。

法制和政策的这三个共同局限,正是道德可以充分发挥作用之处。首先,道德在人们的个人生活和社会生活中无处不在,它不仅渗透社会生活,也渗透个人生活,甚至是人们的内心深处(如需要、欲望、情感、意志、观念等),因此将主流价值观转化为道德,就可以使之深入人心,贯穿整个社会生活及其过程。其次,道德不仅包括规范体系和机制,而且包括导向体系和机制,它在规范人们行为的同时,引导人们追求更高的理想,因此将主流价值观转化为道德可以使之成为人们的理想、信念和追求,并且能使人自觉地遵循法制、政策的规范要求。最后,虽然现代道德一般不具有强制性,但它有诸多手段使人们遵循社会规范并追求社会理想,如舆论、教育、修养以及良心、责任感、义务感、风俗习惯等,因此道德可以更有效地将主流价值观内化。

道德是人类进入文明社会以来用以规范人们行为的主要形式之一。伴随着人类社会生活日益法制化,道德规范法制化的范围在扩大。这使一些以道德形式禁止的东西再被以法制形式加以禁止。二者的目的是高度一致的,而且将部分道德规范法制化,大大强化了社会规范的效果。当然,社会规范的这种变化并不意味着道德从此没有作用了,相反,道德的作用更加清晰明确。

具体地说,在社会规范日益法制化的现代,道德的作用体现在四个方面:第一,法制规范由于其性质的局限不可能遍及整个社会生活,道德可以规范法制以外的社会行为。两类规范是交叉关系,一方面法律规范没有也不可能覆盖全部的道德规范,另一方面道德规范之外还有很多法律规范。第二,道德可以利用其与社会生活广泛而密切的联系不断给法制提供什么是应当被禁止的规范内容。第三,它可以通过告诉人们什么是善的(在法律上体现为合法的)、什么是恶的(在法律上体现为违法的),以及通过道德的途径扬善抑恶,使人们自觉地不去触犯道德底线从而不去触犯法律。第四,道德还可以将规范与引导结合起来,告诉人们什么是更好的、什么是最好的,在给人们以限制的同时给予激励,促进人的综合素质提升,这是法制所不能提供的。在上述四种作用中,规范仍然是道德应发挥的基本作用。在现代社会,道德的规范功能不但不能削弱,反而要大力加强。

二、道德规范的主要形式

道德规范在社会生活中发生作用有种种不同的形式,它们不一定叫道德规范,但体现了道德规范的要求,发挥着道德规范的作用。道德规范作为道德的主要功能在道德产生时就具有了,但其发生作用的主要方式有很大变化。从历史发展看,道德规范先后采取了禁忌、习俗、责任、义务四种形式。这四种形式的范围从宽到窄、强度从弱到强。这四种形式中,先出现的形式虽然会因出现了新的形式而弱化其作用,但并不会消失,而是继续在社会生活中充当道德规范的部分角色。这就是说,到今天,义务的作用最强,但禁忌、习俗、责任、义务四种形式都在不同程度地发生作用。

禁忌(taboo)是最古老的社会规范形式,它不只有道德的含义,还有其他社会规范的意义。据弗洛伊德在《图腾与禁忌》一书中的考察,禁忌观念伴随着图腾的出现而在母系氏族社会开始形成,距今约十万年。从原始社会到传统社会,禁忌观念一直是人类生命安全的守护神。大致上说,禁忌是风俗习惯中的那些底线伦理,是基本共同体普遍认同的不可触犯的戒律,也可以说是基本共同体的消极防范措施。当基本共同体所禁止的言行转化为人们自己忌讳的言行时,禁忌就成为一种观念,人们坚定不移地相信不能触犯禁忌。有了禁忌观念,人们就会自然而然地不去触犯禁忌,并在此基础上对自己的任何触犯感到羞耻或罪恶。正是这种羞耻感和罪恶感维持甚或强化了个人的禁忌观念。由此看来,外在的禁止和内在的忌讳良性互动是禁忌观念的本质特征。然而,近代以来,市场经济、工业革命和现代科技汇聚成的巨大力量,使过去建立在畏惧或敬畏基础上的禁忌消失殆尽。

习俗(customs),即风俗习惯,指一定基本共同体普遍遵循、长期相沿、积久而成的风俗和习惯,包括禁忌、规矩、礼节、族规、祖训,等等。在古代,习俗包括禁忌,禁忌是习俗约束力最强的规范,是风俗习惯中的那些底线伦理,大致上相当于今天社会规范之中的法律。习俗比禁忌的范围更广,规定更细致,涉及人生活的方方面面。

习俗的重要特点有三:其一,基本共同体中的所有人都遵循它,无人能够完全逃离它,即所谓"习俗移人,贤智者不免"。实际上,越是有知识的人越是讲究习俗,因为习俗意味着传统,遵守习俗意味着对祖先的尊重。其二,习俗涵盖人的一切言行举止,对人的一切活动均有约束力。礼是进入文明社会后发展出来的习俗,孔子说的"非礼勿视,非礼勿听,非礼勿言,非礼勿动"(《论语·颜渊》),反映了当时人们对待习俗的态度。其三,除未成年人外,人们对习俗的规定已经习惯成自然,对习惯"日学而不察,日用而不觉",生活在习俗中的人并不会感到习俗有约束力。

世界上每一个氏族、部落、民族都有自己的习俗,而且差异很大,即过去所说的"路隔三五里,各处一乡风"。因此,习俗对于人生存的意义极为重大。《荀子·强国》云:"入境,观其风俗。"一个人出行到外地,首先要了解当地的风俗。民间也有"入乡随俗”的说法，一个人如果不能做到这一点，就会遭到鄙视甚至敌视。在中国古代，统治者就高度重视习俗，“为政必先究风俗”“观风俗，知得失”是历代君主恪守的祖训。最高统治者不仅要亲自过问风俗民情，还要委派官吏考察民风民俗，在制定国策时以它作为重要参照，并由史官载入史册，为后世的治国理政留下治理风俗的经验。不过，进入现代文明社会以后，道德和法制成为社会规范的主要形式，习俗像禁忌一样逐渐隐退，到今天几乎已成为遗风。

责任（duty）是进入文明社会后出现的一种新的规范形式，但它究竟什么时候明确成为一种规范已很难确定。从思想史的角度看，最早关注责任问题的也许要算古罗马的西塞罗。他非常重视德性，但认为一个人具有了德性还不够，还必须加以运用。德性的运用就体现为履行责任，人们是高尚还是耻辱全在于对待责任的态度。他明确说，生活的高尚寓于对责任的高度重视，生活的耻辱在于对责任的疏忽。在西塞罗之后，康德根据他构建批判哲学体系的需要对责任问题进行了更深入细致的研究。后来马克斯·韦伯开始关注责任伦理，认为行动者的责任是寻求达成既定目的最为有效的手段或工具，并对其行为后果负责。

从历史和理论上看，责任作为社会规范，是从人所承担的社会角色的角度来对人的行为进行规范。比如，教书育人是老师的基本责任，一个当老师的人就要履行好自己的这一责任。一个人担任多少社会角色，他就承担着多少相应的责任。不仅如此，人作为各种角色的主体，作为基本共同体和人类的一员，这本身也意味着责任。

义务（obligation）是责任的一部分，但对于义务是什么时候从责任中分离出来的没有明确的结论。从理论上推测，义务是相对权利而言的，而权利主要是近代西方开始使用的概念，因而义务概念应是在近代提出的。中国古代虽然大量使用“义”的概念，但含义比较丰富，大致上相当于道义，不单指现代意义的义务。义务一般是指社会在人们所担任的社会角色应履行的责任中针对社会秩序影响特别大的部分所作的明确规定。

义务与其他责任存在着明显的差别：第一，责任是指社会角色本身所包含的职责和任务，义务只针对其中对社会秩序有重要影响的部分，因而义务只是责任中的一个部分，通常是很小的部分。第二，责任常常不是十分确定的，其边界不明确，可以随着时代、环境的不同而变化；义务则是比较确定的，在社会形态稳定的情况下，它通常是不变的。第三，义务通常是与权利相匹配的，有义务就有权利，反之亦然，尽管这种匹配不是一一对应和即时对应的；责任则不一定是与权利相匹配的，特别是那些隐性的责任一般都没有权利与之相匹配。例如，公民在外敌入侵的时候有保卫国家的义务，同时享有在外敌入侵的时候得到国家保护的权利。而一个人虽然有保护自然的责任，但没有什么机构给予他相应的权利。

一般而言，义务与权利是相匹配的。既然我们承认有道德义务，那么，是否存在道德权利（moral rights）呢？至少近代以来，对权利问题的研究大多局限于法学领域，道德研究很少涉及权利问题。有学者认为,我们通常只是在法律意义上来理解权利,只有在法律上才有权利可言,道德只问义务,与权利无涉。于是,他们提出,随着社会政治、经济生活的不断变化,以及科技进步给人的生活方式和观念带来的前所未有的冲击,这种对权利含义的单一性理解显然在理论和实践上都会产生一些问题。基于这样的认识,他们尝试论证道德权利作为一种重要的权利形式的存在根据和价值,认为道德权利通常指主体应得的由道德体系所赋予的,由相应的义务所保障的正当权利。它能使每个人自主平等自由地追求自身利益,因而它与法律权利不同。这是一种比较新颖的观点,但在伦理学领域并没有得到多少回应。

三、道德规范的实施

任何一种社会规范形成或确立的目的是要使之得以实施,从而让社会成员遵守。社会规范实施的主体是社会,实施的手段是它的控制机制。任何社会规范都既包含规则又包含控制机制,如果没有控制机制,规则就不能得到普遍遵守。例如,法律包括一系列规则,但使这些规则得到实施的不是规则本身,而是由立法、行政和司法组成的法制系统。这些机关的协同作用就是法律的控制机制,正是这种机制使法律规则得以实施。显然,如果没有法制系统,法律就是霍布斯所说的"自然法"。

霍布斯明确意识到,如果没有作为法治主体的国家,自然法就是一纸空文。他认为自然法对人的内心具有约束力,它们的出现会对某种欲望起约束作用,但如果没有一种力量使人们畏惧,并加以刑法约束,人们就不会遵守自然法的规定,只凭激情行事,其结果便是战争状态。霍布斯虽然讲的是法律,但也适用于其他社会规范。他所说的自然法实际上就是道德规范,如果自然法只是一些条文而没有控制机制,那它就不会有任何制约力,也就无人遵循。霍布斯这里只阐述了道德规范法制化的问题,而没有谈及未被法制化的道德规范如何得以实施的问题。

道德规范实施的主体无疑是社会,但控制它实施的机制与控制法律和其他社会规范实施的机制都有很大的不同。一般来说,道德规范实施的控制机制有内外两个相互作用方面。外在的就是社会舆论,而内在的就是人的良心。社会舆论一方面可以直接对人们违反道德规范的行为起到强有力的威慑作用,另一方面又可以使道德规范内化于人心。人的良心作为一种正当感通常是在外在舆论的影响下通过个人的道德修养形成的,在一定意义上可以说是社会舆论的内化。而当人一旦形成良心,其行为正当感就会使他自觉地遵循道德规范,甚至可以达到"从心所欲而不逾矩"的境界。

社会舆论是一种非制度性的社会控制机制,而且是一种综合性的多维控制机制。它不仅能对道德规范起到控制作用,甚至能够对法律规范、政治规范、经济规范起到控制作用。除了社会舆论,还有其他的社会规范控制机制,如政策就有国家行政机构出台的一系列措施来保证其实施。道德规范的情形则不同,它主要是靠社会舆论发挥控制作用。除此之外,国家也可以通过褒奖的措施来强化道德规范的力量,但这种措施最终还是要诉诸社会舆论,只不过社会舆论的范围是全社会性的,影响更大。没有社会舆论,道德规范就会瘫痪,完全丧失其制约力。

在正常情况下,社会舆论的力量十分强大,对人们按照社会规范行动起到了重要作用,其褒贬扬抑(赞扬和谴责)能使人不敢违背社会规范,有时力量不可估量。戴震指责宋明理学"以理杀人",就是指在宋明理学影响下形成的社会舆论氛围导致社会发生了许多愚忠、愚孝、愚节的可怕行为。随着信息化时代的到来,网络正在取代传统的社会舆论方式对人们产生强大的舆论压力。网络上曝光了许多有违道德规范的事件,当事人也因此无法在社会上立足。

社会舆论是由公众的良心或良知构成的,公众普遍出于良心扬善抑恶时,社会就有了良好的社会舆论氛围,道德规范就能够充分发挥作用,好善恶恶、扬善抑恶就会蔚然成风。当公众"良知麻痹"的时候,社会的道德风尚就会因为扬善抑恶机制的丧失而污浊。在现实生活中,"良知麻痹"主要体现为提起作恶现象和歪风邪气,无人不切齿,无人不憎恶,但具体到实践中,不少人又往往屈服于现实,甚至助纣为虐。

公众的良知并非与生俱来,而是社会教育和个人修养相互作用逐渐形成的。良知的形成无疑有人性向善的根基,如果没有这种根基,再大的外在作用也不能造就良知。比如,对于一只蜜蜂,无论怎样教育和影响,它都不会形成良心,这就是所谓的"对牛弹琴"。但是,只有先天的禀赋而没有后天的教育和影响,良心也不能最终形成。家庭和社会环境的影响、学校教育、社会的舆论氛围都是良心形成的重要条件。当社会公众普遍形成了良心,社会又为良心发挥作用营造了必要的氛围时,公众的良心就会普遍发生作用。由此可见,道德规范要能充分发挥作用需要两个条件:一是需要公众普遍形成良心,而这又需要良好的家庭和社会环境、学校教育和社会舆论氛围;二是需要有公众良知发挥作用的社会氛围,而这就需要政治清明、社会公正等更深层次的社会条件。

需要注意的是,即便在社会舆论丧失其实施道德规范的力量的情况下,良心仍然可以对个人遵循道德规范、履行道德责任和义务发挥重要作用。正因为如此,我国传统道德特别强调良心的自我约束作用,要求人们"慎独""独善其身""修身"。显然,如果社会成员普遍能够做到这一点,社会就不会有不良风气,道德规范的实施也就无须借助社会舆论。

四、道德规范体系的地位和结构

社会的道德规范像其他社会规范一样,是社会控制其成员行为的规则及其控制机制的体系。它是社会规范体系和价值体系的组成部分。社会规范体系是价值体系中最基本价值原则的具体化,或者说是价值体系中涉及对人们社会行为要求的条文化和制度化。从这种意义上看,社会规范体系是价值体系中的最基本价值要求在现实生活的贯彻和实施。道德规范体系集中体现了价值体系的最基本价值要求,其他社会规范体系是对道德规范体系的拓展和具体化。

道德规范体系是道德体系中的规范体系,其使命是要通过规范人们不好的(不正当的)行为使之成为好的。道德体系告诉人们什么是好的(善的)、更好的、最好的行为,并通过规范和引导来促使人们追求好的、更好的、最好的行为。因此,道德体系包括规范和引导两个部分。社会价值体系的主旨和使命与道德体系完全相同,只是将道德的规范和引导功能拓展到社会生活的各个领域,并在道德手段之外还运用其他手段来实现其功能。因此,道德体系是价值体系的基础、母体,也是其实质和核心。相应地,道德规范体系也是整个社会规范体系的基础、母体。它所要解决的行为的不正当问题,是所有其他社会规范共同要解决的问题。其他社会规范体系与道德规范体系的不同之处只在于它们是社会生活不同领域更为具体的规则和特殊的控制机制实施规范。

社会道德规范体系包括规则体系和控制机制两个部分,而规则体系通常包括四个层次或部分:一是道德规范体系的道德价值取向,这是道德规则体系乃至整个道德规范体系的实质;二是体现价值取向的道德规范的基本原则,这是贯穿整个道德规则体系的基本要求;三是体现基本道德原则的道德规范的核心规范,它们并不是涵盖人的所有社会行为的,而是社会对最重要的行为规定的道德规范,既具有底线性,又具有理想性;四是基本道德原则对社会不同生活领域的具体道德要求,或者说是体现基本道德原则和道德规范的具体准则,是社会底线伦理的主体部分。

整个道德规范体系就是基于道德价值取向由基本原则、核心规范和具体准则构成的规范体系。在道德规范体系中,价值取向是根本性的,它与社会价值体系相承接,所体现的是社会价值体系的要求和精神,是整个道德体系的一般原则。它规定着整个道德规范体系的性质,是区别于其他道德规范体系,乃至区别于其他道德的主要标志。

不同的社会有不同的道德体系,也有不同的道德规范体系。与现代人类文明相适应的道德规范体系的价值取向是和谐主义,其特点在于它在承认个人、组织群体和国家都是社会道德主体的前提下,追求各道德主体的利益与社会整体利益共赢共进,追求整个社会在尊重多样化的前提下实现和谐有序,追求所有社会成员全面而自由的发展。和谐主义承认社会成员的主体多元性和多样性,承认他们都有自己的价值追求和价值体系,承认他们的价值可能会发生冲突,在此前提下,寻求他们的互利互惠、共赢共进,使他们和谐地生活在社会共同体的大家庭之中。

和谐主义既不同于西方近代以来的个人主义,也不同于中国传统社会的整体主义。和谐主义将个人作为社会的主体和实体,但认为社会的主体和实体不只是个人,还包括国家和其他各种组织;它所追求的不是单个人的利益和价值的实现,而是追求作为社会成员的个人和组织利益的普遍实现与共同增进。它将国家视为一个管理整个社会的特殊社会组织，认为国家是社会的主体和实体，但并不是唯一的主体和实体。它作为社会的管理者，唯一使命是要使社会成员特别是个人在和谐的社会环境中普遍实现自己的价值，获得自己的幸福。

将和谐主义作为当代道德规范体系的价值取向的主要根据在于，现代社会是多元主体社会。这种多元主体的社会格局需要道德及法律来使不同主体彼此和平共处、相辅相成、良性互动，而这就是和谐的基本内涵。

根据和谐主义的价值取向，我们可以确立三条基本道德原则，即共赢、公正和负责。

和谐主义是在肯定存在不同道德主体的前提下追求他们价值的普遍实现，因此它要求人们的社会行为在任何情况下都要使行为所涉及的各方受益，至少不受害。这就是共赢原则的基本要求。这一条原则适用于所有道德主体，包括国家、各种组织和个人。

公正作为道德原则主要适用于那些有可能分配社会资源（如金钱、财富、名誉、地位，以及各种机会等）、提供各种产品和服务的道德主体。这一原则要求，在分配、评价、裁决、奖惩及提供各种产品和服务的过程中使相关者得其所应得，讲求公平，关怀弱者，伸张正义，廉洁自律，不以权谋私，不徇私舞弊。

负责适用于所有有行为能力的社会成员，包括健康的成人、各种组织和国家。负责作为道德原则，要求行为者敢作敢为，勇于担当，具有强烈的责任心，对自己负责，对家庭负责，对所在的组织负责，忠实履行自己应尽的义务和应承担的责任，不文过饰非，不敷衍塞责。

显然，在上述三条基本原则中，共赢原则是最基本原则，也是人们行为正当与否的最基本判断标准。

根据当代道德的价值取向和基本原则，以及当代人类的实践发展，我们认为，可以从行为可能涉及的个体与群体、个人与他人、人类与自然这三种主要关系入手，对当代道德核心规范作如下规定：(1)个体与群体之间关系的基本道德规范是爱国、敬业。爱国是对作为社会成员的所有个人和所有组织涉及与国家关系的行为的核心道德规范，要求所有道德主体都热爱祖国、建设祖国，把国家富强、民族振兴、人民幸福作为终生追求。敬业是对所有从业人员涉及与所从事的职业及职业组织关系的行为的核心道德规范，要求所有从业人员都敬畏职业，干一行，爱一行，专一行，成一行，追求德艺双馨，把所从事的工作做到炉火纯青。(2)个人与他人之间的基本道德规范是诚信、友善。诚信和友善是对所有道德主体涉及彼此之间关系的行为的基本道德规范。诚信既要求为人处事真诚老实，尊重事实，实事求是，也要求信守承诺，做到一诺千金；友善就是与人为善，要求善待亲友、他人、社会、自然，形成充满友爱真情的环境。(3)人类与自然之间关系的核心道德规范是敬畏、永续。这两个规范是对所有道德主体的要求，包括对国家的要求。所谓敬畏,是指我们要对自然、生命有敬畏之心,在自然的利用、改造过程中遵循自然规律,避免消极后果,不肆意妄为,无所顾忌;所谓永续,是指我们利用、改造自然的行为不能造成长远的消极后果,要为子孙后代留下青山绿水蓝天。

在这六个基本道德规范中,爱国、敬业、诚信、友善在党的十八大报告中被列入了社会主义核心价值观,体现了党中央对这四个道德规范的高度重视。

我国通常从道德的角度将社会生活划分为公共生活、职业生活、家庭生活和个人生活,并将这四个基本领域的道德要求称为社会公德、职业道德、家庭美德和个人品德。关于这四个领域的具体准则,我们可以使用中国传统道德中的"义""忠""和""仁"四个概念简要地加以表达。"义"取"义者,宜也"(《中庸》)之义,指在公共生活领域与人为善,适度从容。"忠"取"忠者也,一其心之谓也"(《忠经·天地神明章》)之义,指在职业生活中专心致志,精益求精。"和"取"和为贵"(《论语·学而》)之义,意为尊老爱幼,其乐融融。"仁"取"仁者爱人"(《孟子·离娄下》)之义,指在个人生活领域修身养性,宅心仁厚。

概括说来,我国当代道德规范体系应是一种以和谐主义为价值取向,以共赢、公正、负责为基本原则,以爱国、敬业、诚信、友善、敬畏、永续为核心规范,以"义""忠""和""仁"为具体准则的道德规范体系。这一道德规范体系体现了近代以来人类对理想社会的追求,适应当代人类社会实践的客观要求,富有中华传统道德文化特色,是具有中国特色的当代道德规范体系的一种理论方案。

第三节
正当的判断和评价与行为的选择和责任

人们在日常生活中几乎总在对自己的行为和他者的行为正当与否作判断和评价。这种判断和评价的结果都是正当判断,正当判断与价值判断之间存在着不同。判断和评价行为的标准是相同的,但在究竟是根据行为的动机还是根据行为的结果对行为作评价的问题上存在着重大的理论分歧。对行为作出选择也是人们日常生活中时刻发生的,其中涉及选择正当的行为还是选择不正当的行为的问题。但是,人们作出的选择是某种必然性使然,抑或是根据自己的自由意志,这也是一个颇有争议的哲学问题。对于这两方面的问题需要根据伦理学正当论给予回答。

一、正当判断与善恶判断

正当判断,亦称规范判断,它是表达社会对人们行为要求的判断,旨在告诉人们哪些行为是正当的,哪些行为是不正当的或被禁止的,哪些行为是被允许的。从道德意义上看,正当判断和规范判断是同一种类型的判断的不同表达方式,规范判断是从对行为的道德要求的角度表达的,正当判断是从对行为的道德价值的角度表达的。

首先需要说明的是,我们所说的正当判断或规范判断是以"应当"或"应该"为联系词的判断,如"应当孝敬父母",而不是"孝敬父母是正当的"。后一种判断实际上还是善恶判断,其意义等同于"孝敬父母是善的"。只不过这里用的是"正当的"而不是"善的",而"正当的"不过是"善的"用于社会行为的一种特殊表达而已。

在第一章中,我们谈到了价值判断(包括善恶判断)与事实判断的区别,现在我们再来看一看正当判断与价值判断的关系。道德规范一般来说就是人们根据一定的价值判断确立的对行为具有规范作用的规则。道德规范判断或正当判断属于广义的价值判断,或者说是价值判断的一种特殊类型,但与狭义的价值判断之间也存在着重要区别:

第一,性质和功能不同。价值判断是对对象善恶性质及其程度的陈述。虽然这种性质是一种关系性质,即认识对象(如孝敬父母的行为)的善恶价值总是相对于价值客体或对象(社会共同体)而言的,但对象的善恶性质是对象本身客观存在的。价值判断是对这种善恶性质及其程度的陈述,因而属于认识的范畴。例如,"你孝敬父母是善的"这个价值判断,是对作为认识对象的你的行为对社会而言的善恶价值所作出的陈述。正当判断则不是陈述,而是判断者的要求或命令。正当判断总是表达判断者对行为者应当怎样、不应当怎样的要求或命令。在"你应当孝敬父母"这个正当判断中,作出判断的人对"你"发出了要求,要求"你"孝敬你的父母。两种判断性质的不同,是与它们的目的和功能不同直接相关的。价值判断的目的和功能是给人们的价值选择和追求提供依据,给人们提出建议。比如,说"你孝敬父母是善的",意味着你孝敬父母是有价值的,而不孝敬父母则是恶的。正当判断的功能则是给人们的行为发出要求或给人们下命令,不包含提供依据或建议的意味。"你应当孝敬父母"意味着你应当这样做,这样做是正当的,不这样做就是不正当的。它不是建议且没有给对方选择的余地。

第二,对象不同。价值判断的对象是所有社会主体及其内在素质和外显活动,正当判断的对象只有社会主体的社会行为。社会主体包括个人、组织群体、基本共同体(国家),所有这些主体及主体的人格包括品质、人生追求、人生境界,以及他们的行为、活动都可以成为价值判断的对象。但是,在这些对象之中,只有主体的社会行为才是正当判断的对象。就是说,正当判断只对社会主体的社会行为而非所有行为作正当与否的判断。而且,在一般情况下,正当判断主要关注的是个人的社会行为,较少关注组织群体和国家的行为。所以正当判断的范围远远小于价值判断。一般来说,人们只对涉及并有可能妨碍和伤害他人和社会的行为进行正当判断,而不对社会行为之外的广大生活领域的行为作正当判断。

第三,标准不同。在必须以某种更一般的判断作为前提进行判断这一点上,正当判断是与价值判断相一致的,但它们使用的标准有差别。一方面,价值判断是以善恶标准为依据对对象的善恶性质作出的判断,正当判断则是以道德规范为标准对人们的行为正当与否作出的判断。善恶标准可能是社会认定的,也可能是个人自己确定的;正当标准作为道德规范总是社会性的,个人无所谓社会之外的正当标准,即使有也是得不到社会认同的。

第四,表达不同。价值判断是陈述,它是以"是"为联结词的;正当判断则不是陈述,而是命令或规定,它是以"应当"为联结词的,具有某种绝对性。价值判断像事实判断一样,具有真假情形,而正当判断完全没有真假。例如,说"孝敬父母是善的",我们可以根据孝敬父母是不是有利于社会秩序的稳定和美好来判断其真假。这一价值判断的真假性是容易证明的,因为大家都不孝敬父母,社会的秩序就会陷入混乱。正当判断没有真假,但并不意味着正当判断是完全随意的。人们可以用其他依据来判断它是否合理,而这种合理性的标准就是社会的规范,如禁忌、习俗、责任、义务等。在当代社会,通常以义务来判断行为是否正当。义务就是行为合理性或正当性的依据和辩护理由。

正当判断与价值判断之间的区别是容易理解的。但是,有不少哲学家没有在两种判断之间作出必要的区别,把这两者笼统地视为道德判断,并把道德判断等同于价值判断,否认价值判断的理性基础和认识意义。这些哲学家在这个问题上陷入误区的主要原因在于,他们是在讨论与事实判断的区别时讨论道德判断,因而只注意到了道德判断与事实判断的不同,而没有注意到道德判断本身还有价值判断与正当判断之间的差异。如果我们对道德判断的两种类型作出明确区别,就可以走出事实判断与价值判断、价值判断与道德判断、善恶判断与正当(规范)判断关系问题上的误区。

二、行为正当的标准

人们对某种行为是否正当作出判断,并不仅是就事论事的,或者说是描述性的。这与事实判断不同,因为事实判断总是就事论事的。我说"今天是晴天",若今天的确是晴天,这个判断就得到了证实,也就是说事实判断有真假的情况。正当判断不是陈述性的,而总是根据某种标准作出的。例如,"你应当孝敬父母"是一个正当判断,而"应当孝敬父母"正是社会道德规范(这一规范属于规范体系中的具体准则)。如果符合,你的行为就是正当的;如果违反了这一具体准则,就是不正当的。需要注意的是,不符合的不一定不正当。比如,你的行为无关孝敬不孝敬的问题,虽然不符合这一具体准则,但也不是不正当的。"应当孝敬父母"实际上是一个全称判断,它是"每一个人都应当孝敬父母"的简略形式。"你应当孝敬父母"的判断隐含着一个逻辑形式,即:每一个人都应当孝敬父母,你是一个人;所以,你应当孝敬父母。在这里,"每一个人都应当孝敬父母"就是判断和评价行为正当的标准。这个标准本身也是一个正当判断,这个判断被社会认定为社会道德规范。在社会的道德规范体系中,这个标准属于社会生活基本领域中的道德要求或行为标准。

　　人们日常作出具体的正当判断总是在具体的情境中根据某种道德规范作出的,道德规范可以为具体的正当判断提供论证,也可以为它作出辩护。社会规范体系也是一个正当标准体系,由价值取向、基本原则、核心规范(或道德规范)和具体准则四个基本层次构成。这三个层次的道德规范都可以作为正当判断的标准,但层次越高的标准越抽象,层次越低的标准越具体。这里需要注意的是,基本原则既是核心规范的依据,也是具体准则的依据,而具体准则不一定以核心规范为依据。例如,"父亲不应当对子女偏心"这一正当判断所依据的标准就是作为基本原则的"公正",而不是任何核心规范。道德规范的基本原则是一切正当判断的最终标准。"父亲不应当对子女偏心"是一个具体准则,它之上的基本原则是"公正",即"应当对所有社会主体都公正"。"父亲不应当对子女偏心"论证的推理形式是:所有人都应当对所有社会主体公正,父亲是人并且其子女是社会主体;所以,父母对子女应当公正(不应当对子女偏心)。一个行为被判断为正当的,而判断的标准是符合基本原则的,那么它的正确性或合理性就得到了证明,它的合理性也得到了辩护。

　　那么,道德规范的基本原则的合理性根据何在呢?这个根据是一种价值判断,即道德规范基本原则所提出的道德要求是有利于社会的。比如,以上所说"父亲不应当对子女偏心"所依据的基本原则是"公正",即"应当对所有社会主体都公正"。这个基本原则论证的推理形式是:有利于社会是正当的,对所有社会主体都公正是有利于社会的;所以,对所有社会主体都公正是正当的。如前文所述,"正当"隐含着"应当"。所以,对所有社会主体都公正是正当的,就可以转换成:应当对所有社会主体都公正。

　　这里需要特别注意的是,以上所说的"有利于社会"中的"社会"并不等同于基本共同体(国家),也不等同于共同体的每一个人,而是包括个人、组织群体和基本共同体,即所有社会主体。[①]所以,"有利于社会"实际上是指"有利于所有社会主体"。然而,从历史和现实的情况看,无论在理论上还是在现实中,对道德基本原则的合理性根据所在存在着整体主义和个人主义的分歧。

　　整体主义认为,道德基本原则的合理性根据在于基本共同体的利益。例如,在中国传统社会,道德基本原则的合理性根据就被看作王朝的利益。符合王朝利益的就

[①]　迄今为止,虽然人们经常谈及国际社会、人类社会,但人类尚未成为基本共同体,因而不是严格意义上的社会,今天严格意义上的社会是作为基本共同体的国家。

是正当的,否则就是不正当的。根据整体主义道德观,不管什么人的什么行为都不能损害王朝的利益,而且在责任和义务发生冲突时,王朝利益是判断是非的最终尺度。整体主义在历史上是长期占主导地位的。

个人主义认为,道德基本原则的合理性根据在于社会成员个人的利益或者说自由和权利。这是西方近代以来的一种理论和实践。当然,个人的自由和权利作为道德基本原则的合理性根据,只能从最终意义、最高意义上看。在现实生活中,西方道德基本原则合理性的直接根据还是基本共同体的利益,主要是基本共同体的秩序,只是这种秩序归根到底是为了个人。这正是个人主义道德规范的基本原则与整体主义之间的区别所在。

然而在当代,以往社会包括近代西方社会的整体与个体两极或二元社会结构格局发生了很大的变化,社会主体已经多元化。不仅个人是社会主体,国家是社会主体,还有大量的组织群体都是社会主体。因此,道德规范的基本原则的根据已经不是个人或是整体的一元主体,而是个人、有组织的社会群体和国家的多元主体。不过,这也只是就最终意义而言的,在实际生活中由于个人和组织群体都必须生活在国家之内,必须有基本的社会秩序作为生存的保障,所以道德规范基本原则的直接根据还是国家的利益。

三、判断和评价行为的根据

在实际进行正当判断和评价的过程中,由于作为正当判断和评价对象的行为十分复杂,涉及多种因素,因而对行为进行正当判断和评价存在着根据为何的问题。关于这个问题,在历史上存在着结果主义(consequentialism)与动机主义(motivism)的分歧。这种分歧表现在两个方面:一是根据行为的结果还是根据行为的动机,二是根据行为的目的还是根据行为的手段。

关于根据行为的结果还是根据行为的动机的问题,结果主义把行为结果的好坏作为判断行为正当与否的根据,一般不考虑动机和意图的好坏。历史上的快乐主义、利己主义和功利主义都属于结果主义范畴。动机主义的主要代表是康德,他把行为的动机作为判断行为正当与否的根据,一般不考虑行为结果的好坏,而动机好坏的依据又在于是否出于对道德法则(即道德原则)的敬畏。从现实上看,传统社会是动机主义占据主导地位,近代以来结果主义占据主导地位。

关于根据行为的目的还是根据行为的手段问题,一般来说,结果主义更强调目的实现,而不重视采取什么手段。而动机主义则既强调目的也强调手段,强调行为过程对道德规范的遵循。那么,人们应该选择结果主义还是选择动机主义? 或者做其他的选择? 从结果与动机的关系角度看,结果主义更可取;而在目的与手段的关系上,动机主义更可取。

一般来说,行为的正当性或是否具有道德价值可以从两个角度判断:第一,从结果与动机的关系角度看,结果是好的行为,具有功利价值,这样的行为才可能是正当的,否则就是不正当的。但是这样的行为不一定就是正当的,因为当动机不好时,它虽具有功利价值,但不具有道德价值。只有结果好、动机也好的行为是正当的且具有道德价值的行为。第二,从目的与手段的关系角度看,实现了目的的行为,具有功利价值,这样的行为才可能是正当的,否则就是不正当的。但是这样的行为不一定就是正当的,因为当手段不正当时,它虽具有功利价值,但不具有道德价值。只有实现了目的且手段正当的行为才是正当的且具有道德价值的行为。

那么,从正当论的角度看,行为评价的过程中应如何处理动机与效果的关系呢?在这个问题上,我们应当采取的基本原则是注重效果,兼顾动机。其理由如下:

第一,这里所说的评价应是对行为的评价,不是对动机的评价,也不是对效果的评价。对动机和效果进行评价的目的是为了对行为作出正确的评价。动机是行为的动因,而效果是与行为所追求的目的相关的,效果如何直接关系着人的目的是否实现,直接决定和标示着行为的价值。因此,效果对于行为本身的意义,特别是对于行为者的意义比动机更大。

第二,效果作为行为的效果会对行为所及的自己和他者产生复杂影响。人的行为首先会影响自己,还会影响他人、组织群体、基本共同体乃至整个人类和全球,如空调企业使用的氟利昂就会对臭氧层产生破坏。行为不仅会对自己和他者产生直接影响,还会产生间接影响;不仅会产生现实影响,还会产生潜在影响;不仅会产生当下影响,还会产生中长期影响。正因为行为的结果会产生如此复杂的影响,对其在行为的正当性的评价中的地位应当给予高度重视。比如,修建于战国末期的都江堰,两千多年来一直都在造福于"天府之国",其积极影响还会长期持续下去。这一影响也许是建造者李冰父子当时也没有想到的。

第三,重视效果有利于对行为作综合的考察。注重效果,就需要我们分析之所以产生这种效果的诸种原因或因素,如动机、环境、时间、地点、行为者的作为等。这种综合性的分析有助于对行为作出正确的判断和评价。相反,如果侧重动机,很可能顾及不到这些方面的因素,不利于对行为作出综合性的分析和总体的评价。既然我们是对行为作评价,那就要对整个行为作综合性评价,而从效果入手是一个合适的切入点。因为效果是外显的事实,容易辨识,而且从效果着眼便于考察整个行为。

第四,评价注重效果有助于促进人们重视行为的后果。行为道德评价最重要的意义在于通过评价使人们的行为产生好的结果。图谋不轨、居心不良的情况是常见的,但在人类的整个行为中只占少数,应该承认人类的大多数行为的动机、意图、目的是善良的。人类面临的最大而又最重要的问题是这些善良的动机、意图、目的常常达不到预期效果。行为道德评价的主要使命就是要通过评价(扬抑)使人们注重效果,不断改善行为过程,使美好的愿望更好地变成现实。评价注重效果正好具有这种作用,因为侧重行为结果必定会促使人们不但要端正动机,更要注重后果。相反,如果我们把评价的重心放在动机上,所起的导向作用就可能会使人们重视动机而不那么重视后果。

这里有一个动机好但效果不好的行为的问题。这种行为属于有问题的行为,或者说是有缺憾的行为,至少不是好的行为或有价值的行为。我们不能简单地去赞扬或贬斥这种行为,而是要去分析这种行为没有价值的原因,然后在此基础上再作出实事求是的评价。

导致这种行为没有价值的原因,肯定不是动机,而只能是行为的主观、客观条件。

从主观条件看,导致行为效果不好的原因可能有三种情况:或者是行为者努力不够,或者是行为者的能力有限,或者是行为者的方式不当。在这三种情况下,行为的效果不好,行为者都是有责任的,尽管他的动机是好的。因为在决定和选择行为时,行为者只考虑动机是不够的,应该同时考虑自己的能力和行为方式,必须尽自己的最大努力。对于这种行为,我们不能认为是好的,至少我们不能给予赞扬。比如,在一个人落水生命危急的时候,另一个并不会游泳的人见此情景奋不顾身,跳入水中去救人,结果落水者没有被救起,救人者却遇难了。显然,这种行为的效果不好,救人者自己也有责任。对于这种莽撞的行为,我们不应该提倡。

从客观条件看,导致行为效果不好的原因更为复杂。但是客观条件在大多数情况下行为者是可以预测的。如果一个行为的效果不好是由于行为者没有预测客观环境或未对本应给予考虑的客观条件给予考虑所导致的,行为者就是有责任的,对这种行为也不应给予赞扬。只有一种情况是行为者没有责任的,即环境或条件突然发生变化,情况超出了可能预测的范围。

由以上的分析来看,动机好效果坏的行为,在绝大多数情况下,行为者都是有责任的。总体来说,这样的行为不值得赞扬,更不值得提倡。

四、行为的选择与责任

行为选择问题是一个极其复杂的问题。就个人而言,每个人不仅在日常生活中每时每刻都会面临选择,而且在一生中还会面临一些重大的选择。比如,上大学时选择什么专业,毕业后选择什么职业,选择什么样的配偶,选择什么态度对待困苦、失意、失败,面对重大疾病时是选择生存还是死亡,等等。如果考虑组织群体和基本共同体,选择以及与之相关的决策更是极其复杂。这些问题是应用伦理学研究的问题,而不是理论伦理学关注的主要问题。伦理学正当论需要研究的是选择的自主性及相关的责任问题。

人的有意识行为都是人根据自己对行为的判断和评价作出选择的结果,但这里就提出了行为选择是人自主作出的,还是有某种决定人选择的必然性原因的问题。这个问题又直接关系到人是否应对自己选择的行为负责的问题。如果行为是行为者自主作出的,他就要对行为负责;如果行为虽然是行为者选择的但是因为某种必然性原因造成的,他就不必对此负责。关于这个问题,历史上存在着决定主义(determinism)与自由意志主义(libertarianism)的分歧。

决定主义者认为,人像宇宙中的万事万物一样,处于因果联系之中,受自然规律约束:人们的行为受意志的决定,而意志又受欲望决定,欲望则是人的生理机能决定的。按照这种观念,既然人的行为完全是被决定的,那么人们就不应该对自己的行为负责。决定主义认为自由意志主义所说的自由意志,或者说人们之所以以为有自由意志,实际上是因为人们尚不知意志背后决定着意志的东西。

自由意志主义者认为,人与宇宙中的其他事物有重要的区别,即人有自由意志,因而人可以不完全按自然规律行动。人为什么会有自由意志?一种有代表性的观点认为,是因为人有理性。人是理性和感性的统一体,就感性方面而言,人受自然规律控制;就理性方面而言,人不受自然规律控制,而受理性法则的控制。人的自由意志就是理性控制的意志,也就是说人之所以有自由意志是因为人有理性,受理性法则控制而不受自然规律控制,人就获得了自由。

从伦理学的角度看,必须承认人有自由意志,人有自由意志才有选择的自由。因此,人才应该对自己的行为负道德责任甚至法律责任。如果认为人的行为是完全被决定的,那么行为者就不存在道德责任问题。如果这样,整个社会的规范体系就会崩溃,整个社会秩序就会陷入混乱。

人必须对自己的行为负责任的根据主要在于人的意志是自由的,人在作出选择时具有自主性。关于人的自由,西方思想家有一个认识转变的过程:从人的意志是自由的,到人是自由的,再到人就是自由。但无论哪一种观点,持这种观点的人都承认人要对自己的选择及行为负责。

人的自由主要体现在人可以在多种可能性中作出选择,并且可以作出最好的选择。既然选择是人自主作出的,那么人就要对自己的选择及其行为负责。人的这种自由选择就是意志作出的,因而应当承认意志是自由的。但人的自由不只是体现在行为的最初选择上(主要是目的的选择上),还体现在行为的整个过程中,人可以相对自由地控制自己的整个行为过程,因而要对行为过程中选择的手段、采取的措施等负责。人行为的后果是行为目的选择和行为过程自控的结果,既然行为目的是行为者自主确立的,行为过程是行为者可以自控的,因而行为者必须对自己的整个行为负责。

行为的责任问题涉及"平庸之恶"(the banality of evil)的问题。这是汉娜·阿伦特(Hannah Arendt,1906—1975)反思对纳粹党徒艾希曼的审判后提出来的。阿伦特曾到耶路撒冷出席了战犯艾希曼的审判。在法庭上,辩方为艾希曼辩护的一个重要理由是,他只是一个小小的零件。艾希曼自己也反复强调自己是齿轮系统的一环,只是起了转动的作用罢了。他甚至宣称,他的一生都是依据康德的道德律令而活,他的所有行为都来自康德对于责任的界定。然而,法庭提出一个问题:你为何成了一个零件,或者说,为何在这样一种情况下还继续做一个零件呢? 阿伦特认为,尽管根据法庭程序规定,独裁统治下的个人责任问题不允许从个人转嫁到体制,但也不能对体制完全置之不理。因为在任何独裁统治之下,更不用说在极权独裁统治之下,政府中的决策者已从少数缩减至一个人,因此也只有这一个人在政治上是负全责的,其他从上到下参与公共事务的所有人事实上就是一个零件。当然,这也并不意味着其他人都不负有个人责任。阿伦特认为,服从国家的命令实际上就是支持国家,如果在独裁统治下的人们即使不积极抵制和反抗,而只是拒绝支持,即不服从,那就足以使独裁统治无法继续下去。纳粹战犯虽然没有主动犯下罪行而法庭仍要求他们对所做的事情负责,其原因就在这里。

阿伦特把罪恶分为两种,一是极权主义统治者本身的"极端之恶"(radical evil),二是"平庸之恶"。所谓平庸之恶,是指对于显而易见的恶行却不加限制甚至直接参与的行为。平庸之恶的思想在康德那里就已经提出,萨特更是对它作了深入的分析。在现实生活中,平庸之恶是广泛存在的。这种恶之所以是平庸的,是因为任何一个常人都有可能堕入其中。其表现有所不同:或者把个人完全同化于体制(如国家、企业、政党等)之中,服从体制的安排,甚至成为不道德体制的忠实实践者;或者默认体制本身隐含的不道德的、邪恶的行为,虽然良心不安,但依然可以凭借体制来给自己的恶行提供辩护,从而消除良心上的不安。平庸之恶是一种复杂现象,也是一个伦理学难题,但可以肯定的是,平庸之恶也是一种恶,人应当对自己的平庸之恶承担道德责任。

五、道德冲突与道德两难

在道德选择的过程中,人们常常会面临道德冲突的道德难题。道德冲突有广义与狭义之别。广义的"道德冲突"泛指一切道德矛盾的状态,既包括不同道德体系之间的矛盾,也包括同一道德体系内不同要求之间的矛盾。前者如资本主义道德与封建主义道德之间的矛盾,后者如中国传统道德中的"忠""孝"之间的矛盾。狭义的"道德冲突"是指道德主体在进行道德选择时面临的不同道德要求不能同时兼顾而在道德上陷入的两难境地。这里说的"道德主体"既指个人,也指组织群体(包括家庭、企业、社团等)、基本共同体(国家)。这些道德主体客观上都会面临道德冲突,只不过个人的道德冲突发生得更频繁。从狭义的道德冲突的意义上看,道德两难、道德难题与狭义的道德冲突是大致同义的。这里我们只从狭义上讨论道德冲突。

　　道德是一种十分复杂的现象,就个人而言包括道德认识、道德情感、道德意志、道德品质、道德行为等,就社会而言则是指社会道德体系,主要包括社会道德规范体系和社会道德导向体系。道德冲突并不会在道德的所有方面、所有层次都发生,而主要发生在社会道德规范领域,包括禁忌、习俗、责任、义务,而当代主要发生在责任和义务领域。当道德主体面临彼此矛盾的道德责任或义务而需要作出选择时,道德冲突就发生了。当然,在培养善恶观、道德品质、道德情感的过程中,人们需要作出选择,这时也可能发生道德冲突。比如,在当代道德多元化的格局之下,青年人在选择哪一种道德作为自己道德修养的内容时就有可能面临冲突。不过,这种道德冲突不常发生,而且往往是一次性的。与之不同,两种不同道德要求之间的道德冲突经常发生。

　　道德冲突不是指道德与不道德之间的冲突,而是指两种道德要求之间的冲突。“忠”和“孝”都是道德的,它们之间的冲突才是道德冲突,它们与“不忠”“不孝”之间不是道德冲突,而是道德与不道德之间的对立。在一个人没有成为道德之人的时候,他在道德选择的过程中经常会面临必须在道德与不道德之间作出选择的问题,这种选择面临的是善恶对立而非道德冲突或道德两难。当然,他也经常需要在不同的道德要求之间作出选择,这种选择所面临的才是道德冲突。如果一个人已经成为道德之人,他一般不会面临在道德与不道德之间作出选择的善恶对立问题,而会像孔子所说的那样“从心所欲不逾矩”。但他仍然会面临道德冲突,需要他作出道德决断。在现实生活中,每一个人都有可能面临道德冲突,都需要对道德冲突作出选择。

　　引发道德主体道德冲突的道德要求,可能是两种不同道德体系的不同道德要求,也可能是同一道德体系中不同层次、不同方面的道德要求。

　　在道德多元化时代,同一社会会存在不同的道德体系。如果一个人不是社会主导道德的坚定信奉者,他在进行道德选择的过程中有时就会发生是遵循主导道德的要求行事还是遵循非主导道德的要求行事的矛盾。例如,我国主导道德的基本原则是集体主义,而西方现代道德的个人主义原则也在我国流行。如果一个人对集体主义缺乏坚定信念而对个人主义有所认同,他就会经常陷入把集体利益放在首位还是把自己利益放在首位的道德冲突之中。当然,一种道德体系的道德要求与另一种道德体系的道德要求也并非完全冲突,有些基本的道德要求包含在所有道德体系之中,如不应当偷盗、应当尊重老人等。一般来说,不同道德体系道德要求的不同主要体现在基本立场及由基本立场派生的基本原则上。

　　同一道德体系有不同层次、不同方面的道德要求,人们在进行道德选择时也会面临按哪种道德要求行事的矛盾。这是人们更经常面临的道德冲突。前例所说的“忠”和“孝”都是中国传统道德体系中的道德要求。如果一个人是独子,家里生病的老母亲需要他照顾,而这时外敌入侵,国家要求适龄青年参军参战,他就会陷入是行孝还是尽忠的道德两难。现实生活中,人们经常会面临类似的道德两难问题。假如你是一个医生,有三个患同样病的病人需要救助,你有责任救这三个病人,但现有的药品只能拯救一个人。这时你该救谁呢？这就陷入了道德两难。

近一些年来,一个名为"电车难题"的道德难题因为美国社群主义者桑德尔精彩的政治哲学视频公开课"公正:该如何做是好？"而产生了广泛影响,成为国际学界广为讨论的难题。其大意是:一辆疾驶的有轨电车刹车失灵,即将撞死轨道上正在工作的 5 位工人,这时司机可让电车转向岔道,但岔道上也有 1 位工人会被撞死。那么,司机是否应当让电车转向,"救 5 舍 1"？此后,一些学者又从电车难题发展出多种不同的版本。

从历史上看,处理道德冲突有两种基本价值取向:一是整体主义,即在道德发生冲突时选择作出有利于整体的选择,而在道德冲突发生在不同整体之间时,作出有利于较大整体的选择;二是个人主义,即在发生道德冲突时选择作出有利于个人自己或亲人的选择。价值取向不同,处理道德冲突过程中的取舍就不同。对于前例中讲的忠孝不能两全的道德冲突,按照整体主义的价值取向,那就会作出"忠"的选择,而按照个人主义的价值取向,则会作出"孝"的选择。20 世纪以来,人类社会主体日益多元化、多样化,除了个人、家庭和作为基本共同体的国家,社会还有许多其他的道德主体,如企业、组织、社团等各种组织群体。它们像个人、家庭、国家一样,具有独立存在的价值和权利。在这种情况下,人们进行道德选择时需要尽可能地兼顾各方的利益,而在面临不能两全的道德冲突时,道德一般都要求作出有利于整体尤其是基本共同体的选择,因为基本共同体相较于个人对于人类生存发展更为重要,而维护和促进人类生存发展正是道德的本质特征。无论价值取向是整体主义还是个人主义,人们在解决道德冲突的过程中通常会倾向于从功利的角度考虑问题,作出对整体或个人更有利的选择。

第四节
道德规范内化与正当感形成

道德规范可以内化,内化的结果是个人的良心和道德感的形成。正当感是个人良心的主要内涵,是一种起码的德情,其形成的标志就是人有良心。正当感对于人的道德践履具有根本性的意义,一个人有正当感不再会感到道德规范对自己的约束,也就获得了道德自由。在正当感的基础上,道德规范还可以在内化的过程中与德情融合形成道德感,道德感是具有大爱精神的道德激情,是比正当感更高层次的德情。正当感不是与生俱来的,也不会自然形成,它必须在社会的道德教化和个人的躬行践履的交互作用下才能逐渐形成。正当感与道德素质的形成过程事实上是同一过程,但道德教化对于正当感的形成作用更大。鉴于道德素质形成过程前文多有涉及,这里着重讨论道德教化对于正当感形成的作用,以及充分发挥其作用应遵循的一些原则。

一、道德规范内化与道德自由

社会的道德规范体系规范的对象是社会主体,尤其是个人。人类文明进步到今天的重要成果之一,就是建立了无所不包的道德规范体系,人的一切社会行为都在道德规范的范围内,无不受到道德规范的约束。如果这种规范对个人来说纯粹是外在的,那么它们就如同枷锁一样制约着人的社会行为,个人也就没有道德意义上的自由。相反,如果一个人将这种外在的道德规范转化为自己的德性或德情,使之成为自己的无意识动机,那么这个人就获得了道德自由。道德自由就是将制约自己的外在道德规范转化为自己的无意识动机后的那种不受道德规范制约的状态,实质就是道德规范的内化。道德自由无论对于个人自己还是对于社会都是极其重要的。

就个人而言,即使在政治上是自由的,个人的权利能够得到充分保障,但如果道德规范对于一个人纯粹是外在的,那么他仍然是不自由的。在现代民主国家,个人的权利得到了基本保障,但有些人仍然感到自己很不自由,处处受限,其言行举止经常遭到他人的白眼甚至谴责,有如芒在背的感觉。导致这种感觉产生的原因就在于他们没有将社会的道德规范内化为自己的品质,没有获得道德上的自由。

人在社会中生活,限制其自由的主要有两个方面:一是疾病和贫困。严重的疾病和伤残会使人无法自由,极度贫困也会使人身不由己。二是社会规范。各类社会规范都会限制人的自由。政治规范限制人的政治自由,经济规范限制人的经济自由,而道德规范是覆盖面最广的规范,人的所有社会行为都在其控制范围内。因此,如果一个人不能将道德规范转化为习惯,内化为正当感,他就会处处受到制约,就会感到人人都跟他作对。

可以说,道德不自由的人是最不自由的人,而道德不自由的原因就在于道德规范对于他完全是外在的。孔子所言的"七十而从心所欲不逾矩"就是一种典型的道德自由状态。他这里所说的"矩"指所有的外在规矩,但最重要的是道德规范。不过,到 70 岁才获得道德自由,在今天看来似乎太晚。获得道德自由的过程就是人社会化的过程。一个人获得道德自由越早,表明他的社会化过程完成得越早,他也就越早融入社会,也就能够越早地利用社会的资源。

在人类思想史上,几乎所有的思想家都主张人应当获得道德自由,并且把道德规范的内化视为获得道德自由的充分条件。在罗马帝国时期,哲学家斐洛(Plilo Judeaus,前 20—50)就非常推崇自由而贬斥奴役,并认为自由是可敬的东西,奴役是

可耻的东西,而这是众所周知的真理。那么,人如何获得自由呢? 他认为,人要获得
自由,首先必须具有坚强的意志,对奴役具有免疫力;其次还必须凭理智行事;最后还
得尊敬神、服从神,按律法行事,这是最为重要的。尊敬神、服从神,就是要按律法行
事。按律法行事,可以克服各种激情和欲望,从而获得自由。而按律法行事,也就是
按照健全的理性行事,因为健全的理性就是正确的律法。他说,那些被愤怒、欲望、激
情,或者任何阴险的邪恶支配的人,就完全处于奴役状态,相反,凡根据律法来规范其
生活的人都是自由的。斐洛所说的律法,既是宗教规范又是道德规范,按律法行事就
是按道德规范办事。

　　从社会的角度看,社会成员普遍道德规范内化从而获得道德自由对于社会秩序的
稳定和谐意义更为重大。从人类历史看,社会秩序有两种基本类型:一是静态的统一
秩序,二是动态的和谐秩序。只有这种动态和谐的秩序才能够真正使社会稳定和谐。

　　人类在历史上的很长一段时期都认为,社会的秩序就是社会的统一。这种统一
包括社会生活的各个方面,如思想的统一、观念的统一、理想的统一、信仰的统一、舆
论的统一、行为的统一,等等。这种看法的主要根据是社会生活各方面统一,全体社
会成员的各个方面就会整齐一致,这种整齐一致就是秩序,这种整齐一致的秩序可以
产生巨大的效益。但是,任何一种社会都很难建立起完全整齐一致的社会生活。尽
管历代统治者消耗了大量的精力和社会的财力,却并没有达到他们想要的统一,反而
导致人们对统治者的反感和不满。通过强制措施建立的静态秩序,即使能够维持,也
是十分短暂的。整个社会就像一台大机器,每一个人都是其中的一个零件,一旦某个
零件出了毛病,机器的正常秩序就会被打破,机器甚至会因此陷入瘫痪。

　　与静态统一的秩序相比较,动态的和谐秩序不像军队操练那样整齐秩序,倒有些
像乐队的演奏秩序:所有成员都按自己的乐谱演奏,而演奏的结果是美妙动听的旋
律。其最显著的特征不是清一色的整齐,而是多样性的和谐。这种动态和谐秩序是
以肯定个体的自由和独立自主性为前提的,是以多样性为基础的。由于个体具有独
立自主性,因而所有的个体都不会是清一色的,相反从思想观念到行为活动、从动机
到效果、从目标到实现手段,所有的个体都是各不相同的,呈现出千差万别、丰富多彩
的面貌。现代秩序不仅不扼杀这种多样性,相反是以多样性为基础建立的,以促进多
样性为目的。以多样性为基础和目的的现代秩序不是清一色的整齐,而是多样性的
动态和谐。

　　动态和谐秩序是以法制为保障机制的。法制最大的特点在于只控制人们的社会
行为,而给人们的个人生活保留了很大的空间。这样,以法制为社会秩序的唯一调节
器,实际上就否定了传统社会强加在人们身上的种种枷锁。但近代以来的历史已经
表明,健全的法制可以使社会稳定有序,但不能真正使社会和谐美好。要使社会和谐
美好还必须诉诸道德规范的内化,其最直接的意义在于它可以使人们在任何情况下

都不作恶犯罪。一方面,道德规范的内化可以防止人们钻法律的空子。任何法律都会有漏洞,如果没有道德规范发挥作用,人们就会出于利己的动机去做那些法律无法涵盖的坏事。另一方面,道德规范的内化可以使那些法律无法覆盖的领域受到社会的控制。人类社会生活极其复杂,法律再完善也不能覆盖社会生活的每一个角落,尤其是在当今世界缺乏统一的法律的情况下,有些人会做那些危害整个人类但法律无法制裁的坏事。因此,道德规范对人们行为的控制在现代社会不是可有可无的,而是不可或缺的。在一个没有道德规范发挥作用的社会,社会秩序不可能和谐美好。

然而,道德规范是一种非强制性的约束。如果不能将其转化为人们的习惯,使人们普遍形成正当感,即使有强大的社会舆论,纯粹外在的道德规范也不能充分发挥作用。况且,当人们普遍缺乏正当感时,社会也形成不了对作恶犯罪有强大震慑力的社会舆论。正因为如此,大多数社会都十分重视道德规范教育,努力使之转化为人们内在的正当感,使人们在道德上获得自由。

二、道德教化的加强和改进

道德教化属于社会教化。社会教化是通过各种途径对社会成员进行教育感化的各种活动的总称,目的是使人社会化。道德教化是社会教化的核心内容,为的是使社会倡导的道德规范和道德理想转化为社会成员的道德品质和道德情感,以使他们具备基本道德素质并引导他们追求道德理想。在当代社会,一些人道德意识弱化、道德良知麻痹、道德素质低下、道德理想破灭,这不仅给个人而且给社会带来了灾难性的后果。导致这种严重问题产生的原因是多方面的、深刻的,但道德教化弱化是重要原因之一。因此,解决当代社会存在的道德问题,需要高度重视道德教化,发挥道德教化的优势。道德教化对于普遍提高全体社会成员的道德综合素质具有重大意义,尤其对于促进社会道德规范转化为个人道德正当感具有不可替代的作用。

中国传统社会高度重视道德教化,道德教化的历史源远流长,《孟子·滕文公上》就有"使契为司徒,教以人伦"的记载。孟子阐明了道德教化的极端重要性:"善政,民畏之;善教,民爱之。善政得民财,善教得民心。"(《孟子·尽心上》)《礼记·经解》也强调:"故礼之教化也微,其止邪也于未形。"中国传统的道德教化包含教育,但又不同于教育,它把政治褒奖、教育教导、文艺感化、环境影响等有形和无形的手段加以综合运用,其中包括皇帝的宣谕、各级官员耳提面命和行为引导,还有立功德碑、立牌坊,传播通俗读物等多种形式。它既向人们正面灌输道理,又注意结合日常活动使人们在不知不觉中达事明理,潜移默化,其效果要比单纯的教育深刻而又牢固得多。中国传统文化的道德教育思想资源和实践经验,一方面可以使我们进一步认识到道德教育的重要意义,另一方面也给我们如何加强道德教化提供了许多启示。

第一,高度重视道德教化。道德教化是社会教化的核心内容和实质内涵,而社会教化过程也就是社会成员社会化过程,社会成员的社会化就是通过其社会教化实现的。人的社会化就是通过自我与环境的交互作用使自我成为一种社会的存在,每一个成熟的人都是社会化了的人。社会学研究发现,人的自我形成发展过程是一个毕生持续的社会化过程。在当代人类社会,各种社会问题十分严重,如极端利己、贪欲膨胀、贪图享受、人格扭曲、精神抑郁、心理变态,等等。导致问题产生的原因十分复杂,但人的社会化内容不正确是根本原因。社会化的内容是使人成为社会的人,其核心是成为道德之人。成为道德之人才有可能使人性得到充分实现,使人全面而自由发展,成为真正幸福的人。

然而在现代社会,虽然一些人也经过了社会化,但他们成了唯利是图的人,成了贪图享受的人,在他们的世界里没有作为人应当具备的起码的道德素质。这样的人其实只是实现了自然本性或感性本性,并没有使人性得到全面实现,因而出现各种问题就是不可避免的。今天的人确实成了"理性的动物",而没有成为"全面而自由发展的人"。所有这些问题是人的社会化的问题,而社会化的问题归根到底又是社会教化尤其是道德教化的问题。因此,加强和改进道德教化就成为能否改善人类、能否从根本上克服社会问题的根本出路。

第二,在各种道德教化主体协同发挥作用上下大功夫。至少从我国现实看,社会中道德教化的各种主体都存在,也在不同程度地发挥作用,但存在着不能协同发力,甚至还存在彼此之间作用力抵消的问题。如何使各种道德教化形式朝着同一方向协同发力是克服我国道德教化问题的根本出路,也是在任何时候都值得高度重视的问题。在道德教化中,家庭的作用最为基础和重要,在孩子道德教化方面可以而且必须大有作为。在家庭方面,一要营造道德之家,二要其成员发挥道德示范作用,三要持续对孩子进行道德教育,四要及时纠正孩子德情、德性和德行方面的偏差。

中小学在学生道德教化方面肩负着主要职责,不仅要对学生实施系统的道德教育,还要在营造有利于学生道德素质形成的环境方面积极作为。学校在道德教化方面,一是要注重道德之校建设,二是要注重日常道德教育,三是要注重教师品行的示范作用,四是要建立学生德情、德性和德行方面良性互动有效机制。

一个社会的道德现实就是其社会成员的道德素质互动构建起来的,社会环境可以有形和无形地对人们的道德素质产生影响。有形的形式如大众媒体可以直接对人们形成什么样的道德素质施加影响,并通过褒贬等手段强化这种影响力。无形的形式是通过制度、政策、教育、风俗、习惯等途径潜移默化地熏染人们的情感、品质,使人们不知不觉地接受影响。

社会管理是通过社会管理者实现的,因而社会成员的道德总体状况主要取决于社会管理者。社会管理者应该清醒意识到自己在社会成员的道德教化方面肩负的重任,应努力作为。其中最重要的有四个方面:一是努力营造道德教化所需要的社会环境和氛围,二是始终注重社会成员的道德素质建设,三是建立完善的防恶惩恶机制,四是采取有效措施激励人们追求道德完善。

第三,紧紧抓住正当感形成的关键期。在一个人道德情感和道德品质特别是正当感形成的过程中,青少年时期是关键期。根据柯尔伯格的道德发展理论,儿童道德发展分为三种水平、六个阶段,正当感形成的关键时期分为前习俗水平和习俗水平。前习俗水平(0～9岁)的特点是以自我为中心,注重个人利益。习俗水平(9～15岁)的特点是能够理解社会规范,认为个人的行为要符合社会和他人的期望。这个时期儿童的道德行为是为了获得他人对自己的赞同。能否被别人喜欢,能否得到赞扬,是他们行为评判的标准。当个好孩子就应该遵守规则。同时这个时期的儿童开始意识到法律与秩序的存在,表现为服从权威,服从社会规范,尊重法律的权威,认为只要遵纪守法就是好的。前习俗水平家庭的道德教化尤其重要,而到了习俗水平,学校的作用成为主要的。习俗水平对儿童的社会道德规范内化来说是最为重要的时期,因此学校责任重大。柯尔伯格的实验研究揭示了儿童道德发展是一个逐步上升的过程,它按照一定的规律以固定的顺序向前发展,不会倒退,也无法超越。

柯尔伯格的道德发展理论告诉我们,在道德教育中需要着重注意三点:一要遵循儿童的认知发展规律,避免成人式的道德灌输。二要重视受教育者的主体性,将道德他律内化为道德自律。道德正当感的形成既不是与生俱来的,也不是外界直接灌输的结果,而是个体与他人、个体与社会在相互作用中逐渐构筑起来的。三是要加强道德行为的实践。道德教育是知、情、意、行的综合过程,只强调道德知识的灌输,没有德情的共鸣以及道德行为的训练,就不会达到预期的效果。更重要的是,道德问题并非通过课堂讨论就可以解决,它往往与团体氛围、人际环境有关,因此道德实践是提升道德水平的重要环节。

第四,营造浓厚的网络道德氛围。今天,以手机为主要载体的网络已经成为影响人们尤其是青少年的主要舆论环境,网络世界实际上已经不是"虚拟世界",而是给人们带来无处不在的深刻影响的"真实世界"。很显然,网络的出现从根本上改变了道德教化的条件、环境和方式。因此,如何把网络作为一种效能更强的新道德教化形式并充分发挥其作用,是所有社会道德教化主体都必须高度重视的问题。

网络兴起的时间不长,在发展过程中出现许多问题在所难免。当务之急是,网络作为道德教化的新形式应该朝什么方向发展、应该发挥什么作用、如何发挥作用,这些问题都亟待研究解决。从当前的情况看,有一个问题可以在前期加以重视和解决,就是通过各社会道德教化主体的协同作用,尤其是政府的主导作用,营造浓厚的网络道德氛围。既然网络对于人们尤其是青少年具有如此重要的作用和深刻的影响,那么营造这样的道德氛围必定能够产生良好的教化效益。

三、道德教化的主要原则

道德教化与其他许多种类的教育不同,它是一种多教育者、多途径的复杂教育影响活动。要使各种道德教化者的教育和影响协同有效地发生作用,他们就既要分工合作,又要遵循一些共同的或一般性的原则。这些原则可能有不同的概括,我们将之概括为诉诸自主、防微杜渐、循序渐进、协同作用、营造环境和率先垂范六条。这是任何从事道德教化的个人和组织群体都应当遵守的一般道德教化原则。

第一,诉诸自主原则。正当感像其他道德感一样是获得性的,在正当感形成过程中,个人的自主性具有至关重要的作用。离开了这种自主性,正当感是不能形成的。然而,个人的自主性本身并不是人们能自发地意识到的。人们要意识到这种自主性,形成道德规范意识,需要触媒的作用。道德教化就是这种"触媒"。它既要启发人们的自主意识,使人们意识到自己的正当感潜能转化为现实的正当感的可能性和必要性,又要给人们提供道德养成的知识,为人们自主养成正当感提供指导。诉诸自主原则,要求进行任何形式的道德教化时都要诉诸受教者的自主性,使他们变被动地接受道德教化为主动地追求道德教化,变别人要他们形成正当感为自己要求形成正当感。

贯彻这一原则的关键在于,在道德教化过程中要努力将道德规范知识的教导和道德规范意识的启发有机地结合起来。道德教化最忌讳把正当感的形成与受教者的好生活隔离开,使他们感到正当感是只有利于他人、群体而不利于自己的东西,因而本能地拒绝形成正当感,从而导致他们对道德教化产生反感,内心里抵制道德教化。因此,道德教化应努力使受教者深刻意识到正当感与好生活的内在关联,从而增强他们自觉养成正当感的积极性和能动性。

第二,防微杜渐原则。道德教化要从受教者言行的细微处着手,防范恶行的产生和流行,通过严防死守,杜绝受教者的恶行朝恶性方面发展的可能性。防微杜渐就是使道德教化成为恶行产生和流行的一道强有力的防线,通过道德教化将恶行扼杀在萌芽之中,使所有受教者都厌恶恶行、远离恶行,从而防止恶行流行。通过道德教化防微杜渐是从源头上治理恶行的主要措施。如果普遍实施的道德教化能防止恶行产生和流行,恶行就会逐渐失去存在的空间,人们的恶行就会大大减少。

贯彻防微杜渐原则,一方面要进行防范恶行方面的教导,主要包括要告诉受教者什么是恶行,有哪些恶行,恶行对个人生存和社会生活有什么危害,以及如何防止恶行;另一方面要在日常生活中通过对受教者恶的苗头和言行的及时批评,扼制恶行的生长和蔓延。坚持防微杜渐原则,关键在于通过日常的道德教化防止和及时制止那些细小的恶行发生,从而防范恶性的形成。所有道德教化者都要多观察受教者,及时发现恶行苗头和言行并及时进行批评、纠正和教导,事后还要进一步观察直至受教者完全消除恶行为止。

第三,循序渐进原则。人有一个生长发展的过程,人的正当感也有一个从无到有、从弱到强的形成发展过程。因此,道德教化要适应这个过程,循序渐进地实施。人的正当感形成与人的其他德情,以及德性、智慧是相关联的,同时与受教育过程、生活经历有密切的关系,而所有这些影响因素都存在一个发展丰富的过程。道德教化不能忽视这些相关因素的情况而我行我素,相反,要根据这些影响因素相应地实施道德教化,使其与人的成长过程相一致。

循序渐进的原则要求进行任何形式的道德教化都要在施教前考虑受教者的外在条件和内在条件,考虑受教者已有的道德状况,根据受教者的实际情况逐渐实施道德教化。循序渐进原则的前提是因材施教、因时施教、因情施教,克服道德教化的盲目性和任意性。坚持循序渐进原则,要注意克服三种倾向:一是盲目施教,二是重复施教,三是高调施教。这三种倾向是相互联系的,其根本是盲目性。因此,坚持循序渐进的原则最重要的是要克服道德教化的盲目性,增强其针对性。

第四,协同作用原则。道德教化是一种多教育者、多途径的教育和影响活动。家庭、学校、单位、社会组织、大众传媒、政府,乃至每一个人都是道德教化者。道德教化不仅涉及人生活的方方面面,而且涉及从基本的行为习惯到情感态度的不同层次。因此,各种不同教育者实施的不同形式的道德教化存在着如何协同作用的问题。一般来说,不同教育者实施的道德教化应有所分工,有所侧重,而且要彼此一致,相互补充、相互促进,不能彼此矛盾和冲突,如此才能使教育达到最佳的效果。

协同作用原则要求任何主体、任何形式的道德教化,都要在坚持诉诸自主、防微杜渐、循序渐进等原则的前提下,保持价值取向一致并相互补充、相互促进,齐心协力地共同帮助受教者的正当感形成和完善。坚持协同作用原则最重要的是要突出学校道德教育的主渠道作用。虽然道德教化的主体很多、很复杂,但总体上看学校的作用最重要。因此,所有道德教化主体的道德教化要主动与学校的道德教育相一致,围绕学校的道德教化展开各自的道德教化,不能另搞一套。

第五,营造环境原则。道德教化想要卓有成效,需要有利于正当感形成的环境的支持,这种环境通常不是自然而然形成的,而是人为营造的。家庭、学校、单位、社会组织、大众传媒、政府各个方面要为社会成员营造社会正当感环境,同时各种教育主体也要为受教者营造其他相关的正当感环境。正当感环境营造与实施道德教化要有机地结合起来,这样二者就会相互促进、相得益彰,使道德教化收到事半功倍的效果。

环境包括家庭、学校、单位、社会、舆论等,营造有利于正当感形成的环境是要使所有这些环境德化。其中社会大环境对其他各种环境有深刻的影响,因而使之德化是有效实施道德教化的最重要条件。德化环境的营造是复杂而艰难的,涉及方方面面和诸多因素,需要全社会共同努力,特别是需要政府的重视,需要运用政治、行政的力量推动。环境的复杂性决定了往往无法一蹴而就使之德化,因而道德教化也要注意增强自己适应环境的能力及抵御干扰和腐蚀的能力。

第六，率先垂范原则。道德教化者对受教者来说往往是道德的化身，具有重要的示范和榜样作用。孔子言："其身正，不令而行；其身不正，虽令不从。"（《论语·子路》）朱熹说："上行下效，捷于影响。"（《四书章句集注·大学章句》）教育者需正人先正己，不能率先垂范的道德教化者就是口是心非的"伪善者"，所导致的后果十分严重。道德教化者一旦被看作伪善者，他所进行的道德教化工作不但不能取得正面的效果，相反会导致负面的效果。一些受教者会由鄙视道德教化者而对道德教化乃至道德本身反感，一些受教者也可能受到这种"伪善"的道德教化者的影响而成为口是心非的"伪善者"。

率先垂范原则要求道德教化者自己要成为真正的道德之人，具有较高的道德水平，注重道德修养，以自己的优良品行作为受教者的范例。率先垂范原则有许多不同的表达，如"以身作则""正人先正己""打铁还须自身硬"，等等。这些表达从不同的方面体现了率先垂范原则的要求。坚持率先垂范原则，更是对专职道德教化者的要求，他们如果不能做到率先垂范，那对受教者的影响是极为消极的。

案例分析：

艾希曼的狡辩：走出"平庸之恶"。

思考题：

1. 怎样理解道德正当？
2. 道德规范的主要形式有哪些？
3. 正当判断与善恶判断有什么区别？
4. 怎样理解道德自由？

第五章 智慧论

伦理学智慧论的研究对象是道德智慧。道德智慧是智慧的一种特殊类型,通常被称为"实践智慧",它作为智慧是理智德化和优化后达到的最佳状态。道德智慧是道德的实质内涵,道德是道德智慧的体现和展开。道德智慧与德情、德性关系极为密切,彼此之间相互依赖、相互促进,相得益彰。智慧的形成过程就是理智德化的过程,理智德化过程也就是道德培育过程,道德修养在其中起着决定性作用。智慧论是伦理学的一个具有综合性、总体性的分支,但这个领域的研究相对薄弱。本章讨论智慧与道德智慧、道德智慧与道德、道德智慧与好生活或幸福等几个方面的关系问题,以及从理智到智慧的德化过程。

第一节
智慧论的基本范畴：智慧

智慧如同道德一样,没有直接的对立面,但对人来说存在有、缺、无的问题。我们不能把"愚蠢"一词作为智慧的反义词,"愚蠢"的反义词是"聪明",这两个词通常都没有道德含义,而智慧则含有道德上的褒义。智慧像幸福、德情、德性一样,是一个美好的字眼,说一个人有智慧,那无疑是对他的褒奖。在古希腊神话中就有智慧女神雅典娜,在希腊古典时期,智慧被推崇为个人和城邦的第一德性,哲学也被看作智慧之学,可见人类对智慧的重视。道德智慧不仅是智慧的一种特殊类型,而且是智慧的实质内涵。我们要了解道德智慧,需要了解智慧的一般含义,智慧与理性、理智的关系,以及与道德智慧的关系。

一、智慧的一般含义

在《现代汉语词典》(第 7 版)中,智慧的定义是"辨析判断、发明创造的能力"。智慧的英文对应词是"wisdom",《牛津英语词典》(第 2 版)(*Oxford English Dictionary*, 1989, 2nd ed.)给"智慧"下的前两个定义是:(1)在与生活和品行有关的问题方面正确判断的能力;在手段和目的的选择中判断的圆满性;有时不太严格意义上的实践事务方面的圆满感;(2)知识(特别是高级的抽象的知识),与愚蠢相对。显然,英语"wisdom"一词的日常含义比汉语"智慧"要丰富和深刻。

在哲学界,许多哲学家对智慧的含义和本性作过规定。沙容·莱恩(Sharon Lyan)在对西方哲学家关于智慧本性的讨论进行概述的基础上提出:"S 是有智慧的,当且仅当:(1) S 有广泛的事实和理论知识;(2) S 知道怎样生活得好;(3) S 在生活得好方面是成功的;(4) S 很少有没有得到确证的信念。"[①] 这一规定虽然比较全面,但对智慧的含义阐述得还不够清晰。另外一位哲学家朗克尔对智慧的解释也许更容易理解:"一个有智慧的人不仅知道实在是什么,而且知道它能是什么。当一个人必须接受像他所发现的那样的世界时,他或她还能做另外两件事情:(1)区分世界的哪些方面更有价值;(2)以这样的方式行动:改进这个世界。哲学家的任务就是要阐明怎样做这两件事情。"[②]

综合哲学史上哲学家对智慧的理解,我们可以对智慧作如下规定:智慧是适应人更好地生存的需要而形成的,正确的观念、渊博的知识、卓越的能力和优良的品质在经验基础上实现有机协调的,明智审慎并重的综合调控机能。它是理智得到德化和优化的最佳状态,是人的灵性的集中体现。

智慧并不是人类一诞生就有的,而是随着人类的进化,适应人类更好地生存的需要逐渐形成和增强的。从历史的角度看,人类的智慧大致在人类进入文明社会时才走向成熟并成为人们的追求,古希腊神话中智慧女神的存在正表明那时人们已经有了智慧的概念。但是,智慧并不是一成不变的,随着人类的进化,特别是人类教育科技文化的进步,人类的智慧不断地在向广度和深度方向发展。智慧之所以会随着人类的进化而不断增强,是因为智慧不仅是适应人类更好地生存的需要而产生的,更是人类更好地生存的内在机能和生存方式。今天,人类的智慧对人类更好地生存发挥着极其重要的作用。智慧作为人适应自己更好地生存的需要所形成和发展起来的特有的综合统一能力和调控机制,其使命是使人能够在艰难的生存竞争中有效地保护自己、丰富自己、发展自己,获得需要满足,实现自我价值。因此,智慧实质上就是生存智慧。

但是,人类整体和人类个体并不总是有智慧地生存,而是常常会发生偏差。特别是就人类个体而言,尽管每一个人都具有理智,都有智慧的潜能,但并不是每一个人的理智都转化成了智慧,也不是每一个人的智慧潜能都能被开发出来,更不是每一个人将它开发出来后就会运用它。智慧的形成需要智慧修养,智慧的运用需要智慧意识。因此,虽然智慧是适应人更好地生存的需要而形成的综合调控机能,但在不同的人那里差别是很大的。

---

① "Wisdom", in *Stanford Encyclopedia of Philosophy*, http://plato.stanford.edu/entries/wisdom/.
② G. Runkle, *Theory and Practice : An Introduction to Philosophy*, New York: CBS College Publishing, 1985, p.208.

　　智慧意味着知识渊博。所谓知识渊博，是指知识既具有广泛性又具有专业性。只具有广泛性而不具有专业性的知识，只能称为知识丰富，不能称为知识渊博。但是，知识渊博并不等于具有智慧，智慧具有更丰富的内涵。不少哲学家将智慧等同于知识，这种看法局限非常大。不能否认，没有渊博的知识是不会有智慧的，在现代社会尤其如此。所以，可以说有智慧的人是知识渊博的人。但是，我们不能反过来说知识渊博的人就是有智慧的人。现实生活中，不少知识渊博的人并不具有多少智慧。智慧意味着知识渊博，但不止于此，它也是人的生存能力，有智慧的人是生存能力强的人。智慧也包含德性的要求，有智慧的人不是那种有知识、有能力但有恶性的人，而是有知识、有能力的德性之人。智慧还必须以观念正确为前提，这是智慧的首要条件。一个人观念不正确，即使他再有知识、能力和德性，也很难算得上有智慧。实际上，说智慧是观念、知识、能力、德性都不准确，应该说智慧是这四者协调一致的综合机能。不同的人在智慧的这四个方面的比重各不相同，个人智慧的质与量也就有了差别。鉴于现代社会一般人都具有一定的知识和能力，人们要成为智慧之人，最需要的是要有正确的观念和优良的品质。

　　智慧构成要素有机综合统一的基础是理性和经验。理性是智慧的能力前提，经验是智慧的生长基础。其中，经验对于智慧的形成具有特殊的意义。经验像土壤，为智慧的生长提供平台和营养；经验又像一个熔炉，将正确的观念、渊博的知识、卓越的能力和优良的品质熔炼为一种综合的机能，智慧就是这四个方面的构成要素在经验中生长起来并加以运用的。

　　智慧体现在人的活动全过程之中。人生是由活动构成的，包括认知与评价、判断与选择、构想与决策、动机与愿望、情感与意志、行为与反思等等。有智慧的人，其智慧不只体现在自觉活动的某一个方面，而是体现在所有自觉活动及其全过程。当然，任何一个人都不可能在所有这些方面做到尽善尽美，但一个有智慧的人会追求所有活动的完善，坚决杜绝那些有害于自己、他人、组织群体、基本共同体和自然环境的活动，对各种活动中发生的问题及其导致的消极后果都能及时有效地予以纠正。

　　智慧是具有实践意向的活动调控机制。智慧不是单纯的知识和能力，而是具有将知识、能力运用于实践要求并对人的各种活动进行调控的机能。不少西方哲学家认为智慧有实践的方面，或者将智慧分为理论（思辨）智慧和实践智慧，但一般都更强调智慧的实践意义或为好生活服务的意义。智慧的实践意向集中体现为，它要求人们既明智又审慎，并根据这种要求对人的活动进行调控。智慧的实践意向所指向的是人更好地生存。人活在世界上就是为了过上幸福生活，每一个人都追求幸福生活，而智慧是过上幸福生活的最佳手段。智慧是人类为实现幸福而形成的综合统一机能和调控机制，其存在的根据和价值就在于为人创造幸福生活的实践服务。人类之所以会在长期的进化过程中积淀了智慧的潜能，个人之所以会热爱智慧、开发智慧、通过修养获得智慧,就是因为智慧能为人更好地生存服务,使人走上幸福之路。智慧是人生的指南针、控制器。它给人的认知、评价、理解、构建、选择、追求和践行以正确方向,给人与环境(包括自然环境和社会环境)的关系、人与自身内在的各种关系以恰当调节,是人类的最佳生存方式。

二、智慧与理性、理智的关系

智慧与理性的关系十分复杂。在西方哲学史上,不少哲学家对这两个概念不加分别地使用。在古希腊早期,智慧作为一种德性,含义十分丰富,不仅包含理论、理性的方面,也包含实践、非理性的方面。但是,自苏格拉底追求给事物下定义开始,后来的哲学家们一直都比较强调智慧的理性方面,甚至将智慧与理性等同起来。亚里士多德虽然注意到智慧与理性之间的差异并给实践智慧赋予了丰富的含义,但他所推崇的还是理性,特别是思辨性的沉思活动。康德将亚里士多德的哲学智慧和实践智慧转换成理论(思辨)理性和实践理性。总体来看,自苏格拉底至19世纪非理性主义哲学的出现,西方哲学一直都推崇理性,并以理性取代智慧,即使是中世纪的经院哲学也追求对上帝存在等基督教教义的理性论证。

尼采对传统价值的重估开启了对西方理性主义传统的反思和批判。但是,由于西方传统文化的广泛影响,直到今天,很多人都分不清理性与智慧。王蒙在《思想的享受》这篇演讲中谈到“智慧的享受”。他对智慧作了一个解释:“什么是智慧?就是通过思想之后,把复杂的东西弄得越来越清晰了,弄得越来越明白了,把混乱的东西整理出个头绪来了,过去别人不知道的东西,你现在知道了,你有所发现、有所发明,这种智慧对人的享受,可以说也是无与伦比的。”① 显然,他这里讲的智慧是理性,而不是真正的智慧。这表明,即使在今天,我们仍然很有必要对智慧与理性的关系进行认真的辨析,了解二者的差别,意识到忽视智慧而单纯重视理性已经导致和可能导致的消极后果。

在《现代汉语词典》(第7版)中,“理性”既指“属于判断、推理等活动的(跟‘感性’相对)”,也指“从理智上控制行为的能力”。后一种含义大体相当于“理智”。理性的英文对应词是“reason”,一般是指人的思考、理解、构成意见等思想能力。理性的含义非常广泛,从知识论的角度看,理性是指人们形成概念,进行判断、分析、综合、比较、推理、计算等方面的能力。在这种意义上,理性经常与直觉、情感、玄想、权威、迷信和信仰相对照,理性主义者认为它在发现什么是真的或什么是最好的方面比这些东西更可靠。理性的意义在很大程度上是与合理性(rationality)交叉的,而且在通常情况下,哲学中“reason”的形容词是“rational”,而不是“reasoned”

---

① 王蒙:《思想的享受》,《光明日报》2009年7月23日。

或"reasonable"。理性活动可以是隐含的或外显的,它可以在心里进行,也可以表达出来。理性的概念是与语言和逻辑联系在一起的,并且反映了希腊的"逻各斯"(λόγος)一词的多重含义。"λόγος"是"logic"的词根,拉丁文译为"*ratio*",法文译为"*raison*",由此派生出了英语的"*reason*"一词。

从上述分析可以看出,理性虽然有多重含义,但基本的含义是指人的一种通过判断、推论、概括、比较、构想等方式思考、理解、阐述的认识能力,其主要特点是思想。从广义上看,理性包括思想,也包括康德所说的知性,甚至包括感性;从狭义上看,它不包括感性,是相对于感性而言的,大致相当于智力。智慧与理性之间存在着如下主要差异:

第一,理性是人的一种认识能力,而智慧是人的一种综合机能。理性是人的认识能力中的一种,即通常所谓的智力或思想能力。除了理性这一认识能力,人还有其他认识能力,如感觉、直觉、灵感等。在认识能力之外,人还有其他能力,如体力、欲望力、情感力、意志力等。智慧则是人的观念、知识、能力和德性有机综合统一的机能。除能力之外,智慧还包括正确的观念、渊博的知识和优良的品质。仅就能力而言,智慧除了思想能力,还包括感觉、直觉、灵感、欲望、情感、意志等能力。理性是一个中性词,有理性并不意味着思想能力强,而智慧是一个褒义词,有智慧意味着思想能力强。虽然每一个正常人都有理性,但并不是都有智慧,只有那些思想能力较强的人才能说是有智慧。理性不仅不包括直觉、灵感、欲望、情感、意志等能力,甚至基本上是排斥它们的。

人类历史事实已经表明,人越强调理性,理性越发达,人的直觉、灵感、欲望、情感、意志等能力就越萎缩或扭曲。智慧则不同,它在注重人的理性使用和发挥的同时,注重发挥人的非理性能力,不忽视人的欲望、情感、意志,重视人的感受,所追求的不只是合理,还要合情。有研究者指出,历史上倡导智慧的学派一般都强调智慧是知识、理解、经验、谨慎和直觉理解等因素的不同结合,以及很好地应用这些因素解决难题的能力。智力是智慧中的关键性因素,换言之,智力对智慧是必要的,但不是充分的。

第二,理性所追求的是共性、普遍性、统一性,而智慧所追求的是合情合理性。理性的一个重要特点是要在个别中寻求一般,在特殊中寻求普遍,在多样性中寻求统一性,因此理性越发达,人们的生活越趋同,越统一,越扼杀个性,越排斥特殊性,越缺乏多样性,社会就会越趋向成为千人一面的社会,个人也会越趋向成为没有情感的纯理性动物。智慧则不同,它追求的是适宜性、合情合理性,容许多样性和个性。古希腊雅典城邦是一个推崇智慧的社会,城邦的文化丰富多彩,每一个人的个性都得到了较好的发挥,人们的幸福感也很强。而一个推崇理性的社会,会越来越单调统一,个性没有了,多样性没有了,个人成了社会大机器上的没有情感的部件,人们的幸福感也越来越差。

第三,理性的重要特点是注重局部精确和不懈追求,而智慧的特点是注重总体观照和适度满足。理性讲求统一性和精确性,因而有利于科学技术和生产力的发展,有利于全人类建立共同的标准和规范。这是理性的优点,但理性的这种特点运用到人的日常生活中,可能导致人们斤斤计较、争名于朝、夺利于市。理性的另一个特点,就是康德所说的追求"打破砂锅问到底"。这种精神对于推动科学技术和生产力发展是有利的,但运用到人们日常生活中,就有可能使人们始终不满足于现状,追求占有更多社会紧缺资源,导致贪欲的产生。智慧则不同,它作为人的一种综合机能,要求人们注重从根本上、总体上认识和处理问题,要求人们在认识和处理各种问题时兼顾到各方面,切忌顾此失彼。同时,智慧的德性要素要求人们追求适度满足,不能贪得无厌。当然,智慧本身包含理性,并不排除理性在经济、科技、管理等领域追求精确和不满足于现状,但反对将理性视为个人生活唯一有意义的因素。

第四,理性在价值上是中性的,而智慧在价值上是正面的。理性作为一种认识能力,每一个人都具备,而且不包含德性的要求。因此,一个人可以运用这种思想能力为人类造福,也可以运用这种能力去作恶。一个罪犯越有理性,他作案的水平就越高超,破坏性就越大。智慧是包含德性的,一个有智慧的人是一个德性之人,他不会运用智慧去作恶,如果他去作恶,就不能说他有智慧。智慧与幸福、德性一样,是正面的价值,是人类追求的价值目标。一般来说,理性如果不置于智慧的范畴之内,就有可能发生问题。理性与智慧都是适应人类更好地生存的需要而形成和发展的能力,而且理性是人的智慧中最重要的要素,没有理性就不会有智慧,也不会有如此发达的现代文明。但是,人类在发展的过程中,出现过过分重视理性而忽视人的其他能力和机能的问题,导致许多现代文明病的出现。今天我们强调智慧,就是要克服在对待理性上存在的偏颇,正确运用理性,将理性的运用纳入智慧的范围,从而使理性更好地为人类生存发展服务。

理智在《现代汉语词典》(第7版)中的意思是"辨别是非、利害关系以及控制自己行为的能力"。理智的英文对应词是"intellect",意思是"心灵推理和获得知识的能力(与感情和本能相对)""思想的能力"。显然,汉语"理智"的意思与英语"intellect"并不是对应的,汉语的"理智"包括了控制力的含义,与意志相关,而英语的"intellect"没有这种含义,大致相当于理性(reason)。通常西方学者也将"intellect"与"reason"看作是同义的。托马斯·阿奎那就明确表示,人的理智与理性不会是不同的能力。如果考虑它们各自的行为,就能清楚地理解这一点。他的结论是,人的理智和理性是同一种能力。我国学者将intellect译为"理智"不是很准确。不过,也有西方学者看到了理智与意志的关系。例如,斯宾诺莎就说过,"意志与理智是同一的"①。他论证说,

① [荷]斯宾诺莎:《伦理学》,贺麟译,商务印书馆1958年版,第82页。

意志与理智不是别的，只是个别的意愿与观念自身，但个别的意愿与观念是同一的，所以意志与理智是同一的。

从汉语的角度看，理智与智慧都以理性为基础，它们的结构要素也是相同的，包括观念、知识、能力（包括智力、情感力、意志力等）、品质等主要方面，并且体现在人的认识、情感、意志的活动之中。理智也是一种综合机能，但它与智慧的区别在于，每一个正常的人都有理智，但并不是每一个正常的人都有智慧。从这种意义上看，智慧属于理智的范畴，但智慧是理智的一种特性或状态。从伦理学的意义上看，智慧是理智的德化和优化，是理智的最佳状态。智慧与理智的关系，大致上相当于德性与品质的关系。二者之间的另一个差异在于，理智通过学习训练就可以获得，而智慧除此之外还需要自觉的修养。一个人只有通过有意识地进行涵养锻炼才可能获得智慧。

无论理性、理智还是智慧，都是以人的意识特别是自我意识为前提的。自我意识是意识的核心内容，是人与动物之间的主要区别。人在与环境交互作用的过程中，能意识到人与环境的关系，意识到环境的力量和价值，意识到自己的目的和活动及其结果。自我意识就是人作为活动的主体对自己的存在价值、地位、需要，以及满足需要的途径等的意识。它相对于对象意识而言，是在对象意识的基础上形成的。一般来说，当人的意识包含了自我意识时，它才成为理性的。以自我意识为前提对人的活动进行调控，人就具有了理智，能够使这种调控达到最佳状态，人就是有智慧的。

三、智慧的类型与道德智慧

亚里士多德在《形而上学》中将智慧划分为两种，即哲学智慧（sophia）和实践智慧（phronesis）。这一划分在哲学史上影响很大，而且引起了很多讨论。

在亚里士多德那里，哲学智慧的目的在于追求真理，而实践智慧的目的在于改善生活。哲学智慧"既是理智也是科学，在高尚的科学中它居于首位"[1]。宇宙中存在最真实的永恒事物，也必定存在永恒事物的本原，它们可以被称作"第一本原"。哲学智慧是通过对第一本原沉思获得的知识，这种知识是必然的。与之形成对照的是，实践智慧是对人而言好的和有益的事情。这不是指具体的好或有益，如对人的健康好或有益，而是对人的好生活整体上有益，它所给予的是关于怎样改善生活的知识。亚里士多德认为，只有道德上优秀的人才会是实践上有智慧的，因为只有这样的人才知道某种处境中真正重要的东西，并采取恰当的行为。实践智慧是服务于行为的，而人类必须选择某些行为而不选择另一些行为，所以人们对什么行为能正好产生所期望的结果需要深思熟虑。那些既有德性又有实践智慧的人会深思熟虑并能因此作出恰当

---

[1] ［古希腊］亚里士多德：《尼各马科伦理学》，苗力田主编：《亚里士多德全集》第八卷，中国人民大学出版社1992年版，第127页。

选择。

　　从亚里士多德的观点看,哲学智慧、实践智慧、道德德性之间的关系大致是这样的:实践智慧与哲学智慧彼此并不以对方为必要条件,哲学智慧与道德德性彼此也不以对方为必要条件,而道德德性与实践智慧之间互为必要条件。在亚里士多德看来,具有实践智慧和道德德性的人不一定需要哲学智慧,实践智慧和道德德性需要在道德的社会中长期培养和践行,而哲学智慧需要教育和沉思。实践智慧的目的不是发现什么是善的,而是告诉人们怎样合适地行动,而这不一定需要哲学智慧。我们之所以需要实践智慧,是要通过它表明什么事物是在一个处境中关系重大的,怎样感知这样的事物,怎样恰当行动。

　　综上所述,亚里士多德将智慧划分为哲学智慧和实践智慧是存在着明显问题的。

　　第一,他的两种智慧不具有共同的本性。他的哲学智慧主要是指获得一般真理的智力。这些真理是那些必然的、永恒的真理,寻求这种真理的可能主要是哲学、逻辑学等抽象的学科。显然,在亚里士多德那里,哲学智慧与智力(主要是灵魂中的纯粹理性部分)有关系,而与人们的其他能力没有关系,它属于理智德性,与道德德性没有关系,所需要的知识也只是抽象的知识。而实践智慧作为一种指向好生活的深思熟虑的活动与抽象真理没有直接关系,甚至与其他知识也没有多少关系,但与德性关系密切,以德为必要条件,而且需要认识、判断、决策和行动的能力。可见,亚里士多德并不是在同一意义上使用智慧,虽然它们的基础都是人的理性,但二者本身似乎没有什么共同的本性。

　　第二,他将哲学智慧与获得必然的、永恒的真理的能力等同起来。哲学智慧作为一种特殊的智慧虽然与其他智慧有所不同,但它也不只是获得必然的、永恒的真理的能力,还应该包括正确的哲学观念、丰富的哲学知识、其他相关知识及尽可能完善的德性。哲学智慧所包含的能力也不仅仅是哲学思辨能力,还应该包括其他哲学能力,如哲学理解能力、哲学运用能力等。亚里士多德将哲学智慧与获得那些高深的、抽象的真理的能力等同起来,认为这样的真理更难获得或更需要智慧。亚里士多德十分推崇那些关于"第一本原"的真理或必然的、永恒的真理,同时极度推崇哲学智慧,把哲学智慧看作人最宝贵的东西。对这两方面的推崇使他在智慧的划分上走入歧途。

　　第三,这种划分导致德性被错误地二重划分。与将智慧划分为哲学智慧和实践智慧相一致,亚里士多德将德性也划分为理智德性和道德德性。理智德性大致是与哲学智慧相对应的,而道德德性大致与实践智慧相对应。对德性的这种划分存在着诸多问题,人们很难理解清楚:一是两种德性含义混乱。如果理智德性包括实践智慧,那么实践智慧与道德德性之间的关系怎样理解呢? 二是这种划分不周延。理智一般是与情感、欲望相对的。如果理智有德性问题,那么情感、欲望更有德性问题。三是理智德性与道德德性像哲学智慧与实践智慧一样,没有一种共同的本性,似乎是两种完全不同的东西。

　　人的智慧只有一种，作为一种综合机能，它是观念、知识、能力和德性的有机综合统一，体现在人的不同活动中。一个人的认知活动、评价活动及行为都可以是有智慧的，人活动的结果也可以体现智慧，成为智慧的结晶。智慧体现在人生活的方方面面，因而可以从不同角度对智慧进行划分。例如，可以从个人活动的角度将智慧划分为日常智慧、专业智慧等；也可以从社会生活的角度将智慧划分为政治智慧、经济智慧、科学智慧、技术智慧、文化智慧、道德智慧、宗教智慧、军事智慧等。这些不同的智慧是人的智慧在个人不同活动中的运用和体现，也是人的智慧在不同的社会生活领域中的运用和体现。它们是同一种智慧的不同表现形式，具有共同的本质，尽管它们有不同的侧重和特点，但并不是完全彼此不同的。所有这些智慧的形式，大致上都可以划分为理论智慧和实践智慧两个层面。理论智慧更侧重揭示事物的本质和规律，提出和论证理论观点或理论体系，而实践智慧更侧重于改进和创造世界，使生活变得更好。

　　在所有的智慧类型中，伦理学所关心的主要是道德智慧，因为道德智慧直接关系到人的情感、品质和行为，关系到人的好生活。关于道德智慧，伦理学家们有不同的观点，约翰·刻克斯（John Kekes）关于道德智慧的一系列观点值得重视。他认为，"幸福主义把道德智慧看作对于过好生活具有本质的意义"[1]。

　　那么，什么是道德智慧？在刻克斯看来，道德智慧是在那些会深刻影响好生活的问题上，对我们应该做什么作出正确判断的心理能力。它的构成包括：关于好生活的合情理的概念、善和恶的知识、对行为者必须在其中行动的情境的评价，及其在更复杂的情境中作出的判断。在他看来，道德智慧是一种意向，但不像其他许多意向，它不是与任何特殊类型的行为的履行联系的。道德智慧不是通过直接聚焦于行为，而是通过关注我们的行为所引起的我们的品质的发展，来指导行为并指引品行的。而且道德智慧是根据我们的好生活概念所提出的评价，通过强化或弱化我们第一级德性或恶性（道德智慧为第二级德性）来行动的。

　　道德智慧作为一种道德生活的智慧，不是某一方面的能力，而是一种使人过上好生活的综合调控机能。在这里，对好生活的追求规定道德智慧的特性，正是这种追求使智慧成为道德意义的智慧。它既是理论智慧，也是实践智慧，是两者在道德实践过程中实现的有机统一。"道德智慧既不应该与哲学智慧也不应该与实践智慧等同起来，尽管它体现每一部分。道德智慧在追求第一原则的知识方面像哲学智慧，但这种原则只是与过好生活有关的原则。这是使道德智慧成为道德的东西。"[2]

　　在西方伦理学界，许多学者将亚里士多德的实践智慧看作道德智慧，对实践智慧

---

[1]　John Kekes, *Moral Wisdom and Good Lives*, Ithaca, NY and London：Cornell University Press, 1995, p.30.

[2]　John Kekes, *Moral Wisdom and Good Lives*, Ithaca, NY and London：Cornell University Press, 1995, p.17.

与道德智慧不加分别地使用,这是一种误解。在亚里士多德那里,实践智慧指的是智慧的实践方面,不包含理论的方面,而我们所说的道德智慧指的是在道德生活中的智慧,它像政治智慧、科学智慧一样,既包括理论的方面,也包括实践的方面。实践智慧是就智慧的层次而言的,而道德智慧是就智慧的维度而言的。二者虽然有交叉的部分,但并不是一回事。约翰·刻克斯指出:"道德智慧不纯粹是关于什么是真的或善的无偏见的知识,它也要求知识实际地用于过自己的好生活。然而,道德智慧也不只是实践的,因为它所追求的不只是纯粹而简单的好生活,而且是通过目的和手段两者的选择而被追求、通过关于什么是真的或正当的知识所把握的好生活。所以,道德智慧的理论方面包含一类知识,而它的实践方面包含一类善。"① 约翰·刻克斯的这种看法是很有道理的。

第二节
智慧与道德

　　道德是人的生存智慧,智慧是道德的实质内涵,道德是智慧的体现或展开。没有智慧内涵就不是真正的道德,智慧也只有通过道德才充分显示其对人过上好生活的意义。智慧要体现在道德实践之中,因此,西方古典学者常常将体现在实践中的智慧称为实践智慧。

一、智慧与道德实践

　　在西方哲学史上,不少哲学家在谈到道德问题时经常使用"实践"这个概念,以至于直到今天人们经常将"实践"与"道德"等同起来。实际上,这两者并不等同。

　　西方的这一传统大致上可追溯到苏格拉底。亚里士多德曾明确说,苏格拉底在德性与实践智慧的关系上,有时是正确的,有时是错误的。一方面,苏格拉底把所有德性都看作实践智慧,是不对的;另一方面,他认为没有实践智慧,德性就不存在,则是对的。显然,苏格拉底的实践智慧是与德性或道德直接联系的。在西方哲学史上,将"实践的"与道德紧密联系起来的主要是亚里士多德和康德。

　　亚里士多德曾专门讨论过实践智慧及其与科学、技术、理智、德性、智慧的关系,阐述了实践的特性。他首先将实践智慧同科学和技术区别开来。实践智慧与科学的区别在于,实践智慧是可以改变的,科学是不可以改变的,因为科学要对普遍的和出

---

① John Kekes, *Moral Wisdom and Good Lives*, Ithaca, NY and London: Cornell University Press, 1995, p.5.

于必然的东西进行把握与判断。实践智慧也与技术不同。技术是一种创制,具有真正的理性创制品质,而实践智慧是实践,良好的实践本身就是目的。因此,技术存在着是否"善于"的问题,因而存在着德性问题,而实践智慧不存在德性问题,因为它本身就是一种德性。

在谈到实践智慧与智慧的关系时,亚里士多德认为,智慧并不考察人的幸福由什么构成,因为它并不关心那些生成的东西,而实践智慧与此有关。因为实践智慧是关于人的公正、高尚和善良的,这些东西都是一个善良人的实践。即使我们知道了这些品质,也未必实行得更好些,而只有合乎实践智慧才能达到这些品质。

在实践智慧与道德德性的关系上,亚里士多德认为,德性需要作出正确的选择,至于怎样按照本性来做所选择的事情则是实践智慧的事。德性使人确定正确目标,实践智慧使人选择通向目标的正确道路。在他看来,德性与实践智慧是相互紧密关联的。一方面,实践智慧是德性的基础,没有实践智慧德性就不能生成,因为德性是合乎实践智慧的品质;另一方面,没有道德德性,也不会存在实践智慧,因为德性是与实践智慧一同存在的。在这两者之间,亚里士多德更强调实践智慧的意义,认为一个人只要具备了实践智慧这种德性,同时就将具有所有德性。

与亚里士多德不同,康德不是在智慧的意义上而是在纯粹理性的意义上讨论实践的,他把实践理性看作同一种纯粹理性的实践的运用,这种实践的运用就是道德意义上的运用。康德所理解的实践理性就是意志规定自己的原因的能力,这种能力能给自己立法。纯粹理性单就自身而言就是实践的,它提供一条我们称之为德性法则的普遍法则。这个普遍法则就是意志自律原则,即每一个有理性的存在者的意志都被当作普遍立法的意志。康德强调,意志自律是一切道德法则和与之相符合的责任的实践理性原则;反之,一切他律不仅根本不建立任何责任,反倒与责任的原则和意志的德性相对立。

从对亚里士多德和康德有关"实践"的论述我们大致上可以形成这样一个基本看法,即他们所说的"实践"并不是指"道德",而是指"实践智慧"或"实践理性"所运用的领域。这个领域就是人们的全部行为,或者说是由人们的行为构成的现实生活。他们所说的"实践"指的是人们的行为方面,他们所说的"实践智慧"和"实践理性"指的是实践方面即行为方面的智慧和理性。

苏格拉底和亚里士多德在谈到"实践智慧"时,所涉及的问题是如何在行为领域运用智慧,其回答是:实践智慧就是关于行为领域的正确原则。康德在谈到"实践理性"时,所涉及的问题是由谁及如何给人的行为提供道德法则,其回答是:由实践理性通过意志自律给行为提供普遍法则。实践智慧给所有行为提出道德要求,人们的一切行为都要出于实践智慧的道德要求,一个行为只有出于德性要求才是道德的;实践理性给所有行为提供道德法则,它要求人们的一切行为都要遵循实践理性的道德法则,一个行为只有遵循道德法则才是道德的。从这种意义上看,他们所说的实践实际上就是指使行为出于并遵循道德原则的活动。显然,这种实践不是道德本身,而是一种使所有行为道德化的道德意义上的活动。

根据苏格拉底、亚里士多德和康德的实践观,我们可以给道德实践作出初步界定:道德实践是人培养道德能力,并将其转化为德性,同时使行为道德化的活动。我们可以从以下几个方面对这一界定作进一步的阐述。

首先,道德实践活动体现为获得道德能力的活动。道德实践的前提是人具有道德能力,这种能力在苏格拉底和亚里士多德那里被称为实践智慧,在康德那里则被称为实践理性。实际上,他们所指的是同一种能力,这种能力我们可以称为道德智慧。道德智慧是在道德领域运用的智慧,它并不是独立于智慧的,而是同一种智慧在道德领域的运用。在这种意义上,道德智慧与智慧并没有实质性的区别。培养和运用道德智慧的活动属于道德修养的范畴,是一种道德实践活动。

其次,道德实践活动也体现为将道德智慧转化为德情和德性的活动。德情和德性是使人们行为道德化的心理定势,它在人们行为道德化的过程中自发地发挥着导向、规范和保障作用。德情和德性作为心理定势也不是与生俱来的,而是人们在智慧的作用下养成并完善的结果,这种养成和完善活动离不开人的践履。按照亚里士多德的说法,我们是在做公正的事情当中成为公正的人,在审慎当中成为审慎的人,在勇敢的行动中成为勇敢的人。因此,德情和德性的修养活动也是一种道德实践活动。

最后,道德实践活动更直接体现为使行为道德化的活动。德情和德性是道德智慧的结晶和体现,出于德情和德性的行为是经常化、习惯性的道德行为,而道德智慧直接调控的行为是那些在复杂情况下进行的道德行为。两种行为都是道德智慧作用的结果,都是道德化的活动,但前者是道德智慧间接作用的,而后者是道德智慧直接作用的。在一般情况下,出于德情和德性行为与在特殊情况下按道德要求行动的行为,这两个方面是相互补充、不可或缺的。

从上面的阐述看,道德实践包括了四个方面:一是人们培育道德能力及道德智慧的活动;二是人们培养和锻炼德情和德性的活动;三是具有道德智慧的人出于德情和德性行为的德性化活动;四是在智慧的作用下按照道德规范行为的规范化活动。在这四种道德实践中,前两种是人们的道德修养活动,后两种是人们的道德行为活动。这四种道德实践不是彼此分离的活动,而是彼此密不可分的活动。智慧修养与道德修养两种修养活动是同一过程的两个方面、两种结果,德情化和德性化活动与规范化活动也是相互联系、相互补充、不可偏废的,两种修养活动与两种行为活动又是相互凭借、相互作用、不可或缺的。它们不是四种道德实践,而是道德实践的四个方面或四种形式。在人们的实际道德生活中,这四种形式的道德实践相互依赖、相互促进、相得益彰,共同构成人们完整的道德实践活动。

智慧的实践意向集中体现为四个方面:(1)注重整体观照,要求人们注重从根本上、总体上认识和处理问题,要求人们在认识和处理各种问题时兼顾到各方面,切忌顾此失彼,抓住一点,不及其余;(2)恪守推己及人,要求人们"己所不欲,勿施于人",也就是时时、事事、处处想到别人也有与自己一样的自由、权利和追求,也应该得到尊重,切忌强人所难,把自己不想要的、不想做的强加给别人;(3)践行中庸之道,要求人们为人处事要遵循中道原则,无过无不及,力求做到恰如其分、合情合理,切忌走极端、无所顾忌;(4)既入世又出世,要求人们以积极的态度追求成功,为自己和所在的组织群体或基本共同体谋求福利,同时要求人们以超然的态度对待追求的结果,适度淡化对功名利禄的追求,切忌成为贪欲的奴隶。这四个方面可以进一步概括为明智和审慎两个方面。明智就是要注重整体观照,恪守推己及人;审慎就是要践行中庸之道,既入世又出世。

二、智慧与德情和德性

智慧是理智德化和优化后达到的最佳状态,智慧的德化就是理智德情化和德性化。在情感和品质从自然状态转向德情和德性的过程中,理智也在向智慧转化。它们三者交互作用的结果是使人的道德素质和人生境界提升,使人成为德情之人、德性之人、智慧之人。

情感像欲望一样,是人生存发展的能量。欲望是需要的理性化,它给人提供活动的动力,而情感是激发机制,发挥着强化或弱化欲望的功能。只有当情感为道德智慧所控制时,情感才能德化,并生发出新的德情。当然,两者之间的关系并不是单向的,而是可以相互促进、良性互动的。欲望和情感的功能和意义虽然不一样,但有以下两个共同点,由此可以看出对情感进行道德培育的必要性和重要意义。

其一,欲望和情感都需要理智控制才不会对人产生伤害。情感和欲望对于人的生存发展具有根本性的意义,人如果没有了欲望和情感,生命很快就会中止。但是,若完全顺从其欲望和情感,它们就随时都有可能失控或过度,而一旦失控或过度就会威胁甚至毁灭人的生存。暴食就是过度地满足食欲,长此以往,就会有害于人体健康;仇恨则是一种失控的情感,它会导致战争、犯罪。因此,欲望和情感都需要用理智加以控制。

理智可以在每一次欲望和情感产生时对它们加以控制,也可以通过道德培育使它们形成某种定势。当这种定势形成后,它们就不会出现失控或过度的问题。欲望通过道德培育形成的定势是德化的欲望定势,情感通过道德培育形成的定势是德化的情感定势。当然,不经过道德培育,听任其自然发生和发展,欲望和情感也会形成定势,但这种定势不会是道德的。贪欲就是一种自发形成的欲望定势,冷酷则是一种自发形成的情感定势。显然,道德培育无论对欲望还是对情感都极其重要,只有通过道德培育才能使情感形成有利于人更好地生存发展的情感定势,才能使自然情感转化为德情。

其二,欲望和情感都可以运用理智加以开发,开发出自然情感中原本不具有的德情。人的情感和欲望一样是可以开发的,人可以开发出以前不曾有的情感。人类的很多欲望都是通过理智开发的。例如,在手机出现之前,人并没有对于手机的欲望,而手机厂商运用理智,通过科技研发、推广运营等手段将人对于手机的欲望开发了出来。理智也可以通过道德培育开发出人的许多德情。例如,中国人"先天下之忧而忧,后天下之乐而乐"的天下情怀,对于道德主体自觉承担对人类整体的责任具有重要意义,而这种情怀就是开发出来的。如果任由人的自然情感产生和发展,永远也不可能产生这些情怀。人类之所以要开发这些德情,是因为它们对于人类更好地生存与发展有重大价值,但它们不能通过培育自然情感产生。

无论运用理智控制情感、提升自然情感,还是运用理智开发情感,都需要理智本身德化和优化。就是说,一个人只有成为有智慧的,才能始终使情感成为道德的,才能不断地开发出新的德情。

智慧能使自然情感成为道德的。一旦人的理智转化为智慧,他就会意识到情感的激发可能会产生不道德的行为,就会始终对情感进行监管,将其控制在社会道德规范的范围内。与此不同,虽然每一个人都有理智,但并不是每一个人在情感激发时都会自觉地运用理智去控制情感,有的人有时还会运用理智去助长一些恶的情感。例如,一个人对某人产生了仇恨的情感,如果没有智慧,他就有可能会运用理智去想办法进行报复。

智慧也能培养新的德情,从而使人的德情更加丰富。人在成长的过程中能够通过教育和环境影响了解许多自己尚不具备的德情,尤其是一些高尚的德情。中国人的天下情怀这种高尚情感,就是人们通过教育知晓的。智慧一方面能使人更倾向于接受自己不具备的德情方面的知识,另一方面又能使人意识到这些知识对人提升道德素质和人生境界具有意义,并因而培养这些德情。现实生活中,人们都会接触到自己不具备的德情方面的知识,但一些人往往不会留意它们,忽视这些知识的意义,更不会根据这些知识培养自己的德情,因而不能够使自己的德情得到丰富和提升。之所以如此,原因在于这些人缺乏道德智慧。

道德智慧与德性的关系十分密切。不少古希腊哲学家将智慧看作一种德性,其中最典型的是柏拉图和亚里士多德。柏拉图主要是根据人的灵魂的结构来阐述古希腊的四大德性。他认为灵魂主要包括理性、激情和欲望三个部分。这三个部分各有其职能:理性是灵魂中最高贵的因素,是不朽的,是人、神共同具有的,由此将人与野兽区别开来;激情比理性要低级,但比欲望要高贵,它一方面与欲望联系,另一方面也可以不为欲望所动,站在理性一边与欲望作斗争;欲望是灵魂的最低级部分,表现为饥渴、情欲等,每一种欲望总是且仅仅是指向某种确定的东西。灵魂的每一个部分都有其德性,即都有其优秀的品质。理性的德性是智慧,激情的德性是勇敢,欲望的德性是节制,这三者都具有了德性,它们也就达到了优秀的状态,它们彼此之间就达到了和谐,于是灵魂就具有了一种总体的德性,即公正。

　　亚里士多德清楚地意识到了四主德之间的区别,所以将德性划分为理智的德性和道德的德性。道德的德性除了柏拉图的四种德性中的勇敢、节制、公正,亚里士多德还列出了一些其他的德性,如自制、慷慨、友谊等。其共同特点在于,它们都是无过无不及的中道,也是经过实践智慧选择养成的习性。在亚里士多德看来,理性包括两个部分:一部分是洞见那些其形成与变化的根本原因不可改变的存在者的;另一部分则是洞见那些其形成与变化的根本原因可变的存在者的。理智德性的特点在于,它们都以真理为依据,使对个别事物的认识成为真理,而且它们都是通过教育和培养形成的。

　　智慧不是理性的一种德性,不能说智慧是优秀的理性。智慧可以说是理智的德性,因为理智是意志力和理性的结合。智慧是理智的最佳状态,而不只是作为认识能力的理性的最佳状态。将智慧说成是理性的德性,最突出的问题是贬低了智慧对于人的作用和意义。智慧是人实现幸福的最佳途径,甚至是唯一途径,就是说,一个人没有智慧就不会有幸福。

　　理性对于幸福是必需的,但理性如果没有通过培养和修养转变成智慧,它就有可能给人生带来不利甚至损害。因为理性是中性的,没有正确观念加以引导,没有德性作为保障,没有知识作为基础,没有意志加以控制,它就有可能将人的生活变成痛苦的深渊。与之不同的是,智慧是使理性与正确观念、知识、德情和德性及其他能力融为一体的一种特殊的综合调控机能。它包含理性,但远远不限于理性,而且作为智慧构成内容的理性已经智慧化了,与未经智慧化过程的智力相比有了质的飞跃,这种飞跃就体现在,它只会为善,不会作恶。

　　说智慧与德性是两个不同的范畴,并不否认智慧与德性之间存在着相互作用的密切关系。这种关系主要表现在两方面:一方面,智慧包含着必要的德性要求,正是因为智慧包含着德性要求,所以它不同于单纯的知识,也不同于单纯的能力(包括智力和意志力),它使知识和能力融为一体并将其限定在向善的范围,也就是使知识和能力只能服务于人更好地生存,而不能妨碍或伤害人更好地生存。正是有了德性的保证作用,人的知识和能力就不再是中性的,而只能是为善的,或者说只能以善为取向,从而使人的知识和能力转化成智慧。如果没有德性参与其中,人的知识能够转化为能力,但能力不能转化为智慧。

　　另一方面,德性是智慧的结晶和体现。德性,特别是自觉的德性,是通过智慧对品质持续作用形成的,这个过程就是智慧不断进行反思、比较、甄别、判断、选择、寻找理由、试错、确认，以及将这种确认转变为意愿、谋求和行为的活动过程。没有智慧的作用，就不会有人的自觉的德性品质。因此，我们也可以说德性是智慧的品质化。人的品质必须通过智慧的作用才能成为德性的。更准确地说，人的品质只有通过智慧的作用才能从中性的或恶性的转变为德性的或道德的，才能从被动的、僵硬的、自发的变成自主的、适宜的和自觉的。智慧是德性的充分必要条件，没有智慧参与其中，人们不可能养成德性，更不可能不断完善德性。智慧与德性之间的关系是极其复杂的，也许仅通过伦理学的研究还不能给予充分的说明，还需要心理学等学科的实证研究提供支持。

智慧与德性的相互作用和相互促进关系，并不意味着它们之间存在着隶属关系。可以肯定的是，德性是人的品质的一种特性，或者不如说是人的品质的一种状态，一种道德（善）的状态，与它对立的是不道德（恶）的状态，而品质是人格或个性心理特征的重要组成部分之一。大致上说，智慧属于人的能力的范畴，从这种意义上看，智慧也是人格或个性心理特征的构成要素。但是，智慧的能力不是某种单纯的能力，而是其中蕴含着正确的观念、渊博的知识、卓越的能力和善良的品质这些因素的综合能力，并因而成为一种具有实践意向的自我调控机制。

智慧是通过道德培育逐渐获得的，它与德情、德性相互作用、相互生成。一个人最初学习德情、德性知识并实践德性，也许不是一个智慧的过程，而是一个理智的过程。但当他有了德情和德性意识时，就会在这种意识的作用下对德性进行反思、比较、甄别、判断、选择、寻找理由、试错、确认，并将这种确认转变为意愿、谋求和行为的活动，这时他就进入了智慧的过程。这种从理智到智慧转变的关键在于，他已经有了德情、德性对人生重要性的意识，并着眼于人更好地生存的终极目标，学习和践行德情、德性，养成和完善德情、德性。在这个过程中，他会调整整个个性和人格结构，使德性成为人的个性和人格的构成部分。智慧使人着眼于人更好地生存来学习和实践德情、德性，使道德修养活动成为人生走向幸福和完善的过程。

当然，正是在运用智慧的过程中，人的理智转化为智慧。这是因为人们在运用理智进行德性的反思、选择、确认和践行的过程中，人的理智受德性的影响而逐渐智慧化。这是一个人不断思考、不断行动的能动的作为过程，道德智慧只有通过能动的作为才能获得发展。在这个过程中，控制具有非常重要的作用，要通过理智的控制，使道德意识和知识转化为智慧。正因为如此，道德智慧的生长依赖于人不断增长的控制力。例如，当一个人在理智的作用下形成了道德意识，在获得了道德知识后，如果他在理智的调控作用下努力将道德的要求变成自己的行为动机并长期坚持下去，德情和德性也就成了理智的构成要素，理智由此德化并因而优化，于是就成为智慧。因此，在一定意义上，道德修养的过程也是智慧修养的过程。当一个人的道德素质整体提高的时候，他的智慧也相应形成和提升。一个人有了德情和德性，他也就成为智慧之人,至少为他成为智慧之人提供了所需的道德条件。

　　智慧是人的一种复杂的综合统一机能。如果我们认为理智就是这样一种机能的话,那么智慧就是理智的德化和优化,是理智的最佳状态。智慧包括人格和个性心理特征构成的基本要素。如果我们将智慧看作一种人格或一种总体的个性心理特征,那么智慧之人就是具有完善的人格或完善的总体个性心理特征的人。不过,智慧与人格和总体个性心理特征不同,它属于能力的范畴,只是修养使其具备了观念正确、知识渊博和品质优良的规定性或特征。

三、智慧与德行

　　智慧意味着理智这种理性加意志的能力获得了道德的性质,它在任何情况下发生作用都只会是道德的,而不会是不道德的。因此,有了智慧的作用,人的行为只会是道德的德行。

　　在伦理学史上,思想家们虽然关于德行存在着诸多的分歧,但一般都承认道德智慧对于德行的意义。一切真正的德行都属于人有意识的行为,出于德情和德性的行为往往是自发的,但也是人通过修养获得的德情、德性使然。根据亚里士多德的观点,实践智慧对于行为有两方面的意义,一方面是实践智慧对于德性(包括德情)形成的意义,另一方面是实践智慧对于德性实现的意义。

　　亚里士多德认为,德性有两种类型:自然的德性和真正的德性。儿童和野兽都具有某些自然品质,但由于没有实践智慧的指引,这些品质可能是有害的。如果一个人有了实践智慧,情况就大不一样了,先前只是类似于德性的品质,现在就成了真正意义的德性。在这里,实践智慧具有关键性的作用,实践智慧使自然的品质转变成真正的德性。显然,如果缺乏实践智慧,真正的德性是不可能存在的。在亚里士多德看来,德性首先是合乎实践智慧的。实践智慧就是关于活动的正确原理,德性合乎实践智慧,也就是合乎正确原理。实践智慧是一种总体的德性,一个人只要具有了实践智慧,同时就具有了所有的德性。

　　即使一个人形成了德性,在德性变成德行的过程中,还需要实践智慧与之相伴随。德性为人们确定正确的目标,而选择达到目标的正确道路则需要实践智慧,二者是不可分离的。苏格拉底认为全部德性都是知识,而知识就是理性的特殊体现。亚里士多德不赞成苏格拉底将德性看作理性的看法,认为这种观点忽视了德性与实践智慧不可分离的关系。如果德性就是理性,德性就不需要实践智慧发挥作用,尽管德性的形成离不开理性。在亚里士多德那里,没有实践智慧,也就没有正确的选择,而这正如没有德性一样。因为德性提供了目的,而实践智慧提供了达到目的的正确方式。

　　实践智慧的上述两方面意义集中体现在对行为的适度选择上,即中道原则。亚里士多德认为,在人的所有感受和行为中,都存在太多、太少和适中三种情形。其中适中是太多和太少的一种中间状态。这三种情形既可以是就事物自身的关系而言的,也可以是与人类相关的。就事物而言的适中,是指与两个端点等距离的适中。例如,10 是多,2 是少,6 是中间,因为 6 减去 2 与 10 减去 6 是相同的。这是符合算术比例的中间,所以对所有人来说都是相同的。但是,与人类相关的适中,则不能这样确定。例如,对运动员而言吃 10 磅食物太多,吃 2 磅食物太少,教练必定不会因此规定每一个运动员吃 6 磅。因为 6 磅落实到具体的人也许还是太多或太少。

与人类相关的适中不是指像数学中数那样的绝对适中,而是指既不太多也不太少的相对适中。他认为这种适中就是过度和不及的居间者,即“中道”。亚里士多德所说的中道是正确的理性依据其准则作出选择的结果,这个准则就是中道原则,被称为“正确理性”的原则。他所说的“正确理性”实际上就是实践智慧。在他看来,人们的德性就是实践智慧持续地遵循中道原则的结果,而德性的践行还必须由实践智慧根据情景依据中道原则作出进一步的选择。

亚里士多德的上述思想给我们的启示是,幸福生活在于拥有德性,德性是运用中道原则选择的结果,其践行仍然要根据中道原则选择,这一选择的过程就是实践智慧运用的过程。不过,亚里士多德忽视了德情的作用。他虽然对友爱作过深入研究,把德性作为友爱的实质内涵,但他并没有对德情及其与德行的关系作系统研究。实际上,德情也是与道德智慧相生相伴的,它不仅可以直接产生德行,而且与德性存在着交叉关系,许多德行是德情和德性共同作用的结果。

第三节
智慧与好生活

智慧是有实践意向的,所指向的是使人过上好生活。人活在世界上就是为了生活得更好,每一个人都追求幸福生活。在苏格拉底看来,好生活的关键是道德智慧,因为道德智慧是关于怎样德性地行动的知识和能力。智慧尤其是道德智慧是过上幸福生活的最佳路径。智慧就是人类为实现幸福而形成的综合统一的机能和调控机制,它存在的根据和价值就在于为创造幸福生活的实践服务。智慧的直接意义就在于它对于人生的意义,即它是人类实现幸福终极目的的最佳途径。约翰·刻克斯指出:“道德智慧的具有存在着程度问题:它越多使生活越好,而它越少使生活越坏。所以尽可能多地追求道德智慧是合情合理的。”①

① John Kekes, *Moral Wisdom and Good Lives*, Ithaca, NY and London: Cornell University Press, 1995, p.1.

一、智慧与个人好生活

人类之所以会在长期的进化过程中积淀智慧的潜能,个人之所以会热爱智慧,开发智慧,通过修养获得智慧,就是因为智慧能为人更好地生存服务,使人走上幸福之路。智慧是人生的指南针、控制器。它给人的认识、评价、选择、活动以正确方向,它能恰当调节人与环境(包括自然环境和社会环境)的关系和人自身内在的各种关系。

智慧能为人生确定正确的终极目的,即幸福。人的活动都是有目的的,人的目的千差万别,但在所有的目的背后还有一个对所有目的和追求具有制约作用的终极目的。对于这种终极目的,有的人意识到了,有的人没有,而意识到终极目的的人会更自觉地追求终极目的。人们的终极目的各不相同,不少人把占有更多的金钱、财富、权力、名誉作为终极目的,也有人把尽情享受、及时行乐作为终极目的,还有人把职业上的成就作为终极目的。有智慧的人能在这些终极目的中发现哪种终极目的是合理的,是应该选择的。从伦理学的角度看,只有幸福才是人的合理的终极目的,因为只有幸福生活才是好生活。然而,虽然有伦理学的定论,但由于种种复杂因素的影响,人们并非必定选择幸福作为生活的终极目的。只有有智慧的人,才会意识到幸福对于人生的意义,才会将幸福作为自己的人生终极追求。因为一个有智慧的人能辨别重要问题的核心,在人生问题上能把握什么是对人生最紧要的。

智慧能使人全面而深刻地把握好生活即幸福生活的真谛和要求。自古以来,人们对幸福生活的理解存在着不少偏差。智慧本身是适应幸福生活的需要形成的,一个有智慧的人具有正确的观念、渊博的知识、卓越的能力和优良的品质,因而能正确理解什么是幸福生活,把握幸福的实质和各方面的要求。这样的人不会对幸福作片面的、肤浅的理解,不会把幸福理解为对资源的占有,因为资源的一定占有只是幸福的条件,占有再多资源也不一定意味着一个人幸福。这样的人也不会把幸福理解为具有德性,尽管德性既是幸福的条件也是幸福的内容,但德性并不等于幸福。幸福对他们而言,意味着自己的根本的总体的需要得到较好的满足,并有进一步满足的可能;幸福是一种理想,而这种理想对于人生具有根本性的导向和激励作用,人们在追求的过程中享受着幸福。因此,有智慧的人的幸福观是全面的、深刻的,不会抓住一点、不及其余,也不会浅尝辄止、满足现状。正是在这种意义上,约翰·刻克斯把道德智慧看作过好生活所需要的最重要的德性。道德智慧是一种对于过好生活具有本质意义的德性。

智慧能使人在追求幸福的过程中处理好各方面的关系。人生有诸多关系需要处理,如个人与组织的关系、个人与他人的关系、眼前与长远的关系、局部与全局的关系、理想与现实的关系、奋斗与享受的关系、物质需要满足与精神需要满足的关系等等。处理好这些关系,人才能获得幸福。智慧是一种综合协调的能力,也是一种综合协调的思维方式。它要求人们着眼于人生存和发展的根本的、总体的需要来对待和处理这些关系问题,整体观照,将所有这些关系问题纳入如何有利于幸福的实现来思考和解决。同时,有智慧的人的德性为他们处理好这些关系特别是人际关系问题奠定了良好基础。

追求智慧的过程与追求幸福的过程具有高度一致性。智慧是人的一种有机综合机能,这种机能并不是自发形成的,是需要通过追求才能形成的。每一个人都有智慧的因素(观念、知识、能力、德性),但一个人要成为有智慧的,必须将这些智慧的因素提升到一定的程度并综合协调统一起来。这是一个相当艰难的过程,需要修炼才能达到。智慧实际上是人获得幸福的能力,将智慧运用于现实生活,人就可以过上幸福生活。因此,获得智慧这种能力,就是获得幸福的能力,人们追求智慧的过程,就是为幸福准备主观条件的过程,也就是追求幸福的过程,这两个过程是高度一致的,是同一过程的两个方面。人们幸福的程度是与其获得幸福的能力直接相关的:一个人越有智慧,他就越有可能过上幸福生活,幸福生活的广度和深度就越大。

二、智慧与社会好生活

智慧不只是个人实现幸福的最佳路径,还对于社会发展具有重要意义。

首先,建立以智慧为基础的文明可以从根本上克服以理性为基础的文明的弊端。发源于近代西方的现代文明是一种以理性为基础的文明。"现代化的各个方面如以自然科学知识为基础的技术的普遍运用(技术现代化),以机器大生产为基础的工业化(经济现代化),一体化、法制化和集权化的国家体制的建立(政治现代化),科层制的普及(组织的现代化),以功能、绩效原则为基础的高度分化与流动的各种社会结构的形成(社会现代化),理性至上、个人至上、成就至上、效率至上的价值观的确立(文化现代化)等等,都不过是社会生活'理性化'的不同方面。现代化社会的许多特点如专业化、标准化、同步化、集中化、规模化、系统化、控制化等都是社会生活全面'理性化'的条件与结果。现代化说到底依赖于人类借助(工具)理性来实现的对自然界和人类社会生活本身的控制能力的增长。"[1]

以理性为基础和主要手段的现代文明的缺陷随着现代文明的发展日益显露出来,而且已经导致许多不良后果:从个人与自身的关系来看,由于过分刺激对资源的欲望和鼓励对资源的无限追求,人日益为欲望所主宰、所奴役;从个人与他人的关系来看,由于社会资源总是相对有限的,而人又变得日益贪得无厌,因而人与人之间的争权夺利愈演愈烈;从国家与国家的关系来看,由于一些国家拼命扩张本国利益并力图占有更多有限资源,国家之间的竞争日益激烈,弱肉强食的现象不止,战乱、纷争不

---

[1] 谢立中、孙立平主编:《二十世纪西方现代化理论文选》,上海三联书店 2002 年版,第 12 页。

已;从人类与自然的关系来看,人类为了满足自身的欲望,不断向自然开战,把自然看作无主的、取之不尽的宝库,只管收获,不问耕耘,野蛮地掠夺自然。

要克服这些现代文明的弊端,需要做许多工作,但最根本的就是要将管理社会和谋求社会发展的基础和手段由理性转变为智慧。智慧与理性的最大区别在于:理性追求统一性、普遍性,追求成功、效率、竞争、占有,追求利益的最大化,忽视人的其他方面的发展;智慧则追求多样性、特殊性,追求幸福、公平、和谐、共享,追求生活的最优化,全面考虑人的发展。显然,以智慧作为社会管理和发展的基础和手段,可以克服以理性为基础和手段的种种弊端,使社会更稳定和美好。

其次,可持续发展观需要运用智慧贯彻落实。"可持续发展"的概念最早是1972年在斯德哥尔摩举行的联合国人类环境会议上正式提出的,1987年由世界环境及发展委员会发表的《我们共同的未来》的报告将"可持续发展"定义为"人类有能力使发展持续下去,也能满足当前的需要,而不危及下一代满足其需要的能力"[1]。显然,可持续发展观的贯彻落实不能以理性作为思维方式,而只能以智慧作为思维方式。理性思维方式的一个重要特点,就是追求利益最大化和占有最大化。以理性为基础的发展观根本不可能是全面的、可持续的,只会是片面的、不可持续的。智慧思维方式则不同,它强调整体观照,从人类整体和未来考虑问题,它追求利益和占有的适度化和道德化。可持续发展观实际上就是一种智慧的发展观,而不仅是理性的发展观。如今,有些人不能按可持续发展的要求行事,其根源还是单纯的理性思维方式作怪。贯彻落实可持续发展观的关键在于社会的管理者,特别是国家领导人。如果社会管理者仍然保持单纯的理性思维方式,可持续发展就是一句空话,只有社会管理者普遍转变思维方式,用智慧思维代替单纯的理性思维,社会才有可能真正实现可持续发展。

最后,追求智慧可以使社会更和谐美好,使地球更宜居。"智慧要求人们不仅能做事实判断或描述判断,而且也能做规范判断。人的目的,按照希腊人的传统,就是要把握'善、真、美'。"[2]古希腊社会把智慧作为首要的美德来追求,因此,古希腊人不注重财富、权力的占有,只追求人生的真善美。古希腊人的生活实践表明,追求智慧可以避免因为过分追求资源占有所导致的各种社会问题,可以使社会更加个性化、多样化。个性化、多样化是社会和谐的基础,也是个人按照自己意愿生活的前提。正是个性化、多样化使两千多年前的古希腊社会迎来了最宜居的黄金时代。

社会成员普遍追求智慧,至少对于社会和谐美好具有三方面的意义:

一是社会成员普遍追求智慧,就会把适合自己个性的幸福生活作为追求的目标,形成社会普遍幸福而不同人的幸福各具特色的局面。幸福最重要的特点就是不以占

---

[1]　世界环境与发展委员会:《我们共同的未来》,王之佳等译,吉林人民出版社1997年版,第10页。

[2]　G. Runkle, *Theory and Practice: An Introduction to Philosophy*, New York: CBS College Publishing, 1985, p.205.

有资源为取向,而是以自由而全面发展为取向。幸福虽然可以成为社会普遍追求的目标,但幸福是一个抽象的概念,而且每个人的主观条件不同、环境不同,每一个人都可以、也需要根据自己的实际情况对它进行填充,形成自己独具个性的幸福生活。在这种意义上,幸福是一种多元的目标。如果每一个社会成员因为有智慧而把自己的幸福生活作为奋斗目标,社会就不会因为社会成员都醉心于追求有限的资源而产生争斗和祸患,如此才有可能真正成为普遍幸福的和谐美好的社会。

二是社会成员普遍追求智慧,就能处理好自己人生中的各种关系,特别是物质需要满足与精神需要满足的关系。"幸福不在于占有畜群,也不在于占有黄金"[①],而在于对生活的满意感。这种满意感不是占有资源或尽情享受就能产生的,它要通过人的各方面的需要(包括物质的和精神的需要)综合协调的满足才能产生。智慧是正确认识和处理这种关系的唯一正确路径。有智慧的人不会因为别人比自己提升快而嫉妒、郁闷,更不会为了占有更多的资源去铤而走险。有智慧的人的生活是少有烦恼的,是从容自若的。如果社会的所有成员都追求智慧,心理正常的人就会越来越多。

三是社会成员普遍追求智慧,就会按智慧的思维方式行事,能处理好个人与他人、与组织群体的关系,形成和谐的人际环境。如果一个社会没有大的利益争端和冲突,而且人们普遍能处理好人际关系,这个社会当然会是和谐美好的,也是人们乐于生活于其中的。当今社会矛盾和冲突的根源除了过分追求资源占有,还有人们彼此缺乏宽容和信任。人们之间不宽容、缺乏信任感与利益冲突有关,也与人们的思维方式有关。以理性为思维方式更强调人的独立性和他人、组织群体的外在性、竞争性,而以智慧为思维方式更强调人的社群性和他人、组织群体的不可或缺性、协调性。当人们普遍将他人和组织群体真正看作是自己的生存条件、真正意识到"人最需要的是人"(霍尔巴赫语)时,社会的人际关系环境就会从根本上得到改善。

三、智慧与幸福脆弱性的克服

美国当代著名哲学家玛撒·纳斯鲍姆(M. C. Nussbaum, 1947—)在她的名著《善的脆弱性》中,对古希腊悲剧和柏拉图、亚里士多德伦理思想进行了深入细致的考察,揭示了人性的复杂性和多样性,并据此反思当代道德哲学以及道德实践和政治实践,特别是通过深刻阐发包含在希腊古典文献中运气对人类好生活具有广泛影响的思想,揭示了人类好生活(幸福)的脆弱性。

纳斯鲍姆指出,"善的脆弱性"中所说的"善"是指"人类的善"而不是指"品质的善",是指好生活(幸福)意义上的善。纳斯鲍姆从古希腊悲剧和柏拉图、亚里士多德的各种文本中提炼出这样一个中心问题,即:人类容易受到各种运气的影响,在悲

---

① 周辅成主编:《西方伦理学名著选辑》(上卷),商务印书馆 1964 年版,第 79 页。

剧诗人、柏拉图和亚里士多德的伦理思想中,这种影响究竟起到了什么作用?纳斯鲍姆指出,她虽然关心的是运气在好(善)品质的形成中的作用,但关注的焦点是做一个好人和过一种幸福生活之间的差距。如果说这里的"好人"是指一个人具有好品质,具有德性,而德性也受运气影响的话,那么所说的这种"幸福生活"虽然包含了德性活动,但并非仅仅如此,还包括那些更受运气影响的东西。

纳斯鲍姆认为,运气会在许多方面影响我们获得满足感,甚至会影响人的德性品质。在她看来,古希腊人独具一格而又恰如其分地把这些伦理问题与理性的程序、能力和限度密切地联系了起来。古希腊伦理思想有一个一贯的主题,即人类的好生活依赖于人类所不能控制的某些东西。古希腊哲学家通过哲学探讨寻求好生活的自足性及其限制,这些限制包括:好生活的脆弱因素、价值的偶然冲突,以及人的个性中不受控制的因素。

纳斯鲍姆想要阐述的是,好生活是自足的,具有至善性、完善性、圆满性,正因为如此,它就十分脆弱,不精心呵护就会遭到破坏。在她看来,古希腊人已经清醒地意识到了这一点,然而遗憾的是它仍被当代人所忽视。实际上,中国古代先哲对此不仅有清醒的意识,还深刻阐述了福祸之间的辩证关系。根据中国传统幸福观,福与祸相对立,而且可能发生相互转化。因此,求福必须避祸,促进祸向福转化,防范福向祸逆转。

《尚书·洪范》在提出"五福"的同时,提出了"六极":一曰凶、短、折("遇凶而横夭性命也"),二曰疾("常抱疾病"),三曰忧("常多忧"),四曰贫("困之于财"),五曰恶("貌状丑陋"),六曰弱("志力尪劣也")。唐代著名经学家孔颖达称"六极谓穷极恶事"[①],后人称"极"为"祸",以与"福"相对。与"五福"的整体性不同,"六极"是作为整体的生活的某一个方面发生了问题,其中任何一个方面都足以损害或破坏作为整体的生活的幸福。

中国传统文化中还有"福无双至,祸不单行"的说法。这种说法是告诫人们,福是一点一点地积累起来的,不可能出现"双至"的情形,而祸患常常有"扎堆"的效应。例如,一个人身患重病,他就身体虚弱,家庭就有可能因病致贫,他本人还有可能夭折短寿。不过,祸也不完全是消极的,人有可能因为陷入祸患而奋发努力、克服祸患,从而获得幸福。

老子最清楚地意识到这一点。"祸兮福之所倚,福兮祸之所伏"(《老子》五十八章),就是对这种福祸可能相互转化的经典表达。《韩非子·解老》对老子的这一思想作了精到的阐释。韩非子认为,人遇到灾祸时心里畏惧惶恐,心里畏惧惶恐行为就会端正,行为端正就会深思熟虑,深思熟虑就能明白事理。行为端正就没有祸害,可以得享天年而全寿,而明白事理则必定会成功,必定富贵。这就是幸福。"必成功则富

---

① (清)阮元校刻:《尚书正义》,《十三经注疏》清嘉庆刊本,中华书局 2009 年版,第 409 页。

与贵,全寿富贵之谓福。"所以说,幸福源于灾祸。而人有了福,富贵就会到来,富贵到来就有好衣好食,随之就会产生骄奢之心,进而会导致邪恶行为,举动就违背事理。行为邪恶会招致死亡,而举动违背事理则不会成功。内有死亡的危难,外又没有成功的名声,这就是大祸。所以说"祸本生于有福"。

在中国传统幸福观看来,人的福祸是由善恶所致。孔颖达在对"五福""六极"所作的注疏中指出:"五福六极,天实得为之而历言此者,以人生于世有此福极。为善致福,为恶致极。劝人君使行善也。"① 他这是告诫人们,只有积德行善的人才会有福,而作恶犯奸之人则必遭祸患。在"五福"观正式提出之前,《尚书·汤诰》中就有"天道福善祸淫"的说法,意思是天道会赐福给善良的人而惩罚邪恶的人。春秋时期晋国政治家范文子对此有过经典的表达。他说:"天道无亲,唯德是授。""夫德,福之基也,无德而福隆,犹无基而厚墉也,其坏也无日矣。"(《国语·晋语六》)天意并不特别亲近哪一个人,只授福给有德的人。德是福的基础,没有德而享的福太多,就好像地基没有打牢,却在上面筑起高墙,不知道哪一天就倒塌了。

在复杂多变的现代社会生活中,出现各种祸患的可能性极大。如何有效防范各种祸患对幸福的破坏,在出现某种祸患的情况下如何努力使之朝着有利于增进幸福的方向转化,是值得我们注意的问题。而传统幸福观正是在这些问题上提出了应特别予以防范的那些"穷极恶事",也给予了如何对待福祸的方法论指导,充满了道德智慧,值得今天弘扬光大。

四、智慧与逆境的应对

恶作为善的对立物,是与善相伴而生的。人类进入文明社会以后,恶不仅没有消逝,相反有与日俱增之势。一般来说,人天生就具有生理和心理上的脆弱性,加上外部环境的消极影响,因而任何人都不可能不面临生老病死、骨肉分离、失败失意、生活穷困等问题。约翰·刻克斯将这些问题统称为"逆境"。逆境问题对人类来说都存在产生和应对的问题,既要防止它们产生,又要在它们产生后有效应对,这些都需要人的智慧。

从伦理学的角度看,人类的恶无非三种:恶情、恶性和恶行。恶情、恶性最终通过恶行体现出来,但恶行并不一定都源自恶情和恶性,现实生活中"好人作恶""好人犯罪"等偶然作恶事件并不鲜见。比如,过失犯罪、好心办坏事等就属于这种情形。如果不考虑偶然作恶的情形,其他作恶产生的原因归根到底在于人的道德智慧的缺失。道德智慧的缺失会使人在日常行为中作出错误的选择,这种错误常常就是对恶行的选择。比如,一个老师在地震发生的时候,不管全教室的孩子,自己夺路而逃。这种

---

① (清)阮元校刻:《尚书正义》,《十三经注疏》清嘉庆刊本,中华书局2009年版,第409页。

自己逃生的选择就是他缺乏道德智慧的结果。假如他有道德智慧,他就不会在大难来临之时只顾自己逃生而不管无自救能力的学生。道德智慧的缺失更深层次的问题在于,它必定会导致恶情、恶性的产生。恶情、恶性一旦产生就会在行为上体现出来,导致对他者的伤害。假如一个人因为不注重道德修养而形成了仇恨的恶情,他就会随时找机会去报复仇恨的对象。一个人养成了贪婪的恶性,他就会不择手段地疯狂敛财,敛财成了他的唯一追求,甚至根本不考虑所敛之财用于何处。

苏格拉底认为无人愿意作恶,作恶是由于无知。在苏格拉底和柏拉图看来,每一个人在本性上都是追求幸福的,而一个人要获得幸福就得在行为的过程中作出正确的选择并正当地行动。然而,尽管人们在本性上出于幸福的考虑会倾向于作出正确的选择,并正当地行动,但实际上有的人并不一定能作出这样的选择,相反常常作出错误的选择,不是行善,而是作恶。在苏格拉底看来,这一问题的出现是由于他们缺乏善恶的知识,不知道什么是善的,什么是恶的。在没有知识的情况下,他们的行动就是不自觉的,是盲目的,就可能出于趋乐避苦的自然本性作出选择,把快乐当作目的本身,从而发生错误。也有可能有这样的情况,一些人自认为有知识,其实并不是真正有知识。苏格拉底的这种看法显然有以偏概全的问题,如果他这里所说的不是善恶知识,而是道德智慧,则是能够成立的。只有在一个人有道德智慧的时候,他才会有德情、德性,也就不会出于恶情、恶性作恶,更不会在现实生活中有意作恶。

人不仅可能作恶或受到恶的伤害,还会经常处于逆境。佛经说人有生、老、病、死这"人生四苦",当然,现代人的生活已远远不止这四苦。在纳斯鲍姆看来,人类容易受到各种运气的影响,而她希望解决的问题是要论证人类幸福生活的道德方面和非道德方面都受运气的影响,同时要阐明这两个方面受运气影响的差异。她研究的结果是,人类会受到运气的影响,因此人类的善是脆弱的,人生在很多情况下会产生悲剧性的问题,人生的逆境是善的脆弱性造成的。

网络上有这样一个帖子,说:人们总是把幸福解读为"有",有车、有房、有钱、有权,但幸福其实是"无",无忧、无虑、无病、无灾。有,多半是做给别人看的;无,才是你自己的。其实,这里所说的"无"并不是幸福的实质内涵,而是幸福的必要条件。只有无忧、无虑、无病、无灾,人才有可能有幸福,但它并不就是幸福。当然,有些人有这里所说的某种甚至几种祸患,却能够勇敢地面对,调整心态,努力使之朝好的方向转化,如此,也能够不同程度地化不幸为幸福,尽管幸福的质量会受到影响。这里要强调的是,幸福不仅要具备这些否定性的消极底线条件,更要创造一些肯定性的积极充分条件。

如果不考虑外在条件的影响,个人的逆境归纳起来无非三个方面:一是残疾,包括疾病和伤残;二是穷困,生活在联合国划定的贫困线以下;三是失败和失意,在竞争中失败,在工作和生活中失意。这些问题对个人来说,可轻可重,严重的可能使人精神抑郁甚至自杀。许多人因为他人劝导或自己想开了便逐渐化解了,但也有些人长期甚至终身不能解脱。化解这些问题的最有效途径就是要在平时修养道德智慧,一个有道德智慧的人可以相对从容地面对这些问题并有效地去化解这些问题。总之,一个有道德智慧的人,可以从容面对逆境,可以将逆境转化为顺境,甚至他的生活中发生逆境的概率会相对较小。

第四节
从理智到智慧的转化

在正常的家庭和社会环境中,理智是能自然形成的,但作为理智德化和优化的智慧则需要人的修养。智慧修养的过程也就是理智到智慧转化的过程,这个过程与德情修养、德性修养是同一过程。从智慧修养看,它需要德情和德性修养作支撑,当然它们两者也离不开智慧的修养。因此,它们是相互依赖、彼此促进的。

一、修养德情和德性

在一定意义上,智慧可以说是理智的德化,也可以说是知识、能力的德化。因此,智慧修养的过程也就是德情、德性修养的过程。德情、德性与智慧的关系也是智慧形成与智慧运用的关系。它们不仅是相生相伴、相互构成的,也是相互促进的。

具体来说,德情、德性与智慧之间的相互促进主要体现在以下三个方面:

第一,养成德情、德性的愿望促使人们注意培养智慧,而培养智慧的愿望也可以促使人们注意养成德情、德性。从现实生活看,家庭、学校和社会往往在一个人幼年时就开始对他提出德性要求,并以"好孩子""乖孩子""听话的孩子"等语言鼓励他注重品行。在这样的环境影响下,孩子很早就有形成德情、德性的要求和愿望。有这种愿望的孩子最初可能只是顺从父母、老师和社会的指导,按他们的要求培养自己的德性,但当这个人有了自我意识和自主意识之后,他就会在培养德情、德性的愿望推动下进行反思、比较、甄别、判断、选择、寻找理由、试错、确认,以及将这种确认转变为意愿、谋求和行为等活动,而这些活动就是智慧的活动,就是智慧潜能开发和现实化的过程。

虽然从顺从他人到自主培养的过程并非在每一个人那里都能得到实现(因为现实生活中确实有些人在品质养成方面一辈子也没有完全脱离对他人的依赖),但大多数人仍实现了这一过程。养成德情、德性的愿望的确可以促使人们智慧的觉醒,促进人们智慧的开发和培养。例如,很多人从小就在"不要说谎"的教育下养成了类似"诚实"的德性。然而,这种并非真正德性品质的自发德性在现实生活中经常面临挑战。在这种情况下,一些人就开始反思这种"不要说谎"的信念,通过比较、甄别等智慧过程,他们逐渐养成了真正的诚实德性。显然,现实生活对自发的德性品质、德情情感的挑战和形成真正德情、德性的愿望可以促使人们去开发和运用智慧。

第二,养成德情、德性要求人们运用智慧,智慧形成也要求人们具有德情、德性。德情、德性与其他的心理定势和行为习惯的根本区别就在于,它们是运用智慧的结果,没有智慧,就没有德情、德性。例如,养成德情、德性的前提是要作出善恶判断,而智慧的主要功能就是能使人知善恶。《圣经》里的智慧之树的故事以神话的形式对此作出了表达:如果有一天你吃了智慧之树上的果实,那你就能够睁开眼睛,并且像上帝一样,知道善与恶。(《圣经·创世纪》3∶2)人一旦有了智慧就能知道善恶。这虽然是蛇的预言,但它表达了人类对智慧对于道德意义的充分肯定。

智慧对于德性的意义远不止于此。人们只要想养成德情、德性,必须运用智慧,可以说,德情、德性养成的过程就是人们运用智慧的过程。例如,人们要养成合作的德性,就需要运用智慧。就人的自然倾向而言,人们会感觉他人是自己的竞争对手,存在着利益冲突,会因此对他人加以防范,甚至以邻为壑。而事实表明,人的这种自然倾向是不对的,按照这种自然倾向行事不利于人更好地生存。合作就是克服这种自然倾向的德性,是有利于人更好生存的。只有运用智慧,人们才会通过反思、比较、甄别、判断、选择等智慧活动发现,人最需要的是人,只有合作才会取长补短、互利共赢。同时,也只有运用智慧才能不断解决培养合作德性过程中遇到的问题。

另外,人们要形成或获得智慧也要求人具有德情、德性。智慧也是一种能力,它与智力及其他能力的根本区别在于,它包含着对德情、德性的要求。因此,智慧作为一种能力总是意味正面价值,总是向善的,而其他能力则是中性的,可以为善也可以为恶。一个人只要想获得智慧,也就意味着他想获得德情、德性,如果缺乏这种意识,他不可能真正获得智慧。假如一个人想获得科技智慧,那就意味着他必须具备勤劳、好学、创新等德性,如果不养成这些德性,他就不可能获得科技智慧。以勤劳为例,科技智慧的获得需要有不怕苦、不畏难并持之以恒的献身精神,当这种精神变成人们的心理定势和行为习惯时,它就成了勤劳的德性。一个人没有勤劳的德性,就不会有科技智慧,充其量只有些科研能力。

第三,德情高尚、德性完善要求人们提高智慧的水平,而智慧水平的提高也要求德情高尚和德性完善,它们彼此之间存在着正相关关系。一方面,德情要高尚、德性要完善,必须以智慧水平的提高为前提,智慧水平不提高,德情不可能高尚、德性不可能完善。如果一个人要拓展自己的德情和德性的广度,使自己的德情和德性达到完整的程度,那么,他就必须在他生活的各个领域运用智慧,使智慧在生活的各个领域得到体现,并凝聚成德情和德性。另一方面,一个人要使自己的智慧水平提高,也需要相应提升德情和德性水平。以负责为例,一个科学家要真正培养科技智慧,他就得有高度的社会责任感,要达到负责这一德性更高的水准。因为科技研究的成果对人类生活乃至整个自然的影响很大,没有强烈的社会责任感,就有可能使科技成为伤害人类和破坏环境的武器。

二、转识成智与福慧双修

"转识成智"与"福慧双修"是中国传统智慧观中的两个重要观念,它告诉人们如何修养智慧并将修养智慧和幸福有机结合起来,体现了传统智慧与修慧的丰富含义,值得今天弘扬光大。

通常认为,"转识成智"是一种佛教观念,特别是大乘佛教瑜伽行派和法相宗认同的一种修行观念,但这种观念在传统文化中有着久远的思想渊源和深厚的观念基础。佛教传入中国后,这种观念因与此前传统智慧观念相契合并被佛教阐发和传播而成为传统价值观中一种被普遍认同的价值观念。如果不考虑"转识成智"在佛教中的特殊宗教含义,那么我们可以把这种观念理解为要求人们通过修养使自己获得的各种具体知识和聪明才智(可视为日常生活中的小智慧)转化为对宇宙、社会和人生真谛的领悟(大智慧),并以这种领悟不断完善自己的人格并提升自己的人生境界。因此,"转识成智"不仅是一种知识论观念,更是一种深刻的智慧观念,具有丰富的本体论意蕴。传统价值观认为,确立了这种观念,一个人就不会满足现状,而会关怀终极,追求人生的大彻大悟,以天人合一为最高目标。实现了这种目标的人,在儒家看来就是圣人,在道家看来就是圣人、神人、至人,在佛家看来就是达到"无上正等正觉"(即彻悟一切宇宙之奥妙、圆融圆通、无滞无碍之觉)境界的人。

在中国传统社会,思想家虽然很少使用"智慧"一词,但都重视对人生智慧的关注和思考,其智慧思想极其丰富。传统智慧观念特色鲜明,突出体现在认识和处理人与自然、人与人、人与自我的关系方面。儒、道、佛三家从不同角度对此进行了阐释,为传统智慧观念提供了一个完整的图景。儒家重入世,主张自强不息、刚健有为、厚德载物、修身成人、经邦济世、内圣外王、以天下为己任;道家重忘世,追求返璞归真、清静无为、精神超脱、安时处顺、以柔克刚、无为无不为;佛家重出世,强调万物皆空、排除烦恼、福慧双修、自度度人、愿行菩提心。儒、道、佛三家在智慧问题上有所差异,各有特色,又互补相融,共同凝练出中国传统智慧观念的人与自然和谐的价值取向,人对他人关爱的定位取舍,人之自我高尚境界的深邃追索。"以佛修心,以道养身,以儒治世"(南宋孝宗赵昚,《原道论》),可以说是对传统智慧观念的集中表达。

关注天人关系是中国传统智慧观念的显著特点。《易经》表达的就是对天人关系的关注,主张"顺乎天而应乎人"。传统天人和谐的智慧观念,既强调天地人的有机统一,也肯定人的特殊性,将人与天地的关系定位在一种积极的和谐关系上,既不主张回归自然,也不主张对自然的野蛮征服。它肯定天地的创造力和将仁爱充塞宇宙的能力,而人也应该像天地那样将仁爱的精神推广于天下,泽及草木禽兽等有生之物,达到天地万物一体的境界。天、地、人合德并进,圆融无间。

中国传统智慧观念关于人与人的关系有更丰富的思想和更卓越的建树。人不是孤零零地生存在世上的,而是跟他人一起生存在社群之中。在对待人与人的关系或者说自我与他者的关系上,传统社会各家的主张差别较大,但主导的智慧观念是儒家的"修己以敬""修己以安人""修己以安百姓"(《论语·宪问》)。孔子的意思是,人们要通过修养自己来使身边的人安乐,使所有的百姓安乐。儒家这方面的智慧极其丰富,其中特别值得注意的是仁爱与中和的思想。

中国传统智慧观念在处理人际关系上强调中和、和谐,"和"是基本原则,也是人际交往所追求的目的和效果。需要注意的是,这种"和"并不是"同"。和谐是有差异的、多样化的秩序,而非同一的、清一色的秩序。因此,关于人际关系的中国传统智慧观念在"和"与"同"之间作出了区别。在孔子看来,这种区别是极其重要的原则性区别,所以他说"君子和而不同,小人同而不和"(《论语·子路》)。这里的"同"与"和"的区别在于,就两个人的主张而言,求同是一方放弃自己的主张附和另一方的主张,而求和则是一方在坚持自己的主张的前提下寻求与另一方的共识,使两种主张趋于完善而非完全同一。因此,"和而不同"否定随声附和、绝对盲从,强调事物多样性和主体独立性的意义。中国传统价值观还从本体论上为这种"和而不同"的观点提供了论证,提出了"和实生物,同则不继"的命题。不同事物之间实现了和谐,则万物即可生长发育繁荣;如果不同事物变成了完全相同、无任何差别的东西,那么事物就无法发展、无法继续存在下去。

在个人与自我的关系上,中国传统智慧观念也包含丰富的内容,其根本点在于认为人是造就的结果,而造就者就是人自己。人不是自然生长的,而是教化和修身共同作用的结果,与教化相比较,修身更为根本,因为教化需要通过修身更好地发挥作用。教化可以使人成为正常人,但要成为优秀者那就需要修身。所以中国传统价值观特别强调修身,这就是《大学》里所要求的"自天子以至于庶人,壹是皆以修身为本"。中国传统智慧观念在个人与自我关系上所突出强调的是修身养性或修养身心,并不要求人们成为不食人间烟火的神灵或神仙,而是较为注重人生乐趣的培养。它所强调的修身养性就包括培养享受人生欢乐的情趣,只是这种欢乐不是由物质欲望获得尽情满足产生的,而是由精神追求得以实现或在不断追求更高人生境界的过程中获得的。

从中国传统智慧观念对智慧的理解可以看出,其含义中包括实现"转识成智"的路径的思想,即重视个人的道德修养。传统智慧观认为,"转识成智"的修养过程并不是单一的智慧修养过程,而是"福慧双修"的过程。"福慧双修"的本意是幸福和智慧要一起修养,以达到人生的至善境界。修福就是断恶修善,在断恶修善的过程中不执着就是修慧,而断恶修善也就是修德。因此,德与福是一致的,德福与智慧又是一体的。由此看来,中国传统智慧观念所讲的修身虽然名义上重视的是德性,但其中包含了福和智。儒家强调"修身为本",意味着德福智三修,由于德与福、智与慧是一体的,因而德福智三修也可以说是德智双修或福慧双修。

总之,中国传统智慧观念是由德福一致、德包含智、智慧相通、福慧双修、转识成智五个紧密相关的基本观念构成的有机整体,其关键是转识成智。这种完整的智慧观念体系,具有鲜明的中国特色,是传统价值观中宝贵的历史遗产和观念资源。在现代社会,人们普遍重视物质欲望的满足,把幸福理解为资源占有和尽情享受,重视知识不重视智慧,推崇技术理性、工具理性,淡化道德理性、价值理性。这种现代文明的物化之风导致了许多现代社会病,其中最为突出的表现是人们为了占有更多资源和尽情享受而疲于奔命,缺乏闲适时光和终极关怀,忽视修身养性和陶冶情趣,不追求人格完善和高尚境界,由此导致了精神空虚、情感冷漠、心理疾病流行。在这些严重的问题面前,重温、弘扬中国传统的"转识成智"和"福慧双修"观念,对于克服现代社会人们的种种人生问题和社会问题具有重要的启示意义。

三、勇于历练

经验对于智慧的形成具有特殊的意义。经验为智慧的生长提供平台和营养,只有在经验的基础上才能形成正确的观念、渊博的知识、卓越的能力和优良的品质,并将它们熔炼为一种综合的机能。这里所说的经验,不是日常生活的普通经验,而是旨在培养智慧和不断提高智慧水平的历练过程。这种历练的过程就是智慧不断开发运用的过程。每一个人都在经验着,都有自己的经验,而只有当他将经验的过程当作智慧开发运用的过程,他才会成为智慧之人。历练实质上是有意识的自觉经验。

首先,需要把培养和提升智慧作为人生历练的目的。人可能出于不同的目的历练自己,但最重要的是把培养和提升智慧作为历练的目的,将一切其他的历练作为智慧历练的有机组成部分。这样就可以将其他各种历练与智慧历练有机地统一起来,使它们相互补充、相互促进、相得益彰。当然,智慧历练并不是独立于观念、知识、能力、品质等各种历练的另一种历练,它是要将所有这些历练有机统一起来,使它们服从于、服务于形成和不断提高智慧这种综合统一的调控机能。这里的关键是要有智慧历练的意识,人有了这种意识才会一方面自觉地进行各种历练,另一方面将各种历练有机地关联起来。

历练的前提是学习。在现代社会,人的观念、知识、能力和品质都是通过学习获得的。社会是变化的,个人的主客观条件也是变化的。因此,人必须不断地通过学习,了解新观念,掌握新知识,提高能力水平,以适应社会和个人生活对品质的新要求。这一切都是智慧的动力源泉。一旦学习停滞下来,一个人就丧失了智慧的源泉,即使他过去是有智慧的,也会变得不再有智慧。

历练的过程是运用所学东西的实践过程。学习是历练的前奏,历练则是将学习获得的观念、知识、能力和品质运用于自己的生活实践过程。一个人学习的任何东西只有通过自己的历练才能真正成为自己的,成为个人人格的一部分。同样,一个人只有在历练的过程中才能发现所学到的哪些观念、知识、能力和品质是自己所需要的、与自己相适应的,并通过历练将其转化为自己人格和综合统一的调控能力的有机构成部分。如果一个人只是将学习到的东西储存在自身,那么他就只是一个贮存库。虽然贮存库也有意义,但没有将它们运用于自己,使之变成自己的人格,变成自己的综合统一的调控机能,那它们对于个人就只是外在的。在现实生活中,我们发现有的人虽然有极其渊博的知识,但这种知识对于他的生存发展没有多少实际意义,也无助于他人格的更加完善。人学习的一切东西只有在历练中才能转化为自己的,才能转化为智慧的构成部分。

历练不只是运用学习的过程,也是一个反思批判的过程。在这一双重过程中,人们需要反思和批判才会发现他们还缺少什么,学习到的哪些东西不适合于自己,也才能发现自己学习的内容和方法是否正确。有了这种反思批判的意识,并不断地在历练过程中反思和批判自己,在此基础上不断修正和完善观念、知识、能力、品质,人们才能不断提高历练的效益和效率,加快提高自己智慧水平的速度。

四、学习哲学

前面说过,人类是具有智慧潜能的,但人类并不总能清醒地意识到并自觉地开发自己的智慧潜能。人们之所以要学习哲学,就是要使人们增强智慧意识,提升智慧水平,提高运用智慧的自觉性,不仅要有日常智慧、专业智慧,更要有哲学智慧,使自己成为智慧之人。

学习哲学可以增强人们的智慧意识。每一个人都有智慧的潜能,也能在日常生活中形成一些日常智慧,但通常不会有对智慧的意识,更不会自觉地去开发自己的智慧潜能,使自己成为有智慧的人。所谓智慧意识,就是一个人能意识到智慧对于人生及其幸福所具有的极端重要性,从而努力培养和运用自己的智慧。智慧意识通常是不会自发形成的,也很难通过观察模仿别人或者反思自己形成,而只能通过学习哲学才能被唤醒和激发。"哲学"一词的本意就是爱智慧,哲学作为学问就是智慧之学。一个人一接触哲学,很快就会意识到智慧对于人的重要意义,正因为如此才需要一门高深的学问研究智慧，而且人类一有了学问就有了智慧之说——哲学。随着学习的深入，哲学学习者的这种直觉逐渐会转变为自觉的智慧意识，形成智慧对于人更好地生存具有重要意义的信念。有了这种信念，一个人就会自觉地去开发和运用自己的智慧，不断提高智慧的层次。

学习哲学可以使人们对智慧有正确的理解。智慧属于人的能力，但并不是人的一般能力或某种能力，而是一种复杂的综合调控机能。它是以观念正确、知识渊博、品质道德为前提或基础的综合性能力，是理性和意志的有机统一，具有实践的意向和力量。正确理解智慧的这种本性和功能非常重要，唯有如此，人们才知道所要开发和运用的是什么样的智慧，也才能正确辨别什么是真正的智慧，不至于抓住一点，不及其余。然而，对于智慧的本性和功能，人们通常是无法通过经验体会到的，也不能通过其他学科知识的学习来把握，只有通过哲学的学习才会逐渐理解和掌握。在日常生活中，一些人把聪明等同于智慧，视理性为智慧，原因就在于他们没有学习哲学。人类历史上之所以有种种哲学，而且真正具有价值的哲学都保存了下来，成为人类的宝贵精神财富，就是因为这些有价值的哲学从不同角度、不同层次、不同方面阐释了智慧，使人类对智慧的理解不断拓展和加深。人们学习哲学史上流传下来的各种精彩纷呈的哲学，就是在不断地完善对智慧的理解，形成正确的智慧观。

学习哲学可以激励人们不断发掘智慧的潜能，从而使自己的智慧水平得到持续提升。人有智慧潜能，但人的智慧潜能究竟有多大，这是迄今为止无法回答的问题。一个人的智慧潜能有多大在某种意义上在于他的开发，他开发出了多少智慧那就意味着他有多大的智慧潜能。一个人一旦停止了智慧的发掘，他的智慧潜能就会停留在这个水平上。人的智慧存在着水平高低的差别，而智慧水平高低的差别就在于一个人开发智慧潜能的程度。智慧潜能开发得越充分，智慧水平就越高，反之就越低。

学习哲学的一个重要意义就在于，哲学要求人们不仅要热爱智慧、推崇智慧，而且要不断地追求智慧、拥有智慧。这种追求和拥有是没有止境的，其最高的目标是对宇宙、社会、人生的真谛的理解和把握。这就要求人们首先要有日常生活的智慧，也要有职业生活的智慧，但不能停留于此，而要不断进行智慧修养，从日常智慧上升到哲学智慧，从专业智慧上升到天地智慧。像孟子所说的那样，通过"存心、养性、事天"达到"尽心""知性""知天"。这是一个无止境的过程，直至生命终结。

学习哲学可以提高人们运用智慧的自觉性。智慧是人特有的综合调控机能，是人的灵性之所在。人类之所以会在漫长的进化中积淀下来智慧潜能，而人的本性要求人去开发这种潜能，人类之所以会获得这种万物所不具有而唯独人类才具有的灵性，就是因为智慧最有利于人类生存，是人获得幸福的最佳途径。但是，智慧不是一种用来珍藏和欣赏的宝贝，而是一种能力，它需要运用才能体现出来，才能发挥它的效能。更为重要的是,智慧是在运用中开发的,在开发中运用的。没有开发就没有运用,同样,没有运用就无所谓开发。

开发和运用是一体两面的,甚至可以说就是一回事,不存在脱离运用的单纯开发。如果一个人宣称自己拥有智慧但在生活中常做蠢事,那只是表明他并非真的拥有智慧。一个人能够成为智慧之人,那正是他不断去开发和运用智慧的结果。哲学就是要告诉人们,智慧不仅是开发出来的,同时是运用出来的,一个人不断扩展、深化地运用自己的智慧,他就是在不断地提升自己的智慧水平。但是,哲学不只是告诉人们智慧在于运用,在于理智(理性和意志的统一)在实践经验基础上的优化,而且在于给人们智慧的运用指明方向,这就是关怀人生总体状态,追求人生终极目标,做到孔子所说的"慎终追远"。

学习哲学的终极目的是要使人们拥有哲学智慧。通过哲学的学习与涵养,人们会逐渐获得哲学智慧,成为视野开阔、目光敏锐、思想深邃、生活睿智的人。无论是否从事与哲学相关的专业,哲学智慧对于我们每一个人都有着重要意义。哲学智慧不等于哲学,它是哲学的精髓,是哲学的真义。哲学智慧不是天赋的,而是获得的,不是在生活实践中习得的,而是通过学习哲学培养的。哲学智慧离不开对哲学的学习,哲学知识是哲学智慧的基础,不学习哲学不可能掌握哲学知识,也不可能获得哲学智慧,充其量只能产生某些哲学智慧的火花。哲学智慧也离不开哲学观念,哲学观念是哲学智慧的前提,也是哲学智慧的结晶。哲学智慧直接体现为哲学思维能力,但不等于哲学思维能力,正如智慧不同于智力一样。哲学智慧是哲学知识、哲学观念、哲学思维的有机统一,具有实践的意向,对人的活动具有终极的调控作用。一个人有了哲学头脑、哲学精神、哲学境界,他就有了哲学智慧。

哲学智慧不是显现的,其情形不同于常说的"书读三遍,其义自见"。哲学智慧是深隐于晦涩的哲学术语、命题和理论之中的,需要结合个人的人生经验来体悟。对哲学智慧来说,哲学理论是基础,人生体悟是路径,没有自己的人生体悟的参与,哲学理论不可能变成个人的哲学智慧。哲学智慧是在学习哲学理论的基础上,通过体悟宇宙、社会和人生从而掌握哲学的基本精神形成的,仅仅靠死记硬背哲学教义或哲学原理,不能真正获得哲学智慧。培养哲学智慧的过程就是在个人体悟中使哲学理念、原理、原则、方法变成自己的观念、知识和能力,变成自己的智慧的过程。哲学理论是哲学家研究出来的,而要使哲学理论变成个人的哲学智慧,就需要对哲学理论的学习和体悟。研究哲学是为了阐发哲学智慧,而学习哲学是为了获得哲学智慧。

当人们拥有哲学智慧的时候,就心明眼亮、身心通透、才能贯通、淡泊明志;就会变得真正明智和审慎,从容面对生活,自如处理人生中的各种难题,生活质量得到整体提升,幸福感增强;就会达到我国著名学者张世英所追求的那种"心游天地外,意在有无间"的自由而美好的高远境界。

案例分析:

电车难题:破解道德两难靠智慧。

思考题:

1.如何理解智慧和道德智慧?

2.智慧与理性有什么区别?

3.怎样理解道德实践?

4.道德智慧对于好生活具有什么意义?

5.为什么学习哲学对于成为智慧之人如此重要?

附录 I　元伦理学

元伦理学(Meta-ethics)是伦理学的一个基本领域或基本层次,是以研究理论伦理学使用的道德语言(包括术语、判断)的意义、功能、证明为主要任务的伦理学理论。它是伴随着西方分析哲学的兴起而产生,直接针对的是西方传统伦理学,特别是近代规范伦理学使用语言时存在的问题,后来成为相对于理论伦理学而言的一个伦理学研究领域。元伦理学产生于西方,在西方经历了一百多年的发展。这里对元伦理学的兴起和发展、元伦理学的主要观点,以及元伦理学争论的焦点问题作简要介绍,旨在对元伦理学有一个总体上的把握。

一、产　生　与　演　进

元伦理学肇始于摩尔 1903 年发表的《伦理学原理》一书对西方传统伦理学特别是近代规范伦理学的批评。一百多年来,西方元伦理学一直以追求关于规范性问题的确定性认识为宗旨,主要沿着两大主线发展:一是探讨如何解释道德论说的两个显著语义特征(即适真性和规范性)问题,形成了认知主义与非认知主义两大阵营;二是重点关注道德合理性和实践理性的最终根据问题,产生了不尽相同的建构主义。西方元伦理学一百多年来的历史,可以大致分为三个时期,即 20 世纪上半叶的初创时期、20 世纪下半叶的扩张时期和 21 世纪以来的全盛时期。[①]

摩尔认为,伦理学之所以像其他哲学学科一样充满着困难和争论,原因十分简单,即不首先去精确发现所希望回答的是什么问题,就试图作答。在摩尔看来,伦理学无疑与“什么是善的行为”这个问题有关,但是,既然与此有关,如果它不准备告诉我们“什么是善的”和“什么是行为”,那么,它显然就不是从本原着手。因为“善的行为”是一个复合概念,并不是所有行为都是善的,也有恶的行为,还有一些无可无不可的行为;而且除了行为,有些事物本身也可以是善的或恶的。据此,摩尔断定,伦理学的本原问题或首要问题不是“什么是善的行为”,而是“什么是善的”和“什么是恶的”。对这个问题的探讨就是伦理学。“什么是善的”这个问题有多种意义。他认为,只有怎样给“善的”下定义,才真正属于伦理学,而不属于其他任何学科。

摩尔认为,善的事物也是某种别的事物,而且伦理学的目的就是要发现属于善的事物的其他各种性质。然而许多哲学家认为,当他们说出这些别的性质时,实际就

---

① 陈真、王桂玲:《西方元伦理学百年发展历程的回顾与前瞻》,《哲学动态》2020 年第 11 期。

是在给"善的"下定义,这些性质事实上并不真正是"别的",而是跟善性完全相同的东西。摩尔认为,这些哲学家在这里都犯了一个错误,即他所称的"自然主义谬误"(Naturalistic fallacy)。以往哲学家之所以犯自然主义谬误,主要是因为他们"对定义可能具有的性质缺乏明确的认识"。

在摩尔看来,一个正确的定义是这样的,即定义项和被定义项之间是精确地等同的。如在"一个三角形是一个三边形"的定义中,定义项和被定义项具有相同的意义。在这里对定义项"一个三边形"再问它是否是一个"三角形"将会是无意义的,因而这里的定义问题就是关闭问题(close question)。相反,在"善是快乐"的定义中,定义项和被定义项的意义是不相同的,因而问"快乐是善吗?"这样的问题就是有意义的,摩尔称这里的定义问题为未决问题(open question)。他论证说,正是在这种意义上,无论你说什么东西是善,都可以问:"这个东西是善的吗?"也就是说,善的定义永远是一个未决问题。由于定义善的词组代替善会改变句子的意义,因而把善性同化为或还原为某种其他的性质是谬误。

摩尔对给"善"下定义问题的分析及对"自然主义谬误"的批评,宣告了元伦理学的诞生。但真正引起人们对伦理学语言问题重视的是逻辑实证主义。逻辑实证主义者为了贯彻经验证实原则,在"拒斥形而上学"的同时,对价值客观主义观点进行了批判。在他们看来,一切有意义的命题要么是逻辑重言式的命题,要么是在经验上可以证实的命题,而道德命题、审美命题等价值命题既不是重言式的,也不是经验上可证实的,因此,如果承认这些命题是有意义的命题或是科学知识,就会与他们所主张的彻底经验主义观点相冲突。

逻辑实证主义各派、各主要代表人物对价值客观主义批判的角度,甚至具体的观点不尽相同,但从总体上看,批判的焦点集中在两个相互联系的问题上:一是否认价值是事物本身具有的,认为它存在于客观世界之外,不具有经验的性质;二是否认价值谓词是地道的谓词。他们认为价值陈述或判断不具有认识上的真假意义,价值谓词、价值判断是妄概念和妄判断。

为了坚持他们的理论的一贯性,逻辑实证主义者又对价值客观主义的直觉主义观点进行了批评。直觉主义者摩尔反对用经验术语给价值术语下定义,指责传统伦理学犯了"自然主义谬误"。石里克(Friedrich A. M. Schlick)针对摩尔批评说:说伦理学家的任务只在于准确地描述"善"在道德上的含义,这并不是伦理学的真正的目的,借助于定义来陈述语词的意义是语言学的事,真正的伦理学问题在本性上一定是完全不同的。① 艾耶尔(A. J. Ayer)指出,在表面上,直觉主义似乎优越于主观主义和功利主义,因为它没有犯试图将规范伦理学的术语变为非伦理学的或经验的术语的

---

① 参见邓安庆:《分析进路的伦理学范式批判》,《中国社会科学评价》2015 年第 4 期。

错误。价值陈述的确像摩尔等人所说的那样,不能通过观察来证明,但是他们错误地将证明归于一种神秘的"直觉"。事实上,这是一种矛盾,把证明归于"直觉"的学说已经使价值陈述变成了不可证实的东西。

艾耶尔认为,直觉主义者和逻辑实证主义者的分歧在于伦理学概念之所以不能分析的理由。在直觉主义者看来,这种理由在于伦理学概念所反映的是单纯的性质,因而不能下定义,只能通过直觉获得;而在逻辑实证主义者看来,这种理由在于伦理学概念只是一些妄概念,由它们所构成的命题不是真正的命题,即无意义的命题。逻辑实证主义者一般把有意义的命题分为两类,一类是像数学、逻辑等形式的分析命题,另一类是像自然科学那样的综合命题,它们表达经验事实具有可证实性。正是按照这种意义标准,逻辑实证主义者认为,只有数学和经验命题才有意义,而一切其他命题都是没有意义的,包括价值命题在内的一切形而上学命题在他们看来就属于这种既不真也不假的无意义命题。卡尔纳普(Ruddf Carnap,1891—1970)说,在形而上学领域内的全部断言陈述都是无意义的。赖欣巴哈(Hans Reichenbach,1891—1953)也说,伦理学的语言表达都不是陈述,而是指令。

在逻辑实证主义者看来,价值命题之所以是没有意义的,是因为它们既不是分析命题,也不是经验命题。价值命题不是分析命题是显而易见的,因为任何价值命题的谓词都不是包含在主词之中的,主词和谓词之间不具有必然联系。那么,为什么说价值命题不是经验命题呢? 因为价值判断所使用的谓词并不代表事物的能够为感官感觉的性质,价值术语不可能翻译成经验术语,价值概念不是地道的谓词,它们不过是情感或情绪的记号或标志,价值判断或陈述因而也不是陈述事实的,而是表达感情的没有意义的妄判断。对于这一点,逻辑实证主义者作了较多的论述。正是在论述的过程中,他们阐发了与客观主义、直觉主义正相对立的激进情绪主义、非认识主义观点。

情绪主义在艾耶尔的《语言、真理与逻辑》(1936)中被明确阐述后,引起了众多的非议和批评。在这种背景下,美国伦理学家斯蒂文森(C. L. Stevenson,1908—1979)在他的《伦理学与语言》(1944)中提出了一种温和的、精致的情绪主义道德理论,并使之系统化、完善化。这种理论虽然对早期情绪主义作了很大的改进,但它仍然坚持非认识主义的情绪主义立场,特别是仍然把道德论说主要看作是非理性的,因而还是遭到了广泛的批评。批评者指出,斯蒂文森等情绪主义者虽然正确地看到价值判断主要是表达性的,但是由此荒谬地推论出对价值作理性论证本身是不可能的,在价值问题上发生分歧时,非理性的心理影响被看作获得一致的唯一手段的结论。

第二次世界大战以后,一些英国分析哲学家在后期维特根斯坦的影响下,试图以意义使用论为基础来解决情绪主义学说暴露出的弊端,通过道德语言的日常使用来研究它们的意义、功能和证明等问题。厄姆森(J. O. Urmson,1915—　)认为,道德判断作为证明事物在道德上是善或恶的活动，是一种分级活动，而"善""恶"等术语是分级的标签。图尔闵（S. E. Toulmin）认为，尽管道德判断在经验上不是真的或假的，也不是在逻辑上与理由有像科学陈述与结论那样的关系，但有一种方法对它们加以证明，即可以提供理由。他认为，这种方法不亚于逻辑的方法，只是不同于科学陈述的证明方法而已。黑尔（R. M. Hare, 1919—2002）则试图建立一种理性的非描述主义的伦理学理论，即"规定主义"。

对情绪主义批评的焦点在于它把价值问题置于理性之外，使价值判断特别是道德判断的理性证明成为不可能。黑尔发现，情绪主义对描述主义（认知主义）价值理论的拒斥是完全令人信服的，问题在于它否认了价值理论中进行合逻辑论证的可能性。于是，他力图以意义使用论为根据，在克服情绪主义缺陷的基础上建立一种"非描述主义的理性主义"。在黑尔看来，斯蒂文森的上述情绪主义理论主要犯了两个错误：其一，情绪主义理论混淆了价值判断的理由和它的原因。他认为，事实陈述成为价值判断的理由，不是因为它在心理上引起或影响人们以一种所期望的方式行动，而是因为它给人们提供这样做的已得到证明的根据。其二，情绪主义理论混淆了价值语言的语效力量和它的意义。黑尔认为，道德语言是一种规定性语言，而不是描述性语言，道德判断是一种可普遍化的规定性判断，虽然没有认识上的真假意义，但所提供的理由有合理不合理、正当或不正当的意义，其功能不是表达情感或对别人施加影响，而是指导人的行为。

如果道德或道德论说只是用来引导人们的行为，而非对外部世界作事实的陈述，那么就会提出如何引导人们的行为才合理的问题。于是，道德的合理性或辩护问题开始成为20世纪50年代元伦理学家关心的一个核心问题。对这一问题的讨论在道德语义发展主线以外又形成了实践理性的发展主线。实践理性（实践理由）与道德合理性直接相关。道德合理性问题是指行为者有何理由采取道德的行为，对这个问题的追问直接导致人们对行动理由即实践理由的最终根据的追问。实践理性还涉及道德优先性问题，它是指当道德理由和其他行动理由尤其是审慎发生冲突时，当不同的行动理由的最终根据发生冲突时，我们应当怎样做才是最合乎理性的。对实践理性最终根据的追问还产生了"建构主义"的观点。"建构主义"这一术语始于罗尔斯，旨在回答规范性的来源，但在许多方面与康德传统的理性主义相似。

20世纪上半叶是非认知主义占主导地位的"分析元伦理学（analytic metaethics）"的全盛时期，20世纪下半叶非认知主义面临严峻挑战。从20世纪50年代起，英美的非认知主义道德语义学基础（即事实—价值的区别）受到了多方面的批评。例如，英国的安斯库姆（G. E. M. Anscombe, 1919—2001）和福特（P. Foot）发表多篇论文倡导自然主义的认知主义，认为人们用来陈述世界的自然主义描述性概念本身也包含评价性因素。美国的奎因（W. V. O. Quine, 1908—2000）和普特南（H. Putnam, 1926—

2016)等人对与事实—价值区别有着紧密联系的分析—综合的区别提出了批评。同时,一些学者认为道德论说具有适宜于用真假来评价或事实陈述的"适真性"(truth-aptness)特征。如"偷窃是错误的"中"错误的"或它所蕴含的"应当性"或"规范性"就具有"适真性"。例如,彼得·吉奇(P. Geach, 1916—2013)提出了弗雷格–吉奇问题,即非认知主义的表达主义如何解释符合我们直觉的道德推理的有效性,迫使非认知主义必须认真对待道德判断的适真性问题,亦即规范性的客观性问题。

在非认知主义面临严峻挑战的同时,认知主义开始重新崛起。一些英美哲学家开始重视对实质性道德问题的探讨,即怎样才能决定道德分歧的对错,或者说怎样才能确定道德判断的真假。对这一问题有两种回答:一是费斯(J. R. Firth, 1890—1960)的理想观察者理论和布兰特(R. B. Brandt)的合适态度理论。他们提出了一种决定客观的、正确的道德判断的方法,即一个道德判断是正确的,当且仅当该判断是理想的理性观察者在理想的认知条件下所作出的判断。二是罗尔斯(J. B. Rawls, 1921—2002)在《正义论》中提出的反思平衡的方法和新的道德直觉,即"深思熟虑的道德判断"。这两种理论或方法对认知主义的重新崛起起到了非常重要的作用。此外,麦凯(J. L. Mackie, 1917—1981)的错论(error theory)是一种反实在论的认知主义。他在 1977 年出版的《伦理学:发明对与错》中主张,所有的道德判断都是系统地、一致地错的。新形式的非自然主义的认知主义与自然主义一起,再一次成为非认知主义的竞争对手。

21 世纪以来,西方元伦理学出现了"理由转向"(a turn to reasons),"理由"概念开始在伦理学或规范性问题的研究中占据更为根本的、更为基础性的地位。在以往的伦理学研究中,价值、幸福(或福祉)、快乐、好、正当、应当等概念都被视为基本范畴,思想家根据这些范畴解释伦理学的各种问题或为伦理学理论提供辩护,"理由"只是派生的概念,并未受到重视。斯坎伦(Thomas M Scanlon, 1940—　　)提出"理由"是一个无法进一步界定的基本概念之后,越来越多的西方元伦理学家(包括认知主义者与非认知主义者)开始将"理由"视为伦理学的基本概念,"理由"问题成为元伦理学家探讨规范性问题时所关注的焦点。"理由转向"给 21 世纪以来的西方元伦理学带来了深刻的影响,使之发生了明显不同于以往元伦理学的变化。西方元伦理学的道德语义主线和实践理性主线呈现某种交叉合流的趋势,自然事实与规范性判断(包括理由)之间的关系成为元伦理学关注和争论的焦点。[①]

二、几种主要观点

元伦理学并没有形成完全统一的理论体系,元伦理学家几乎都有各自不同的基本观点,只是有些伦理学家的观点比较接近或有直接的承继关系,可划归为同一学

---

① 参见陈真、王桂玲:《西方元伦理学百年发展历程的回顾与前瞻》,《哲学动态》2020 年第 11 期。

说。一百多年来,元伦理学领域已经形成了自然主义、直觉主义、情绪主义、规定主义、建构主义等基本观点。自然主义和直觉主义属于认知主义,情绪主义和规定主义属于非认知主义,建构主义作为后起的一种元伦理学说在某种意义上是规范伦理学对非认知主义的一种回应,大致上属于自然主义。

(1) 自然主义

元伦理学的"自然主义"(Naturalism)是摩尔在批评传统伦理学时用以表达传统伦理学的概念。在元伦理学兴起后的很长一段时期,并没有什么自然主义的元伦理学观点,一直到 20 世纪下半叶才有了比较典型意义上的元伦理学自然主义。总体上看,自然主义不是一种典型的元伦理学理论,而是一种用经验(自然)术语给"善"等价值术语下定义的实质性伦理学。

在承认道德判断存在真理性问题上,直觉主义与自然主义是一致的,因而这两种观点都是认知主义的。自然主义认为,道德术语和道德判断与经验(自然)术语和经验判断没有什么区别,道德判断像经验判断一样具有真理性或适真性,可以用经验术语定义道德术语。直觉主义认为用自然术语定义道德术语是犯了"自然主义谬误",基本道德术语所反映的"善"或"正当"的性质不能通过经验认识,而只能通过直觉认识。

一般来说,自然主义从自然规律和人的生理、心理特征中引申出道德要求,在人的自然本性中寻找决定人的行为的目的、动机和原则,并依据自然科学的材料和方法加以论证,从而建立起道德理论。在现代西方伦理学中,"自然主义"的含义是不确定的,不同学派往往赋予这一概念不同的含义。摩尔最初提出"自然主义"和"非自然主义"的划分时,几乎把以往所有的伦理学说一律称为"自然主义",并加以批判。例如,以人的自然本性为道德基础的快乐主义、利己主义、功利主义等伦理学说和某些宗教道德理论,都被摩尔称作自然主义。

在摩尔之后,自然主义有了比较明确的限定。20 世纪上半叶,具有自然主义倾向的伦理学说主要有杜威(J. Dewey)的实用主义伦理学、培里(R. B. Perry)的兴趣论,等等。40 年代以后出现了以塞拉斯(R. W. Sellars)、拉蒙特(C. Lamont)等人为代表的人道主义自然主义伦理学理论。20 世纪中叶以来,由于西方社会面临的道德问题日益突出,元伦理学陷入困境。另外,现代自然科学特别是生物学、遗传学的重大发展,促使一些哲学家和自然科学家在伦理学问题上转向自然主义。他们试图从不同侧面利用自然科学的某些成果解释人类的行为和道德,讨论道德和个人道德行为的根源及改变人的行为的途径等问题。费斯的理想观察者理论和布兰特的合适态度理论、罗尔斯反思平衡的方法和新道德直觉的观点等都是自然主义的新形态。

(2) 直觉主义

直觉主义(Intuitionism)亦即非自然主义的认知主义。它认为善、义务等道德概念不可能通过理性和经验来论证,只能靠先天的道德直觉来认识。直觉主义源于英国剑桥柏拉图学派、西季威克(Henry Sidgwick, 1838—1900)等人的伦理思想。它作为元伦理学学派产生于 20 世纪初,随后流行于英美等国。1903 年摩尔《伦理学原理》一书的出版,标志着直觉主义形成了完整的伦理学体系。直觉主义伦理学分为价值论直觉主义和道义论直觉主义。

伦理学中的直觉主义的基本特点是,认为存在一种不能归结为其他类型的伦理学知识,这种知识意味着作为伦理学判断对象的客观事态应该被设想为可以作为真实的、伦理学直觉的对象。但是,直觉主义者在对这种客观事态的理解以及通过什么途径直觉地理解的问题上存在着分歧。普里查德(H. A. Prichard)等人的主张被称为"常识直觉主义",强调对特殊情境中的义务的"直觉领悟"。西季威克则主张"哲学直觉主义",将对上述问题的解决诉诸一般理论或理性真理。摩尔不同意上述两种观点,认为直觉既不是指一种对应当采取哪些行为的直觉,也不是指对认识哪种事物本身是善的认识方法或来源,而是指它们是不能证明的,只能通过绝对孤立法去知觉。这种方法就是探索:哪些事物是如果凭其本身而绝对孤立地实存着,我们就断定其实存是善的。为了确定不同事物价值的相对等级,我们同样必须探索其中每一个的孤立实存似乎具有什么比较价值。把事物绝对孤立起来,这还只是认识哪些事物在什么程度上具有内在价值的第一步,在此基础上还必须进行知觉。摩尔认为,这里所需要的知觉有两种,即识别和观察:首先仔细识别所探究的事物正好是什么,再进而观察它是否在任何不同程度上具有"善的"独一无二的属性。这种价值论直觉主义观点显示了摩尔不同于其他直觉主义者的基本特点。

继价值论直觉主义之后,普里查德于 1912 年发表《道德哲学能建立在错误之上吗?》一文,首先提出道义论直觉主义的基本原则,把义务当作伦理学的主要范畴。后来罗斯(W. D. Ross, 1877—1971)等人发展了普里查德的思想。20 世纪 30 年代又出现了布劳德(C. D. Broad, 1887—1971)所代表的新道义论直觉主义。布劳德一方面认为义务是伦理学的主要范畴,同时承认义务对善的依存关系。道义论直觉主义把对义务、正当等道德范畴的研究当作主要任务,认为义务、正当是不能被定义的直觉范畴,它们都是"自明的"。只有道德直觉才能给人指明他的义务是什么,什么是正当的。人们在道德问题上之所以会发生分歧,是由于人们并不具有同等发达的道德直觉。在道义论直觉主义者看来,道德义务的根据不是社会需要,而是自明的直觉,道德直觉是永恒不变的。

20 世纪 70 年代,罗尔斯的"深思熟虑的道德判断"(considered moral judgments)把在反思平衡所提供的程序中新的道德直觉作为测试互相竞争的规范性理论的依据。这一反思平衡的方法后来被推广到广泛的哲学和经验问题研究。在罗尔斯的理论或方法的影响下,出现了一些非自然主义观点。麦克道尔(J. McDowell)和威金斯(D. Wiggins)的感受力理论(sensibility theory)具有代表性。它是某种非自然主义的道德实在论,主张道德属性是类似于颜色一样的第二性质(secondary quality)。

(3) 情绪主义

情绪主义(Emotionalism)最初是由文学评论家奥格登(C.K.Ogden)和里查兹(I.A. Richards)提出的。他们在 1923 年出版的《意义之意义》一书中主张,用来表达我们思想的符号既可以标示地被使用,具有标示意义,也可以情感地被使用,具有情感意义。逻辑实证主义者不仅持上述情绪主义立场,而且对这种观点进行了阐发。在他们看来,道德或价值术语和判断不表达任何经验事实,而仅仅表达个人的情感、态度或欲望。也正因为如此,情绪主义亦被称为表达主义(Expressionism)。艾耶尔提出了一种激进的情绪主义观点。他断言,像道德判断、审美判断这一类价值判断"纯粹是情感的表达"。一个伦理符号出现在一个命题中时,并未增加命题的事实内容,只表达了对某些对象的情绪,并不对这些对象作任何断定。他举例说,假如我对某人说,"你偷钱是不正当的",这只是说"你偷了钱",并没有多陈述任何内容。"不正当"并不对"你偷钱"作出任何进一步的陈述,它只表明我在道德上不赞成这种行为。逻辑实证主义者也承认,价值术语或陈述不仅可用作表达情感,也可以用来唤起情感,并由于唤起情感而刺激行动,但这并不会改变它们的情感性质。

在逻辑实证主义者看来,情感、情绪、态度、欲望等是人各不同、时各不同的,完全主观的,它们本身无所谓真假、正确与错误。欲望,就其本身来说就不存在合理与不合理之说。既然如此,表达情感的价值语言也就无所谓真假、正确与错误的问题。罗素明确宣称:如果两个人在价值问题上意见不一,那么他们不是对某一种真理有不同的看法,而是一种口味的不同。艾耶尔也认为,既然价值判断没有说出任何东西,是情感的表达,它们就不能归入真与假的范畴之下。在他看来,一个人主张"节俭是一种德性",另一个人主张"节俭是一种罪恶",这并不是两个不相容的命题,没有任何理由说明这两个命题不应该都是真的,也没有一个标准可以检验它们哪一个正确。卡尔纳普(Rudolf Carnap, 1891—1970)也认为价值判断不过是在迷人的文法形式中的一项命令而已,标准既不真也不假,既不能证明,也不能被反证。由于价值判断没有真假,不可证实,因而它们显然没有认识意义,不是真正的命题,正如一声痛苦的叫喊不是真正的命题一样。

针对对激进情绪主义的批评,斯蒂文森对情绪主义作了以下阐发和修正。第一,价值判断不仅有表达的特性,而且有动力的特性。即在说"X 是善的"时,不只是在表达说话者的信念,实际上是在表达他的态度并力图引起听者表达类似的态度。第二,价值判断不仅具有情感意义,而且具有描述意义。前者是对所说的事实状态的(赞成或反对)态度的表达,后者是对那种事实状态的事实信念。在价值论说中,这两者在逻辑上是有区别的。与此相应,价值争论中也有信念和态度两方面的一致或不一致。第三,价值论证的方法有两种:逻辑的和心理学的,但逻辑的方法是"例外",而不是惯例。价值论证中的惯例是价值判断"在心理学上而不是在逻辑上"由与之相关的理由支持或否证。心理学方法又分为用于检验提供支持的信念的真理性和全面性，并通过改变人们的信念改变其态度的理性方法，以及用于与改变信念不同的改变态度的非理性方法，如话语陡然的、直接的冲击，修辞性的节奏，恰当的隐喻等。两种方法的目的都在于对他人产生影响。

（4）规定主义

规定主义（Prescriptivism）是黑尔为了克服情绪主义的偏颇提出的一种元伦理学学说。它主要包括黑尔所说的关于价值判断的"三个最重要真理"：价值判断是一类规定判断；价值判断是可普遍化的，因而区别于其他规定判断；价值思维和论证是一个理性的过程，因为规定判断之间的逻辑关系是可能的。

黑尔认为，情绪主义对认识主义（描述主义）价值理论的拒斥是完全令人信服的，问题在于它否认了价值理论中进行合逻辑论证的可能性。于是，他力图以意义使用论为根据，在克服情绪主义缺陷的基础上建立一种"非描述主义的理性主义"。在黑尔看来，价值词具有一种"伴随发生的特性"（supervenient character）。他认为，当一个价值判断被表述出来时，它要求有一个在逻辑上是合法的理由。例如，"这是一本好书""你应当付钱给裁缝"。在这每一种情形中，对说这话的人问"为什么"都是可以接受的。在他看来，"好的"和其他价值术语之所以被用于各种情况，是因为它们具有某种非价值的伴随发生性。例如，"行为 X 是好的。""为什么？""因为它是一个帮助穷人的行为。"所谓伴随发生性，就是指这种"好性"是与那种被称为好的行为或事物的其他非价值性质相伴随发生的。正是这种伴随发生性使价值判断可以得到合理性的论证。

通过对价值语言日常用法的思考，黑尔确信，它们主要被用来给予建议和教导，或者一般地说，用来指导选择。一句话，它们的用法是规定的（prescriptive）。他认为，价值判断之所以是规定的，是因为它们蕴含着"命令"。当某人说某事物是好的或应当被做时，他实际上在隐含地说"做它！"或"让我做它！"如果一个人赞同这个价值判断，他就必须赞同由它引申出来的命令；反之，如果一个人不赞同这个命令，那就是他不赞同价值判断的评价意义的最有力证据。

黑尔认为，可普遍化性（universalizability）是价值判断与其他规定判断不同而与描述判断有某种相似的特性。在他看来，描述判断和价值判断都是可普遍化的，但它们既有相似又有不同。价值问题不能只借助所使用的词的意义来解决，因为一个价值判断在意义规则之外，还运用或凭借一种可普遍化的综合性标准或规则。在黑尔看来，可普遍化性不仅仅在于必须给价值判断提供理由，而且在于给价值判断提供的理由是一种特殊的类型，即不同于"E 型"（即特殊型）理由的"U 型"（普遍型）理由。例如："你应当拜访他。""为什么？""因为你承诺这样做。"在黑尔看来，这就是一个"U 型"评价,因为在所提供的理由中隐含着这样一个原则:"一个人应当做他所承诺的事情。"正是价值判断理由中隐含的这种普遍原则,使价值判断不同于其他规范判断而成为可普遍化的,也使它的可普遍化理由不同于描述判断。

黑尔认为价值思维和推理是一种理性的过程,因为价值判断之间的逻辑关系是可能的。黑尔把价值推理称为"混合的"或"实践的"三段论式。这种三段论式中的前提,一个是命令句,另一个是归纳句,其结论是命令句。

黑尔意识到,价值论说的逻辑性质及其所产生的推理规则纯粹是形式的,它们本身并不能产生实质性价值原则。在每一种情形中,特殊价值判断的实质性原则只能通过逻辑之外的其他三种必要成分的论证来提供,即诉诸事实、诉诸爱好或兴趣和诉诸想象。这三个必要成分加上逻辑,控制一个人对一个给定问题的道德意见。黑尔这里所讨论的是道德合理性证明的问题。

(5) 建构主义

建构主义(Constructivism)是一种直接探索规范性来源的规范伦理学学说,也被视为一种元伦理学说。建构主义试图表明在人类生活中存在着规范性真理,这些真理可以通过一个理想化的理性慎思程序确定下来。建构主义有时也被称为程序实在论,其形式是多样的。"建构主义"这一术语始于罗尔斯,但他的建构主义在许多方面与康德传统的理性主义相似。它们都运用了普遍同意的标准、有效性标准来证明各自的道德原则和正义原则,都属于道义论派别,绝对命令和正义原则也具有相似性。不过,罗尔斯的建构主体是现实的,康德的建构主体是形而上学的,他们各自建构出来的原则也具有不同的适用范围。除罗尔斯的建构主义理论之外,其他建构主义理论主要还有:科斯嘉德(C. M. Korsgaard)的建构主义,他认为规范性的最终根据系于理性、能动性或实践同一性;斯坎伦(Thomas M. Scanlon)的非自利契约论建构主义,主张规范性的最终根据系于他人无法合乎情理地加以拒斥的理由;达沃尔(Stephen Darwall)的第二人称观点的建构主义,主张规范性的最终根据系于"你和我"的观点。

自罗尔斯以后,建构主义在道德哲学和政治哲学中引起了热议,从最早的政治建构主义到规范性道德建构主义,再到元伦理学道德建构主义。然而,建构主义理论在获得不断发展的同时,与之相对的批判与怀疑也不绝于耳。其中也包括对元伦理学意义上道德建构主义地位之合法性的批判。为此,其拥护者努力表明它具有一种独立理论该有的地位。一种道德理论要想获得独立的地位,就应该具有特有的语义学承诺、形而上承诺和知识论承诺。建构主义者认为他们的理论在这三个方面都有自己独特的说明:从语义学的角度而言,建构主义主张原初性的道德判断和规范性术语具有直接来自自然的可理解性;从形而上的角度而言,建构主义主张一种基于人的推理能力和自主能动性,并且以某些经验为起点的实践性程序建构;从知识论的角度而言,建构主义主张一种以行动者的自主能动性和实践境况为基础的实践慎思。但在批评者看来,建构主义的语义学承诺依赖于它的形而上承诺和知识论承诺,而这两者又相互依赖,这导致建构主义实质上是不牢靠的。

建构主义者与其批评者之间的分歧关键在于,应该如何理解道德事实对于心灵的依赖性。实在论者认为一个依赖于心灵的道德事实不具有客观实在性,而情绪主义者则认为依赖于心灵的东西根本就不是具有客观实在性的道德判断。然而,在建构主义者看来,这些批评者们忽略的大前提是,道德判断和规范性术语的产生和使用从来就不是一个纯粹的、发现理论知识的过程,相反,道德判断和规范性术语的使用展现的是使用理性解决实践问题的过程。在这个意义上,建构主义使用的那些规范性概念是相对于日常实践问题的解答,而不是我们在生活世界中所遭遇的对象或事实。[①]

建构主义不是旧意义上的元伦理学观点,不是一种道德判断或道德陈述的意义理论或道德陈述辩护的充分理论,同时不回答道德判断所断言的客观性是何种客观性。这给我们判断建构主义理论的形而上学和知识论的元伦理学性质带来困难,但我们可以对它们提出标准的元伦理学问题:道德陈述究竟是什么? 何事构成它们的辩护? 回答也许是自然主义的、直觉主义的、非认知主义的。

三、争论的焦点问题

自元伦理学诞生一百多年来,哲学家们讨论了许多道德语言问题,也涉及道德实质性问题。在这些问题上哲学家们众说纷纭,莫衷一是,但其争论的焦点又在道德判断问题上。道德判断是不是认识判断? 它有没有(真假)意义? 如果道德判断是有意义的认识判断,那么它的根据和标准是什么? 怎样证明它的合理性? 道德判断具有什么样的功能和作用? 这些问题困扰着许多哲学家,他们苦苦思索探求,从各自不同的哲学立场对这些问题提出了种种见解。大致来说,当代西方哲学关于价值及其判断问题有两种基本观点,即认知主义(包括自然主义、直觉主义)和非认知主义(包括情绪主义、规定主义)。尽管 20 世纪上半叶分析元伦理学奠定的基本观点格局没有被改变,但迄今为止,元伦理学还没有形成一种普遍被接受的理论。

(一)道德判断的性质问题

道德判断的性质问题是元伦理学各种观点之间存在的根本性的分歧。人类在相当长的一段时间里没有意识到道德判断与事实判断之间的差别,人都是对客观存在的自然事实进行判断,这些判断都存在着真假的问题。这种观点后来被称为自然主义。休谟首次意识到以"是"为联系词的命题与以"应当"为联系词的命题之间存在着差异。他说,在他所见到的每一个道德学体系中,有一个时期是照平常的推理方式

---

① 参见文贤庆:《理解道德建构主义》,《道德与文明》2019 年第 4 期。

进行的,可是他突然之间发现他"所遇到的不再是命题中通常的'是'与'不是'等联系词,而是没有一个命题不是由一个'应当'或一个'不应当'联系起来的"[①]。他认为这种变化虽然是不知不觉的,却是关系极其重大的。他强调应该加以说明这个"应当"或"不应当"所表示的新的关系如何能由完全不同的另外一些关系推演出来,并提出对此要留神提防。但他的提醒并没有引起人们的注意。

摩尔第一次提出"善"所代表的道德价值性质是人不能感知的,而只能通过直觉认知。他据此批评以前伦理学把善性质混同于可感知的自然性质的"自然主义"做法,这样就把事物的价值性质与事物的自然性质区别开来了。但是,他仍然认为价值性质像自然性质一样是客观存在的,通过直觉对它作出的判断也存在着真假的问题。摩尔的这种观点被称为直觉主义,也相对于自然主义的认知主义而被称为非自然主义的认知主义。从此,在价值判断包括道德判断性质问题上就有了自然主义与直觉主义或自然主义认知主义与非自然主义认知主义的分歧。

在摩尔之后不久,维特根斯坦和罗素开始对价值判断的真假性质(认知情形)提出质疑,逻辑实证主义者使这个问题凸显出来。维特根斯坦(L. Wittgenstein)在《逻辑哲学论》(1921)中,就已把价值与事实划分开,认为宇宙中没有价值,如果有价值,它也必定在一切所发生的事情之外,必定在实在之外。后来罗素(Bertrand Russell)进一步指出,当我们断言这个或那个具有"价值"时,我们是在表达我们自己的情绪,而不是在表达一个即使我们个人的情绪各不相同但仍然是可靠的事实。逻辑实证主义者艾耶尔更系统地提出了价值情绪主义的观点。他断言,道德判断、审美判断这一类价值判断纯粹是情感的表达,并且因此不能归入真与假的判断之下。既然道德判断没有真假,不可证实,也就没有真假意义,它们不过是人们情绪的一种表达。这样,艾耶尔在否认了价值判断具有真假意义的同时,把价值判断的性质确定为情绪判断,至此完成了非认知主义的情绪主义的构建。

斯蒂文森以主张语言符号的意义是一种倾向性质的意义的心理学理论为根据,对情绪主义的意义理论作了以下阐发和修正。斯蒂文森比较了分析"这是善的"两种简单"作用模式"(working models):(1)"我赞成这;你也赞成吧"(I approve of this; Do so as well)和(2)"我赞成这,而且我想要你也赞成"(I approve of this and I want you to do so as well)。他宣称只有前一种模式才是和他的理论一致的,因为前一个句子既有描述意义又有情感意义,而后一个句子则只有描述意义而没有任何情感意义。他指出,当 A 说"这是善的",而 B 说"它不是善的"时,按照第一种分析,它们之间存在着不一致,即一个人在说"赞成这",另一个人在说"不要赞成这"。与之形成比较的是,按照第二种分析,它们之间没有任何必然的不一致:一个人说"我想你赞成这",

---

[①] ［英］休谟:《人性论》,关文运译,郑之骧校,商务印书馆 1980 年版,第 509 页。

而另一个人说"我不想赞成这"。他们各自都知道这两个陈述都是真的而不自相矛盾。斯蒂文森所谓的价值判断的第一个分析图式，就是以他所主张的作用模式（即"这是善的"意指"我赞成这；你也赞成吧"）为基础的。在这个图式中，描述意义和情感意义是结合在一起的。"我赞成这"构成描述意义，"……你也赞成吧"构成情感意义。斯蒂文森指出，因为情感意义所意指的是它所暗示的内容，所以它不能被定义，而只能被"描绘"（characterised）。

在黑尔看来，斯蒂文森的情绪主义意义理论主要犯了一个错误：即混淆了价值语言的语效力量（the perlocutionary force）和它的意义。黑尔运用奥斯丁关于"言语行为"三种类型之间的区别来说明这两者之间的区别，强调一个表达的语旨力量（the illocutionary force）是与其语效力量不同的，了解一个表达的语旨力量才是了解这个表达的意义的必要条件。例如，"你将开门"可能是一个谓述、一个命令、一个询问等。在了解说话者说它的旨意之前，我们不知道它是什么。黑尔强调不能把一个表达的意义同它的效果在逻辑上等同起来。据此，他指责情绪主义混淆了语旨力量和语效力量之间的区别，并从而混淆了价值判断的意义和它们的语效力量之间的区别。他认为，影响人们行为也许是作出价值判断的一个可能效果，但是必须从根本上区别告诉某人做什么（语旨）和这样做的效果（语效）。

黑尔作为分析哲学家更强调价值判断的语言意义。他主张应该根据语言的通常用法来理解价值判断的意义。黑尔区别了三种不同类型的意义：描述术语的描述意义、命令术语的命令意义和评价术语的评价意义。而评价术语的评价意义包含描述意义和命令意义。在作为评价表达的道德判断中的描述意义，从属于命令意义，命令是道德判断的基本意义。他认为，在作为评价表达的价值判断中的描述意义，从属于命令意义，命令是价值判断的基本意义。这样，黑尔虽然仍然否认道德判断具有认知意义，但肯定它具有规定意义，其性质不是认知判断，而是规定判断。

（二）道德判断的功能问题

对道德判断性质的理解与对道德判断功能的理解密切相关。情绪主义之所以认为道德判断不是真正的判断，没有真假意义，重要原因之一是把道德判断理解为情感的表达。在当代世界哲学中，对道德判断功能进行过系统研究的主要是非认知主义价值理论家，包括情绪主义者和规定主义者。

情绪主义者对道德判断功能的理解也不尽一致。最极端的情绪主义者认为，道德判断除了表达像"呸，波利亚！"这样的态度以外，不表达任何其他的东西。早期的艾耶尔也持一种极端情绪主义观点，认为价值陈述纯粹是感情的表达和刺激，这种表达和刺激不涉及任何断定。这种极端情绪主义观点很难为人们所接受，艾耶尔本人也不得不承认，说道德判断只是一种情感的表现，是过分简单化了。

　　为了克服激进情绪主义的偏颇,斯蒂文森强调道德判断不仅用来表达感情,还用以唤起他人产生同样的感情,从而激发他们的行动,具有影响的效果。斯蒂文森情绪主义理论的中心论点是,所有价值判断的要义就是要施加影响,左右态度。他认为,施加影响、左右态度既能通过上述的第一种分析图式来实现,也能通过第二种分析图式来实现。根据第一种图式,能通过对事物或事物的类的赞成或不赞成的表达来改变态度。他说的第二种图式是:"'这是善的'这个判断,除了'善'这个术语有一种赞扬的情感意义,使之可以表达说话者的赞成并倾向于引起听众的赞成外,它就只还有这样的意义,即指出'这具有性质或关系 X,Y,Z…等等性质或关系'。"①斯蒂文森认为,这种图式改变态度的方式就是"劝导性定义"(persuasive definitions)。

　　所谓"劝导性定义",就是被定义的术语都是人们所熟悉的术语,它的意义既是描述的又具有强烈的情感色彩。定义的目的是改变术语的描述意义,其方法通常是在习惯的模糊性范围内尽量给予其较精确的含义。但在术语的情感意义方面,定义不会带来任何实质性的变化。并且,通过情感意义和描述意义的相互影响,定义可能有意无意地被用于调整人们的态度。他举例说,有两个人(A 和 B)正在争论他俩的熟人 C 是不是"有教养"。A 指出,C 受教育有限,表达方式粗俗,争论时缺乏敏感性,并因而断定他是没有教养的。B 则主张,在"有教养"这个词的真正意义上,一个有教养的人具有想象的灵敏性和独创性,而 C 比许多受过良好教育的人更具有这些品质。斯蒂文森认为,这像许多事例一样,B 提出的关于"有教养"的劝服定义是双重地劝服:一方面它力图使 A 放弃对一种事物的赞成态度而转向另一事物;另一方面它力图使 A 放弃有教养在于受过良好教育、语言的优雅方式、思想的敏感性,而转向想象的灵敏性和独创性。

　　在对情绪主义的观点进行了批评和修正后,黑尔提出了关于价值功能的规定主义观点。黑尔接受了情绪主义的这样一种观念,即价值谈论和行为之间存在着一种动力的联系。但是,他反对把价值判断的目的看作是劝服或产生影响。他认为价值判断的目的不是劝服或产生影响,而是指导或建议。价值判断是告诉人们做什么(建议),而不是使人们去做某事(劝服)。价值判断的意义在逻辑上独立于我们是否成功地使人们以某种方式去行动,即使我们没有成功,也决不会意味着我们的价值判断没有意义。黑尔特别强调区别语旨和语效的重要意义,他后来指出,正是这种区别使得情绪主义和规定主义之间产生了重要的差别。他主张应该根据语言的通常用法来理解道德判断的功能。根据价值语言的通常用法,他确信它们主要被用来给予建议和教导,或者一般地说,用于指导选择。一般的道德判断和特殊的道德判断都用于指导选择。就是说,告诉人们选择这一个事物而不选择另一个事物,做这件事而不做另一

①　[美]查尔斯·L. 斯蒂文森:《伦理学与语言》,姚新中、秦志华等译,中国社会科学出版社 1997 年版,第 234 页。

件事,它们是在命令或规定人们的行为。他主张,当一个人说"我应当做 X"时,只要他理解他说话的意义并且是真诚的,那么这个道德判断就是赞同"让我做 X 吧"的命令。由于道德判断具有与一定的标准、原则相联系的描述意义,因而它的功能不同于单纯命令句的功能。

(三)道德判断的根据问题

道德判断的根据问题,实际上就是人们根据什么来作出道德判断的问题。既然价值判断是主体对客体作出的价值评价,这就涉及道德判断的根据问题:是根据主体的欲望、兴趣等来判断价值,还是根据主客体的关系来判断价值? 关于这一问题主要有两种不同的意见,一是所谓价值客观主义的观点,二是所谓价值主观主义的观点。

在元伦理学中,持客观主义的是直觉主义和自然主义的观点。直觉主义的观点一般认为,价值(如善、正义等)是事物的一种简单的、不可分析的性质,因此不可能给它下定义。但是,我们看到那些本身具有这种不可分析性质的事物时,仍然能够直观它们。摩尔、普里查德、罗斯等人认为可以通过理智、常识直观它们。在主张某对象由于其本性或关系而本身具有价值,无论这种对象是否被欲求这一点上,自然主义者与直觉主义者是一致的。但自然主义者认为价值属性取决于对象本身的自然构成和它们能获得完善的功能和发展。因此,对象自身的价值是可以经验、谓述的,可以提供证据,或者说是可分析、可定义的。

在现代西方哲学中,主观主义比客观主义更为流行。主观主义者认为,虽然在道德判断中人们一般都把价值归结为客体的属性,但实际上道德判断同时表达了判断者对它们赞成不赞成的态度。他们强调,离开了主体的态度和倾向,人的行为或客体的客观状况不存在价值问题。艾耶尔的激进情绪主义就是典型的主观主义观点。不过,黑尔的规定主义在价值的根据上则不完全是主观主义的。他认为,价值谈论的逻辑性质及其所产生的推理规则纯粹是形式的,它们本身并不能产生实质性价值原则。

主张主观主义的大多数是所谓"主观自然主义",它包括认知主义的自然主义和非认知主义的自然主义。前者认为,价值、善性是从有机体的某种欲望、兴趣或情绪产生的。例如,培里就把价值定义为"任何兴趣的任何对象",道德判断的根据在于兴趣。后者认为,价值或善性是由某种认识过程运用于对象或经验时产生的。在杜威看来,价值基于人的实际偏爱,但并非偏爱的一切事物都是真正的价值,真正的价值必须是被判断为值得追求的。

20 世纪 50 年代以后,判断的根据问题转化为了对行动理由和实践理性的最终根据的追问:决定一个事实或理由成为行动理由(即实践理由)的最终根据是什么? 库尔特·拜尔(Kurt Baier)认为,实践理由的最终根据应该是某种类似于在认知理由中发挥重要作用的客观真理之类的东西,当我们对行动理由出现意见分歧时,我们可以诉诸这一根据来解决我们的分歧。但是,西方元伦理学家对实践理性或行动理由的最终根据作出了不同回答。

从最终根据究竟是与行动者的利益相关还是中立于行动者的角度看,霍布斯主张最终根据应当是理性行动者的利益或非内在主义的偏好,这一主张的代表人物还有拜尔、哥梯尔(D. Gauthier)等;康德则主张实践理性的最终根据可以是他人或共同体的共同利益,这一主张的代表人物还有内格尔(T. Nagel)、邦德(E. J. Bond)、达沃尔、斯坎伦等。从最终根据究竟是否为基于行动者的欲求的问题角度看,以威廉斯为代表的理由内在主义者主张最终根据必须与行动者的欲求相关,即行动理由最终必须和行动者的主观动机集合中的要素发生联系;理由外在主义者则主张最终根据未必总是和行动者的主观动机集合发生联系,拜尔、内格尔、斯坎伦等持这种观点。

(四) 道德判断的证明问题

道德判断的证明问题是一个不仅关涉价值判断的真理性,而且关涉其合理性的重要问题。随着元价值论的兴起,道德判断的证明问题成为西方学者十分关注而又普遍感到棘手的问题。从讨论的热点来看,20 世纪 50 年代前主要关注的是价值判断的真理性问题,50 年代后,特别是 70 年代后,价值判断的合理性问题更受重视。关于价值判断的证明争论较多的是关于这些非派生的基本价值判断,但也涉及派生的价值判断。关于价值判断的证明包括两个层次的问题,一是它们能不能得到证明,二是如果能得到证明,那么如何证明。这两个问题又都是 "是" 和 "应当" 的关系问题,特别是与能否从以 "是" 为联系词的事实判断推出以 "应当" 为联系词的价值判断问题纠缠在一起。

关于价值判断能否得到证明,大多数西方学者持肯定的看法,只有直觉主义者和激进情绪主义者持否定的看法。按照直觉主义者的观点,非派生的价值判断都是通过直觉获得的,是不可能用逻辑加以证明的,更不能从事实判断中引申,否则就会犯 "自然主义谬误"。而且在他们看来,这些判断是自明的,完全无须加以证明。激进情绪主义者、存在主义者(他们一般持激进的非认识主义观点)则认为价值判断是非理性的,因而无法加以证明。

自然主义者和一部分非认识主义者认为价值判断可以得到证明,但是在如何证明上又存在着分歧。自然主义者一般都认为基本的价值判断可以根据经验和科学加以证明,而且他们认为 "是" 可以用来定义 "应当",事实可以定义价值,从事实命题可以推出价值命题。按照这种观点,价值判断不过是经验事实的另一种表达,它们的证明和事实判断的证明一样是不成问题的。有的自然主义者(如杜威)也承认价值陈述和事实陈述之间的区别,认为价值陈述与行为有最即时、最直接的联系。价值陈述是直接规范性的,而描述性陈述通常只是间接地作用于我们的行为。但是,他们又认为这种区别只是功能上的区别,而不是结构和内容上的差异。

自然主义者所说的价值证明主要是就其真理性,即真假意义而言的,非认识主义者所谈的证明一般不是指真理性,而是指合理性。一方面,他们都把事实和价值、"是"和"应当"对立起来,完全排斥从事实判断推演价值判断的可能性;另一方面,他们后来又都肯定可以给价值判断提供理由,证明它们是否正当、合理。但是,在提供什么理由以及如何提供理由方面,他们存在着分歧。

此外,以罗尔斯为代表的道德建构主义,其主旨实际上是为道德判断(道德原则)提供证明。建构主义认为道德是客观的,但其客观性完全不同于经验判断的客观性,它把实践选择的性质作为道德判断的基础。罗尔斯不赞同将理性的活动视为发现独立的道德事实的活动,认为道德的客观性应当根据恰当建构的、所有人都接受的社会观点来理解。在他看来,只有建构正义原则的程序,没有什么道德事实,而达成协议或共识的合理根据在于我们自身的概念,以及我们与社会的关系之中。通过协议形成的道德原则对我们来说是合理的,但并不是真的,而要保证原则是合理的,达成协议的程序必须恰当。罗尔斯提出一种假设性的契约论,以确保道德原则在社会建构程序当中的恰当性。

关于"是"与"应当"的关系问题最初是休谟提出来的。非认识主义者认为,休谟在这里是坚持要揭露"是"与"应当"之间存在着不可逾越的间隔,前提为包含"是"的命题,而结论是一个包含"应当"的命题,这种论证是有缺陷的。一些自然主义者则不仅认为这种推演是可能的,而且进行了这种推演的尝试。其中比较有影响的是塞尔(J. R. Searle)1964 年在《怎样从"是"引伸"应当"》一文中提出的推演和杰沃思(A. Gewirth)在《理性与道德》中阐述的推演。

塞尔认为,事实有不同的类型,可分为以惯例为前提条件的事实和不以惯例为前提条件的事实。前者是存在于我们惯例中的事实,如承诺就是这样的事实;后者是与惯例无关的事实,如一个人说了某句话。他认为从"是"到"应当"的引申是这样的:我们能从一个人说了话这个非惯例事实出发,然后求助于以产生惯例事实这种方式承诺的惯例,再诉诸惯例的组成规则,于是就达到一个评价的结论。

杰沃思把他从"是"引申"应当"的方法描述为"辩证必然的"方法,大致上可排列为七个步骤:(1)我为了目的 E 做 X;(2)E 是好的;(3)我的自由和幸福作为我的全部行为的必要条件是好的;(4)我有自由和幸福的权利;(5)所有其他行为者都应戒除干涉我们的自由和幸福;(6)所有预期的、有目的的行为者都有自由和幸福的权利;(7)我应当戒除干涉所有预期的、有目的的行为者的自由和幸福。

塞尔和杰沃思的推演都遭到了许多批评,由于这个问题直接涉及争论各方在价值和评价问题上的基本立场,因而很难得出一致的结论。

附录 II　应用伦理学

自 20 世纪 70 年代以来,应用伦理学(Applied Ethics)迅速兴盛,形成了所谓的"应用伦理学运动"(詹姆斯·雷切尔斯语),至今仍生机勃勃,方兴未艾,已经成为当今世界哲学领域的显学,为学界和世人所瞩目。应用伦理学兴盛的直接原因是现代文明繁荣所导致的许多前所未有的现实问题,这些问题伴随着全球化时代的到来成为世界性的人类问题。应用伦理学的兴盛体现了哲学家的社会责任感和人类情怀。这里仅对应用伦理学的兴起和发展、性质和旨趣、基本类型、使命任务及其与理论伦理学的关系作些阐述。

一、年轻的研究领域

现代文明致力于把人从各种束缚中解放出来,努力扩大人的独立自主性,刺激和鼓励人向内挖掘潜能,向外征服世界,人不仅因此获得了自由,能量也被最大限度地激发了出来,我们的世界日益成为富裕的世界、文明的世界。但是,现代文明也存在着根本性的缺陷,即过分刺激和鼓励对利益的自由追求。全人类普遍对利益的过度追求,必然导致有限自然资源的迅速消耗及生态环境的破坏,甚至为占有更多财富而引发各种争斗乃至战争,人类整体会面临日益严重的生存危机,而人类个体也会面临日益严重的生存压力。

现代文明及其核心价值理念的缺陷随着现代文明的发展日益显露出来,而且已经导致许多不良后果。从个人与自身的关系看,过分刺激对利益的欲望和鼓励对利益的无限追求使人日益为欲望所主宰、所奴役,人的心灵始终躁动不安,不能得到片刻的安宁。从人际关系看,资源的相对有限和人的日益贪婪,使人与人之间争权夺利的竞争愈演愈烈。从国家间的关系看,有的国家为了维护、扩展本国利益,不择手段,甚至诉诸武力,导致国际社会强弱悬殊、弱肉强食、战乱不已。从人类与自然的关系看,自然已经不能承受人类的蹂躏,环境污染、生态失衡的问题凸显,人类赖以生存的自然系统已经走到崩溃的边缘。现代文明的缺陷及其严重后果已经使人类整体面临日益严重的生存危机和人类个体面临日益严重的生存压力。

正是这种严峻的形势使得以谋划人类更好地生存发展为使命的伦理学家们不得不直面人类现实问题。美国当代著名哲学家、阿拉巴马大学教授詹姆斯·雷切尔斯(James Rachels)指出:"在 20 世纪 70 年代早期,发生过两大事件,这两大事件为众多新观念的产生开辟了道路。其中第一大事件是应用伦理学运动的兴起。以前我们关于应该怎样生活的讨论一直是空泛和抽象的。现在突然间哲学学究们开始研究诸如堕胎、种族和性别歧视、内乱、经济不公、战争，甚至非人的动物的待遇等问题。"[①]

众所周知，伦理学是哲学的分支之一。尽管在哲学的三大基本分支(本体论、知识论和以伦理学为主干的价值论)中伦理学被认为是实践的哲学，但从古代一直到20世纪中叶，伦理学研究的主要是人们实践领域(实即道德领域)的一般性问题。古代伦理学主要关注的是人的德性问题，着重研究什么是德性及怎样才能获得德性；近现代则主要关注人的行为问题，着重研究什么行为是正当的及怎样才能使行为正当。古代和近现代伦理学研究的侧重点有明显的不同，但都是基于某种理论的前提(如某种人性论或神学)引申出伦理学的原则，并试图以这些原则来指导人们的生活，而不怎么关注社会现实问题和人们的实际生活问题。

自20世纪70年代开始，情况发生了很大的变化。针对人类日益严重的现实问题和社会生活的复杂化、多元化，伦理学家们出于强烈的社会责任感，不再把主要精力放在抽象地论证应该怎样生活，而是直接讨论日益复杂的现实生活问题，试图从伦理学的角度回答人们实际生活中面临的问题，研究如何规范和引导现实生活，使人类更好地生存。于是，应用伦理学应运而生并迅速走向繁荣。今天，伦理学家们不只是在讨论当代人类面临的各种重大问题，他们还从不同维度、不同层次、不同领域更为广泛地研究人类实际生活。伦理学正在全面介入社会现实。

应用伦理学并不是伦理学的一个分支，而是伦理学的一个十分广泛的领域，出现了许多分支学科。所有这些分支学科都是从伦理学的角度对实际问题进行的研究，把理论伦理学的观念和原则运用于解决当代人类生活和实践中出现的实际问题。所以，所有这些研究被统称为应用伦理学研究。应用伦理学研究具有一些共同的特点。

首先，它们不是站在现实生活之外指手画脚，而是直接介入实际生活过程，从伦理学的角度对现实问题进行研究，致力于解决当代人类生活和实践中已经出现和可能出现的各种问题。

其次，它们不只是从伦理学的角度对当代社会现实问题进行诊治，而是根据人类更好地生存的需要，致力于把当代哲学和伦理学的理念、原则和准则应用于构建具体领域的价值体系，为规范和引导社会现实服务。

最后，它们不是要为问题的解决提供具体的方案或"药方"，而是要站在伦理学的立场上，从伦理学的独特视角来认识和研究现实问题的性质、原因、后果，以及对人类生存和发展的现实影响和可能影响，并根据人类生存发展的根本需要和总体需要确定解决问题的方向和原则。它们不是直接解决问题，而是着眼于人类更好地生存研

---

① Steven M. Cahn, Peter Markie, ed., *Ethics*, *History*, *Theory*, *and Contemporary Issues*, New York & Oxford: Oxford University Press, 1998, p.475.

究问题,为问题的最终解决提供规导,提供价值取向和思维方式。

应用伦理学研究的重要性是十分明显的。这种重要性集中体现在,应用伦理学研究是沟通理论伦理学与人类现实生活的桥梁。理论伦理学是从根本上、总体上研究人生以及相关的社会、宇宙问题,所提供的是一般价值原则和基本行为准则,所构建的是价值体系的总体框架。这些原则和准则可以成为人们的一般观念和根本信念,这种框架可以成为人类生活的总体图景和宏观模式,但是仅此还不够。这些一般原则和基本规范还需要具体化为不同层次和不同维度的具体原则和准则,只有这样,才能给人们提供现实的指导,真正发挥导向和规范的作用。这种总体框架也还需要具体化。这种框架本身并不就是理论价值体系,并不能成为人类生活的观念模式,只有当它具体化为不同层次、不同维度的结构,才能真正成为理论价值体系,才能真正成为人类生活的蓝图,对人类的生活起到导向和规范作用。

应用伦理学研究是伦理学研究的必要而又重要的组成部分,是推动理论伦理学丰富、发展、更新的动力和源泉。缺乏应用伦理学研究,不仅会导致伦理学研究不完整,理论伦理学也容易流于空泛,它要么成为不能付诸实施的教条,要么成为不着现实边际的幻想。历史上的一些伦理学理论之所以流于空洞的说教,成为乌托邦式的幻想,其重要原因之一就在于,长期缺乏应用伦理学研究。这也从一个侧面说明,理论伦理学研究者也应该从事某一领域的应用伦理学研究。

二、应用伦理学的旨趣与使命

应用伦理学的兴盛,实际上就是伦理学对社会现实生活的直接介入。在人类生存面临全面威胁和普遍危机的今天,作为生存智慧之学的伦理学全面介入社会生活,就是力图从伦理学的角度对人类面临的各种问题进行诊断和治疗,并以此为契机,把现代哲学特别是伦理学所形成的理念、原则和准则延伸到和应用于现实生活,在诊治已经存在的问题的同时给人类如何生存提供基本的规范和总体的导向。应用伦理学研究尽管看起来是各种各样的,但从深层指向上看有着共同的关注,那就是人类生存状况的改善。应用伦理学之所以勃兴,其根本原因就在于它对人类生存现状的深切关注。这种关注主要集中体现在以下四个方面:

一是对人的生存目的和意义的关注。例如,人活在世界上究竟是为了占有更多的资源(包括金钱、财富、权力、地位、名誉等),还是为了生活美好(包括事业成功、家庭幸福和个性发展等)? 人生的价值在于贡献,还是在于拥有? 实现幸福是靠奋斗,还是靠机遇?

二是对人生存的社会的关注。例如,作为人类基本生活共同体的社会(今天是国家)应该有什么样的目的、使命和结构才能成为普遍幸福所需要的社会? 政府在实现公民幸福方面具有什么职能和作用? 什么样的价值体系、社会制度和政府是幸福社会所需要的？公民的主人地位意味着什么？社会怎样确保公民的主人地位？如果全体公民都是自由、平等的主人，那么，如何保证社会整体和谐的实现？

三是对人生存的世界的关注。例如，人类怎样告别贫穷、战乱和社会不公？什么样的社会才能使人类永久和平和普遍幸福？一体化后的世界已经成为并将成为什么样的世界？什么样的世界才是适合人生幸福及其所需要的社会和谐的？国家在世界中应处于什么地位、应发挥什么作用？如果说国家应该成为世界的主体，那么怎样保证多元主体的世界成为和平的、公正的、合作的，而不是战乱的、强权的、侵略的？如果世界成为统一的整体，是否需要统一的世界管理机构管理世界的事务？如果需要，这种世界机构应该如何构建和如何运作？

四是对人生存的自然的关注。例如，什么样的自然界是能给人类带来最大的福利而造成最小的伤害，或者说人类幸福所需要的是什么样的自然？在当代自然环境遭到严重破坏的情况下，人类还应不应该把自己作为自然的主人？如果应该，那么怎样重新认识和规定人类在自然中的主人地位？今天的自然环境已经严重威胁和影响着人类的生存，重建与自然的和谐关系已迫在眉睫，那么究竟应该如何认识这种必要性？这种重建是否可能？如果可能，人类应该怎样行动？

应用伦理学是一种应用研究，或者说是伦理学研究的应用化。这种研究是为了使人类更加有智慧地生存，把伦理学的原理运用于人类生活的不同层次、不同方面，以及人类面临的各种重大问题，立足于人类生活的实际和需要。根据伦理学的根本生存理念、一般价值原则和基本行为准则，研究并提供适合人类生活的不同领域实际需要的具有规范性和可操作性的具体生存理念、价值原则和行为准则，解答人类生活中出现的各种重大现实问题和普遍性问题，为规范和引导现实服务。这是应用伦理学研究的旨趣所在。

人类的伦理学资源丰富多彩，而且众说纷纭。从现代文明的宏观背景、当代人类的生存现状及目前应用伦理学研究的意图来看，应用伦理学研究特别注重把以下五种哲学伦理学理念和原则应用于社会现实，以使之贯彻于社会生活的方方面面，成为人类的内在精神、价值标准和实践智慧。

第一，以人为本。近代以来的哲学把人的生存和发展看作人类一切活动之根本，看作人类活动的出发点、轴心和归宿。以人为本是当代哲学和伦理学的根本理念和原则。今天，这一原则虽然得到了较为普遍的认同，但并没有贯彻到人类生活的各个领域和各个层次。不尊重人的自由和基本权利，甚至把人不当人看的异化情况大量存在。正是鉴于这种情况，应用伦理学各个分支力图通过自己的研究，使以人为本的要求在社会生活中得以全面而又充分的体现。

第二，普遍幸福。普遍幸福与以人为本是一致和相通的，从某种意义上说，以人为本就是以人类社会个人普遍幸福为本。亚里士多德创立伦理学这门学科就是为了解决人的幸福问题,今天伦理学更是把普遍幸福的实现作为其终极指向。尽管现代文明繁荣昌盛,但世界上还存在着大量的饥饿、战争、恐怖主义、犯罪、社会不公等各种影响人类普遍幸福的问题。正因为如此,应用伦理学致力于研究如何应对各种破坏和损害普遍幸福实现的问题,研究如何使普遍幸福理念在一切社会活动中得到充分体现和全面贯彻。

第三,社会和谐。随着人类社会民主进程的加快,自主的个体怎样才能彼此和谐地生活在一起,成为当代伦理学研究的重点问题。人们应该在自由平等的前提下以互利、合作的方式在一起生活,这一社会和谐理念已经通过哲学和伦理学论证而成为公认的理念。但是,在现实社会生活中,极端利己主义、狭隘民族主义、官僚主义、贪污腐败等各种严重问题仍然存在。针对这种情况,应用伦理学特别是政治伦理学致力于克服各种破坏社会和谐问题的对策性研究,并致力于研究如何使社会和谐的要求体现于制度安排和政治决策之中。

第四,协调发展。人类为了更好地生存必须坚持走全面(政治、经济、社会、文化、环境等)、持续(当代和未来)、协调(相互促进)发展的道路。当代伦理学的这一主张虽然得到了公认,但远未得到有效的贯彻,经济主义盛行,吃子孙饭、断后代路的问题普遍存在。为此,应用伦理学致力于研究如何克服片面、短视、偏颇的社会行为,以确保人类的一切活动都促进而不是阻碍或破坏协调发展的有效机制。

第五,天人合一。哲学史上长期存在着天人相分与天人合一的意见分歧。在人类环境日益恶化的今天,天人合一的观点为越来越多的哲学家所认同,正在成为当代哲学和伦理学的基本理念和追求。针对当前日益严重的环境恶化和生态危机,应用伦理学特别是环境伦理学、生态伦理学致力于研究现代天人合一的新图景及其实现的途径,以重建生态平衡和人类与自然的和谐。

应用伦理学研究虽然是一种应用性研究,但绝不只是一种单纯的理论应用和推广过程,而是一种再研究、再创造、再构建的过程,并以此来实现理论伦理学具体化的目的。正是通过这一具体化过程,伦理学最终完成其体系的构建,成为富有活力和现实感的完整理论价值体系。与此同时,应用伦理学研究在使理论伦理学具体化的过程中,还可以检验理论伦理学的正确性和合理性,从而促使理论伦理学不断反省、修正、发展和完善。

应用伦理学研究作为一种应用性的研究,不同于理论伦理学研究。就研究的范围而言,理论伦理学从总体上、根本上研究人类生活及其所关涉的各种因素,而应用伦理学则研究人类及其生活的某一领域或某一类主体。就研究的使命而言,理论伦理学致力于确立人类及其生活的一般价值原则、基本行为准则,致力于构建人类价值体系的总体框架,而应用伦理学则基于这些原则和基本准则确立不同领域的具体价值原则和不同类型人群的具体行为准则。就研究的方法而言,理论伦理学所使用的是比较纯粹意义上的哲学方法,而应用伦理学不仅要使用哲学方法,还要根据不同类型的研究借鉴和使用不同学科的方法,如社会学方法、心理学方法、人类学方法等等。

但是,应用伦理学从总体上看还是一种伦理学研究,因而它又不同于具体的科学研究。这主要体现在以下三个方面:第一,它所致力于解答的仍然是人类生存问题,所致力于确立的仍然是生存理念、价值原则和行为准则,所致力于追求的仍然是人类的幸福美好,因此,它的整个研究属于价值领域而不是属于事实领域,属于哲学而不属于具体科学;第二,它立足并着眼于人类(包括个体和群体)自身的需要来构建理论体系,它的理论主要不是描述性、解释性的,而是导向性、规范性的,不仅要对现实生活而且要对科学研究起规导作用;第三,它的生命和活力的源泉主要还在于哲学的方法,在于反思、批判和构建的精神,它始终对现实世界、事实世界持审视、批判的态度,不断致力于现实的再构建、再规范,不断致力于提高人类的生活质量和提升人类的生存境界,使人类自身及其生活的环境更美好。

三、应用伦理学与应用哲学的关系

应用伦理学是应用哲学的主要领域,应用哲学的范围还包括本体论、知识论和逻辑学的应用等。

汉语中的"应用哲学"和"应用伦理学"像"哲学"和"伦理学"术语一样,是舶来词,这两个术语的直译应是"被应用的哲学"(applied philosophy)和"被应用的伦理学"(applied ethics)。由于这种直译使用起来不方便,因而人们把它们简称为"应用哲学"和"应用伦理学"。从这两个术语的本义不难看出,应用哲学原本就是哲学的应用,应用伦理学原本就是伦理学的应用。明确这一点是十分重要的,因为这样就能意识到应用哲学也好,应用伦理学也罢,都不是某种独立性的学科,而是附属性的学科。这样的学科始终都存在着这样两个前提性的问题:应用什么,应用于什么。就应用哲学和应用伦理学而言,所应用的是理论哲学和理论伦理学,所应用于的是人类及其生活的不同方面和问题。一般地说,应用哲学和应用伦理学就是要研究如何把理论哲学和理论伦理学应用于人类及其生活的方方面面。显然,没有理论哲学和理论伦理学,就不会有应用哲学和应用伦理学,不把哲学和伦理学应用于人类及其现实生活的某一方面,也不会有应用哲学和应用伦理学。

任何一种哲学都直接或间接地代表一种世界观、价值观、人生观,也是一种方法论。一旦掌握了一种哲学并真诚地信奉它,它就会对人们的观念、思想和行为产生影响,对人的生存和发展发挥规导作用。从这种意义上看,哲学自产生开始就有了它的应用。但是,应用哲学并不是这种意义上的一般性应用,而是要明确地把哲学的理念、原则、准则等应用于人类及其生活的某一方面的那种意义上的具体性应用。这种具体性的应用从时间上看是在哲学从重知识论转向重价值论之后开始的,也就是大约在第二次世界大战之后开始的。

哲学作为时代精神的精华和升华,尽管有永恒的课题,但没有永恒的结论。现代应用哲学所应用的不是传统哲学,而是实现价值论转向以后的现代哲学。这种哲学与传统哲学不同,它是以人类生存为关注中心,以人类幸福为研究目的的哲学。当然,现代哲学并非静止不变的,它随着人类文明和人类生活的变化而不断变化,因而现代应用哲学必须不断地更新所应用的哲学内容。从目前来看,现代应用哲学领域所涉及的并不是人类所有的方面,而是关乎人类生活的主要领域,特别是与人类生存关系紧密且问题严重的领域,如科学、经济、政治、军事、法律、道德、生命等领域。现代哲学理论,特别是现代哲学的理念、原则、准则应用于这些领域,就有了所谓的科学哲学、经济哲学、政治哲学,等等。

应用哲学不是简单地在人类生活的某一方面生搬硬套哲学的理念、原则、准则,用它们去剪裁现实,而是要使哲学的理念、原则和准则有机地贯穿于或者说融入人类生活的某一具体方面,使其体现哲学的基本精神和理念,遵循哲学的基本原则和准则,对其起规范和引导作用,防止其发生异化;同时要以哲学理论为根据,研究和解决某一方面已经存在和可能发生的影响人类生存发展的问题。这是一个理论与实际结合的过程,十分复杂,需要专门的研究。

哲学家对哲学本身的理解并不一样,在19世纪哲学实现价值论转向之后,有的哲学家是以价值问题为轴心研究哲学,这种哲学是广义的价值论,而有的哲学家则仍然在传统的伦理学范围内研究价值问题,这是一种作为哲学分支的狭义的价值论或伦理学研究。这样,应用哲学就有了两种情形:一种情形是广义的价值论的应用,另一种是狭义的价值论的应用。显然,前一种情形更具有应用哲学的意味,而后一种情形则更具有应用伦理学的意味。按照西方把哲学划分为本体论、知识论和伦理学(价值论)的传统,应用伦理学属于哲学的分支伦理学的应用。

值得注意的是,应用哲学研究的这两种情形在西方并不存在太大的冲突。这是因为:首先,西方伦理学是以本体论和知识论为根基和依据的,三者之间存在着内在的一致性;其次,在哲学的这三个领域中,只有伦理学是直接指导人们行为的实践哲学,因而哲学的应用主要是这种实践性哲学的应用;再次,西方伦理学所研究的对象是广义上的"好"(good)而不只是道德意义上的"善"(good),是广义上的"正确"(right)而不只是道德意义上的"正当"(right),是广义上的"应该"或"应当"(should或ought to),而不只是道德意义上的"应该"或"应当"。因此,在西方,对那些坚持把哲学划分为本体论、知识论和伦理学的传统哲学家来说,应用伦理学就是应用哲学。

从以上分析可见,应用哲学与应用伦理学本质上应该是一致的。应用哲学是广义的应用伦理学,应用伦理学是狭义的应用哲学。它们一起构成沟通理论哲学和理论伦理学与人类现实生活的桥梁。

四、应用伦理学的类型及问题

应用伦理学研究的对象是多元的、多变的,研究的领域不是固定的,而是变动的。因此,应用伦理学不像理论伦理学那样是一个相对固定的学科、相对确定的研究领域,而是一个不断变动、不断出新的学科群。尽管如此,我们还是可以把应用伦理学划分为以下四种基本类型或四个子学科群。

(一) 研究现实问题的应用伦理学

研究现实问题的应用伦理学,即把理论伦理学应用于各种重大人类现实问题研究的应用伦理学学科群。这一类型现在主要有环境伦理学(大地伦理学)、生态伦理学、生物伦理学、生命伦理学、医学伦理学、基因伦理学、基因工程伦理学、网络伦理学、人工智能伦理学、机器人伦理学(机器伦理学),等等。这是一个最活跃的应用伦理学研究领域,几乎可以说人类面临着什么新的重大问题,就有学者从伦理学的角度加以研究。当环境问题突出时,就出现了环境伦理学,当医学问题突出时,医学伦理学便应运而生。

这一类研究有一些值得注意的特点:一是研究边界一般不确定,学科之间的交叉性强。比如,生物伦理学、生命伦理学、医学伦理学就没有明确的外延界定,可以在不同的学科名义下用大致相同的原理、方法研究同一问题。二是研究的对象和主题不确定。研究的对象及其范围因对象本身的问题不同而经常变化,研究者在同一名义下的研究维度和层次也相去较远。比如,生态伦理学包括生态保护、大气防治、山水修复(废矿山修复、地下水修复等)等不同维度,它们彼此之间甚至没有多少紧密的关系;生态保护又可分为水土保护、植被保护、动物保护等不同层次。三是学科的命名不太严格,随意性比较大。比如,研究基因工程问题的学者,或称自己的研究为"基因伦理学",或称自己的研究为"基因工程伦理学"。机器人伦理学与机器伦理学、环境伦理学与大地伦理学亦如此。四是从伦理学角度参与这类问题研究的许多学者,原本不是研究伦理学的,缺乏伦理学的基本素养。

总体上看,这类应用伦理学研究的情形比较庞杂,不少研究成果并不是真正伦理学意义的成果,只不过是对现实问题的一种研究,容易引起误导,也可能对伦理学产生消极影响。这是这类应用伦理学研究值得重视的问题,也是社会公众使用这类研究成果需要注意的地方。

(二) 研究社会领域的应用伦理学

研究社会领域的应用伦理学,即把理论伦理学应用于人类生活不同领域研究的应用伦理学学科群。这一类型现在主要有公共伦理学、交往伦理学、公共管理伦理学、政治伦理学、法律伦理学、行政伦理学、军事伦理学、经济伦理学、科技伦理学、工程伦理学、商业伦理学、消费伦理学、旅游伦理学、宗教伦理学、文艺伦理学,等等。这里所说的社会领域不只是指人类生活的不同维度,也指人类生活的不同层面。比如公共伦理学、交往伦理学所研究的就是社会的公共层面、交往层面。

随着人类生活日益复杂化,人类的每个生活领域都出现了许多前所未有的问题,于是许多研究人类生活基本领域的应用伦理学应运而生。比如,近代以来,公共生活成为人类生活的一个重要层面,公共生活管理的问题亦凸显出来,于是就有了公共伦理学、公共管理伦理学。在消费主义盛行的今天,消费问题成为一个人们普遍关心的问题,消费伦理学也就产生了。不过,也有不少领域的伦理学研究并不是因为该领域的问题十分突出,而是因为其他领域有伦理学研究作比照。比如,军事伦理学就是如此。军事领域一般都是比较稳定的,没有多少新的伦理道德问题,但一些学者因为有政治伦理学、经济伦理学,就参照着它们建立了一门军事伦理学。

相对于研究现实问题的应用伦理学,研究社会领域的应用伦理学学科一旦建立起来就相对稳定,研究对象比较明确,有一定的研究范式。尽管对社会各个领域的应用伦理学研究到今天已经完备,但仍有一些人类生活领域尚未建立起相应的应用伦理学学科,如目前未见有家庭、隐私、国际交往等重要领域的伦理学。

(三) 研究重要职业的应用伦理学

研究重要职业的应用伦理学,即把理论伦理学应用于一些公众所关注的职业研究的应用伦理学学科群。这一类型主要有教师伦理学、军人伦理学、警官伦理学,等等。这一类应用伦理学研究所涉及的主要是那些对社会生活影响直接且广泛因而为公众高度关注的职业,目前这方面的研究并不多,应用伦理学学科也比较少。职业是人的重要社会角色,而社会角色包括与职业相关的角色问题在古代就已经进入了哲学家的视野。比如,中国古代文献中包含了大量研究君王伦理道德问题方面的文献,也有不少关于教师道德方面的文献。

从这种意义上看,职业伦理学算不上严格意义的现代应用伦理学。但是,职业是人生活的最重要领域之一,它不仅是人谋生的手段、社会稳定和繁荣的前提,还是人事业成功、自我实现的最重要领域。况且,今天的职业与传统社会相比发生了很大的变化,变得越来越复杂化、专业化。因此,伦理学应加大对这个领域的关注,要从对重要职业的关注扩展到对所有职业的关注。

从目前的情况看,一些职业的伦理学研究包含在领域伦理学研究之中,比如,医生职业伦理道德问题研究包含在医学伦理学之中,而没有专门的医生伦理学,这种情况严重限制了职业伦理学的发展。公务员、医生、商人、科技工作者等与公众有广泛而密切联系的职业至今尚无专门的伦理学研究,这应该说是一个重大的缺憾。职业问题的伦理学研究还有很大空间,许多职业都需要纳入伦理学视野进行专门研究。

只有加强这方面的研究,伦理学才能更好地为职业单位的职业培训和个人的职业修养提供更直接、更具体的服务。

（四）研究特殊人群的应用伦理学

研究特殊人群的应用伦理学,即把理论伦理学应用于社会中的那些特殊群体研究的应用伦理学学科群。这一类型主要有女性伦理学、青年伦理学、老人医学伦理学、性别伦理学,等等。人群伦理学目前所关注的主要是社会的弱势群体,但对弱势群体尚未做到全覆盖。比如,目前还没有研究青少年、老人、残疾人等这些弱势群体的伦理学。实际上,人群伦理学不能仅仅研究社会的特殊群体,还可以研究一些非组织的正常人群,如可考虑形成朋友伦理学、网友伦理学、男性伦理学等。正常人群还可以细分,如朋友伦理学可细分为战友伦理学、同学伦理学、闺蜜伦理学等。由此可见,人群伦理学还有很大的发展空间。

应用伦理学是一个年轻的学科群,从兴起至今不过半个世纪,因而所有类型的应用伦理学研究都不成熟,有待进一步完善和发展。各类应用伦理学研究中存在的一个共性问题是对理论伦理学不够重视,甚至出现了应用伦理学独立于理论伦理学的普遍倾向。我国许多应用伦理学研究者认为,应用伦理学的出现是因为从前的理论伦理学逐渐走下坡路使得伦理学学者寻找到一个新领域。通俗地说,就是伦理学已经到了穷途末路的地步,只好到现实问题领域找一个安身之所。于是,应用伦理学研究者再也不理会理论伦理学,更不理会哲学本体论,只是打着应用伦理学的旗号研究现实问题,其研究几乎与伦理学理论没有多少关系。这样一来,他们实际上只是一些现实问题的研究者,而不是真正的伦理学学者。

这种问题发生的原因主要有两个:一是原本出身于伦理学专业的研究者并没有真正学懂弄通伦理学,因而进入现实问题领域但又无多少伦理学理论可应用,于是索性宣称应用伦理学与理论伦理学无干;二是许多根本没有学习过伦理学专业的研究者只是运用所学的相关实用的专业知识研究现实的道德问题。这两种原因导致应用伦理学研究从整体上看不过是关于现实道德问题的研究,严格来说它们属于相关社会科学,如研究经济道德问题的属于经济学。应用伦理学是一门以理论伦理学为前提,运用理论伦理学的原理研究和回答各种现实问题的应用性伦理学学科,丢掉了理论伦理学就谈不上应用伦理学。应用伦理学脱离理论伦理学的直接后果是有可能败坏伦理学的声誉。

当然,应用伦理学必须有理论伦理学可以应用。没有理论伦理学研究所提供的根本理念、一般原则和基本准则,应用伦理学就会成为无源之水、无本之木。但是,对应用伦理学研究而言,理论伦理学并不是现成地摆在那里的,只需我们去拿来应用。理论伦理学研究本身是发展变化的,因而应用伦理学研究不仅要关注理论伦理学的发展变化,而且要把理论伦理学纳入研究的视野,要把应用伦理学与理论伦理学捆绑起来研究,使两者相互促进、相得益彰。

伦理学研究的总体图景应该是:每一位研究者都应同时是理论伦理学研究者和某一领域的应用伦理学研究者。当然,在这两方面可以有所侧重,却不可偏废。如果一个学者只研究应用伦理学,而不研究理论伦理学,他是不可能在应用伦理学研究上有大的作为的,甚至还可能在应用伦理学研究方面发生偏差或失误。应用伦理学家应该是理论伦理学家,伦理学家也应该是哲学家。单纯的应用伦理学家可能既不是伦理学家,也不是某方面的专家。

后记

本书是笔者集近 40 年从事伦理学、价值论、西方哲学教学经验和研究成果之精华撰写的一部主要用于教学的著作。全书针对中西伦理学存在的诸多局限和问题，基于对伦理学学科性质的澄清，系统而完整地阐述了伦理学的学科定位、主要领域、基本原理和体系结构，力图让学生及读者对伦理学有一个准确而全面的理解。

全书由绪论、五个篇章及两篇附录构成，可划分为三大部分。

第一部分即绪论，从人类何以要哲学、哲学的性质着眼，阐述伦理学在哲学中的地位、学科性质、基本范畴的完整含义及其复杂性，尤其是对道德与伦理的关系作了辨析，并对伦理学史上的主要流派作了简要介绍，以为学生和读者进一步学习提供路径。

第二部分为第一至第五章，系统阐述了伦理学理论或原理的五个基本方面，即价值论、德情论、德性论、正当论和智慧论。前四论大致上是与道德认识、道德情感、道德意志和道德行为相对应的，它们具有内在的关联和顺序，而智慧论则是与理智相对应的。作为理性与意志的结合，理智是人一切活动的调控机制，智慧作为理智的德化和优化，是人的道德综合调控能力，智慧论就是研究智慧的。第二部分是全书的主体部分，集中表达了笔者关于这些伦理学理论问题的比较成熟的观点，可以说是笔者所理解的伦理学原理。

第三部分为附录，对伦理学原理之外的两个层次或领域即元伦理学和应用伦理学作了概要阐述，以便读者对伦理学的整个体系有完整的把握。从逻辑的角度看，伦理学的体系应依次是元伦理学、理论伦理学和应用伦理学。考虑到本书的主要目的是阐述理论伦理学的原理，元伦理学和应用伦理学不属于理论伦理学原理范围，所以作为附录放在本书的最后。

本书主要具有以下四个特点：

第一，本书从人类何以要哲学、哲学本性的角度考察和审视伦理学的学科性质，阐明伦理学与本体论、知识论和价值论的关系，还以伦理学的哲学本色，凸显伦理学作为哲学分支的性质和特色。

第二，本书根据道德的内在结构，将伦理学的主体部分（或理论伦理学）划分为五个主要部分，即研究道德价值的价值论、研究道德情感的德情论、研究道德品质的德性论、研究道德行为的正当论及研究道德智慧的智慧论。

第三，本书论证了道德在本质上是人类的智慧，是作为最佳人类生存方式的生存智慧，它是通过培育提高道德素质实现人格完善和个人幸福的个人价值体系，也是通过提高全体社会成员道德素质实现社会和谐和普遍幸福的社会价值体系。

第四,本书加上了元伦理学和应用伦理学的概述,同时根据学生和读者学习和理解循序渐进的规律,先讲理论伦理学或伦理学一般原理,最后酌情讲元伦理学和应用伦理学。

本书完稿后,谢惠媛教授、阮航博士、方德志博士对书稿提出了宝贵意见,李巧萍女士、张汉明女士、陶涛同学、宋进斗同学认真审读校对了书稿,湖北大学高等人文研究院和哲学学院办公室的洪华华、胡丽娜、蔡利平、董亚玲、张参龙等老师提供了多方面的帮助。本书的立项、编辑出版得到了高等教育出版的鼎力支持。湖北大学哲学学院、湖北大学高等人文研究院、中华文化发展湖北省协同创新中心、湖北省道德与文明研究中心也为本书的出版提供了多方面的帮助。本书的出版得到了湖北大学校级规划教材建设项目的经费资助。在此对所有为本书作出贡献的朋友和单位一并致以感谢!本书无论体系结构,还是其主要观点都是经作者反复推敲确定的,但受学识的局限,仍会有不足和不妥之处,恳请读者朋友批评指正。

江畅

2021 年 8 月 31 日

郑重声明

高等教育出版社依法对本书享有专有出版权。任何未经许可的复制、销售行为均违反《中华人民共和国著作权法》，其行为人将承担相应的民事责任和行政责任；构成犯罪的，将被依法追究刑事责任。 为了维护市场秩序，保护读者的合法权益，避免读者误用盗版书造成不良后果，我社将配合行政执法部门和司法机关对违法犯罪的单位和个人进行严厉打击。 社会各界人士如发现上述侵权行为，希望及时举报，我社将奖励举报有功人员。

反盗版举报电话 （010）58581999　58582371

反盗版举报邮箱　dd@hep.com.cn

通信地址　北京市西城区德外大街4号　高等教育出版社法律事务部

邮政编码　100120

读者意见反馈

为收集对教材的意见建议，进一步完善教材编写并做好服务工作，读者可将对本教材的意见建议通过如下渠道反馈至我社。

咨询电话　400-810-0598

反馈邮箱　zz_dzyj@pub.hep.cn

通信地址　北京市朝阳区惠新东街4号富盛大厦1座　高等教育出版社总编辑办公室

邮政编码　100029

防伪查询说明

用户购书后刮开封底防伪涂层，使用手机微信等软件扫描二维码，会跳转至防伪查询网页，获得所购图书详细信息。

防伪客服电话 （010）58582300